朝向公共生活的反思与阐释

政治仪式

权力生产和再生产的政治文化分析

修订本

政治现象学丛书

张凤阳　王海洲　主编

王海洲　著

江苏人民出版社

图书在版编目（CIP）数据

政治仪式：权力生产和再生产的政治文化分析/王海洲著.—修订本.—南京：江苏人民出版社，2023.1

（政治现象学丛书）

ISBN 978-7-214-27501-1

Ⅰ.①政… Ⅱ.①王… Ⅲ.①政治文化-研究 Ⅳ.①D0-05

中国版本图书馆 CIP 数据核字（2022）第161926号

书　　　名	政治仪式——权力生产和再生产的政治文化分析（修订本）
著　　　者	王海洲
责 任 编 辑	曾　偲
特 约 编 辑	王暮涵
装 帧 设 计	言外工作室·林夏
内 文 设 计	赵春明
责 任 监 制	王　娟
出 版 发 行	江苏人民出版社
地　　　址	南京市湖南路1号A楼，邮编：210009
照　　　排	江苏凤凰制版有限公司
印　　　刷	南京爱德印刷有限公司
开　　　本	890毫米×1240毫米　1/32
印　　　张	18.25　插页5
字　　　数	423千字
版　　　次	2023年1月第1版
印　　　次	2023年1月第1次印刷
标 准 书 号	ISBN 978-7-214-27501-1
定　　　价	98.00元（精装）

（江苏人民出版社图书凡印装错误可向承印厂调换）

政治现象学丛书
总　序

　　现象学传统的滥觞可溯至康德和黑格尔两大哲学巨擘，他们的"一般现象学"和"精神现象学"为探寻澄清事物本质之道提供了重要理论资源。但是，现象学成为一场哲学运动，是与胡塞尔的名字联系在一起的。百余年来，现象学的影响力已传至哲学之外，以其特殊的方法论助力诸多学科杜弊清源、开疆拓土，其中人文和社会科学领域内的葳蕤者有"语言现象学""现象学美学""现象学心理学""历史现象学"和"现象学社会学"，等等。与这些学科交叉的硕果相比，"政治现象学"长久以来一直"含苞待放"。胡塞尔在初创时期就敏锐地意识到，建立"一门关于人和人的共同体的理性科学"是现象学的未来任务；德国现象学学会前主席黑尔德（Klaus Held）也强调，设立"一门相应的政治世界及其构造的现象学"乃众望所归。这种来自现象学大师的意见并未有效催生出政治现象学之花，也许有两个主要原因：在主观方面，无论是现象学哲学家还是政治学家，或因忙于各自学科的主流任务而无暇旁顾，或因学科之间差异巨大而临渊兴叹；在客观方面，"政治"无疑是迄今为止人类世界中最难测度的现象类型，对以"澄清"为目标的现象学来说是一个过于复杂的对象。但是，晚近出现的一些新情况，为政治现象学的蓬勃发展提供了有利契机。

近年来，在现象学哲学家集中关注政治生活中的伦理状况同时，政治学家们也致力于广泛而深入地反思政治学科的建设。实际上，亚里士多德早在两千多年前就曾指出："我们如果对任何事物，对政治或其他各问题，追溯其原始而明白其发生的端绪，我们就可获得最明朗的认识。"这不仅是一种具有政治现象学特征的"技术"，更是一种具有政治现象学意味的"思维"。不过，生长了两千多年的政治学之树，在20世纪以来迅速分化出了政治科学和政治哲学两大枝干，时至今日俱是枝繁叶茂、遮天蔽日，但也各指青天、罕相闻问。两者在知识体系、理论、方法乃至逻辑上日积月累，各自形成了若干特殊的偏好和设定，以至于有政治学者将其戏称为"政治算术"和"政治几何"。从某种偏好出发意味着未能直面现象之本质，而诸多设定的堆集则可能会造成概念的冗余和重负。以回到生活世界为旨归的现象学或能为开拓政治学研究的新路提供一些启示。由此，政治现象学的基本追求就可简单归结为两点：一是"补缺"，它在一定程度上接受"朝向实事本身"的现象学原则，以尽可能恰切地把握对象的种种属性；二是"减负"，它借用和改造"悬搁""还原"等现象学方法，归置和验证存在于对象内外的种种定见。

政治现象学处理的对象与现象学大相径庭，因此必须对现象学方法论进行一定程度的择取和改造。现象学主要研究人类经验如何在意识中得以呈现，面对的是意识构建的方式和状态；而政治现象学旨在描述、分析和解释人类的政治行为，面对的是丰富、生动的公共生活，要对之进行现象学式的悬搁和还原，难度非常之高。政治现象学方法的构建，除灵活借鉴现象学方法论的精髓和充分尊重政治学研究对象的特性之外，还需考虑到其在政治学领域内的可操作性——对于很多政治学者来说，现象学精深博大、晦涩难懂，似非学科交叉的良伴。但一些现象学家的意见帮助我们打消了这种顾虑，例如索科拉夫斯基（Robert Sokolowski）就认为，在使用现象学术语时不必拘泥于经典现象学家们的思考，也不要将这些术语束缚在僵死的文本中。恩布里（Lester Embree）从另一个角度指出，自称为现象学家的人应该记住"反思性分析"这一方法才是现象学之根，不要被所谓的"文献学"和"辩论癖"这两种"假冒物"所拖累。实际上，胡塞尔和海德格尔等现代现象学奠基者也曾多次强调，现象学在根本上是一门用于澄清和揭示事物之本质的"方法"。有鉴于此，我们认为，在政治现象学方法的构建中，应在三方面深虑远议。一是如何将"悬搁""还原"和"本质直观"等现象学方法运用于政治学研究，以增强对公共生活的描述精度；二是如何将现象学的意向性与政治学的实践感紧密结合，以提升对公共生活的质感体验；三是如何将公共生活中的对象置于"周围世界"进行"情境式"查探，以把握其意义建构的内容和方式。

"政治现象学"（political phenomenology）有两副面孔：一是现象学哲学领域中对于政治生活之伦理和逻辑的思考，2016年以来西方哲学界在此方面的研究有勃发之势，我们择要编入"政治现象学译丛"中予以介绍。二是政治学领域中借助现象学方法论对政治理论和实践展开的研究，本丛书的作者们便是在此道路上以不同的程度或方式运用现象学的思维、方法或理论等，对公共生活中的各种具象或抽象的对象展开研究。这些研究从某种意义上来说都是"未竟"的成果，指向了更为广阔的空间。这种永在其途的研究态势也合乎现象学方法的根本要求，恰如梅洛-庞蒂所言："现象学的未完成状态和它的步履蹒跚并不是失败的标志，这种情况是不可避免的，因为现象学的任务是揭示世界的秘密和理性的秘密。"的确，政治生活变得越来越复杂，政治学科自身也不断发展壮大，在这种"浮云遮望眼"之下，政治现象学或有可能是一种"明目剂"。当然，我们的探索离不开广大学界同仁和读者诸君的批评和支持——这也是政治现象学发展中不可或缺的要素之一。

张凤阳　王海洲

2022 年秋于南京大学仙林校区圣达楼

目 录

作者的话 _001

第一章　启幕：政治仪式研究的理论回溯与路径选择 _001

　　一、政治仪式研究的西方脉络 _010

　　二、当代中国的政治仪式研究 _021

　　三、政治仪式研究的政治现象学路径 _028

第二章　筹策：政治仪式中的权力与合法性 _045

　　一、政治仪式中的权力结构及其状态 _047

　　二、政治仪式中的权力生产原则 _063

　　三、从变动的权力流到恒常的合法性 _089

第三章　展布：政治仪式的外部环境与内部结构 _122

一、时势：政治仪式的外部环境 _123

二、景观：政治仪式的基本内置 _148

三、隐迹：政治仪式中的权力暗号 _187

四、边缘：政治仪式中的弹性地带 _209

第四章　操演：政治仪式的作用对象及其过程 _232

一、表层的身体及其规训 _234

二、里层的忠诚与信仰 _247

三、内层的生成与渲染 _262

第五章　改编：政治仪式中的变革者 _279

一、审查官的保守与激进 _281

二、主创者的理智与情感 _295

三、政治仪式中的"实力派"与"偶像派" _309

第六章　刻写：政治记忆与权力再生产 _325

一、政治记忆中的政治仪式 _326

二、雕琢权力 _335

三、日常生活中的刻写与反刻写 _343

第七章 检阅:政治仪式的理论观照与个案分析 _362

一、政治仪式的表象:剧场、观众和票房 _364

二、阅兵仪式的政治传播学 _380

三、阅兵仪式的政治现象学 _400

四、国庆阅兵中的权力宣展与合法性构建 _428

第八章 落幕:政治仪式的理论图式 _444

一、政治仪式的系统图式:象征权力的生成与转换 _446

二、政治仪式的场域图式:从权力工厂到合法性市场 _462

三、政治仪式的心理图式:基于政治情感和政治认知的权力分析 _480

余音:封闭性的结语与开放性的结语 _500

主要参考文献 _509

后记 _554

补记 _557

图 表

图 1.1　缪勒-莱尔错觉图　*008*

图 2.1　权力势能示意图　*051*

图 3.1　政治仪式的外部环境结构简图　*130*

图 7.1　天安门广场建筑平面图　*430*

图 8.1　政治仪式的系统图式　*454*

图 8.2　政治仪式的系统图式（简图）　*455*

图 8.3　再生产策略体系和生产类别映射图　*468*

图 8.4　政治仪式的场域图式　*471*

图 8.5　政治仪式的场域图式（简图）　*472*

图 8.6　政治仪式的心理图式　*491*

图 8.7　政治仪式的心理图式（简图）　*492*

表 2.1　政治价值位阶变化的权力作用表　*061*

表 2.2　政治仪式中政治参与水平简表　*077*

表 3.1　美国总统就职演说（1789—2009 年）关键词词频对比表　*194*

表 3.2　中华人民共和国成立 60 周年彩车游行与音乐对应表　*202*

表 7.1　五次国庆阅兵主要数据对比表　*384*

表 7.2　国庆阅兵的环境变化简表　*385*

表 7.3　国庆阅兵简要传播状况表　*392*

表 7.4　当代中国阅兵仪式中的仪式专家　*408*

表 7.5　国庆阅兵口号中以"万岁"结尾的用词　*416*

作者的话

七年前，本书有幸被列入"凤凰文库·政治学前沿系列"出版。当时为遮掩"前沿"二字引发的心虚感，我在"作者的话"中大言不惭地提道："本书是大国大陆第一本对政治仪式进行系统研究的作品。"短短七年中，学界关于政治仪式的研究已是蔚然成风，有200多篇高质量论文被"中国社会科学引文索引"（CSSCI）收录；更值得欣喜的是，很多年轻学子对此主题表达出了浓厚的热情：据"中国知网"（CNKI）的不完全统计，硕博士学位论文库中就有百余篇成果——其中有半数左右引用过本书。遥想十余年前，不少编辑为确定我的稿件该归属何种学科或栏目而犯难，而我也为说服他们相信它们属于政治学科且可能是一个有趣的方向而犯难。星霜倏忽，百味杂陈。在此，必须点赞、感谢和欢迎越来越多加入中国政治仪式研究的同行者，正是大家的勠力同心，将"前沿"变成了"前线"。如此良好态势令人有理由相信，"前线"成为"前进营地"和"根据地"自会水到渠成，更好的前景也非奢望……

现如今，本书又被列入"政治现象学研究丛书"再版。此举无论被视作改旗易帜，还是"王"郎才尽，皆为不美，甚伤颜面。读者诸君自是一目了然：最大的症结就在于，本书副标题中的"政治文化分析"和丛书名中的"政治现象学研究"似是两种理路，怎可混而言之。当然，只要我能够充分解释它俩实是"一家人"，那么改换门庭之事也就顺理成章了。事实也是如此,"政治现象学"正是当年写作该书时的"初衷";本书列入新丛书再版,不过是在主家自蛰伏中苏醒后的"认祖归宗"之举而已。

故事始于 2007 年前后,导师张凤阳教授和我敲定写作思路后,为副标题的贴切表述反复斟酌。我们之所以犯难,是因为在当时的政治学领域中,"政治仪式"是一个尚未得到系统处理又极为复杂的研究对象,传统的和主流的政治学方法论显得力有不逮。这迫使我不得不花大量时间用于探索更具适配性的研究方法和技术,最终形成了一个具有复合性的且带有折中意味的研究方案。在此姑且引用一段论文中的相关概述(脚注略去),虽稍显啰唆甚至有失精确,但可能有助于更为直观地显现出当时"难"之所在:

> 在主要通路的选择上,综合了"政治哲学"和"政治科学"的研究方式,包括前者对规范与价值的思辨分析和后者对实践与经验的实证分析。政治仪式既具有宏观的庞大结构,如一种政治仪式的历时性实践的总合,或某一具体社会环境中的共时性经验汇集;又具有微观的细小结构,如特定时空中某种具体的政治仪式,或政治仪式内里的某些具体的组成部分等。因此,在基础方法论上,我们采用具有摆动性的经验—规范方法论分析宏观结构,用具有统合性的解释—建构方法论分析微观结构。但是无论是纵观还是细察,都不局限于单一的具体分析方法,而是有选择地使用与政治仪式这一课题密切相关的三种次生的方法论进行讨论。主要是在结构—功能分析中使用动态、静态、复合形态的多态研究方法;在过程—系统分析中使用

封闭、开放和多层系统的研究方法;在实践—批判分析中,使用从表层到里层、再到内层的分层研究方法。

在随后的近万言中,我又继续对这种方法论的构建和应用等内容进行解释。以至于答辩时有位评委半开玩笑地指出,方法论的阐释的确不太"平易近人",但可能"个中有深意",或许未来会成为这篇论文的"隐藏宝箱"。这着实是善意的批评和鼓励,督促着我接续反思,以不断澄清方法论构建中的含混之处。不过,直到2016年该书出版时,虽已积十年之力,我仍无法完成这一艰巨的工作。于是,本着宁缺毋滥的想法,我完全剔除了方法论部分的内容,继续在副标题中留用了"政治文化分析"这一有些"万金油"式的表述。这确属无奈之举,不过也有一些优点:比如不太会诱发业内评家和读者的突兀感,而且由于在政治文化研究领域内一直缺乏统一而稳定的范式,反而令我多少获得了一种"解释权可以归作者所有"的自由度。

经过多年的探索和测试之后,在2018年左右,我们终于可以谨慎地将本书视作是一项政治现象学研究。这并不是临时起意或故弄玄虚,而是一条"回归之路"。在原先的方法论架构中,作为"基础方法论"的"解释学"便是以"现象学"为基,只是我当年缺乏足够的能力和意识将现象学的方法论很扎实地置入其中,仅在一处脚注中写道:**"或许在不远的将来,一种可称为'政治现象学'的研究路径和研究范畴,能够进一步深化对政治意义……的理解和应用。"** 这应该是我们团队首次在纸面上使用"政治现象学"的表述。[1] 这并不是我个人"灵光一现"的产物,在此之前,我们已经

---

[1] 较为可惜的是,当时未能"睁眼看世界":国际现象学哲学研究领域已围绕此概念做出了一些初步的探索,虽然也未引发广泛关注;此外,他们的研究也多聚焦于政治伦理学议题,还无力处理政治生活中的具体实践。

自发地在政治学领域中运用朴素的现象学思维展开了多项研究。例如早在2004—2005年间写作《政治哲学关键词》[1]时,张凤阳教授就不断提醒所有作者,"要像第一次看到这个词一样"对待那些熟识的词条。几年后,我写作《合法性的争夺:政治记忆的多重刻写》[2]时,更为集中地使用该方法,从反复琢磨和把握自己的记忆体验开始,回到日常政治生活之中去描述、分析和解释政治记忆在合法性建构中的作用;此外,在讨论诸如"话语"和"身体"等具体议题时,也指出了现象学思维或方法有助于从根本上揭示这些议题的政治意义。这些虽然粗糙但不无自觉的现象学探索,后来都再次落在了对政治仪式的研究之中。[3]

概言之,"政治现象学"不仅是本书在方法论上的初衷,也是对我们团队长久以来研究方法的一种合宜的凝练。更为重要的是,我们逐渐发现"政治现象学"具有成为一种基础方法论的巨大潜力,对于拓展和深化整个政治学研究都大有裨益,值得呼吁更多的同行一起努力。在我们决定正式使用"政治现象学"这一表述之后,我们才发现国际学界在2016年和2017年连续出版三部相关文集,不得不说这是一种美妙的巧合。不过,西方学界的政治现象学研究主要是从哲学现象学的角度去关注政治生活,研究的是诸如政治伦理和政治价值等规范性议题——我将之称为政治现象学的"第一副面孔";而我们更希望站在政治学的领域和角度上,能够通过借用和改造现象学思维和方法,对政治生活中所有类型的具体实践和抽象

---

[1] 张凤阳等:《政治哲学关键词》,南京:江苏人民出版社2006年版。
[2] 王海洲:《合法性的争夺:政治记忆的多重刻写》,南京:江苏人民出版社2008年版。
[3] 更为细致的介绍可参见王海洲《政治学视域中的政治现象学》,载《南京大学学报(哲学·人文科学·社会科学)》2019年第1期。

理念展开具有竞争性的澄清或再发现工作——这便是政治现象学的"第二副面孔"。[1]

同时，我们还乘着加强中国哲学社会科学话语体系建设和深化中国特色政治学研究的东风，经过精心筹备，在南京大学举办了第一届政治现象学研究学术研讨会，来自政治学、社会学和哲学等多个学科的海内外学者给予了热情支持。在初始阶段，任何向前迈进的步伐都是对终点的朝向，这也是现象学最基本的洞见之一。所以，在此意义上，政治学者但凡能够在研究对象的描述、分析和解释中更清晰一些，都可以算作是一种政治现象学的研究。正如我在一次会议中所言："以学术为志业的政治学家们都天然地、也必然地是政治现象学家。"这种观点也在一定程度上打消了很多政治学界同仁的"误解"，以为不系统地掌握现象学哲学的知识和理论，就不足以谈论政治现象学。此后每届年度研讨会都会吸引众多新朋旧友的参与，成为学者们交流和印证政治现象学研究心得的盛会。经过数年的努力，政治现象学研究的花园里可谓绿意盎然、百花待放——希望这本书若干年后还能有幸遇到一两个读者，更希望他/她那时看到的是一个花开满园的葳蕤景观。

在正式擎起政治现象学的旗帜之后，我们得到了江苏人民出版社的大力支持，得以顺利筹划和出版"政治现象学丛书"和"政治现象学译丛"。在列入丛书的首批专著中，除了我的旧作之外，都是团队骨干成员的新作。这些专著虽然在处理的具体议题上差异很大，但相关描述和分析都在不同程度上接受和体现了现象学思维的熏陶。作为最早的"受熏者"，本书如何、以及以何种面貌再现，

---

[1] 参见王海洲《政治现象学：理论脉络与研究方法》，载《探索与争鸣》2019 年第 10 期。

曾令我纠结不已。运用近年来关于政治现象学理论和方法的最新探索，以全新的研究策略重新把握政治仪式，当然是最为理想的方案。不过，限于时间和精力，这一无异于重塑全书的高难度"四级手术"，只能留待未来或者他人来完成了。唯一可选的方案就是使用"微创"的方式，对局部位置实施简单的"一级手术"。具体来说，我在不同部位施行了三个术式。第一，在第一章"启幕"中增补关于政治现象学方法论的基本内容，并探讨如何将该方法运用到政治仪式的研究之中。第二，在第七章"检阅"中增补了一节，放入了我近年来关于阅兵仪式的最新研究。第三，为提高可读性，增加了一些图片，主要来自我个人拍摄的照片，以及一些不涉及版权的艺术作品。此外，我也借机重新审校全文，修改若干错谬或欠妥之处。这些更新并未动摇初版的主体结构和核心观点，而且基本上保持初版的模样是一个修订版应有的"礼貌"。所以，本书大致算是初版的1.1版本，而非2.0版本。也正因如此，初版中的"作者的话"大体上仍然适用，稍作删改后将部分内容兹录于下：

  抬头仰望政治学的天空，政治仪式只是一颗星等较高的星辰，在穹顶边缘散发着微弱的光芒。我们唯有用大口径天文望远镜去观测它时，方可欣赏到它那流光溢彩的迷人姿态，并感叹其浩瀚无垠的广博疆域。读者诸君如果在掩卷后能道一句，镜片清晰、所见欣喜，便可算是本书未负原先设定的基本目标。或许我期望过高，毕竟本书的主体是政治仪式的基础理论，与大多数仪式研究著作相比，既缺乏一以贯之的生动案例，也未采撷古今中外的奇闻趣事。在此，先行向那些因购买和阅读本书而蹙眉不已的读者致谢和道歉。唯一能够给予诸君以些许安慰的是，本书是中国大陆，如果不说华语世界的话，第一本对政治仪式进行系统研究的作品，希望这个"第一"能够多少发挥点减缓贬值的作用。

人类学家早期对仪式的大量研究塑造了一种刻板的印象：仪式是传统的仆人，随着主人的消亡也一并殉葬。我们需要改用卢梭的一个句式："人是天生的政治动物，却无往不在仪式之中。"在此，"人"不仅包括传统的人，也包括现代的人，乃至未来的人。仪式不是任何时代的仆人，而是它们最为亲密的家庭成员。只要存在以权力关系为内核的政治社会形态，政治仪式就会一直存在。它虽然平时不显其名，但从来都是参与权力活动的积极分子。

围绕政治仪式与权力生产和再生产的关系，本书力图回答一系列前后相关的问题：为什么我们需要政治仪式？其基本动力是什么？政治仪式生存在怎样的环境之中？它的内部结构是怎样的？政治仪式依靠何种机制得以操演？谁又会对其变革负责？政治仪式如何通过记忆留刻在社会生活中？我们是否可以为理解政治仪式构建几种基本图式？我们不欲在有限的字里行间罗列出这些问题的答案，一则是因为这都是一些"巨大"的问题，解答也自然非常复杂。二则是因为即便给出了答案，也会营造出一种先入为主的简化印象，从而破坏或剥夺读者在政治仪式星球上游览的乐趣。

最后需要强调的是，本书至多是一本"政治仪式观测指南"，而不是"政治仪式专家培训手册"，遑论"政治仪式大全"了。经常有人问我,你知道某某仪式吗?我说,不好意思,不太清楚。一般紧接着的问题是,你不是研究仪式的吗?哑口无言的我的确感到有些羞愧,我将其视作一种强有力的告诫和督促。一方面让我明白,本书一定存在着很多局限性;另一方提醒我,还有极其广袤的空间值得去探索和思考。

"政治仪式"堪称我学术生涯中的"母题",在完成此作后自然需"游必有方":2010年,启动作为政治仪式之意义核心的"政治象征"的研究;2013年,集中关注作为重要政治象征类型的"国家形象";2016年,将记忆、仪式和象征等议题统一纳入"政治认同"的理论框架之中予以观察;2018年,为深入探寻政治认同的本质,依托"政治现象学"为政治学研究配置新的基础方法论;2020年起,着力推进前述理论和方法在国家治理实践中的应用……回望来路,可谓"半生踪迹任浮沉",已逾"不惑",仍积惑未解;即临"知命",宜顺命而为。毕竟学者皆以有涯之生而渡无涯之海,方法如舟楫、理论如航路、议题如岛礁,诸物事之大小和数目必有所限。或许是愚蠢的人总爱找借口,此番改动肯定无法掩饰此次"升级"工作的仓促,对于书中留存的诸多不足,我谨向读者诸君致以诚挚的歉意,也请继续不吝赐教!

第一章

启幕

政治仪式研究的理论回溯与路径选择

2008年5月19日4时57分,在天安门广场例行的升旗仪式中,国旗升到顶端后缓缓降至距杆顶三分之一处。中央电视台新闻播音员沉重地说:"这是中华民族以国家的名义、庄严的仪式,向数万遇难者表达最高的祭奠。共和国的国旗缓缓而降,罹难者生命的尊严冉冉升起,以人为本的国家品格,提升到了新的高度。"[1] 下半旗仪式拉开了全国哀悼日的序幕,"为表达全国各族人民对四川汶川大地震遇难同胞的深切哀悼,国务院决定,2008年5月19日至21日为全国哀悼日。在此期间,全国和各驻外机构下半旗志哀,停止公共娱乐活动,外交部和中国驻外使领馆设立吊唁簿。5月19日14时28分起,全国人民默哀3分钟,届时汽车、火车、舰船鸣笛,防空警报鸣响。"[2] 这一天,在举国沉寂之时,开始了"5·12"大地震的"头七","在'头七'之日设立哀悼日,首先因为这是我国民间的风俗,先秦时就已开始用这种形式祭奠和纪念逝者。其次是7天过去了,这是一个承上启下的时间,可以腾出一点时间来安抚失去亲人的人们,来凝聚全国的人心,继续留下希望,驱走悲伤的阴影。"[3] 这3分钟的举国默哀,是"人类历史上最大规模的哀悼仪式"[4]。行动的停止(肃立),使得13亿人被置放在一个无区隔、无障碍的统一空间中;用无生命的物声(鸣笛和警报)替代鲜活的人声,意味着无视人类时间的流逝,从而消除了

---

[1] 中央电视台:《全国哀悼日 向数万遇难者表达最高的祭奠》,http://space.tv.cctv.com/video/VIDE1242034081932672,访问日期:2009年10月20日。
[2] 国务院办公厅:《国务院公告》,http://www.gov.cn/zwgk/2008-05/18/content_981560.htm,访问日期:2009年10月20日。
[3] 葛剑雄:《建议以5月19日为全国哀悼日》,载《南方都市报》2008年5月16日,A02版。
[4] 新华网:《新华视点:哀悼日,彰显公民尊严》,http://news.xinhuanet.com/newscenter/2008-05/22/content_8223911.htm,访问日期:2009年10月22日。

生与死的界限。唯一可以移动的人是摄影师和摄像师，他们将一场浩大的仪式呈现在报纸、电视和网络等所有媒体上，通过镜头讲述了一则庄重的"国家故事"。其中，电视重播和网络留存使得这场短暂的仪式能够一再上演，每一次观看都意味着观众用"失去的3分钟"跨越时空的界限，加入2008年5月19日下午的举国默哀中。

中国于2008年首次设立的"全国哀悼日"继承了中国古老的志哀仪式的传统，将国家和民族的历史与现实融合在同一时空中。同时，它作为一种重要的政治仪式，对国家的政治生活产生了巨大而深远的影响。在国内，它集中地反映出重灾之后的国家面貌："以国民的生命危机为国家的最高危机，以国民的生命尊严为国家的最高尊严，以整个国家的力量去拯救一个一个具体的生命，一个一个普通国民的生命。"[1] 在国外，即使惯于持批评态度的媒体也部分地改变了自己的看法："面对摧枯拉朽的劫难，在地震的废墟中显现出一点亮光。中央政府在四川采取的行动令外部世界刮目相看，使得中国更多地被视作一只强壮但富有同情心的熊猫，而不是一条具有威胁性的龙。"[2] "全国哀悼日"在政治文化、政治制度和政治价值的塑造、宣传和发展中都取得了极大的成功。这场持续3天的仪式成为2008年中国社会的一个核心事件，以一种剧烈而沉重的方式留刻在世界、国家和个人的记忆之中。

---

[1]《南方周末》编辑部：《汶川震痛，痛出一个新中国》，载《南方周末》2008年5月22日。
[2] Kent, Jo Ling (2008 June 3), "From Dragon to Panda: a New China?" *ABCnews*, http://abcnews.go.com/International/Weather/story? id = 4986396, 访问日期：2009年10月25日。

2008年在中国大地上举行的"全国哀悼日"活动，其规模之大，在古往今来所有的政治仪式中无出其右者。什么是政治仪式？政治仪式有何作用？"全国哀悼日"活动本身给出了一个简单而直观的答案。它的举办者是政党和政府等最具政治权力的行为体，在程序、时间和空间上遵循与日常生活完全不同的规则，借助具有丰富象征意义的事物和行为，对参与者和观众的政治情感、态度和价值观念等产生巨大的影响力。更为值得注意的是，这种政治仪式成为运作和维持国家权力系统，或者说进行权力生产和再生产的一种特殊方式，从而塑造和维护了权力系统的政治合法性。事实上，并非只有诸如"全国哀悼日"活动这样大型的政治仪式才具有如此作用，几乎所有规模和形式的政治仪式都具有生产和再生产政治权力以及构建政治合法性的功能。政治仪式不仅包括国家祭祀、诸国会盟和国王加冕等难得一见的重大活动，也包括宣誓就职、游行集会和党政会议等日常性政治活动，还包括发挥出一定的政治作用和意义，具有丰富仪式性特征的各类社会、经济和文化活动……没有政治仪式的世界真是难以想象！

不过，政治仪式在人类经验世界中的极端重要性，并不能遮掩它在理论研究中的尴尬处境。大卫·科泽（David Kertzer）在1988年出版的《仪式、政治与权力》中写道："人类学研究多关注那些居住在小型社会（small-scale society）中的'原始人'的政治组织，而并不关心政治仪式问题。历史学家们虽然在过去几十年中作出了许多很有价值的相关研究，但政治仪式往往被读者们当作传统孑遗，也未受到重视。一些政治学家对现代政治生活中理性的'政治人'模式这一经典假设提出了质疑，不过关于政治仪式的研究依旧匮乏，并且为学科的主流所忽视。"[1] 这一论断至今依然不需要作出太大的修改。作为人类学家，科泽并没有直接为政治学中的仪式研究指明出路，这是政治学家应该完成的任务。

要在理论上呈现出政治仪式研究的政治学意义，莫过于从政治学最为核心和特殊的概念出发去观察政治仪式。政治学作为一门独立的学科无疑含有一些最基本的概念，无论以何种方式或标准进行剔选，"权力"一词都必在其中。在回答何为"政治"的问题上，伊斯顿（David Easton）强调政治是"对社会价值的权威性分配"，达尔（Robert Dahl）则认为政治是"事关权力、权威和控制力的一系列活动"。[2] 按照罗斯金（Michael G. Roskin）的解释，诸如权威或者"合法性"这些术语都"可以归于一个标题之下——政治权力"。[3] 格伦·蒂德（Glenn Tinder）更为直白地认为：权力是"政治的主要课题"，"政治就是权力的使用"。[4] 我们并不认为权力是观察政治现象的唯一道路，只是认为这是一条极其重要的能够彰显政治学特殊性的道路，它在政治仪式的理论研究中至少具有三大优越性。第一，政治学领域中已对权力作了充分的研究，能够为政治仪式的相关分析提供稳定而有效的理论支持。第二，从政治学的核心概念去观察人类学的核心概念，有利于政治学研究中有关仪式分析的基础理论的构建。第三，人类学、社会学、历史学和心理学等学科从权力角度讨论仪式所得到的成果及其比较研究，亦有助于政

---

[1] ［美］大卫·科泽：《仪式、政治与权力》，王海洲译，南京：江苏人民出版社2015年版，前言第2页。（本书参考文献版本均为第一次注释时所注版本，下文不再一一标注。）
[2] 参见俞可平《政治与政治学》，北京：社会科学文献出版社2003年版，第2页。
[3] 参见［美］罗斯金等《政治科学》，林震等译，北京：华夏出版社2000年版，第9页。
[4] 参见［美］格伦·蒂德《政治思维：永恒的困惑》，潘世强译，杭州：浙江人民出版社1988年版，第76—77页。

治仪式的权力分析。

在为政治仪式研究选择了观察角度后,还需要为其选择一个合适的观察背景。人类学家普遍地认为仪式是一种"体现社会规范的、重复性的象征行为"[1]。在仪式研究的理论脉络中,文化成为研究这种象征系统的最为显赫的背景。[2] 这启发我们可以在政治文化视域中研究政治仪式。事实上,政治文化这一概念原本就与人类学和社会学有着先天的亲近感。在阿尔蒙德(Gabriel Almond)的经典研究中,政治文化概念"表示的是特殊的政治取向,即对政治系统和系统各个部分的态度,以及对系统中自我角色的态度",它"能使我们运用人类学、社会学和心理学的概念框架和研究方式",扩展我们对政治的理解能力。[3] 半个多世纪以来,政治文化在政治学领域中逐渐获得了独立地位,并成为一种重要的分析方法。虽然政治文化的内涵发生了种种变化,但主要范畴并没有发生实质性的

---

[1] [美]大卫·科泽:《仪式、政治与权力》,第 11 页。
[2] 1871 年,爱德华·泰勒首开人类学文化研究的先河;1969 年,维克多·特纳指出仪式和象征隐秘地强调了人类文化结构的"中心法则的公理意义";1973 年,克利福德·格尔茨奠定了对仪式进行文化研究的基本理论模式,指出唯有对象征行为的理论分析和对社会、心理活动的理论分析同样深入,才能有效理解各类象征行为;1992 年,凯瑟琳·贝尔对此总结道:"在某种程度上,仪式的特征不管被界定为'热情至上'(促成集体主义)还是'形式主义'(促成传统的再现),仪式一直被解释为一种有关社会文化的整合、占有或变革的机械论意义上离散的和范式化的方式。"分别参见[英]维克多·特纳《仪式过程:结构与反结构》,黄剑波、柳博赟译,北京:中国人民大学出版社 2006 年版,第 47 页;[美]格尔茨《文化的解释》,韩莉译,南京:译林出版社 1999 年版,第 153—154 页;Bell, Catherine(1992), *Ritual Theory, Ritual Practice*, New York: Oxford University Press, p.16。
[3] 参见[美]阿尔蒙德、西德尼·维伯《公民文化——五个国家的政治态度和民主制》,徐湘林等译,北京:华夏出版社 1989 年版,第 14—15 页。

变化。[1] 感觉、信念、价值和态度以及它们组成的系统和它们赖以存在的环境,共同组成了政治文化的主体结构,这些元素是把握象征这一游移不定的对象所不可或缺的定位仪。透过政治文化,可以探讨一系列议题:政治仪式和信仰、忠诚之间的关系,政治仪式对价值观尤其是意识形态的宣展具有何种功用,政治仪式反映出何种国家公民文化状况,以及政治仪式和国家政治生活的变动有何关联等。将政治仪式置于政治文化的庞大网络中(政治仪式本身就是一个规模虽小但系统特征完备的政治文化网络),是厘清其复杂表现、挖掘其深藏意义的一种积极尝试。

政治文化具有某种"整体性"特征,[2] 通常在一个政治系统中呈现出"同质性"(homogeneity)倾向,[3] 但这种同质性中也存在诸多"杂质"。比如当代国家通常是多民族国家,而民族国家"文

---

[1] 这可以通过对比几组简单的定义得知。阿尔蒙德认为:"政治文化是各种政治态度、价值、感觉、信息和技能的独特分布。"西德尼·维伯将这些独特分布视作一个体系,具体内容并没有多少变动:政治文化是"由得自经验的信念、表意符号和价值观组成的体系,这个体系规定了政治行为所发生的主观环境"。罗斯金等人虽然注意到不同国家之间的政治文化的巨大差别,但在定义上仍是"原教旨"式的:"有关政治系统的信念、象征、价值就组成了一个国家的政治文化……简单地说,政治文化就是一个民族关于政治生活的心理学。"迈耶对传统的定义作了一定的扩充,但仍然强调态度、观念和价值:"政治文化包括以下这些属性:对权威的态度;对真理的信仰或观念;决策方式上的教条主义和实用主义;对于热爱、疏远、拒绝、信任或猜疑等行为的感觉;认识和见闻;和一些基本的价值观念。"分别参见[美]阿尔蒙德、[美]小鲍威尔《当代比较政治学——世界展望》,朱曾汶、林铮译,北京:商务印书馆1993年版,第51页;Pye, W. L. and S. Verbe S. (eds.)(1965), *Political Culture and Political development*, NJ: Princeton University Press, p.513;[美]罗斯金等《政治科学》,第130页;[美]迈耶,伯内特,奥格登:《比较政治学:变化世界中的国家和理论》,罗飞等译,北京:华夏出版社2001年版,第16页。

[2] 参见 Pye, W. L., and S. Verbe S. (eds.)(1965), p.8。

[3] 参见[美]阿尔蒙德、[美]西德尼·维伯《公民文化——五个国家的政治态度和民主制》,第16页。

化的培养和创造……是对特定历史、特定族群文化的某种继承，因而本身就难免存在异质性的因素"；同时，"以某一个民族的祖先意识为主的文化符号具有相对排他性"，[1] 所以，国家意义上的政治文化和民族意义上的族群文化如何共生就成为一个巨大的问题，那些具有民族特征的政治仪式就成为两种文化相互碰撞的重要场所。碰撞会促成调和还是激化冲突，要视具体情况而定。政治文化的这种在宏观同质性下隐藏着多种异质性因素的特征，一方面提醒我们，要关注与其具有种种"共用地带"以及具有同质性的政治制度、公民文化、国家精神和族群文化等价值系统，它们都能够对政治仪式产生影响；另一方面也让我们注意，政治仪式作为内在于政治文化的子系统，在异质性和同质性选择上兼具可能性，它既能促进文化整合，又能刺激文化分歧。就此而言，政治文化也可以为政治仪式研究提供一些思想和理论资源。当然，对于本书而言，政治文化主要是被作为政治仪式的背景。

有效地识别背景并不是一件容易的事情。背景虽然能够给予事物以必需的容身之处，但也往往会令事物自身的界限变得模糊。人类的知觉具有一种自行完形的能力，会先入为主地"相信"背景的设置，从而忽视真相。例如在缪勒-莱尔（Franz Carl Müller-Lyer）错觉图中（参见图1.1），不同朝向的箭头作为两个线段的"背景"，在视觉上令两个实际上等长的线段产生了差异。梅洛-庞蒂（Maurece Merleau-Ponty）就此指

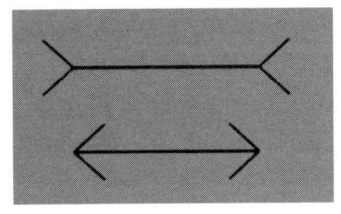

图1.1 缪勒-莱尔错觉图

---

[1] 参见纳日碧力格《"民族"的政治文化评析：人类学视野》，载《民族研究》2000年第2期。

出:"每一条线都有各自的背景,好像它们不属于同一个世界。"[1] 背景和事物之间如此简单的关系尚会形成错觉,遑论极为复杂的政治生活了。所以,如何有效地将政治仪式从其观察背景政治文化中清晰地识别出来,并不是一项无意义的、简单的任务。现象学(phenomenology)思维和方法能够为完成这一任务提供重要的助力。首先,在现象学看来,包裹在事物之外的任何信息(背景)都"不是"该事物"本身",但偏偏它们如同上图的箭头一样,令我们在把握事物时产生了偏差。对此,现象学提出,要尽可能地将事物所有的"外部"信息都先悬搁起来留待验证。唯有通过验证的信息,才不会成为识别事物时的误导性知识。所以,我们需要澄清作为背景的政治文化。其次,事物又何尝不是其背景的背景,也就是说,背景与事物之间实际上是一种互为背景性的关系。那么,政治仪式本身也需要如其背景般被检验。更为重要的是,除却其丰富无比的政治文化背景之外,政治仪式自身内含的环节、结构和功能等等信息也极为繁杂,要达至其本质还必须拨开这些信息所构成的重重迷雾。这一澄清政治文化背景和政治仪式本身的现象学路径,最终需要研究者去铺设和探索。研究者如何始终坚定地"朝向事物本身",并且面对"永远无法完全确定的视域"心怀坚毅和坦然,才是最大的挑战。[2]

---

[1] 参见[法]梅洛-庞蒂《知觉现象学》,姜志辉译,北京:商务印书馆2001年版,第26页。
[2] 两处引文分别参见[德]胡塞尔《纯粹现象学通论——纯粹现象学和现象学哲学的观念第1卷》,李幼蒸译,北京:中国人民大学出版社2014年版,第33页;[德]埃德蒙德·胡塞尔《现象学的方法》,倪梁康译,上海:上海译文出版社2016年版,第20页。

一、政治仪式研究的西方脉络

在人类学诞生之初，仪式就是其基本研究主题之一。这一任务主要由早期专注于"神话—仪式"研究的"剑桥学派"完成，被称作"人类学之父"的爱德华·泰勒（Edward Taylor）通过研究原始社会的人类生活及其文化状态，提出了"万物有灵观"的概念，指出仪式是呈现或崇拜万物之灵的重要方式，与教义一同构成了宗教体系的主体。[1] 弗雷泽（James Frazer）承继此论并进一步强调，仪式不仅在被动的意义上体现出人的敬畏之心，同时在主动的意义上体现出人具有力图去控制自然或事物的欲望和信心。[2] 涂尔干（Émile Durkheim）开创性地在社会背景中讨论宗教仪式，认为仪式能够"激发、维持和重塑"社会性的群体生活。[3] 涂尔干的这一论断可能受其历史学导师库朗热（De Coulanges）的相关研究的影响。[4] 马林诺夫斯基（Bronislaw Malinowski）在一定程度上赞同涂尔干的观点，[5] 他与拉德克利夫－布朗（Alfred Radcliffe-Brown）、列维－斯特劳斯（Claude Levi-Strauss）等人主导的"结

---

[1] 参见［英］爱德华·泰勒《人类学——人及其文化研究》，连树声译，上海：上海文艺出版社1993年版，第350页。

[2] 参见［英］弗雷泽《金枝》，徐育新、汪培基、张泽石译，北京：新世界出版社2006年版。

[3] 参见［法］爱弥尔·涂尔干《宗教生活的基本形式》，渠东、汲喆译，上海：上海人民出版社1999年版，第8页。

[4] 库氏曾指出："古代城邦中的城市构建、寺庙祭祀、公共集会以及治兵振旅等活动都留有仪式的印记，其原因在于这些活动都与宗教有关。"参见 De Coulanges and Numa Denis Fustel(2001), *The Ancient City : A Study on the Religion, Laws, and Institutions of Greece and Rome*, Kitchener, Canada: Batoche Books, p.136.

[5] 参见［英］马林诺夫斯基《巫术、科学、宗教与神话》，李安宅译，北京：中国民间文艺出版社1986年版，第9页。

"构—功能"分析成为人类学的主流路径,[1] 同时对后世关于仪式之政治功能的研究产生了重要影响。

在严格意义上,系统性的仪式研究始于盖内普(Arnold van Gennep),他首次将"阈限"(liminality)概念引入仪式分析。[2] 维克多·特纳(Victor Turner)在此基础上创设了"交融"(communitas)概念,将社会视作一种过程,而仪式起着稳定社会结构的作用,它所包含的种种象征代表着社会"结构的秩序,以及秩序所依靠的价值与美德"[3]。两者的特殊分析框架在人类学仪式研究中占据着极其重要的地位,成为被经常引用的经典理论范式。[4] 与此同时,人类学也逐步关注政治议题。马塞尔·莫斯(Marcel Mauss)早在20世纪20年代就已经注意到政治学在人类学研究中的重要性,认为通过研究总体的人类行为和完整的社会生活,"能够审视、估量、权衡各种审美的、道德的、宗教的和经济的动机以及各种物质和人口的因素",而政治学正是对这些动机和因素进行有意识的指导的"最高超的艺术"。[5] 随后兴起的政治人类学为在政治生活中讨论仪式提供了大量文本,但关注的重点是原始社会、部族

---

[1] 如拉德克利夫-布朗认为仪式的重要功能就是建立和维持社会的正常秩序,列维-斯特劳斯也认为仪式在凝结个体情感、保证群体结构团结和持久中发挥着重要作用。参见[英]拉德克利夫-布朗《社会人类学方法》,夏建中译,北京:华夏出版社2002年版;[法]列维-斯特劳斯《图腾制度》,渠东译,上海:上海人民出版社2005年版。

[2] 参见 van Gennep, Arnold(1960), *The Rites of Passage*, London: Routledge and Kegan Paul.

[3] [英]维克多·特纳:《仪式过程:结构与反结构》,第51页。

[4] 参见[美]菲奥纳·鲍伊《宗教人类学导论》,金泽、何其敏译,北京:中国人民大学出版社2004年版,第209页;[意]马里奥·佩尔尼奥拉《仪式思维》,吕捷译,北京:商务印书馆2006年版。

[5] 参见[法]马塞尔·莫斯《礼物——古式社会中交换的形式与理由》,汲喆译,上海:上海人民出版社2005年版,第183—184页。

群落或者后进国家之中的政治生活，主题集中在非国家和无政府的群体性生活的权力分配上，如埃文斯-普理查德（Evans-Pritchard）和埃德蒙·利奇（Edmund Leach）相对独立地立足田野调查研究了政治权力和权威的来源与分配问题。[1] 前者受到其师拉德克利夫-布朗的结构功能主义的影响，后者则发展了"动态的结构主义"。[2] 包括他们在内的大多数政治人类学家在分析仪式时基本上秉承了这一脉络，尤其重视原始社会或所谓的后进国家中的王权建设及其维护问题。在其中，学者们发现了仪式面对各种政治社会的结构性冲突时具有恢复稳定的特殊功能。[3] 近几十年来，西方政治人类学除了延续一些传统仪式研究之外，[4] 逐渐将眼光转向现代政治制度中出现的各种问题，主要对正式政治组织中的一些非政治力量以及个

---

1 参见 Fortes, M., and E. E. Evans-Pritchard(eds.)(1946), *African Political Systems*, London: International African Institute；[英]埃文思-普里查德《努尔人》，褚建芳等译，北京：华夏出版社 2002 年版；Leach, E. (1964), *Political Systems of Highland Burma*, New edn., London: G. Bell。

2 参见[法]巴朗迪埃（George Balandier）《政治人类学》，徐正光译，台北：黎明文化 1979 年版，第 11 页。

3 参见[法]巴朗迪埃（George Balandier）《政治人类学》，第 98 页；Gluckman, M. (1963), *Order and Rebellion in Tribal Africa*, London: Cohen & West Press; Bowie, K. A. (1997), *Rituals of National Loyalty : An Anthropology of the State and the Village Scout Movement in Thailand*, New York: Columbia University Press。

4 参见 Weber, W. (1989), "The 1784 handel commemoraion as political ritual," *The Journal of British Studies*, No. 1, pp. 43 - 69; Schnell, S. (1995), "Ritual as an instrument of political resistance in rural Japan," *Journal of Anthropological Research*, No. 4, pp. 301 - 328; Hughes, Michael L. (2008), "Splendid demonstrations: The political funerals of Kaiser Wilhelm I and Wilhelm Liebknecht," *Central European History*, Vol. 41, pp. 229 - 253; Van Praet, Ellen(2010), "The dual voice of domination: Ritual and power in a British embassy," *Text & Talk*, Vol. 30, No. 2, pp. 213 - 233; Katherine, McComas, John Besley, and Laura Black (2010), "The rituals of public meetings," *Public Administration Review*, Vol. 70, Iss. 1, pp. 122 - 130。

人和各类组织之间的政治关系进行了研究。[1] 政治人类学的边界也随之扩展到一个日益模糊的范围中，对政治仪式的专题性研究主要集中在四个方面：一是现代社会中与政治人物相关的政治仪式，包括任职加冕、宣誓效忠和葬礼等；[2] 二是与政府、政党和政治利益团体等政治组织相关的政治仪式，包括大型庆典、党派竞选和政治集会等；[3] 三是社会冲突或政治斗争中的仪式应用与变革；[4] 四是与包括国家认同、民族认同和政治价值认同在内的各种政治认同相

---

[1] 参见董建辉《20世纪后期国外政治人类学研究的趋向》，载《国外社会科学》2003年第1期。

[2] 参见 Tumarkin, N. (1983), "Political ritual and the cult of Lenin," *Human Rights Quarterly*, No. 2, pp. 203 – 206; Abeles, M. (1988), "Modern political ritual: Ethnography of an inauguration and a pilgrimage by president Mitterrand," *Current Anthropology*, No. 3, pp. 391 – 404; Cheater, A. P. (1991), "Death ritual as political trickster in the People's Republic of China," *The Australian Journal of Chinese Affairs*, Iss. 26, pp. 67 – 97; Nahmod, Sheldon(2004), "The Pledge as sacred political ritual," *William & Mary Bill of Rights Journal*, Vol. 13, Iss. 3, pp. 797 – 819。

[3] 参见 Ross, H. M., and R. Joslyn, R. (1988), "Election night news coverage as political ritual," *Polity*, No. 2, pp. 301 – 319; Lipari, Lisbeth(1999), "Polling as ritual," *Journal of Communication*, Vol. 49, pp. 83 – 102; Rai, Shirin. (2010), "Analysing ceremony and ritual in parliament," *Journal of Legislative Studies*, Vol. 16, No. 3, pp. 284 – 297; Spary, Carole. (2010), "Disrupting rituals of debate in the Indian Parliament," *Journal of Legislative Studies*, Vol. 16, No. 3, pp. 338 – 351; Lovenduski, Joni. (2012), "Prime Minister's questions as political ritual," *British Politics*, Vol. 7, No. 4, pp. 314 – 340。

[4] 参见 Hooglund, M. (1982), "Religious ritual and political struggle in an Iranian village," *Islam and Politics*, No. 102, pp. 10 – 17; Bendix, R. (1992), "National sentiment in the enactment and discourse of Swiss political ritual," *American Ethnologist*, No. 4, pp. 768 – 790; Tannenbaum, N. (2000), "Portest, tree ordination, and the changing context of political ritual," *Ethnology*, No. 2, pp. 109 – 127; Peteet, Julie(2009), "Male gender and rituals of resistance in the Palestinian *intifada*: a cultural politics of violence," *American Ethnologist*, Vol. 21, （转下页）

关的政治仪式。[1] 虽然就此不得不承认，政治人类学和政治学之间的区别显得难以辨清，但两者之间仍存在明显差异：首先，"前者适用于了解那种很难将政治与其他现实区分开来的社会"，"只对政治生活的传统方面感兴趣"；而后者"适用于当代社会，其中政治有其明确的范围"。[2] 其次，政治人类学对权力的研究主要关注的是其运作过程；而政治学除此之外还关注权力运作的发生机制、逻辑推演和系统评估等方面。

文化人类学和文化研究并驾齐驱，一同扩展了政治仪式研究的对象和范畴，两者都将仪式视为一种象征系统或符号系统，探讨仪

（接上页）No. 1, pp. 31-49；Podeh, Elie(2010), "From indifference to obsession: The role of national state celebrations in Iraq, 1921-2003," *British Journal of Middle Eastern Studies*, Vol. 37, No. 2, pp. 179-206; Kampf, Zohar, and Nava Löwenheim (2012), "Rituals of apology in the global arena," *Security Dialogue*, Vol. 43, pp. 43-60。

1 参见 Marvin, Carolyn, and Daid Ingle (2003), *Blood Sacrifice and the Nation : Totem Rituals and the American Flag*, Cambridge: Cambridge University Press; Papadakis, Y. (2003), "Nation, narrative and commemoration: Political ritual in divided Cyprus," *History and Anthropology*, No. 3, pp. 253-270; Casquete, Jesus (2006), "Protest rituals and uncivil communities," *Totalitarian Movements and Political Religions*, Vol. 7, No. 3, pp. 283-301; Foret, François (2009), "Symbolic dimensions of EU legitimization," *Media Culture Society*, Vol. 31, No. 2, pp. 313-324; Verkaaik, Oskar (2010), "The cachet dilemma: Ritual and agency in new Dutch nationalism," *American Ethnologist*, Vol. 37, No. 1, pp. 69-82; Foret, François (2010), "European political rituals: a challenging tradition in the making," *International Political Anthropology*, Vol. 3, No. 1, pp. 55-77; Edwards, J., and David Knottnerus (2010), "The orange order: Parades, other rituals, and their outcomes," *Sociological Focus*, Vol. 43, No. 1, pp. 1-23; Zaiotti, Ruben (2011), "Performing Schengen: Myths, rituals and the making of European territoriality beyond Europe," *Review of International Studies*, Vol. 37, pp. 537-556; Kapralski, Slawomir(2012), "Symbols and rituals in the mobilisation of the Romani national ideal," *Studies in Ethnicity and Nationalism*, Vol. 12, No. 1, pp. 64-81。

2 参见[法]马克·阿伯勒《政治人类学：新的挑战、新的目标》，载《国际社会科学杂志》（中文版）1998年第3期。

式在社会结构中发挥的功能和作用。两种研究路径各有侧重,前者忠诚于人类学的传统视野,如格尔茨(Clifford Geertz)认为仪式的"象征符号具有宗教与政治双重意义,被同时赋予宗教与世俗的双重重要性"[1];后者镌刻着文化先行的"原教旨"精义,如罗兰·巴特(Roland Barthes)和路易·阿尔都塞(Louis Pierre Althusser)都强调文化对生活的"介入"(以替代传统认知的"描述"),指出文化是一套"标记符号",能够"创造出人们逐渐接受某种文化的愿望"。[2] 仪式是文化呈现的一种方式,文化通过仪式"以想象的表现方法诠释世界的意义"[3]。广义上这两种路径皆可归入社会人类学的范畴,"在政治研究上的最大贡献在于对象征的政治功能以及诸如血缘关系和宗教等非政治性制度的分析",将"文化的系统分析"和"权力的分配、维持、运作和斗争"相联系,在其中研究仪式的结构、功能和意义。[4]

随着学科的多元化和交叉化,社会学、历史学和心理学等学科加入仪式研究的行列,虽然文学、哲学、美学和建筑学等领域中也有相关研究,但前三个领域中的讨论与政治仪式研究的关联性更为紧密。[5] 社会学领域中的仪式研究与人类学同宗同源,其经典文本

---

[1] [美]克利福德·格尔茨:《文化的解释》,第119页。
[2] 参见汪民安主编《文化研究关键词》,南京:江苏人民出版社2007年版,第357—358页。
[3] [美]丹尼尔·贝尔:《资本主义的文化矛盾》,赵一凡、蒲隆、任晓晋译,北京:生活·读书·新知三联书店1989年版,第30页。诸如武雅士(Arthur P. Wolf)和田海(Barend ter Haar)等学者还从此角度出发,基于多种仪式案例观察了中国民间社会与传统宗教文化之间的互动。
[4] 参见Cohen, A. (1979),"Political Symbolism," *Annual Review of Anthropology*, Vol. 8, pp.87-113。科恩对社会人类学的下述判断同时值得注意:"社会人类学实质上是马克思主义的孩子,因为是马克思首先将文化的系统分析与权力结构联系在一起。"
[5] 参见[美]保罗·康纳顿《社会如何记忆》,上海:上海人民出版社2000年版,第54—59页。

大都来自涂尔干的后期著作，因此两者常有互补。一些学者继承了涂尔干关于社会变化过程的仪式主义观点，对其象征论进行了大幅度的、跨越式的发展，将社会的仪式化现象当作测度政治制度和社会秩序的焦点，"把不断变化的社会过程的动力学解释与象征关系本身的结构主义分析联系在一起"[1]。罗伯特·贝拉（Robert N. Bellah）关于"民间宗教（公民宗教）"（civil religion）的论述值得关注，他认为非宗教国家的象征体系具有与宗教同等的地位，因为它同样体现出了象征的神圣化及其仪式权力。这一看法真正拓展了涂尔干的宗教—仪式框架，虽然仍属于社会宗教学或宗教人类学的范畴，但为现代社会政治仪式的理解提供了民族国家分析之外的另一条路径。[2] 也有一些社会学家将涂尔干为人忽略的阐释学的一面，与符号理论更加紧密地结合在一起，提出了对社会结构的不同理解方式，如德波（Guy Ernest Debord）的景观社会、列斐弗尔（Henri Lefebvre）的消费引导型科层制社会以及波德里亚（Jean Baudrillard）的消费社会等，[3] 在某种程度上都属于一种仪式社会，通过符号的应用改变人们对世界的感受、看法以及实践。欧文·戈夫曼（Erving Goffman）则通过对日常生活中的人际关系分析开创

---

[1] [英]杰弗里·亚历山大编：《迪尔凯姆社会学》，戴聪腾译，沈阳：辽宁教育出版社 2001 年版，第 19 页。涂尔干亦译为迪尔凯姆。——引者注

[2] 参见 Bellah, R. N. (1970), *Beyond Belief : Essays on Religion in a Post-Traditional World*, New York: Harper and Row；[美]贝拉《德川宗教：现代日本的文化渊源》，北京：生活·读书·新知三联书店 1998 年版。

[3] 参见[法]居伊·德波《景观社会》，王昭凤译，南京：南京大学出版社 2007 年版；Lefebvre, Henri (1984), *Everyday Life in the Modern World*, New Brunswick, N.J: Transaction Books；[法]让·波德里亚《消费社会》，刘成富、全志钢译，南京：南京大学出版社 2006 年版。

了新的仪式研究领域，由他提出的"互动仪式"[1]以及兰德尔·柯林斯（Randall Collins）发展出的"互动仪式链"[2]理论成为社会学中仪式化研究的典范。

历史学也一直关注仪式的研究，传统（19世纪至20世纪早期）分析路径立足于对宗教仪式文本、节庆记录或王侯贵族们的肖像进行整理和解读，将政治规范和政治现实的象征的或仪式的表达置于历史研究的图景之中。现代（尤其是近半个世纪以来）分析路径一方面扬弃传统研究，另一方面通过反思人类学在仪式研究中的不足（如对史实的肤浅把握、缺乏文本解释的关键性技巧和方法）寻找新的路径。[3] 现代历史学中的仪式研究的基本认识是：（1）仪式研究不能停留在对其内在结构的分析上，而是（2）要将其重置于历史脉络中以挖掘更深层次的意义。这种立场不仅重新认识了仪式和当时具体历史环境之间的重要关系，而且也为仪式本身的历史性变迁提供了新的思路。在政治仪式相关研究中，关于（1），一些学者立足于特殊的历史阶段围绕权威的构建和维护进行分析。如对晚清福建以及台湾的政治仪式的分析，[4] 对中国20世纪六七十年代"小组"与政治仪式的研究，[5] 对近现代欧洲历史发展中的仪式变迁的

---

[1] Goffman, Erving (1972), *Interaction ritual: essays on face-to-face behaviour*, London: Allen Lane.
[2] [美]兰德尔·柯林斯：《互动仪式链》，林聚任、王鹏、宋丽君译，北京：商务印书馆2009年版。
[3] 参见 Bak, János (ed.)(1990), *Coronations: Medieval and Early Modern Monarchic Ritual*, Berkeley: University of California Press, p.8, 12。
[4] 参见 Ahern, E. M. (1981), *Chinese Ritual and Politics*, Cambridge: Cambridge University Press。
[5] 参见 Whyte, Martin(1974), *Small Groups and Political Rituals in China*, Berkeley: University of California Press。

研究,[1] 以及以"权力的仪式"为主题对中世纪以来的象征、仪式和政治所作的考察等。[2] 关于(2),具有代表性的学者是霍布斯鲍姆(Eric Hobsbawn),他认为有意识地"使用旧材料来建构一种新形式的被发明的传统",反映了社会在变革过程中对一种历史延续性的重读和创新。[3] 这些研究路径是西方历史学界在人类学很难为仪式研究提供更新的研究动力和观察方法后所作的新尝试,但大多数仍在研究主题和学科背景上分别受人类学和历史学影响,缺乏对仪式之政治意义的深入探讨。

此外,心理学也对仪式研究有一定的理论贡献,如弗洛伊德(Sigmund Freud)曾通过对图腾和禁忌的研究指出,图腾这一仪式象征是原始社会父亲影像的投射,[4] 这在他的精神分析中被称为"以儿童期的无能为宗教的起源,以成人所有儿童期的欲望和需要为宗教的内容"[5],并认为,"受精神病痛苦折磨的患者身上出现的强迫性行为,与信仰者表达自身虔诚的那些仪式"之间,有一种很有意义的相似性。[6] 虽然人们对其论据的选择和在儿童心理状态判别上都颇有非议,但他为政治学中的父权社会意识形态研究提供了心理学依据,这也是在政治心理学领域中开展政治仪式研究的重要思路。

---

[1] 参见 Muir, E. (1997), *Ritual in Early Modern Europe*, Cambridge: Cambridge University Press。
[2] 参见 Wilentz, S. (ed.)(1999), *Rites of Power: Symbolism, Ritual and Politics Since the Middle Ages*, Philadelphia: University of Pennsylvania Press。
[3] 参见[英]霍布斯鲍姆、[英]兰格编《传统的发明》,顾杭、庞冠群译,南京:译林出版社2004年版,第4—6页。
[4] 参见[奥地利]弗洛伊德《图腾与禁忌》,北京:中央编译出版社2005年版,第160页。
[5] [奥地利]弗洛伊德《精神分析引论新编》,北京:商务印书馆1987年版,第134页。
[6] 参见[意]罗伯托·希普里阿尼《宗教社会学史》,劳拉·费拉罗迪英译,高师宁译,北京:中国人民大学出版社2005年版,第105页。

20 世纪 60 年代以来,政治仪式研究在很大程度上受到了后现代理论的影响,主要表现为对传统知识体系和人类行为体系的批判,以及在多元化风格中大力拓展政治仪式研究的边界。如布尔迪厄(Pierre Bourdieu)提出了"制度化仪式"的概念,[1] 将教育体系中一些具有权力塑造功能的特殊行为视作制度化的仪式。[2] 福柯(Michael Foucault)不仅考察了知识生产的内在脉络,同时还对身体实践的诸多不正常状态进行了深入探讨,意图揭示出知识系统内生的权力欲望,以及作用于身体之上的微观权力学。他们虽然在师承上与人类学有着极为密切的关系,但是更多地看到了人类学研究方法和视野上的局限性,有意探寻仪式研究的新道路。此外,后现代理论面对 20 世纪晚期以来"仪式和历史之根蒂的失落"[3],还尝试了一些在政治生活背景中展开的、碎片性的、多元化的以及身体意义上的仪式研究。这使得仪式研究不再为一个或几个学科所垄断。

总之,无论是仪式研究自身的发展,还是有关政治仪式的非针对性和非专门性研究,仍在很大程度上被笼罩在人类学不断生长的巨大树冠之下。但是,人类学之树的开枝散叶无疑为政治仪式的专门性研究提供了丰厚的理论基础,它们与政治学视野之间的区别也为在政治学领域中对政治仪式进行深入探索提供了广袤的空间,其

---

1 参见[法]布尔迪厄《国家精英》,杨亚平译,北京:商务印书馆 2004 年版,第二部分第二章。
2 麦克拉伦更为直接地将教育表述为"一种仪式操演"。参见 McLaren, P. (1999), *Schooling as a Ritual Performance: toward a Political Economy of Educational Symbols and Gestures*, Lanham, MD.: Rowman & Littlefield。
3 [美]詹姆斯·克利福德、[美]乔治·E. 马库斯编:《写文化》,高丙中、吴晓黎、李霞等译,北京:商务印书馆 2006 年版,第 244 页。

中有两本著作尤为值得借鉴。

首先是人类学家大卫·科泽的《仪式、政治与权力》,该书对政治仪式进行了富有针对性的分析。他主要关注"政治仪式如何运作",包括"仪式如何有助于建立政治组织,仪式如何用于构建政治合法性,仪式如何在缺乏政治共识的情形中创造出政治一致性,以及仪式如何形塑人们对政治世界的理解……政治竞争者们如何通过仪式争夺权力,仪式如何被用于缓解或加剧危机,以及仪式如何服务于革命和革命政权"等一系列涵括广泛的议题。[1] 科泽的著作对我们在政治学领域内展开政治仪式研究具有重要参考价值,但该书没有提出相对完整或系统的政治仪式理论规范。有评论者言,"对于政治学家来说","这是一本关于政治的文化(the culture of politics)而非政治文化(political culture)的书",它的"一个重要缺陷是其不明确的理论倾向"。[2] 科泽主要关注在权力运作和合法性构建的政治过程中,仪式在不同的情形下所具有的不同功能,因此所回答的政治学问题集中在"如何"和"有何"的层面上,对于"为何"等层面有所忽略。

其次是宗教学家凯瑟琳·贝尔(Catherine Bell)的《仪式理论和仪式实践》。她旨在"重新评价我们对仪式范畴所做的研究,为何我们现在止步不前,以及我们如何尽可能找到一种分析方向,以把握这些行动较之其他社会行为模式有何不同"[3]。贝尔在仪式研究方面的贡献主要有三点:第一,她通过对人类学和社会学的经典

---

[1] 参见[美]大卫·科泽《仪式、政治与权力》,第19页。
[2] 参见 Bendix, John(1989),"Review: Ritual, Politics, and Power by David I. Kertzer," *The American Political Science Review*, Vol.83, No.2, pp.615-616。
[3] Bell(1992), p.4.

仪式研究的梳理，提出了重要而具有启发性的仪式理论研究思路。她认为，"仪式是一种用来组织理论交谈的极佳的、合适的装置，希望通过解释'充满意义'的文本揭开文化的意义。仪式构建作为一种可解释的文本，允许理论家通过将仪式解构为先前的组成部分而作出简单阐释。仪式的理论构建反映出理论家的方法和话语动力"[1]。第二，她旗帜鲜明地指出应该用"仪式化"的概念来推进仪式研究，这一概念被认为"作用非凡，无疑将会非常通行"[2]。我们认为，"仪式化"作为仪式实践的精髓无限扩展了仪式研究的边界，从而赋予其超越人类学和社会学的能力。第三，贝尔对仪式与权力、合法性的关系作了一定的针对性研究，指出仪式化的重要社会作用和意义就在于为权力提供某种实现途径，这种途径不是传统意义上的信仰、意识形态和合法性，而是政治仪式的仪式化本身就是政治权力，是权力实践的一种策略。该书不仅避开了仪式案例研究的汪洋大海，也没有停留在对传统仪式学说的介绍和整理中，而是立足于众多仪式研究的经典作品百尺竿头更进一步。作为一位有着历史学、哲学和宗教学学科背景的学者，贝尔对仪式在政治领域的研究虽然有些薄弱，但对仪式理论的发展做了精当的整理和阐发。[3]

二、当代中国的政治仪式研究

国内政治仪式研究兴起于 21 世纪初，大多数成果来自人类学

---

[1] Bell(1992), p.54.

[2] Smith, Philip(1992), "Review: Ritual Theory, Ritual Practice by Catherine Bell," *The American Journal of Sociology*, Vol.98, No.2, pp.420 – 422.

[3] 贝尔在 1997 年又推出了一本仪式研究著作，在基本观点上并没有根本性的转变。Bell, C. (1997), *Ritual: Perspectives and Dimensions*, New York: Oxford University Press.

领域。[1] 在此背景下，政治仪式这一更为细化的类型显然无法获得足够关注。在数量有限的相关研究中，政治仪式被拘囿在一个狭小的空间内：一侧是一个世纪以来对民族国家建设的探讨，另一侧是对传统社会及其文化的分析。前者通常将仪式"理解为被传统所规范的一套约定俗成的生存技术或由国家意识形态所运用的一套权力技术"[2]，后者则站在传统社会人类学的立场上，将仪式视作一套稳定社会结构的象征体系。这两条路径对民族国家产生和发展的政治过程的分析或浅尝辄止，或不得要领。一方面，从个案出发的民族志田野工作很难对民族国家作出系统性的政治分析，来自个案的理论演绎也不断遭遇来自复杂的政治社会研究的挑战；另一方面，有些研究即使着眼于过程分析，也往往偏重于权力斗争和意识形态冲突的具体过程，缺乏对权力的生产和再生产机制、意识形态的本质和合法性的效果等重要的政治学议题的探讨。

中国自身的民族文化多元性，以及一个多世纪以来巨大的社会变迁和制度更迭，为本土政治仪式研究提供了丰富的素材。国内学者主要从三个方面观察国家与地方权力在仪式中的互动。[3] 一是探讨仪式中地方权力对国家权力的征用问题，相关学者注意到传统的民间仪式随着国家政治风貌的变革，逐渐加入了一系列国家符号，

---

[1] 参见彭兆荣《人类学仪式研究评述》，载《民族研究》2002年第2期；彭兆荣《人类学仪式理论的知识谱系》，载《民俗研究》2003年第2期；薛艺兵《对仪式现象的人类学解释》（上、下），载《广西民族研究》2003年第2、3期。

[2] 郭于华主编：《仪式与社会变迁》，北京：社会科学文献出版社2000年版，第3页。

[3] 排除了民间仪式中国家"不在场"或国家权力基本"悬置"的研究路径，因其与政治研究的关联性非常微弱。该路径的相关研究可参见耿敬《民间仪式与国家悬置》，载《社会》2003年第7期。

使得这些仪式"成为民间力量对国家权力实现征用的社会资源"[1]；或者一些传统仪式主动地靠拢现行政治秩序以获得复兴，呈现出"民间精英与官方（国家）政策之间的对话、协商与较量"[2]；在此过程中，一些地方精英利用身份优势为了扩展自身社会资本而借助国家力量对传统仪式进行重构。[3] 二是研究国家权力在民间社会中的渗透和操纵，"通过经济生活的政治化、日常生活的仪式化和仪式象征的实用化过程"，国家对民间社会进行改造和重构。[4] 有学者提供了具有说服力的个案，如通过对民国时期流行中山装的研究，指出"统治者通过对服装的控制达到对穿着者思想上的统治"，体现出"国家权力渗透"和"国家权力在其中的推动"。[5] 也有学者将少数民族的节庆仪式视作"国家参与并展示其意志即国家'出场'的一个最佳时机"，包括通过法律、法规和政策强行规定举办此类仪式，或通过政府官员等国家权力"代理人"的参与，以影响和引导族群的行为和文化观念。[6] 三是研究民族国家产生过程中民间社会发展的自主适应性问题。持此观点的学者并不局限于对国家与地方之间权力角斗的分析，而是通过对仪式变迁的多方位考察，力图展

---

[1] 吕俊彪：《民间仪式与国家权力的征用——以海村哈节仪式为例》，载《广西民族学院学报（哲学社会科学版）》2005年第5期。
[2] 杨利慧：《仪式的合法性与神话的解构和重构》，载《北京师范大学学报（社会科学版）》2005年第6期。
[3] 参见武志伟、马广海《仪式重构与村落整合——以烟台市北头村祠堂修缮为例》，载《山东社会科学》2017年第3期。
[4] 参见郭于华《民间社会与仪式国家》，载《读书》1999年第9期；郭辉《操演的政治：现代国家仪式与民初政治合法性建构》，载《安徽史学》2013年第1期。
[5] 参见陈蕴茜《时间、仪式维度中的"总理纪念周"》，载《开放时代》2005年第4期。
[6] 参见何明、陶琳《国家在民族民间仪式中的"出场"及效力——基于傣尼人"嘎汤帕"节个案的民族志分析》，载《开放时代》2007年第4期。

现出两者的密切关系。例如作为民间仪式"导演"的"头人"权威来源的转变，体现出民间社会对国家权力的不同体认；[1] 所谓"传统的复兴"有可能并非"政府意识形态和文化政策的延伸"，而是"由某种地方民间力量推动的社区认同营造及其试图获得官方认可的运动引起的"。[2] 在这些变迁中，传统仪式的民间主导者"既考虑到利益因素，也考虑到压力因素"，"对国家符号和传统信仰系统的要求作出了细微的变动"；[3] 同时，"国家与民间的合作"逐渐成为一种共识，两者通过"互相试探与调试"以及"相互搬取和承认"等方式实现共存、互惠和双赢。[4] 此外，相关研究还包括对特定历史时期政治仪式的研究，政治环境的特殊性使得对这些仪式的结构功能分析或者解释分析都比较容易得出意识形态构建的结论。[5]

---

[1] 参见王铭铭《作为民间权威的地方头人》，载《战略与管理》1997年第6期。

[2] 参见王铭铭《地方政治与传统的再创造》，载《民俗研究》1999年第4期。

[3] 参见黄剑波《个人、实践与系统变迁——乡村社区政治生活的人类学考察》，载《广西民族研究》2006年第4期。

[4] 参见杜靖、李娟《国家的具身与搬取——对闵氏宗族祭祖活动中"仪式国家"的考察》，载《湖北民族大学学报》（哲学社会科学版）2020年第6期；杨海晨、吴林隐、王斌《走向相互在场："国家—社会"关系变迁之仪式性体育管窥——广西南丹黑泥屯"演武活动"的口述历史》，载《体育与科学》2017年第3期；郑庆杰《仪式的空间与乡村公共性建构——基于江西赣南客家村落的调查》，载《南京农业大学学报》（社会科学版）2019年第4期；雷霞《民间与官方的博弈："非遗"文化中的仪式传播——基于西和乞巧节个案》，载《新闻与传播研究》2018年第6期。

[5] 参见张宏卿、李博懿《政治仪式与政治认同：苏区时期的群众大会》，载《苏区研究》2021年第6期；宋斌、黄伟力《延安时期中国共产党的政治仪式与信仰塑造》，载《上海交通大学学报》（哲学社会科学版）2021年第3期；尚季芳、咸娟娟《政治仪式、民族认同与抗战动员——以西北民众献旗为中心的考察（1938—1945年）》，载《日本侵华南京大屠杀研究》2021年第2期；崔一楠、谭晓旭《革命与象征：川西北土改运动中的仪式政治》，载《党史研究与教学》2017年第5期；崔一楠、杨芳慧《"植入"阶级：土改运动中的记忆构建与仪式操演——以四川绵阳为个案》，载《江苏社会科学》2016年第2期；徐敏《"样板戏电影"：电影工业、文本政治与献身者的国家仪式》，载《文艺研究》2007年第4期；吴艳红《日常仪式化行为：以知青为例的研究》，载《社会》2005年第6期。

中国古代发达的王政仪礼体系,以及随儒学强盛发展起来的儒家仪节体系,是国内政治仪式研究的另一个重要领域。[1] 但是,这方面的研究与现代政治学的关怀大相径庭,无论是观察角度还是方法论,基本上属于传统的史学研究或典籍研究范畴,当然,其中也潜藏着一些非常有价值的政治仪式议题。粗略按照历史分期来看,有学者对青铜器作了文化人类学分析,指出作为仪式器皿的青铜器在经济、军事和意识形态三个层面显现和强化了王权。[2] 也有学者研究了春秋时期的盟誓仪式,认为该仪式不仅含有约束性的宗教权威,同时还内含有效的政治权威。[3] 儒学占据统治地位后,无数对《仪礼》《礼记》等古代典籍和儒家礼节的解读中时常会牵涉到政治学论题。[4] 有些学者从"仪式"的角度在这一领域中展开研究,并关注其政治意涵,如重点关注作为仪式的"礼",认为它不仅能够决定"集体内部的交往秩序",甚至能够决定"国家的政治秩序"。[5] 有学者则直接认为:"礼就是仪式礼节,礼治社会就是仪式政治","政治仪式承担了社会——政治秩序的生成、再造、反复确认、强化的基本性任务,从而达成维持现存权力关系、整合社会的目的。仪式的反复演练与儒家的礼治精神从理论到实践都是相辅相成的、共

---

[1] 西方的相关研究书目,可参见杨华《英美学者的礼制研究》,载《光明日报》2000年11月17日;21世纪以来中国的相关研究,可参见甘怀真《皇权、礼仪与经典诠释:中国古代政治史研究》,上海:华东师范大学出版社2008年版;郭善兵《中国古代帝王宗庙礼制研究》,北京:人民出版社2007年版;许结《中国文化制度述略》,南京:凤凰出版社2005年版;陈戍国《中国礼制史》,长沙:湖南教育出版社2002年版;杨志刚《中国礼仪制度研究》,上海:华东师范大学出版社2001年版。
[2] 参见陈洪波《商王权政治基础的人类学观察》,载《东南文化》2006年第6期。
[3] 参见吕静《中国古代盟誓功能性原理的考察》,载《史林》2006年第1期。
[4] 参见李安宅《〈仪礼〉与〈礼记〉之社会学的研究》,上海:世纪出版集团2005年版。
[5] 参见吴晓群、郭晓东《论仪式学视角下儒家礼乐思想的解读》,载《华东师范大学学报》(哲学社会科学版)2005年第4期。

融再生的关系。"[1] 此外还有学者对儒家传统典礼予以关注，如祭孔大典和黄帝陵祭祖的复兴以及书院祭祀等。[2] 在传统的角度上，对义和团仪式的研究也可归属此类，因为它所塑造的特殊政治身份之目的在于"扶助政府、反洋灭教"，这实际上体现了对中国王权政治和文化传统的双重契合。[3]

在这个狭小空间里，还有一些对当下社会生活中具有政治性质和功用的教育仪式的研究，研究方法和理论推演的逻辑非常类似于布尔迪厄等学者对教育行为中有关仪式的研究。[4] 值得注意的是，也有个别学者已经尝试对政治仪式作针对性的理论分析，主要是将仪式视作"一套权力技术"和"一种权力实践"，既能促进社会稳定，也能引发政治冲突。[5] 这些研究大多属于传统的结构功能主义

---

[1] 马敏：《政治仪式：对帝制中国政治的解读》，载《社会科学论坛》2003年第4期。

[2] 参见蒋建国《仪式崇拜与文化传播——古代书院祭祀的社会空间》，载《现代哲学》2006年第3期。

[3] 参见张鸣《义和团仪式的文化象征与政治隐喻》，载《开放时代》2000年第9期。

[4] 参见邵献平、吴璐曦《仪式之于思想政治教育：机理、功能与路径》，载《思想教育研究》2020年第8期；田旭明《发挥国家纪念仪式在涵育核心价值观中的载体功能》，载《中国特色社会主义研究》2017年第1期；马振清、蒋雪莲《纪念仪式在爱国主义教育中的价值呈现》，载《思想政治教育研究》2017年第2期；赵虹元《教师缺席：学校仪式教育的固化与蜕变》，载《中国教育学刊》2018年第4期；程天君《"接班人"的诞生——学校中的政治仪式考察》，南京：南京师范大学出版社，2008年版；王海英《构建象征的意义世界——学校仪式活动的社会学分析》，载《当代教育科学》2007年第14期；郭忠华《归化和凝聚空间的建构——从仪式的视角看党的执政能力建设》，载《理论与改革》2006年第1期；董海军《成人仪式：从生活教育到政治教育》，载《思想战线》2003年第6期；刘萍《论仪式教育在高校思想政治工作中的作用》，载《安徽农业大学学报（社会科学版）》1999年第2期。

[5] 参见马敏《和谐社会与冲突政治中仪式功能的多样性阐释》，载《理论与改革》2005年第3期；马敏《仪式与剧场的互移：对现代中国大众政治行为的解读》，载《甘肃理论学刊》2004年第4期；张玉萍、张旭东、李扬《"文化大革命"中政治仪式的失灵》，载《湖南科技大学学报（社会科学版）》2009年第6期。

研究,但也有部分学者从本书初版中吸收或借鉴了相关理论。[1] 随着信息化时代的来临,各种新媒体现象的政治传播学也成为热点,虽然不太注重理论方面的深化,但对政治仪式领域的扩展有着非常积极的意义,其不断壮大也是必然之事。[2] 前述研究大多属于人类学、社会学、历史学和传播学等有着仪式研究传统的学科,绝大多数成果是从具体仪式案例的实证研究出发,进而讨论一些政治议题,缺乏独立的、专门的政治仪式理论的研究。它们虽然说明了国内的政治仪式研究引起了一定的关注,但仍与西方学界的研究现状相似,主要集中于田野调查和案例分析等经验研究范畴。

仪式之树在人类学为主的几大学科一百多年来的悉心浇灌下,宗教仪式、仪式过程以及仪式的社会结构和功能等枝干生长得格外粗壮,而作为细枝末叶的政治仪式则显得极为孱弱。政治仪式是一种特殊类型的仪式,不仅在传统的文化和社会生活中有着不容忽视

---

[1] 参见曾楠《国家认同的生成考察:政治仪式的观念再生产视域》,载《安徽师范大学学报》(人文社会科学版)2021年第1期;高进《国家仪式与共同体认同》,载《浙江学刊》2021年第1期;曾楠、闫晓情《国家认同建构的象征性资源探究:以政治仪式为视角》,载《青海民族研究》2020年第4期;曾楠、张云皓《政治仪式:国家认同建构的象征维度——以庆祝中华人民共和国成立70周年大会为考察对象》,载《云南民族大学学报》(哲学社会科学版)2020年第6期;曾楠《国家认同的历史逻辑——以政治仪式的权力再生产为中心的考察》,载《内蒙古社会科学》2020年第6期;乔凯、朱平《国家纪念仪式促进政治认同的逻辑与路径——以国家公祭仪式为例》,载《西南民族大学学报(人文社科版)》2020年第10期。

[2] 参见刘伟《政治承诺的呈现与市长热线的仪式化》,载《公共管理与政策评论》2021年第3期;袁媛、严宇桥《表情包传播现象研究——以互动仪式链视域下的中老年表情包为样本》,载《新闻与写作》2020年第1期;董向慧《"后真相时代"网络舆情与舆论转化机制探析——互动仪式链理论视角下的研究》,载《理论与改革》2019年第5期;曾一果、朱赫《记忆、询唤和文化认同:论传统文化类电视节目的"媒介仪式"》,载《现代传播(中国传媒大学学报)》2019年第3期;谷学强《互动仪式链视角下网络表情包的情感动员——以"帝吧出征FB"为例》,载《新闻与传播评论》2018年第5期。

的意义,也对现当代的政治生活产生了极其重要的影响。遗憾的是,中西方学界有关政治仪式的专门性和系统性的基础理论研究尚为空白。

三、政治仪式研究的政治现象学路径

初版中本节的标题为"政治仪式研究的路径选择:从象征权力到戏剧隐喻",并没有使用"政治现象学"。当时围绕三个概念来把握"政治仪式":第一,指出"政治"的本质是"权力",所以从权力生产和再生产的角度来讨论政治仪式是合宜的;第二,指出"仪式"的核心是"象征",而象征是文化的本质,因此,从象征角度来理解政治仪式也是合宜的;第三,借用传统仪式研究中的"戏剧"理论,在时空意义上将政治仪式视为一场戏剧,以观察其结构、功能和过程。可以说,这三者是笔者以一种直观感知和理论直觉去把握政治仪式所得到的结果,已经具有了朴素的现象学的意味。现在终于可以使用政治现象学的方法论予以更为详细的说明。需要提前告知的是,这一说明依然选择了"权力""象征""戏剧"这三者,只是选择的理由已经从当年基于朴素感知的直接使用,变为如今的基于政治现象学方法的观察和反思。所以,这一时隔多年的新说明乍一看似乎有点"事后诸葛"或"明证主义"的味道,实际上的确源自一种政治现象学的再把握。

胡塞尔虽然早就提出了现象学方法的基本原则,但他主要是用来把握朝向事物的"意向性"的。因此,在案例选择上,他只能选择极为简单的事物,毕竟越简单的事物,与其相关的"意识"也就越简单。在他看来,或许有一天现象学家们能够将人世间无数简单事物一一辨明,之后便能逐步以此为基础,去讨论越来越复杂的对象。奈何在百年来声势浩大、跌宕起伏的现象学运动中,学者们还远未"走出非洲"。以至于著名现象学家和现象学方法的推广者莱斯特·恩布里(Lester Embree)不无严肃地批评道:"自诩为现象学家的人易有两种假冒物",一是"文献学",二是"辩论癖"。[1] 即便按照保罗·利科(Paul Ricoeur)的戏谑之言,"现象学的历史就是胡塞尔学异端们的历史"[2],从胡塞尔一直到政治哲学家汉娜·阿伦特(Hannah Arendt),甚至到可称为政治现象学家的郑和烈(Jung Hwa Yol),都未有任何现象学家或政治学家能够使用现象学的方法,以可供教授给研究生掌握的方法,示范性地"澄清"过政治生活中的某个具体现象——在郑和烈等人编撰的多部政治现象学文集中,要么对象是抽象的政治伦理,要么是对一些具体政治生活的高度哲思化的抽象。[3] 这些研究几乎都极度依靠作者深厚的知识储备和深邃的理论反思,学生们非常难以理解它们,遑论在模仿它们的基础上去开展自己的操作。简言之,不能"模仿",在某种意义上就是我在"作者的话"中所谓的"政治现象学的第一副面孔"无法被政治学界广泛接受,也难以吸引年轻学子加入其中的最重要的原因。

科学研究固然要有理想,但一步步推进科学研究也一定要面对

---

[1] 参见[美]莱斯特·恩布里《现象学入门:反思性分析》,靳希平、水轶译,北京:北京大学出版社2007年版,前言。

[2] [爱尔兰]德尔默·莫兰:《现象学:一部历史的和批评的导论》,北京:中国人民大学出版社2017年版,第2页。

[3] Jung Hwa Yol and Lester Embree (eds.) (2016), *Political Phenomenology*, Switzerland: Springer International Publishing; S. West Gurley and Geoff Pfeifei (eds.)(2016), *Phenomenology and the Political*, Rowman and Littlefield; Veronique M. Foti and Pavlos Kontos (eds.)(2017), *Phenomenology and the Primacy of the Political*, Springer.

现实,哪怕是以粗浅的甚而错谬的方式去尝试,也好过站在起点踟蹰不前,或终日想着一步登天。我们所着力想要筹建的"政治现象学的第二副面孔",便是持此观点的探索:在态度上,勇敢而不失审慎;在方向上,有助于参与者不断精进、学习者易于仿效。在政治现象学的起步阶段,必须承认两个现实情况:首先,我们不可能悬搁一个政治学研究对象的一切,例如研究一场"战争",如果要对其中的每一枚"炮弹"的本质都进行验证,那么这项研究是无法进行下去的。所以,政治现象学相较于现象学,在把握研究对象时,需要接受一些、当然不是所有的关于对象的若干政治学常识。其次,我们也不可能在深刻甚至通彻地把握现象学文献之后再开展政治现象学研究,连很多现象学哲学家都只能半生沉浸于某个经典学者的研究或其著作之中,要求政治学家拥有大量现象学训练之后才能启动其研究工作,也不可能。基于这两项现实,我们借鉴现象学方法最基础的原则,就是改造出一种政治现象学方法。为在起步阶段更好地促进交流,我们总结出了四项基本策略,以便于政治学学者在初步了解现象学知识后可以较快地上手。它们既是具有弹性的方法论原则,能够通过变形以迎合不同研究对象的需求;也是具有各自侧重点和内在连贯性的重要步骤,能够合乎逻辑地服务于一项研究的整个过程。这四项基本策略分别是:1.多重体验后的描述;2.基于定见悬搁的反思;3.渐进式还原的分析;4.立足生活世界的阐释。从其命名可见,虽然"描述""反思""分析""阐释"是政治学研究的基本活动,但限定语展现出了政治现象学方法的特殊性。研究者可以在一定程度上接受某些政治学共识(当然,在有必要的情况下随时也会悬搁这些共识)后,顺序或者乱序地使用这些策略中的一种或者若干种。下面我们简单地分别予以介绍,更多内容可参见"作者的话"中所提到的数篇论文。

一是多重体验后的描述。在选定具体的研究对象，并梳理主要相关文献之后，便可暂时离开平素依赖的"认识捷径"，运用各种感觉和知觉功能"扫描"研究对象。这种体验不同于日常所言的"身临其境"，而是对研究对象施加触觉、感知、直觉、想象、情感或欲望等（如果对象是具体的人，那么"对话"就是最重要的体验之一）。在深入而细致地感受和体会多重维度的体验或意向性的过程及其结果（即意识）之后，开展描述工作，包括尽量完整地呈现对象的各种属性，识别和遴选出其中的重要属性（即要素），以及围绕这些要素形成一些具有解释性的主题。此策略有两个基本功能。一是转换观察者作为主体的"上帝视角"，通过对意识活动的反思和描述，让对象"像是"一个主体"说出它是谁"。这便是政治现象学在事实判断方面回答"是什么"的方式。二是基于对对象的千锤百炼，还原出一个尽可能"真"的对象，并从其要素形成主题的本然路径中寻得属于它的"真"问题。较之于传统的罗列和比较已有文献的做法，此策略以不断"切近"对象及其问题的真实状态的方式来采集和评估文献，既能提高文献综述的效率，又能持续保持对研究对象本身的"朝向"。

二是基于定见悬搁的反思。描述中其实已经包含了初步的悬搁活动（这也是现象学家通常把悬搁视作起点的重要原因），主要悬搁的是我们作为具有某种身份的人的特殊状态，从而基于一种人所共有的普遍状态的体验，为对象绘制一幅完整的"自画像"。更为重要的是悬搁一些定见，即围绕着对象及其问题所产生的各种观点、理论、话语或行动中所包含的种种判断和假设。悬搁并非"不说"它们，而是把它们视作放在研究问题之前的"形容词"，对其进行验证（反思）。在这种基于定见悬搁的反思中，核心任务是把握与问题对象相关的"基本概念"。在某种意义上，定义即验证。天马行空的反思终有其时空限制，落到具体问题的研究中，确定基本概念的定义（包括其范畴、内容和形式等）便是具有可操作性的、必要的反思。这一策略一方面适用于澄清研究中所使用或遇到的重要概念，另一方面通过反复推敲对象的前设状态，有助于为研究过程打磨出一套合适的逻辑框架。

三是渐进式还原的分析。现象学是一条探寻事物之纯粹本质的道路，这种纯粹本质具有一种独立而坚固的唯一性：它绝对地不可做出任何增减。但是，在朝向它进发的道路上，则可能要经历一种"杂多"的阶段，就像是要抵达一个终点站，总是要经过诸多中途站。此处的渐进式还原指的就是这种"从多到一"的综合过程。这些重要的中途站，对于我们驶向社会本质的终点站大有益处。就其具体的操作而言，渐进式还原的策略可以分解为"并置"、"对比"和"分类"三个递进环节。首先，把各类中途站——无论是由其他学者所设立，还是自己在不同研究阶段所设立——以某种理论构架的方式呈现出来，并置于一个具有可比性标准的视域中。其次，按照各种具体的比较标准对它们展开对比分析，以进一步确定它们在澄清事实和回答问题时所表现出的具体能力和作用。最后，选择并依照科学的分类法，划定这些中途站或者理论架构的位置和彼此的边界。由此，我们便可以确定在朝向事实本质的道路上，哪些是清楚而平坦的部分，哪些是暧昧而坎坷的部分，从而为第二步搭建的逻辑框架配置一个合理的理论框架。这一策略的主要功能是提高理论框架与研究对象之间的契合度。通过对它的运用，虽然仍是在有限的文本中"照亮"对象的某些范畴，但每次都是直射于对象的不明之处，从而在理论上实现了对本质终点的不断靠近。

四是立足生活世界的阐释。生活世界具有的三个特征为现象学和政治学理论的勾连提供了便利：第一，"生活世界是前概念的"；第二，"生活世界是人类行为的意义基础"；第三，生活世界"是一个主体间性的或社会化的世界"。[1] 由此可以简单地推论出，政治理论家所处的情境和处理的对象是行动者们所共在的，并且"以有意义的方式体验到的世界"[2]。所有类型的政治行动者、政治组织和政治规范在各种关系状态中呈现其意义，而揭示、解释和阐明这些政治意义是政治现象学研究的主要任务和目标。富有弹性的"生活世界"概念，具有兼容政治学内部的事实偏好和价值偏好的能力。它在呼应前三个策略的基础上，标示出了意义阐释的三个方向。一是指向"为何存在"，关切的是研究本身的意义，阐释被澄清的个别现象和作为普遍之人的研究者之间的关系。二是指向"如何存在"，关切的是研究对象的特殊意义，基于研究对象及其相关经验总是同处于"周围世界"中，阐释前者内部以及两者之间的共时性关系。三是指向"何以此在"，关切的是研究对象的普遍意义，阐释研究对象在一个永不断裂的时间连续中与世界之间的必然关系。在黑尔德看来，生活世界的"共在性"中潜含着一种普遍的"开放性"，后者表达出的实质是"公共性"——于是，世界本身就不仅仅是一

---

[1] Jung, Hwa Yol（1971），"The Political Relevance of Existential Phenomenology," *The Review of Politics*, Vol. 33, No. 4, pp. 538-563.

[2] ［奥］阿尔弗雷德·舒茨：《社会世界的意义构成》，游淙祺译，北京：商务印书馆 2012 年版，第 11 页。此外，在他看来，现象学家主要处理"主体间性的哲学方面"，社会科学则"必须研究处理被人们通过其自然态度经验的生活世界的结构"，它"借助存在于某种社会组织和某些社会制度框架中的某种指号和符号系统实现"。参见许茨《胡塞尔对社会科学的重要意义》，载许茨《社会实在问题》，北京：华夏出版社 2001 年版，第 204—205 页。

种生活世界，其更重要的是一种"政治世界"，这个新世界围绕"公共事务"这一核心，能够让其中一切的关系得到更加清晰的呈现和界定。[1] 如果黑尔德的判断具有一定的说服力，那么现象学与政治学的联手就显然不限于方法论意义，而是植根于本体论意义。在生活世界或政治世界的背景下，立足生活世界的阐释策略更容易把握解释的出发点或着力点，从而帮助研究者在复杂的意义之网中迅速而准确地施以研究对象一个综合性的定位。

这四项策略或原则看似简单，但要实现其中的一些现象学术语所要表述的内涵，并不容易。胡塞尔早就提醒人们注意这一点："所有术语都必须按照我们的阐述所赋予它们的意义来理解，而不是按照别的与历史或读者术语习惯相近的意义来解释。"[2] 面对可能不太熟悉现象学语境的读者，我们不得不采用折中的方式，在一些术语的"转译"中难免存在削弱甚至变换语义的风险。我们所总结出的政治现象学研究的四项策略着实"知易行难"，这是将现象学与社会科学相结合时经常会出现的难题，也是延缓政治现象学发展的主要原因。当然，我们已经尝试着表明，它们并非不可克服的困难。

我们当然无法依照上述所有步骤去把握政治仪式，只是从政治现象学方法出发，对当初选择的研究视角进行一种更加详细的说明。在开始论述之前，要简单说明一下，为何不能直接使用现象学方法去把握政治仪式。在现象学哲学把握具体对象的经典方案中，主要处理的是较为简单的具体个案，例如胡塞尔和海德格尔（Martin Heidegger）分别对丢勒的铜版画《骑士、死神和魔鬼》

---

[1] 参见［德］克劳斯·黑尔德《世界现象学》，倪梁康等译，北京：生活·读书·新知三联书店2003年版，第231页。
[2] ［德］埃德蒙德·胡塞尔《现象学的方法》，第133页。

和凡·高的油画《鞋》进行的观察和体验等。[1] 同时,胡塞尔只是强调了审美活动关注的是画作留在人们思维中的"精神图像",而非其"物理图像",并没有讲解从悬搁到本质还原的具体过程。海德格尔的处理方式则是高度阐释性的:他认定鞋子的主人是一名农妇(这被艺术史家证明是错误的),并从鞋子的状态中还原出农妇的生活世界。与单幅画作相比,政治仪式庞大无比:后者包含无数

《骑士、死神和魔鬼》　丢勒 绘

Albrecht Dürer(1471—1528):*Knight, Death and the Devil*,1513

---

[1] 参见[德]胡塞尔《纯粹现象学通论》,李幼蒸译,北京:中国人民大学出版社2014年版,第211页;[德]海德格尔《艺术作品的起源》,载《林中路》,孙周兴译,上海:上海译文出版社2004年版,第1—76页。

可以归类于其中的具体仪式，每一个具体仪式又含有大量结构性要素，而其中很多要素无论其内容的丰富性，还是作为审美或复杂思维对象的复杂性，都不弱于画作。所以，从把握某个要素出发，直到把握所有要素，继而把握单个政治仪式，最终推至所有政治仪式的研究路径，固然在现象学的基础逻辑上是正确的，但的确难以实施。

《鞋》　凡·高 绘

Vincent van Gogh（1853—1890）：*A Pair of Shoes*，1886

概言之，将以感知经验为源泉的关于政治仪式的"自然态度"都悬搁一旁留待验证，诚然是对政治仪式作现象学处理的"标准流程"，但对于当下的研究者来说，这堪称一项"不可完成的任务"。与之相比，政治现象学方法更具可行性，特别是充分考虑到了两个基本的现实前提：第一，"政治仪式"是人类"政治生活"中的一种特殊行为，以政治生活本身为研究对象的政治学家虽然意见各异，但终究还是形成了一些极为基础性的共识。政治学家基于这些共识去把握政治仪式，正如胡塞尔等现象学家基于视觉或触觉等基础感觉能力去把握白纸或椅子。因此，如果能够确定关于"政治"的最基础的共识，那么就能够为把握政治仪式提供一种可靠的"感觉"。第二，"政治仪式"作为一个抽象概念，是无数具体的政治仪式的"概观"。也就是说，政治仪式本身构成了一种整体性事实，它所具有的特殊属性也为所有具体的政治仪式所共享。在政治仪式自身还未能高度明朗地呈现在我们面前之前，我们可以从其上位概念，即"仪式"出发：仪式最为基础的属性，也会体现在包括政治仪式在内的所有类型的仪式之中，进而，也会体现在所有具体的政治仪式之中。那么，如果能够确定"仪式"这种最为基础的属性，就可以为把握政治仪式的抽象整体和具体个体提供一个最根本的抓手。借用现象学的术语来说，由这两个现实前提而来的任务，就是分别确定"政治"和"仪式"的本质。

现象学本身就是一门关于本质的科学，虽然胡塞尔以降的现象学家在如何达至本质方面众说纷纭，但都承认彻底地澄清事物的本质，是一个终极理想。在此意义上，现象学家就是一群永在"中途站"的学者，在他们坚定地奔向"终点站"的过程中需要足够的耐心。用萨特的话来说，"清点一事物的全部内容需要一个无限的过程。"[1] 梅洛-庞蒂从另一个角度给出了相似的意见：现象学的"未完成状态和它的步履蹒跚并不是失败的标志"，而是因其"不可避免"。[2] 就此而言，要一蹴而就地抓住政治和仪式的本质，显然不可能，这也超出了本书的任务。我们采用一种似乎是"讨巧"的方法，先借用关于政治和仪式的研究中的基本共识，以暂时性地充当

---

[1] ［法］萨特：《存在与虚无》（修订译本），陈宣良等译，北京：生活·读书·新知三联书店2014年版，第8页。
[2] 参见［法］梅洛-庞蒂《知觉现象学》，第18页。

两者的本质——一旦有人到达下一站，我们便可以离开此地。

政治仪式区别于其他仪式类型的关键之处在于"政治"这一定语上。"政治"的内涵不仅决定了政治仪式的本质属性，也是理解政治仪式的重要通路和突破口。在漫长的政治学研究史中，无数学者形成的不多的共识之一，便是认为"权力"以及与之相关的"权威"或"合法性"等概念是开启"政治"之门的金钥匙。虽然政治学中的权力定义尚存在诸多分歧，如传统的"支配"论[1]，宽泛的"影响"论[2]，以及严格的"强制"论等[3]，但无论是何种观点，都将社会关系视作一种围绕差异建立起来的特殊安排和固定模式，具体表现为一种构建、维系并强化差异的秩序或规范。在下一章，我们将对权力与政治的关系提供更为细致的梳理。对于政治仪式这一政治生活中的行为类型而言，它和无数其他类型的行为一样，也必然在权力法则的影响之下。一方面权力所指称的差异秩序或明或暗地弥漫其中，另一方面政治仪式对差异秩序的构建、维系和强化与权力的生成过程并驾齐驱。

在前文文献梳理中涉及的几乎所有仪式研究的经典作品中，都毫无例外地将仪式视作一种象征系统，或者认识到各类象征性要素是仪式的核心。在此再补充几位重要学者的相关见解。社会学的奠基者之一涂尔干在将仪式研究从人类学引入社会学方面起到了极为重要的作用，并且通过宗教与社会之间的类比，发现虽然社会形式发生了巨大的变化，但都依赖以神圣象征为核心的仪式凝塑共同体所必需的集体情感。后世学者无论是否是涂尔干主义者，对这一判

---

[1] [德]马克斯·韦伯：《学术与政治》，冯克利译，北京：外文出版社1998年版，第41页。
[2] [英]苏珊·斯特兰奇：《权力流散：世界经济中的国家与非国家权威》，肖宏宇、耿协峰译，北京：北京大学出版社2005年版，第14页。
[3] Airaksinen, T. (1988), "An Analysis of Coercion," *Journal of Peace Research*, Vol. 25, No. 3, pp. 213 – 224.

断基本上都持认同态度。在仪式的核心是象征成为一种学界常识之后，很多学者开始继续深化对象征的研究，特别是对象征和以仪式为主的象征性活动在政治生活中的作用进行了深入探索。政治人类学家在其中作出了突出的贡献，如亚伯纳·柯恩（Abner Cohen）在20世纪70年代初直接提出"人总是象征符号的动物，人也是政治动物"[1]，专注于分析社会活动中的"象征行为（the symbolic）"和"政治行为（the political）"之间的关系。[2] 不过柯恩关注的象征案例主要集中于部落社会，在20世纪80年代关注政治象征的科泽则以近现代民族国家的案例为主，更为明确地把象征放在一种政治过程中予以考虑："要理解政治过程，就必须理解象征是如何进入政治生活的，政治主体是如何有意无意地操控象征的，以及这些象征方面是如何与政治权力的物质基础产生关联的。"[3] 与人类学家和社会学家从仪式的角度理解象征与政治生活之间的关系不同，政治学家主要从象征在权力关系中的作用出发进行研究。其中最具影响力的政治学家是穆雷·埃德尔曼（Murray Edelman），他在1964年出版的经典之作《政治的象征作用》中指出：对政治生活中的象征研究的"符号学侧重，标志着与20世纪早期关注制度划分和法律解释的传统政治学的决裂，它也标志着与行为主义之间不太明显但更为激进的决裂"[4]。该书最为重要的贡献是首次对政治象征做了较为具体的研究，基于"人与政治之间的相互影响"，将整个政治

---

[1] ［美］亚伯纳·柯恩：《权力结构与符号象征》，宋光宇译，台北：金枫出版有限公司1987年版，第21页。
[2] 参见同上书，第32页。
[3] ［美］大卫·科泽：《仪式、政治与权力》，第3页。
[4] Edelman, Murray (1985), *The Symbolic Uses of Politics: With a new Afterword*, Urbana and Chicago: University of Illinois Press, p.195.

生活都视作一种"象征形式"。[1] 虽然此后政治学视域中的象征研究未能如他所愿般蓬勃发展起来,但不时有佳作出现,进入 21 世纪之后,其前进的步伐已经悄然加速。[2]

实际上,从象征研究的整体性学术史来看,各领域内的象征共识在形成之后也不断接受着其他领域的验证。时至今日,这种互动过程仍在继续,其阶段性的成果是:象征不仅是仪式的核心,也是社会文化模式的核心之一。正如格尔茨所言,文化实质上是一种"有组织、有意义的符号象征体系",即便与格尔茨多有争论的约翰·B. 汤普森(John B. Thompson)也认为"文化现象都是象征现象"。[3] 也正是基于这些共识,任何关于政治仪式的研究,都可以说是关于政治文化的研究——当然,此处的政治文化需要从最为宽泛的意义上予以理解,即人类政治生活中的所有文化现象的总和,用现象学的术语而言,可以表述为具有政治意义的"生活世界"。

基于政治现象学的简单考察:权力是政治的本质,象征是仪式的核心,政治仪式是两者的汇聚之所。在政治仪式中,权力的存在和表达方式都与象征紧密联系在一起,象征在名词意义上是权力形貌的载体,[4] 在动词意义上则是权力行为的表达。[5] 象征不仅是一

---

1 Edelman, Murray (1985), *The Symbolic Uses of Politics: With a new Afterword*, p.2.
2 更为翔实的学术史梳理,可参见王海洲《政治象征理论的钩沉与反思——兼论象征政治学理路的铺设》,载《政治学研究》2016 年第 4 期。
3 分别参见[美]克利福德·格尔茨《文化的解释》,第 58 页;[英]约翰·B. 汤普森《意识形态与现代文化》,高铦等译,南京:译林出版社 2012 年版,第 136 页。
4 通常被理解为"象征物"或"象征符号","从经验的意义上说,指的是仪式语境中的物体、行动、关系、事件、体态和空间单位"。参见[英]维克多·特纳《象征之林:恩登布人仪式散论》,赵玉燕等译,北京:商务印书馆 2006 年版,第 20 页。
5 通常被理解为"象征意义的表达",通过"类比"的认知模式实现不同概念间的意义转移和接洽。参见[法]保罗·里克尔《恶的象征》,公车译,上海:上海人民出版社 2005 年版,第 14 页。

种能够直接影响政治生活的权威性资源，它还渗透进社会生活的内部，塑造文化及其价值，甚至能够掌控心灵和身体，通过其内在的生成动力，主宰人们的行为和思维。政治仪式作为一种以处理政治生活中的权力关系为主要职责的象征系统，围绕象征展开的争夺、塑造、呈现和生成是其基本行动策略。

最后，本书的写作框架是以戏剧过程的形式展现出政治仪式的若干方面。这一写作框架实际上并非来自仪式研究中的戏剧理论的启发。[1] 当时我在"后记"中埋下了一个伏笔，开篇即提到我们的工作起始于张凤阳教授在"2006年的一个夜晚"写于一张茶馆名片上的"简要提纲"，这便是我们对政治仪式的现象学初体验。当时我向张老师介绍人类学中的一些仪式研究成果时，他突然提出，如果我俩不是学者，就是两个普通人，去参加一场政治仪式，我们会看到什么？或者说，稍微放一点，如果我俩是对仪式研究知之甚少的政治学者，我们会在那场政治仪式中看到什么？这种"思维游戏"其实在之前我们写作《政治哲学关键词》等著作或论文时就已经被频繁使用过了。于是，我们把自己代入一场政治仪式之中，并且在假设观察者身份之外还假设设计者等身份，不断通过一种可以说是"自由想象变更"——在思维活动中不断变更角度和方式以对对象进行更多、更全的观察——的现象学还原的方式去把握政治仪式，最终获得了若干基本特征。服务员一时找不到纸，我们就记录在茶馆名片的空白背面上了。

多年后过去，我也亲眼所见和亲身体验过很多次政治仪式，这

---

[1] 初版曾特别强调，只是用戏剧的隐喻来引导政治仪式之理论研究的逻辑和次序，不修改政治仪式的实际形貌和实践结构，不扭曲政治仪式的基本性质和主要目的，也不夸大政治仪式的戏剧特征和表演过程。

对于政治学家来说的确非常重要。运用过实例的现象学哲学家大多处理的是诸如简单的纸张、椅子或画作等事物,在现实情境中以各种角度和方式去测度它们也非常容易;对他们来说,"自由想象变更"是一种辅助性方案。政治学家则不同,我们处理的绝大多数对象是高度复杂的,它们并不会充分地向我们敞开,不仅具有无数我们难以捕获的细节,而且相当多的经验会随时光一并流逝,甚至存在于未显现的未来。所以,我们的研究高度依赖"自由想象变更"——"想象力"甚至成为学者的一项基本素质。还需特别指出的是,一种象征关系的确立,从根本上需要诱发我们从象征物"联想"到象征本体,所以,包括政治仪式在内的各种象征性活动较之其他类型的政治活动,也更依赖于想象。[1] 这就意味着,政治仪式的研究者、设计者、体验者和其他各类型受众,实际上都处于一种想象情境之中,也都追求或受影响于"想象力的捕捉"。

如果结合一名政治学学者拥有的基础知识、一名政治仪式观察者和参与者的体验,以及一名正常人的感知和思维能力,悬搁关于政治仪式的人类学、社会学和政治学等各种既有的理论"定见",我们在"朝向"政治仪式时会发现什么?作为一项处于起步阶段的基础研究来说,这个问题在逻辑上包含三个连续性任务:首先是会"遇到"什么,这需要"描述";其次是对所遇之对象进行"分类",这需要依据某种分类标准进行"分析";最后是要"澄清"分类后的若干具体属性的作用和意义,这需要将它们放在一种具体的、生动的政治情境中予以"阐释"。

---

[1] 王海洲:《政治象征理论的钩沉与反思——兼论象征政治学理路的铺设》,载《政治学研究》2016年第4期。

本书正是这三项任务的阶段性所得。对于第一个任务，第三至六章之名便是所遇具体对象的极简描述，涵括了一场政治仪式的四种基本状态，即静态的内外情境、动态的操演过程、变化的行动主体（"变"态）和日常的持存机制（"常"态）。对于第二个任务，第三至六章都分为若干节，在分类标准的选择上基本符合现象学方法的要求，主要依照的是最基本的自然主义规定（如内与外、表与里等）或非常简单的文化规定（如保守与激进、理智与情感、刻写与反刻写等）。[1] 对于第三个任务，除前述四章的具体讨论之外，第七章以当代中国的阅兵仪式为个案，提供了多重现实背景下的阐释；第八章则对作为整体性对象的政治仪式提供了三种理论背景下的阐释。剩下来的第二章则是牢固地将研究对象约限在一个政治学视域中，并如前文所言，从权力和合法性的角度出发，这种约限已是基于人类目前已有的政治学知识所作的一种"本质性的"约限。

行文至此可以对本节进行总结了。首先，本书写作框架所使用的戏剧隐喻是"表"，一方面，我们所直接观察到的政治仪式最基础的"四态"，对应着"展布"和"操演"这两种戏剧中的必备环节，以及"改编"和"刻写"这两种戏剧中的行为或作用；另一方面，我们的写作逻辑本身像是一场戏剧，从"启幕"到"筹策"，再经过一系列展演行为，最终"落幕"。其次，本书对政治仪式的描述、分析和阐释是"里"，虽然当初使用的是一种较为粗糙和朴素的现象学思维和方法，但无论是所选择的以权力和合法性为基础的政治学起点，还是基于排除大量定见的直觉所把握到政治仪式的

---

[1] 关于现象学方法中用于分类的"规定"，可参见[美]莱斯特·恩布里《现象学入门：反思性分析》，第一章第二、三节。

特殊属性和关系，仍可以接受现如今的政治现象学观察和反思的检验。

没有价值底线和信念系统的国家原本是不可想象的，但当今世界的现实发展告诉我们，这不仅是可想象的，甚至是可见的。当然，毋庸置疑的是，这种国家是可怕的，值得我们"见不贤而内自省也"。同时，我们必须承认，与自然史相比，人类的政治社会史何其短暂，其共同体的信仰体系在绝大部分时间内都依靠仪式来建设、维持和巩固。国家建设的现代化方案曾错误地将仪式理解为一种传统孑遗或肤浅形式而予以抛弃，值得庆幸的是，近些年来不少国家正在重新发现仪式的力量。中国具有极为丰富的政治仪式资源，虽然相当一部分已经消弭于历史尘埃之中，但还有大量的政治仪式仍然存在着甚至历久弥新。它们或将其"潜意识"隐藏在政治秩序和社会文化的深层结构中，或通过改头换面活跃在当下的政治生活中。政治仪式研究既有助于把握这些"中国式政治仪式"的内涵和隐义，也有助于借此分析中国政治发展和社会变革的种种因素，并对构建或重塑传统与现代之间的良好关系有着积极意义。两千多年前，古代中国的智者有言："仓廪实而知礼节，衣食足而知荣辱。"（《管子·牧民》）这一千古名句迄今仍具有显著的教育意义，并值得我们在更为深广的层次上予以反思。近年来，中国持续大力推进的国家象征能力建设，正是一种与传统相衔接并有其特殊内涵的新时代"礼治"。这种"礼治"与"德治"和"法治"和谐相处，并受益于后两者的良性结合，它们共同构成了现代国家治理的"三驾马车"。在未来的相关实践和理论探索中，如何更为充分地阐发古老的中国智慧，并转化为给予当今世界的教益，有识之士理应当仁不让。

第二章

筹策
政治仪式中的权力与合法性

在公共生活中,几乎每一个人都有参与或观察政治仪式的经历。但是,为什么要举行政治仪式以及它以何种方式发挥作用,却不是一个容易回答的问题。理解政治仪式不能从单纯的功能主义出发,按实用逻辑来推演;也不宜将政治仪式限定在褊狭的结构主义模式中,忽略其生成动机和社会背景。以下事实或许提供了一种解答思路:政治仪式中流淌着对政治生活最具影响力的政治权力,离开了权力,政治仪式将失去其生命力。大卫·康纳汀(David Cannadine)甚至认为:"仪式并非权力的面具,它本身就是一种权力。"[1] 循此思路,正是政治权力的运作过程,为破解政治仪式之谜提供了核心线索。利奇曾指出,现实生活中的仪式和权力相辅相成、同样"真实"。[2] 两者绞成一股绳索,共同承担着一个象征世界的所有重量,包括神圣与世俗、价值与行动、政治与非政治以及思维与实在。涂尔干写道:"如果想要了解一棵树的价值,就不能去看它的根,而要看它结出的果实。"[3] 权力既是政治仪式的根,也是政治仪式的果。

---

1 Cannadine D., and Simon Price (eds.) (1987), *Rituals of Royalty: Power and Ceremonial in Traditional Societies*, Cambridge: Cambridge University Press, p.19. 转引自[美]克利福德·格尔茨《文化的解释》,第195页。
2 参见 Leach, Edmund R., "Ritual," In Hicks, D. (ed.) (1999), *Ritual and Belief: Readings in the Anthropology of Religion*, Boston: McGraw-Hill College, pp. 176–183。
3 [法]爱弥尔·涂尔干、[法]马塞尔·莫斯:《原始分类》,汲喆译,上海:上海人民出版社2005年版,第107页。

一、政治仪式中的权力结构及其状态

1. 政治关系中的权力序列

权力是一个引发了无穷争论的概念，来自不同层面、不同角度的修补使得该定义日趋臃肿，对理论分析和应用分析造成了重重困阻。几乎每种明确的"权力是什么"的论说都会在政治生活实践中遭受质疑，权力的范畴是如此广泛和富有渗透性，以至于它能够如水银泻地般流淌并穿过政治生活的表象。所有受到特别关注的权力定义都在一定程度上属于对具体的权力作用及其效果的描述，如权力被认为是一种支配力、强制力或影响力（此外还有威慑力、规范力等）。这种从复杂的政治生活实践中抽离出的权力定义无法回避一个更加深入的问题：权力所呈现出的各种性质的"力"，在本质上究竟是什么"力"？

在词源上，权力与能力之间的联系最为久远和紧密。权力（power）经由法语"pouvoir"而来，源自拉丁语"potestas"或"potentia"，本意即为"能力（ability）"，虽然这层含义经历了多种变化，但其原意仍鲜活地存在于现代语言中。[1] 例如塔尔科特·帕森斯（Talcott Parsons）宽泛地将权力视作"一种保证集体组织系统中各个单位履行具有约束力的义务的普遍化能力"[2]；汉娜·阿

---

[1] 参见 Ball, T.（1975），"Power, causation and explanation," *Polity*, Vol. 8, No. 2, pp.189 - 214。

[2] Parsons, T.（1967），*Sociological Theory and Modern Society*, New York：Free Press, p.308. 转引自[美]史蒂文·卢克斯《权力：一种激进的观点》，彭斌译，南京：江苏人民出版社 2008 年版，第 20 页。

伦特（Hannah Arendt）则限定了能力的使用范围，认为权力"所对应的人类能力不仅仅是行动的能力，而且是共同行动的能力"[1]。史蒂文·卢克斯（Steven Lukes）恰当地总结道："权力是一种能力，而不是那种能力的运用。"[2] 这种理解角度的优点在于，它将"能力"当作权力的本质特性，由此，在政治生活中与权力相关的一些易于观察的直接行为，以及更多的极其复杂的间接行为，都能够被纳入权力范畴中。

从能力角度理解权力，虽然能够将政治生活中无数曲直不一的权力类型涵括进来，并还原其本源性意义，但这只是理解了权力之"力"，而权力之"权"则被搁置一旁。权力作为一种能力"因何而能"？或者说，"权是何物"？如果说因支配、强制或影响而"能"，那就犯了简单的逻辑错误，因为这些都是能力的展现方式或运用方式，而不是能力的来源。当然，在对因何而能够支配、强制或影响的研究中，都部分地涉及了权力或能力的来源。韦伯（Max Weber）有关权威的经典解释实际上是对这一问题的间接回答：无论是个人魅力、传统还是法律制度，都服务于一种"人支配人的关系"[3]。政治资源说完善了这一理论，尤以罗伯特·达尔的理解最为广泛："政治资源包括金钱、信息、食物、武力威胁、职业、友谊、社会地位、立法权、投票以及形形色色的其他东西"，是"用于影响他人行为的手段"[4]。因此，对政治资源的运用从实践上决定了权

---

[1] Arendt, H. (1970), *On Violence*, London: Allen Lane, p.44. 转引自［美］史蒂文·卢克斯《权力：一种激进的观点》，第21页。

[2] ［美］史蒂文·卢克斯：《权力：一种激进的观点》，第63页。

[3] ［德］马克斯·韦伯：《学术与政治》，冯克利译，北京：外文出版社1998年版，第41页。

[4] 参见［美］罗伯特·A.达尔《现代政治分析》，王沪宁、陈峰译，上海：上海译文出版社1987年版，第47页。

力的归属,或者说决定了社会生活中的各种权力关系。[1] 不过,埃米·艾伦(Amy Allen)不无正确地指出,尽管"运用权力的能力可能会由于拥有某种重要的资源(金钱、自尊、武器、教育、政治影响力、体力、社会权威等)而增加,但是,这种能力不应当与那些资源本身混为一谈"[2]。这种区分意味着资源不属于"力"的范畴,而是属于"权"的范畴。

"权力"一词的中文是由两个字组成的,因此可以基于"权"和"力"二字的多重理解,来综合性地把握权力的意义。其英文"power"是一个单词,比较适合在一种词源学的意义上进行考察。如此,作为源头的"能力"就不可避免地占据绝对的优势地位。相较之下,权力作为一个由两个字组成的中文词汇,却可以在一定程度上避开概念诠释的"历史决定论",从共时性的角度予以理解,即"权力"不是一个历史上归属西方的"词汇",而是人类社会中的一种普遍经验和现象。简而言之,权力就是有"权"做某事的"能力"。在此意义上,权力更适宜的中文表达是权能。"权"是"权力"的内在动力,"力"是"权力"的外在表现。"权"承担着供应商的角色,它提供权力赖以存在的所有具体和抽象的基础;"力"承担着销售商的角色,它作为权力的形象大使、代言人和委托代理人与外界发生联系;最后,销售的获利便是权威(合法性)。

权力的生产和销售过程意味着权力并不是静止之物,它"流动"在政治生活中,表现为各种政治关系的维系和变动。从动力学

---

[1] 资源论的扩展已经将其视作无所不包的体系,其宽泛性虽然表明它具有强大的生命力,但随之而来的是解释力度的削弱。
[2] [美]史蒂文·卢克斯:《权力:一种激进的观点》,第63页,注释1。

角度来理解这一过程：政治生活中存在着种种差异，这些差异产生的压力使得权力如同一条流淌着的河流而不是静止的池塘。在卢梭（Jean-Jacques Rousseau）所言的"人类不平等的起源和基础"中，"不平等"意味着差异的存在，并且这种差异对人类生活产生了至为深远的决定性影响。我们使用"势差"概念来描述这种差异：势差是人类政治生活实践中的普遍存在，它在最深层面上决定了"权"的高低和"力"的强弱。"一个群体内部的任何差异性功能都与权力上的差别息息相关。"[1] 无论是支配力、强制力还是影响力，最为关键和根本的测度指标就是存在于其中的势差——它从差异性的角度表达出政治生活中权力关系的本质。

物理学意义上的势差指的是相互作用的事物之间存在的位置上的落差，[2] 而势能的计算除势差因素外还与事物的质量有关。因此，我们在使用势差来比喻权力关系时有所微调，将事物之间的落差和事物本身的质量之差都视作势差的组成部分。于是，势差之"差"被理解为"差异"，包含了差别和差距两种各有所指的部分。"差别"即不同，它强调对政治生活中的各种关系的区别。差别的确立和维持表现为一种"蓄势"状态，它决定着权力关系的范围——范围越大，所包含的权力"质量"也就越大。"差距"即不等，它强调对政治生活中各关系方的等级划分。差距决定了权力关系的疏密，对应的是势能中的落差，差距越大势能越大。用公式简单表示为：

势能（E_p，权力的大小/强弱）= 差别（S，权力的涵括

---

[1] [美]弗雷德里克·巴特：《斯瓦特巴坦人的政治过程：一个社会人类学研究的范例》，黄建生译，上海：上海人民出版社2005年版，第60页。
[2] 势差在物理学中也包括弹性形变的程度，对此无须深究，只是借用此喻。

范围)×差距(H,权力的价值位阶)[1](参见图2.1)

在政治仪式的权力分析中,虽然差别和差距都意味着比较的存在,但差别主要存在于不同仪式之间,而差距主要存在于仪式内部的各种相关元素之间。

在差别层面,政治主体的数量多寡显示出政治生活的涵括范围。不同政治主体组成权力关系的基本网络,随着有差别的政治主体的增多,权力之网的外延随之扩大,编织的精细程度同时加深,也就意味着对权力的辨识和控制越发复杂和困难。因此,在差别社会的政治生活中,参与某一事件的政治主体的数量与该事件的政治影响力成正比,而在该事件中处于核心位置的个人或群体也就相应具有更大的权力。

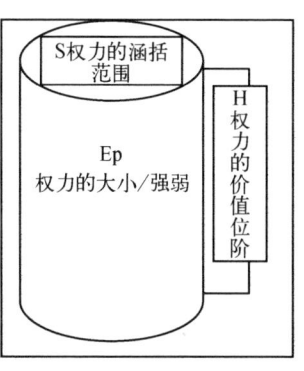

图 2.1　权力势能示意图

在差距层面,不仅包括政治主体在权力关系中位置高低的差距,也包括各种政治事物在政治价值中"位阶"高低的差距。前者主要体现为地位的高低以及与之相应的所占据物质资源的多少。例

---

[1] 在此公式中,有几点需要格外注意。一是势能来自两个变量的共同作用,因此在对不同政治实践中的权力关系进行比较分析时,要同时关注两个变量。二是这一公式只是便于表述和理解,并不意味着真实的政治实践中如此简明。例如在变量一端,还存在着其他的因素,即使就物理学中的势能公式而言,也仅存于未考虑阻力的真空状态中。政治生活不仅不是一个真空状态,充满了各种阻力,并且还充满了各种不可测度的偶然力量,对之我们亦应考虑。三是这一公式与物理学中的重力势能公式有些区别,后者是"势能=质量×高度($E_p = mgh$)",在我们所使用的公式中,是用 S 所指的范围来替代"质量"(mg)的概念(如果就单纯的公式符号的物理学意义而言,S·H 是计算各种规则柱体体积的公式)。因为仪式中的权力总量是个抽象的概念,而"质量"是个衡量具体物质重量的概念,所以更适合用一种涵括范围来标示权力总量。

如领袖与群众、将军与士兵或者地主与佃农在政治生活中被划分到各种等级结构中,并且在社会的政治资源分配中获得了不同的份额。后者主要体现为道德和名望等价值层面中的不等,往往与政治实践中的最高位阶的价值相联系。

权力的势能公式提供了一个简单的理解图式,在政治实践中予以检验时,只有当输入输出条件完全匹配才能得到公式中的结果。但这并不意味着它毫无意义,和所有的社会科学理论公式一样,它为我们更为深入地理解政治生活,至少在此处为我们观察政治仪式内在的权力生产和再生产提供了便捷的路径,或者说,它提供了一种能够令我们的理解更加"平滑化"的思维模型。

2. 政治仪式中的权力设置

权力之河贯穿于人类政治生活中,政治仪式如同一座水电站,只是截流了其中的一小段,在可控范围内通过各种策略影响权力的流淌。根据势能公式,这座水电站蓄水所形成的湖泊便是"S"(权力的涵括范围),蓄水位的高度是"H"(权力的价值位阶)。"S"所指的差别主要是仪式之间的区别,包括它们的不同之处具有何种政治意义,或与政治权力产生何种关联。这些不同之处主要存在于四个方面:属于不同的仪式类型、具有不同的政治背景和政治空间、拥有不同的参与者以及展现为不同的规模。从权力生产的角度出发,涵括范围有所不同的政治仪式意味着具有不同的生产能力。

首先来看类型差别。以丧葬仪式为例,普通人的葬礼作为私人领域的生活内容,在类型上属于人生仪式的范畴。但如果死者是个教徒,那么这种葬礼的类型就有了新的特征,可以划入宗教仪式的范畴,其中反映着神圣与世俗的关系。对于被视作一种"旧文化传统"的葬礼而言,在特定情境下也会出现新的关系,比如在中华人民共和国建立后的葬礼改革中,民间葬礼面临意识形态的选择,反映出政府与民间在传统文化理解上的紧张关系。[1] 这样,同一种仪式在具体类型上就发生了变异:首先是不具有什么政治意义的人生仪式(或许唯一的政治意义在于通过葬礼的完成彻底消解了其政治身份),其次是具有了宗教性质的神圣仪式(宗教与政治之间的紧密关系使得这些仪式很容易进入公共政治生活),最后是政治意味浓厚的政治仪式(在世俗生活中表现出不同政治价值的角力)。

其次看不同的政治仪式在政治背景和政治空间上的差别。格尔茨讲述过发生在爪哇(Java Island)的一个普通孩子的葬礼:死者寄养在城郊的亲戚家中,他的父母住在城中不能及时赶来,当时城郊和城中由两种不同的政治派别所控制。于是,原本是一场作为普通宗教仪式的葬礼演变为两种势力的冲突场所,最终"成为政治问题",在混乱的葬礼中,参与者"不能确定他们究竟是来参加宗教事务,还是参与争夺权力的世俗斗争"[2]。与之相似的是科泽提到的一场普通人的葬礼:在意大利波洛尼亚市(Bologna),一对母子都是共产党员,母亲去世后其子与教区牧师商量为她在教堂举办一场宗教葬礼。地区的共产党领导人虽然站在由牧师带领的送葬队伍中,但在做弥撒时却站在教堂外等待仪式结束。[3] 两者相比,看似葬礼的性质乃至潜在的冲突方都很近似,或者说在类型意义上基本一致,但在政治背景和政治空间上差别很大。前者表现的是城郊与

---

[1] 参见 Cheater, A. P. (1991), "Death Ritual as Political Trickster in the People's Republic of China," *The Australian Journal of Chinese Affairs*, Iss. 26, pp. 67-97.
[2] [美]克利福德·格尔茨:《文化的解释》,第199页。
[3] 参见[美]大卫·科泽《仪式、政治与权力》,第135页。

城中两种空间不同政治势力之间的紧张，后者表现的是同一空间中宗教传统和共产党意识形态之间的紧张。前者的冲突强度更大，使葬礼的空间成为冲突所在地。后者的冲突更为隐蔽，葬礼空间被分割为神圣和世俗两部分，而政治并没有介入宗教空间：共产党的领导人既没有阻止葬礼，也没有主导葬礼，只是以"站在教堂外"的方式表达了政治立场。集中到"S"的测度上，前者的范围更大，不仅侵占了葬礼内外的神圣—世俗空间，而且包括了不同地域的政治空间，并通过混淆参与者判断力的方式渗透进政治主体的思维空间。相比之下，后者的范围较小，共产党作为其中最为显在的政治权力一直将其范围局限在宗教之外的世俗空间中，并恪守着非常温和的表达方式。

再次，不同政治仪式中参与者的差别比较容易观察，以其为指标能够较好地判定其中"S"的大小。前述两个葬礼中的死者都是普通人，他们的葬礼都是间接地介入政治生活，需要依靠外在的力量来赋予其政治意义。而政治领袖的葬礼则因其特殊身份使得该仪式直接具有了政治意义。这种葬礼不仅不能被看作普通的人生仪式，也不能被当作普通的政治事件，而是发挥着巨大作用的政治仪式，因为它能够对政治权力的变革产生决定性的影响。图玛金（Nina Tumarkin）在对列宁葬礼的分析中指出："对于从其领导者身上获得合法性的政权而言，领导者之死是个危险的不稳定因素。然而，如果该领导者成为基于对其不朽权力的崇拜之对象，那么这种崇拜就是极具稳定性的力量。"[1] 与之相似，国民党依靠主持操办孙

---

[1] Tumarkin, N. (1983), "Political Ritual and the Cult of Lenin," *Human Rights Quarterly*, No. 2, pp. 203–206.

中山的葬礼,将党派的"组织性权力"通过葬礼这一"文化形态"展示出来,并且凭借孙中山作为卓越政治领袖的个人影响力,使得国民党的政治权力"具有更加强大的渗透、震慑和征服效果"[1]。

最后一种差别即政治仪式在规模上的差别,它是"S"之差别的最为直观的反映。例如,作为国家领导人的列宁或孙中山的葬礼与一个地方政治人物的葬礼,在规模上显然不可相提并论。它们所显示出的政治权力的涵括范围当然也大有区别,前者是全国性的,后者与之相比在影响范围上则小得多。

以上我们讨论了一些影响政治仪式中权力涵括范围的次变量,如类型、政治背景、政治空间、参与者和规模等。无论是在具体的政治实践中,还是在对政治仪式的理论分析中,这些次变量往往一起发挥作用,用一个简单公式来表达就是:S = f(类型、政治背景、政治空间、参与者、规模……)。正如水电站的蓄水面积是决定水电站所拥有水能总量的基本指标之一,政治仪式的权力涵括范围也是其中所蕴含的政治权力总量的基本指标。

计算政治仪式中价值位阶间的差距并不是简单地用最高价值位阶减去最低价值位阶。政治权力的大小或强弱不是一种运算中的"差",而是取决于最高价值位阶自身的"绝对高度"[2]。最高的价值位阶像是高度计中指针所指的最高值,它决定着高度计的适用范围。

几乎所有等级社会中的价值位阶都以地位为基本衡量标准,它

---

[1] 李恭忠:《"党葬"孙中山:现代中国的仪式与政治》,载《清华大学学报》(哲学社会科学版)2006年第3期。
[2] 以水电站为喻,其绝对高度是指蓄水的水平面到作为零势能面的坝底之间的距离,和坝底的海拔没有任何关系。

反映出的是一个政治社会中的权力序列。政治仪式中的差距便是政治生活中权力序列的反映。政治权力的体现和运用,或有关各种政治资源的获取、分配和争夺,皆与此权力序列有关。例如在"通过仪式"(rites of passage)[1]中,"每一个社会职位都至少有一些神圣之处。但是这种'神圣'的成分是任职者在通过仪式上获得的,在仪式上,他们的地位得到了改变"[2]。不唯"通过仪式"如此,仪式在普遍的意义上都表现出地位之展示、构建、维持或提高。[3] 政治仪式中的地位主要是政治地位或者其他能够对政治地位产生显著影响的地位体系,比如宗教地位和经济地位等。这些地位体系中的权力序列以最高者马首是瞻。就此而言,权力是产生地位认知的根本原因,地位作为权力的终端显现为权力序列。

从地位角度分析权力关系具有"天然"优越性。在一般情形下,"虽然一个人的权力关系是一系列选择的产物,但每一个个体的社会地位的某些方面是与生俱来的和根据居住地区而固定了的。"[4] 另一种优越性在于地位所承负的权力因素或权力资源具有多样性和复合性的特征。包罗万象的地位是权力象征的首选代言人,它的实践意义与权力的抽象意义之间的吻合度较高。比如在印度种姓制度和巴厘头衔制度中,"头衔体系中暗含的声望成分应该反映在社会财富、权力及道德声望的实际分布中,而且实际上应完全与之一致"[5]。也就是说,权力、财产、声望和头衔在实际中具有高度的一

---

[1] 在本书中,以名词词组形式出现的"通过仪式"指的都是"rites of passage"。
[2] [英]维克多·特纳:《仪式过程:结构与反结构》,第 97 页。
[3] 这也表明了仪式具有变更地位的能力,能够借之对地位体系进行破坏、降低,甚至颠覆。
[4] [美]弗雷德里克·巴特:《斯瓦特巴坦人的政治过程:一个社会人类学研究的范例》,第 4 页。
[5] [美]克利福德·格尔茨:《文化的解释》,第 452 页。

致性,这些名词在很多社会形态中都与地位有着极为密切的关系。[1]这种一致性能够表明权力关系中的地位是一种具有复合性的多元价值系统。弗雷德里克·巴特(Fredrik Barth)分析斯瓦特巴坦人的圣徒在政治过程中的作用时肯定了这种观点,他认为圣徒"拥有较高的地位等级"是因为"他们继承了神性,熟悉法律和道德方面的知识",[2]再加上"他们对土地的控制"一起构筑了他们的"政治势力和权威"。[3]所以,来自神圣因素的名望或声望,作为文化资本的"传统",以及作为经济资本的土地,都集中在地位之中,并且由此产出权力。

地位与权力之间的高度相关性使得仪式把构建和维持地位当作展现权力价值位阶的重要方式,这些仪式的重要任务之一是处理政治关系。政治仪式作为一种权力高度计在其刻度表中显示出不同位阶的权力标高。一方面,它显现出"国家或各种政治组织中领袖的权威",标示出了高阶刻度;另一方面,"也使得国家内部势力能对体现其政治重要性的地位提出要求",这意味着它能够标示出其他位阶的刻度。[4]在绝大多数政治社会中,这些被标示出来的刻度都能够对政治生活产生重要影响,来自不同地位的政治主体也会根据这些刻度选择行动策略。例如在15世纪的东南亚,婆罗门

---

[1] 弗里曼对萨摩亚人的等级制度的研究便是一个重要而完善的案例证明,这些元素在该社会中被置于一个维度甚至水平上。参见[澳]德里克·弗里曼《玛格丽特·米德与萨摩亚:一个人类学神话的形成与破灭》,夏循祥、徐豪译,北京:商务印书馆2008年版,第120—127页。

[2] 参见[美]弗雷德里克·巴特《斯瓦特巴坦人的政治过程:一个社会人类学研究的范例》,第84页。

[3] 参见同上书,第133页。

[4] 参见[美]大卫·科泽《仪式、政治与权力》,第37—38页。

在政治生活中具有举足轻重的作用,经常"运用它们的仪式权力,将地方酋长纳入统治种姓或说是刹帝利种姓当中。通过赐予这些仪式权力,他们最终创造出一个政治基础"[1]。这一案例同时还说明了,在政治仪式中权力的价值位阶不仅由高阶政治主体充当刻度峰值,而且它们还具有分配其他价值位阶的能力(制定刻度标准),从而对整个权力高度计的刻度设计具有统摄性的话语权。

3. 权力涵括范围和价值位阶的调控

以上对权力势差的分析大致属静态研究,主要通过比较不同政治仪式中的各种范围指标来呈现差别,没有考察在同一政治仪式中这些指标如何发生变动的问题。同时,在对权力价值位阶的分析中,虽然对同一政治仪式的价值位阶尤其是地位的变化作了说明,但暂时搁置了仪式与权力价值位阶之间的联动性。而在具体实践中,权力变动是种常态。不同政治仪式在权力的涵括范围上存在一定的差别,同一个政治仪式中的权力涵括范围也会发生变化。这种变动并不是总会发生,有些政治仪式具有相对固定的结构和稳定的状态,在权力的涵括范围上也甚少出现明显调整。此外,在涵括范围的各种变量的变动中,也并非所有的变量总是一同调整,要视具体情形而定。

仪式类型的变化主要有两种,一是在历史意义上表现为仪式的不断变革,二是仪式在操演过程中会发生类型上的变化,在此仅关

---

[1] [美]弗雷德里克·巴特:《斯瓦特巴坦人的政治过程:一个社会人类学研究的范例》,第70页。

注第二种变化。类型的转变意味着仪式诉求的重点发生了位移，它并不像是权力之河在不同层面上的停顿造成的水流汇聚，更像是权力之流制造出的河湾，其形成原因可能来自外界（如地壳变动），也可能来自内部（如流沙淤积）。不管是何种理由，都与河流受内外各种力量的影响而采取的措施有关。

科泽曾讲述了一个令人心酸的案例。在1934年的意大利，一个30岁的贫穷母亲在临死前高呼纳粹口号、行纳粹礼。她只是一个没有明确政治信仰也不属于任何政治党派的普通人，她遗留在世间的唯有三个年幼的孩子。科泽认为她的举动与其说是被法西斯主义的热情所感动，不如说是为了让三个孩子在她死后能够得到纳粹政府的抚养。[1] 年轻母亲临终前所行的纳粹礼，作为一种最为简单和微观的政治仪式，是当时意大利纳粹政府所控制的政治生活的主要内容之一，它的象征意义及其力量对人们具有巨大的影响力。确如科泽所言，年轻母亲选择一个纯政治仪式的纳粹礼而不是通常基督徒的宗教仪式，在直接效果上是出于现实主义目的，但他忽略了更为深层次的含义。这种类型变换还能够反映出普通个体对政治权力强弱的认识和接受。年轻母亲的选择表明纳粹政府在日常生活中具有高度统治力，在当时也获得了普通民众的信任：它得到了托付生命的信赖。换而言之，在这种类型变换中，政治权力的强弱与效果都被直观地呈现出来，年轻母亲的选择揭示出宏大的权力之河可化为涓涓细流，有力地冲击着个体的全部政治生活。

这一案例只是最为简单的仪式类型转换，但不管是多么复杂的

---

[1] 参见[美]大卫·科泽《仪式、政治与权力》，第136页。

类型转换，都能够从类型的变化中探寻相似的意义。类型的跳跃如同能量层级的变化，它不仅表明仪式中的各种事物都被抽象地带入另一种范畴中，也表明其中的政治权力已经在悄然发挥影响。当然，这种转换要求观察者进入完全不同的新环境，否则就无法对经过类型转换的政治仪式进行正确的反思。同时，在仪式类型的转换中，通常也伴随着政治背景、政治空间、参与者和规模等一种或多种变量的变化。

政治仪式的权力涵括范围所发生的变化往往是多种变量共同作用的结果，它们之间具有紧密的关联性，通过各种相互作用而彼此影响。进而可以探讨这些变量是为何以及如何发生变化的。我们认为，政治仪式中权力涵括范围的变动在一定程度上意味着权力能量和权力运作方式的改变。因此，政治仪式至少在工具意义和目的意义上成为参与权力争夺各方的觊觎之物。就政治权力的涵括范围而言，对整个政治仪式的利用过程便是对决定范围各变量的调控过程，而政治权力的存在、维持和冲突则显现于其中。

与权力涵括范围一样，权力价值位阶也存在着调控的问题。政治仪式内在的价值位阶变化与政治仪式对价值位阶变化所产生的影响，一同构成了价值位阶变化的内外两个维度。以政治权力为对象，变化主要有两个方向，一是正向的构建、维持和增强等，二是反向的破坏、降低和颠覆等，参见表2.1。无论是哪一个方向，都不可避免地表现为对政治权力的争夺。限于篇幅，我们在此处只分析外在维度的反向象限，即政治仪式作为一种反向的调控方式如何发挥作用，并将地位视作价值位阶的主要指标。

表 2.1　政治价值位阶变化的权力作用表

	正向		
内在维度	政治仪式内在的价值位阶变化→对权力的构建、维持和增强	政治仪式影响下的价值位阶变化→对权力的构建、维持和增强	外在维度
	政治仪式内在的价值位阶变化→对权力的破坏、降低和颠覆	政治仪式影响下的价值位阶变化→对权力的破坏、降低和颠覆	
	反向		

不同地位的行为者都能够利用政治仪式充当争夺地位的方式，如政治经济的发展给低级群体带来了向上流动的可能，争取更高地位和更多权力的意图有时通过仪式表现出来，而旧有的高等阶层为维护其利益则也常常使用在仪式上的优越性加以反击和遏制。[1] "低级群体"往往在维度的反向象限中举行政治仪式，因为他们并不具有"仪式上的优越性"，所以要依靠政治仪式来否定处于高阶地位的权力，价值便是主攻的方向。

福柯在《规训与惩罚》开篇讲述了一个骇人听闻的公共行刑仪式，被处死者是一个妄图弑君者。[2] 公共行刑仪式在古代专制政体中是一种常见的政治仪式，对于身居价值位阶高处的仪式发起人来说，这一仪式对其权力稳固具有正向作用。但这种行刑仪式也发生过逆转，1649 年英国国王查理一世被送上断头台，成为一场浩大

---

[1] 参见[美]大卫·科泽《仪式、政治与权力》，第 131 页。
[2] 参见[法]米歇尔·福柯《规训与惩罚》，刘北成、杨远婴译，北京：生活·读书·新知三联书店 2003 年版，第 3—5 页。

的公共行刑仪式的主角。"当查理一世被斩首时,搁放脖子的木台仅有十英寸高,而不是传统的两英尺。这意味着他不能跪着被行刑,而是被迫脸朝下匍匐,这是一种被他的行刑人视作更加耻辱的方式。"[1] 这场极具震撼力的政治仪式直观地反映出不同政治主体在政治地位上的转换,原本站在政治地位顶峰的国王如今伏倒在大众面前。在这场影响巨大的政治仪式中,改变的不是断头台的高度,而是政治权力的价值位阶的高度,砍去的并不只是国王的头,还是国王代表的君主制度以及价值体系。与之相似的是在法国大革命中,"审判和处死路易的要旨体现在公开的仪式上;通过否定国王地位,让他的公共身份死亡……革命者需要找到某种仪式过程,借以明确驳斥国王神圣不可侵犯的光环。他们所驳斥的不仅仅是一种制度,而且是使该制度合法化的政治神学"[2]。这种政治仪式如同一场"地位的血的洗礼"[3],政治权力的价值位阶通过国王之死发生重大转向,即便是权力的更迭并没有完全转交,但价值位阶的高度急遽下降。这种下降反映出政治权力的结构变动,也对政治权力的状态产生了持久影响。

在政治生活中,充当"价值断头术"[4] 的政治仪式屡见不鲜。由于价值位阶具有相对性,因此政治权力的流动方向和力度都会随之发生调整。就处死国王的仪式来说,国王和大众作为价值位阶两

---

[1] Cawthorne, Nigel(2006), *Public Executions*, London: Arcturus Publishing Limited, p.6.
[2] [美]保罗·康纳顿:《社会如何记忆》,第4页。
[3] Goffman, Erving(1961), *Encounters: Two Studies in the Sociology of Interaction*, Indianapolis: Bobbs-Merrill, p.78. 转引自[美]克利福德·格尔茨《文化的解释》,第513页。
[4] [德]舍勒:《价值的颠覆》,罗悌伦等译,北京:生活·读书·新知三联书店1997年版,第128页。

端的政治主体发生了一定程度上的颠倒,从国王手中流淌出的自上而下的政治权力结构,变成了政治权力源自人民之手的自下而上的权力结构。同时,政治生活主角的变化也导致整个政治舞台的情境发生翻天覆地的变化,人民的权力从一道微不足道的溪流演变为波涛汹涌的大河。这种变化是无数革命仪式一再操演的主题。当然,调控权力价值位阶的政治仪式并不总是如此激烈,事实上在很多政治仪式中,争夺往往是潜在的,政治权力的流淌如地底的暗河般不动声色地改变着地质结构。

二、政治仪式中的权力生产原则

1. 势能的释放与动能的转换

在水电站之喻中,无论所蓄的水体面积或高度如何变化,仅能反映出水体体积的变化情况,而无从了解水体流动等具体信息。回到隐喻的本体中,对政治权力的涵括范围和价值位阶的分析,主要关注的是政治仪式中的权力结构和状态,这只是对政治权力之体态和面貌的描述。仅驻足于此会犯下"知人知面不知心"的错误,而欲"知心"就应从观察其言谈举止入手,关注政治仪式中的权力运作过程。

权力势能的概念能够站在纯粹的理论角度上,对政治仪式中主要权力设置(涵括范围和价值位阶)的不同组成部分进行独立分析。这种规范性分析与具体仪式实践之间存在着一定的差距,因为政治仪式权力设置的不同部分之间存在着频繁互动且难以割裂的联系,贯穿于整个权力运作过程中。所以,要考察政治仪式中的权力运作过程,首先须将势能概念放在一个更具开放性的实景和语境中予以分析。

在封闭状态中，政治权力的涵括范围是势能的一个主要变量。政治仪式的类型、政治背景、政治空间和规模等元素构成了该变量的一系列次变量。这些次变量在规范意义上不具有任何共享边界，它们是从不同的范畴出发对涵括范围进行观察而得出的结论。同时，这些次变量的立身之处是一种宏观范畴，它们将政治权力的水面视作一个整体。即便是在同一个政治仪式中对这些次变量进行调控，在结果上也是显现为一种整体性的变化。

借助物理学意义上的重力势能公式，考虑到涵括范围本身不是铁板一块的具体物质而是抽象的范畴集合，这里将涵括范围（S）视作物理学公式中的重量（mg）。以水电站中所蓄水体为喻，水面范围几乎包含着整个水体，水面的任何变化不可能脱离水面之下的部分独立存在，这由水的物理性质决定。权力同样具有这种性质，它存在于一切具有差异性的状态中，在政治生活的实践中完全分割这种差异几乎不可能实现。[1] 不过，将涵括范围视作整体的分析方法无法解释政治权力微观层面的变动。

政治权力的微观层面主要是指存在于政治仪式中的个体，他们犹如一个个水分子聚合在一起，构成了庞大的水体。无论是政治仪式的类型、政治背景、政治空间还是规模都无法与个体分开。个体将权力从抽象概念变成具体实践，从个体出发观察政治仪式中的权力涵括范围，可以轻易地解决水体的整体性和不可分割性问题，因为任何流进流出的水量都是个体在不同数量和不同程度上的汇集。只需在具体的流量中对这些个体进行分析，便可掌握权力流动的方

---

[1] 即便是特纳所言的"阈限"也是一种结构过程中的反结构特征，正是为了该状态前后的充满差异的正常状态而设。

向、力度乃至目标。

在宏观层面上,权力的涵括范围是由类型等一系列变量的集合来描述的。在微观层面上,权力涵括范围则体现为个体的政治权利,因为有关政治权利的限定决定着个体的政治权力适用范畴。从概念上来看,政治权利主要有三种使用方式:一是"描述一种制度安排",在其中个人的利益要求得到保护;二是"表达一种正当合理的要求,即上述制度安排应该得到建立并得到维护和尊重";三是"表现这个要求的一种特定的正当理由即一种基本的道德原则,该原则赋予诸如平等、自主和道德力等某些基本的个人价值以重要意义"。[1] 在此,我们统合这三种观点使用这一概念。政治权利涵盖着制度和个体之间有关利益要求的一系列设置方案,并且这些方案得到普遍的(往往也是理想的)道德原则的支持。在微观层面上,政治仪式中的权力涵括范围发生任何范畴或程度的调控,都会在个体的政治权利中留下记录。将这些记录汇集起来,并同时观察作为"个体集合"的群体的仪式,有助于更为全面地理解权力涵括范围。

再来看势能的另一个主要变量:价值位阶。位阶是一种明确的集合性的概念,因此很难在具有普泛性质的个体政治权利的角度上进行分析,而只能从政治仪式中占据最高地位的价值位阶入手,判断该仪式中政治权力势能的大小。地位差距作为政治权力的晴雨表,在一定程度上反映出政治权力冲突的结果。但是,我们刻意忽略了一些在封闭情境中难以回答的问题:政治仪式的性质和宗旨是否由位于其中的最高价值位阶决定?通过观察最高地位的变化,是

---

[1] 参见[英]戴维·米勒、[英]韦农·波格丹诺主编《布莱克维尔政治学百科全书》,邓正来主译,北京:中国政法大学出版社2002年版,第661页。

否能够断定其直接对立者便是政治权力转换后的最大受益者？仅从权力价值位阶的变动是否能够解释导致主要价值位阶变化的成因？或者更为重要的是，权力的价值位阶是否能够反映权力的行动过程？正如水文高度计的记录纸可以经验地给出一些导致水面高度变化的原因，但并不能完全适用于一些特殊的、偶然的以及更为复杂的情况。

以山东曲阜举行的祭孔大典为例，自2004年开始，祭孔大典由民间祭祀转为政府主导的公祭，在类型上从民间仪式转变为政治仪式。在该仪式中，孔子以其崇高的传统权威以及在伦理道德秩序中丰富的象征意义，处于价值位阶的最高层。不过，如果仅着眼于孔子的地位被置放于何种高度上，很难正确判断这场由政府全程主导的盛大仪式的真实意图。虽然通过公祭活动能将孔子作为一种符号所象征的传统道德和政治认知在一定程度上呈现出来，但这并不是恢复公祭的根本目的，必须进入仪式过程观察政治权力和主要价值位阶之间的联动。以山东曲阜2008年秋季公祭为例，"由山东省人民政府、文化部、教育部、国家旅游局主办，省委宣传部、省文化厅、省旅游局，济宁市人民政府，曲阜市人民政府承办"[1]；主祭人（宣读祭文者）是地方最高行政长官山东省省长，主持人为地方最高级别的参政机关山东省政治协商会议的主席。主办者和承办者的次序隐含着中国政府的基本权力序列以及政府部门及其长官的不同地位和职责，体现出政治仪式的真实意图："政治挂帅"——地方政府及首脑主办、主导和主持；"文化搭台"——文化部和文化厅的介入，以及公祭作为"孔子文化节"的组成部分之一；"经济唱戏"——旅游部门的介入，以及文化节中有很多重要组成部分与经

---

[1] 王振国、张宏磊：《国际孔子文化节今日开幕》，载《齐鲁晚报》2008年9月27日。

济相关。[1] 由此可见，处于最高价值位阶的孔子在某种意义上成为一种"由头"，在实际政治生活中，他既不是该仪式中政治权力的最高持有者，也不是政治权力流动的源头。[2]

祭孔大典彩排（摄于山东省曲阜市，2021年）

　　祭孔乐舞表演者和身着中山装的抬花篮者在工作人员的指挥下走场。自20世纪80年代中期曲阜重启祭孔活动以来，仪式的几乎所有重要设置都发生了不同程度的调整。这在现代民族国家是一个普遍现象，即通过仪轨的改编乃至重置，令传统仪式融入新的政治生活。

1　在此次文化节中，一共有6项主要活动，其中3项是经济活动：第九届中国专利高新技术产品博览会和2008年山东文化产业博览会济宁会场；2008年山东文化产业博览会闭幕式；2008年中国（曲阜）国际孔子文化节暨长三角地区集中招商重点项目签约仪式。参见曾现金《祭孔大典9月28日孔庙举行》，载《齐鲁晚报》2008年7月25日。

2　如果对比2004至2008年的山东曲阜公祭孔子大典便可更加切实地体会到这一点，例如主祭人和主持人的身份从县级政府首脑变成市级政府首脑再到省级政府首脑，而国家部委也从观望到支持再到直接参与。

因此，最高价值位阶未必是解释政治仪式主旨的最佳角度，它有时对权力关系的展现缺乏足够的控制力。唯有对不同价值位阶在政治仪式中的具体行动进行分析，才能够把握政治权力的行动过程。确切来说，政治仪式中权力的行动路径和行动逻辑往往便是占据着实际的主导地位的价值位阶的行动路径及其逻辑，它们为政治仪式设定了符合其利益的主要意图，并且按此意图安排整个权力的运行轨迹。并不是所有政治仪式都如祭孔大典一般处于稳定的政治力量的控制之下。在法国大革命的国王死刑仪式中，神权国王从较高价值位阶上的跌落以及民众自底部价值位阶的上升是其中最为耀眼的对撞。两者价值位阶差距的缩小乃至颠倒，通过国王之死显著地得到了呈现。这种政治权力在光天化日之下的转移与其说是国家主权代表者在实践意义上的换位，不如说是仅仅满足了民众在情感上的宣泄。在政治治理的经验格局中，政治体制及其价值秩序的深层次变化还不能从这一转移中呈现出来，而政治权力的运作尤其是不同利益团体争夺国家领导权的行为更是隐藏在这一转移的深处，或者远离这一转移的中心。把握国王死刑仪式中政治权力的行动过程及其逻辑，须将注意力从处于聚光灯之下的国王和民众身上移开，转而关注那些站在仪式阴影中的幕后者：他们如何促成了国王之死？如何鼓动民众在公共场合高唱凯歌？如何改变了政治体制、政治领袖以及政治认知……这些就是政治权力的行动路径，在他们的意图中早已绘就了这些行动的逻辑蓝图。

将势能分析置于开放的状态中不仅是理论解释的需要，也更加符合政治仪式中权力运作的真实情况。这种开放具有一定的限度，它如同水电站中的闸门一样，只能在特定时刻开启，并且倾泻一定数量的水流。权力之流通过做功过程，将势能转化为动能。如物理

学动能公式 $E_k = 1/2mv^2$ 所显示，能量的大小主要取决于运动物体的质量和速度。政治仪式中权力流的质量表现为势能分析中的权力涵括范围在闸门处的通过量，而势能分析中的权力价值位阶即高度成为这部分水量落下的距离，决定其速度。正如布尔迪厄所言，从"功"转向"能"，便是"从物体或行为转到它们的生产原则"[1]。在政治仪式的权力势能和动能的转换中，通过权力的流动过程，其行动逻辑被呈现出来，这便是政治权力的生产原则。

在水电站之喻中，闸门是能量转化的关键设置，它的宽度决定了能够通过水量的理论最大值，通过控制闸门可以决定实际的流量。政治仪式的权力动能中也存在着两个具有类似作用的基本概念。一是与个体政治权利紧密相连的"政治参与"。在政治仪式中，政治参与的程度显示出个体所投入的政治权利的具体内容和数目，它们的集合是该仪式中能够用于政治权力生产的资源的数量。二是与主要价值位阶的政治行动者能力相关的"政治动员"。它是政治主体利用各种投入的资源为其政治权威服务的行为，政治动员的能力也就是政治仪式中政治主体进行权力生产和再生产的能力。

政治参与是一种自下而上式的行动，它以个体为主体，意味着个体的政治权利主动地输入政治权力的生产机制之中。政治参与既是种态度，也是种渠道。因此，它既表达出对权力的认知，也具有获取权力的动机和目的。政治动员是一种自上而下式的行动，它以个体为最小的对象，通过操纵一定范围内的个体获得政治收益（主要是政治权威或政治认同）。政治参与和政治动员不只是政治仪式中的两大基本行为类型，它们也是政治仪式的权力生产和再生产的

---

[1] ［法］布迪厄：《实践感》，蒋梓骅译，南京：译林出版社 2003 年版，第 147 页。

两项基本原则。借此，政治仪式不仅是"权力关系的生产和商议"[1]，还是"社会再生产的基本结构"[2]。

2. 政治仪式中的政治参与

政治参与是政治学领域中的一个最为基本和极为重要的术语。"基本"是因为"参与"作为一种行为方式具有高度的宽泛性，任何政治关系的形成都会难以避免地涉及一些介入性的行动。"重要"是因为在近现代政治学理论和政治实践的发展过程中，政治参与和"民主"之间产生了极为密切的关系：在理论上它可以被分为"强调公民参与的民主理论和限制公民参与的民主理论"[3] 两大类，在实践上它是"区分现代政体与传统政体的标志"[4] 之一。自20世纪60年代以来，政治参与的概念、类型、模式和效果等方面都出现了多种理解路径，也带来了很多分歧，但这些都没有影响到它在当今政治世界中所受到的广泛关注。

"政治参与"是一种"参与制订、通过或贯彻公共政策的行动"，"这一宽泛的定义适用于从事这类行动的任何人，无论他是当选的政治家、政治官员或是普通公民，只要他是在政治制度内以任何方式参加政策的形成过程。"[5] 但是，这种定义具有很大的模糊性，比如参与者包括政府官员，那么他们的行政管理活动是否是政

---

[1] [美]克利福德·格尔茨：《文化的解释》，第196页。
[2] Fox, G. J. (1996), "Playing with Power: Ballcourts and Political Ritual in Southern Mesoamerica," *Current Anthropology*, No.3, pp.483-509.
[3] [英]戴维·米勒、[英]韦农·波格丹诺主编：《布莱克维尔政治学百科全书》，第563页。
[4] [美]塞缪尔·亨廷顿：《变革社会中的政治秩序》，李胜平、杨玉声等译，北京：华夏出版社1988年版，第35页。
[5] [英]戴维·米勒、[英]韦农·波格丹诺主编：《布莱克维尔政治学百科全书》，第563页。

治参与？[1]"以任何方式"是否意味着不合法的影响政策的举动也能够归属于政治参与？[2] 另外它也没有解释任何人的参与行为是主动的或自愿的，被动的或被迫的。[3] 根据对这些疑问的不同回答，对政治参与的理解也众说纷纭。我们在此处所使用的政治参与定义接近于宽泛的解释，但根据政治仪式的具体语境做了一些调整。

在政治仪式中，政治参与是一种普遍的实践活动，可以从两种角度理解两者的关系。一是将政治仪式视作一种政治参与的方式或类型，政治仪式在概念和范畴上为政治参与所笼罩。二是将政治仪式当作一种与其他社会实践活动相区别的行动策略，它本身构建了一种相对独立的、"领土"完整的国度，政治参与存在于其中，作为一种权力生产和再生产的基本原则发挥作用。下文的论述采用的是第二种理解。

在政治仪式中，政治参与的主体以仪式的参与者为主，外延可扩展至所有被卷入仪式的个体和群体。例如在现代社会的一些大型政治仪式中，参与者主要是那些在仪式现场的、参与仪式进程的组织者、主持者和参观者。但是，借由各种媒体的传播，众多不在现场的人们也能够参与到仪式中去，他们接受了各种媒体提供的仪式信息从而成为"远程"的参与者。此外，还包括一些监察、评估和研究仪式的专业人员，他们虽然站在仪式之外，但属于一种特殊类

---

[1] 有学者认为，"不包括政府官员、政党官员以及其他政治家，他们的政治活动是职业的政治活动，而不是一般意义上的政治参与"。参见周平《论政治参与》，载《思想战线》（云南大学人文社会科学学报）1999年第4期。
[2] 有学者强调，"政治参与是普通公民通过各种合法方式参加政治生活"。参见王浦劬主编《政治学基础》，北京：北京大学出版社1996年版，第207页。
[3] 有学者强调政治参与是个别公民的一切"自愿活动"。参见[美]帕特里克·J.孔奇《政治参与概念如何形成定义》，载《国外政治学》1989年第4期。

型的仪式参与群体。[1]

从政治参与的范围和行动方式来看,在政治仪式中,主要参与者都具有一定的仪式身份和仪式任务,他们在日常政治生活中的一些公民权利被暂时隐匿起来,唯有与仪式相关的或者经过特殊要求的一部分权利才能得以表达。例如,在一场阅兵仪式中,作为主要参与者的士兵不能以他们在日常生活中的公民身份,自由行使国家赋予的各种参与政治的个体权利。他们的行为受到了严格控制,按照仪式所设计的方案,运行在一定的轨道上。因此,他们在这种政治仪式中的政治参与方式就以仪式的主体或类型为限,如以接受检阅的方式正步行走过检阅场所,既不能随意变更行走线路和行走方式,也不可能当场做出其他举动。仪式行为所具有的限定性将仪式实践与其他行为区隔开,也将该仪式与其他仪式区隔开。政治仪式中的政治参与贯穿整个仪式的具体进程中,按照进度的不同而选择各种适当的行动。

参与者的范围和行动方式只能显现出政治参与的一些外在形成条件,政治仪式中的政治参与作为一种权力生产和再生产的基本原则,意味着它决定其中主要资源的供给规则和标准。首先需要阐明的是这些资源的具体内容和作用方式。

在一般意义的政治参与中,作为参与者的个体所提供的资源是与其政治身份连在一起的政治权利。按照民主社会的权力逻辑,公民的个人权力并不具有实际意义,它们通过抽象的集合呈现为公意或人民权力,这是民主国家的权力的源泉。这一集合权力同时以公民的个体政治权利的方式将其(实质上是其理想的收益)分配给个体公民,使得公民能够在实践中参与政治生活。在这个流程中,个体权力形成

---

[1] 参见 Bell(1992),p.39。

公共权力的路径是一种抽象的理论设想,而个体权利作用于公共政治生活的路径才是政治权力的实践过程。因此,权力生产和再生产的基本资源与其说是个体权力,不如说是个体权利。"身份"所代表的权利体现了社会的功能性倾向,正是在此意义上,约翰·R. 塞尔(John R. Searle)认为:"一切政治权力都是有关身份的功能。"[1]

在政治仪式中,仪式参与者在日常生活中的政治权利已经在很大程度上被局限于一个狭窄的范围中。当然,对于不同的参与者而言,这些局限性也有所不同。既然仪式参与者不能随意将其政治权利投入到政治权力的生产过程中,那么他投入的又究竟是什么?他具有哪些与其在仪式之外所拥有的政治权利相等价的资源?在政治仪式之外的社会生活中,个体公民将其政治权利所能提供的行动限度用于影响政治进程。在政治仪式之中,个体参与者的行动限度主要取决于其仪式身份,这决定了他在仪式中所具有的"权利"。身份作为一种抽象的属性必须依靠行动才能体现出来,在仪式中,行动主要是由身体的操演来完成的。此外,政治仪式作为一种象征系统,它所提供的象征力量之运行终端主要是参与者的情感。因此,参与者的身份、身体和情感是政治仪式中的参与者所能够提供的基本资源。

这三种基本资源之所以能够成为政治仪式进行权力生产的要素,主要在于它们有着本质上的权力性征。身份,或者确切说来是政治身份,一直与政治地位联系在一起,它不仅是个体权利范围的标志,同时也能够标示出个体所具有的权力含量。身体是身份的实际承担者,作为一种实践活动的权力行为脱离了身体就等于失去了载

---

[1] [美]约翰·R. 塞尔:《自由与神经生物学》,刘敏译,北京:中国人民大学出版社2005年版,第70页。

体和目标,而变得寸步难行。情感是政治仪式作为一种象征体系所输出的象征权力的主要产品,如果说身份是一种权力标志,身体是一种权力工具,那么情感才是权力的真正目标。换言之,"能够激起对世界的某种解释,主要是因为这些仪式可以引发强大的情感。"[1] 因此,政治仪式即使规定甚至决定了参与者的身份、强制着参与者的身体行为,也无法将这种强力运用于参与者的情感之中。不能对参与者的情感产生影响力,政治仪式的权力源泉就会萎缩直至干涸。

对政治仪式中的政治参与的分析表明,参与者的身份、身体和情感被当作用于权力生产和再生产的资源,并通过仪式的相关设置和安排进入权力流程。作为一种权力生产和再生产的基本原则,这些资源根据这些设置和安排获得其规则范畴上的意义。这些资源唯有在仪式所制定的行动规则中,才能够成为权力生产的资源。例如在奥巴马的总统就职典礼中,华盛顿作为主要仪式场所,数百万人身临现场参与了这一盛大的仪式。作为个体,他们在身份、身体和情感上差别极大,并带着这些差别接受仪式的具体设置和安排:所有庆祝活动和场景转移都按照重要程度作了区分,在这些区分中,参与者的身份、身体和情感为奥巴马个人的政治权力和美国总统的政治权力的生产准备了各种资源。如果这些参与者的身份、身体和情感不受仪式的控制和影响,那么只能表明总统的就职典礼为政治权力的生产所进行的资源准备极不充分,这甚至会在一定程度上影响政治权力自身的效力。与奥巴马就职典礼的盛大场面可作对比的是19世纪英国维多利亚女王的加冕仪式,它"完全是未经排练的;在仪式的程序中漏掉了牧师的位置;唱诗班可怜到不能胜任;坎特

---

[1] [美]大卫·科泽:《仪式、政治与权力》,第115页。

伯雷的大主教将戒指戴到了一个过于粗大的手指上；有两个挽裙裾的侍从在整个仪式中一直在说话"——参与者在身份上的单调、身体上的轻浮以及在情感上的无所谓，都意味这种政治仪式对于女王的政治权力生产而言无足轻重，以致当时首相迪斯累利认为女王在身体与心理上都没有能力履行职责，这些也反映出"王族是如此不受欢迎，其礼仪的吸引力是如此有限"。[1]

由此可见，在政治仪式中，政治参与的水平是度量用于权力生产和再生产的资源总量的一个重要标准。作为一种标准，也意味着政治参与具备了作为一种原则的第二层含义（另一层含义是前文所述的规则的含义）。亨廷顿（Samuel Huntington）等人认为政治参与的水平可以分为广度和强度两种次维面（sub-dimensions），广度是"从事某种政治参与活动的人的比例"，强度是"该种参与活动影响政治系统的程度和持续性，以及它对政治系统的重要性"。[2] 卡尔·科恩（Karl Cohen）的理解与之有一定的相似性，他认为"民主取决于参与"，因此，对参与的衡量可以通过民主的尺度反映出来，主要包括三个方面：民主的广度、民主的深度和民主的范围。广度是个数量问题，是"受政策影响的社会成员中实际或可能参与决策的比例"；深度则是"由参与者参与时是否充分"，即"参与的性质"所确定；范围则表现为"在何种问题上人民的意见起决定作用，以及对人民意见的权限有哪些限制"。[3] 国内有学者对这些方法作了扩充，认为政治参与的测定指标主要包括"政治体系设计的参

---

[1] 参见［英］霍布斯鲍姆、［英］兰格编《传统的发明》，第153—155页。
[2] 参见［美］塞缪尔·亨廷顿、［美］琼·纳尔逊《难以抉择——发展中国家的政治参与》，汪晓寿、吴志华、项继权译，北京：华夏出版社1989年版，第12—13页。
[3] 参见［美］科恩《论民主》，聂崇信、朱秀贤译，北京：商务印书馆1988年版，第12—26页。

与孔道"、"政治参与的广度和深度"以及"政治参与后对社会产生的效果即效度"三种。[1]

我们将政治仪式中的参与度指标定为广度和深度（强度）两种，主要基于以下几个方面的考虑。第一，我们在政治仪式的权力动能分析中借用政治参与这一概念，重点关注的是其中的个体参与者，在身份上强调他是仪式的接受者，而不是仪式的设计者、主持者或组织者。也就是说，参与者在仪式中的行为受控于仪式的设置与安排，他们只能在被动地接受仪式之后，才能具有在仪式中行动的受到限制的主动性。从方向上来看，参与者的行动是自下而上式的。这种认知基本符合亨廷顿和科恩对参与者的活动特征的理解，因此从参与者的角度而言，使用广度和深度（强度）的指标不会有太多突兀。第二，之所以将深度和强度并列，是因为这两种测量指标在某种程度上具有等同性，都强调参与者在政治过程（在政治仪式中则是指仪式过程）中的表达或投入程度。第三，未使用"范围"、"孔道"和"效度"等指标，是因为"范围"和"孔道"从某种意义上而言不是参与者所能决定的，或者说参与者在这两个指标中不是主体而是客体。它们从某种意义上高于参与者的作用层次，所以这些指标更适合政治动员这种自上而下式的概念。"效度"作为对政治参与的评价，则与权威或合法性的获得有直接关系，我们在此仅讨论权力的生产源头，对于权力的生产结果和效果在本章第三节中会予以考察。

在政治仪式中，我们将政治参与水平的测度与参与者所能投入的用于权力生产的资源相联系，即如表2.2所显示，分析参与者的

---

[1] 参见李元书、刘昌雄《试论政治参与水平的量度》，载《江苏社会科学》2003年第5期。

身份、身体和情感这三个方面在广度和深度上的不同表现，以测度资源的总投入量。

表 2.2　政治仪式中政治参与水平简表

参与度 \ 参与者	身份	身体	情感
广度	影响范围	行动数目	表现认同
深度（强度）	影响层次	行动支持	价值认同

首先来看广度指标。广度在最宽泛的意义上是指仪式中参与者的数目，但是这一数目由于缺乏适当的参照而没有太大的意义。对不同的政治仪式，不能通过参与者的数目判定何者的参与度更高，以及能够提供的权力资源更多。比如，中国的一个农村仪式的参与人数，很可能比某些国家的国王就职典礼参与人数还多。比较不同时空中的同样类型的政治仪式，绝对数目虽然能够在一定程度上说明问题，但考虑到具体的政治背景和政治空间的变化，仅以这些数目为标准则有失公允。因此，参与者的数目应该是一个比值，这样才能比较准确地反映出在具体的环境之中能够被输送的权力资源的数量。这一比值应该是实际参与仪式的人数与该仪式所影响的人数之间的比值。仪式影响人数犹如仪式所发出的参观券的数目，收到参观券的人在多大比例上来参加仪式，基本上可以反映出这一仪式总体的参与水平。这一比例实际上提供的是相对确切的该仪式中所具有的、参与者所能提供的权力生产资源总量，其具体组成需要结合参与者在资源供给上的三个层面来分析。

在广度—身份层面上，资源投入量表现为影响范围，主要取决于实际参与者的身份类型的数目与受仪式影响的参与者在身份类型上的总数之间的比值，这一数值基本能够反映出参与者在身份上的广泛程度。不同的政治仪式具有不同的影响范围,国家层面的政治仪式在影响范围上当然比乡村层面的政治仪式更大,因此参与者的类型往往也越多,但这并不意味着前者的参与水平一定会高于后者。古代欧洲的一些皇家仪式虽然能够影响的参与者类型很多,但它们大多与前述19世纪维多利亚女王的加冕礼一样,由于发生在宫廷内部,参与者类型很少;而有些乡村的政治仪式,几乎所能影响到的各种类型的参与者都实际参与了,我们据此可以认为,在政治参与的水平上,后者比前者更高。

在广度—身体层面上,强调的是仪式中参与者的具体行动,它表现为参与者所能够采取的行动数目与参与者在仪式中所具有的仪式权利总数之间的比值。丰富多彩的仪式和单调乏味的仪式比值不同,在前者中,参与者的身体作为仪式行为的主要表现工具在多种途径或渠道中得以展示。如在美国历任总统的就职典礼中,奥巴马的就职典礼在广度—身体层面上的比值就要高于其他美国总统,不仅现场参与人数为历届规模最大,有200多万人在华盛顿观看典礼;[1] 而且活动的丰富性要远胜他者,有1382个团体报名参加典礼游行,"参加游行的90多个方阵的1.3万名成员,也来自不同行业、不同地区和不同种族"[2],甚至首次出现了中国的舞龙舞狮活动。他们的作用正如奥巴马所言:"这些团体代表美国历史、多元化、小区服务精神的精华。"[3] 纵观历届美国总统就职典礼,就参与者的数量以

---

[1] 参见《图:二百多万人同时观看奥巴马就职典礼》,中国新闻网,http://www.chinanews.com.cn/tp/news/2009/01-21/1536231.shtml。
[2] 王珊珊:《美国人狂欢迎接新总统》,载《世界新闻报》2009年1月22日。
[3] 《华社获邀参加,美国总统就职将首现舞龙舞狮献瑞》,中国新闻网,http://www.chinanews.com.cn/hr/mzhrxw/news/2008/12-17/1491065.shtml。

及所举行的庆典活动而言,都呈现出一种增长和创新的态势。[1] 这至少能够在一个层面上表明,总统权力受到的关注度及其所发挥的影响力也在不断地增长,同时这一层面的参与也越发受到当权者的重视。

在广度—情感层面上,由于情感的特殊性,很难用具体的数目来衡量,它强调的是对仪式这一活动在形式上的认同程度,我们将之称为"表现认同"。它体现出参与者在情感上对仪式的外在形式有多大程度的认识和接受。[2] 比较有说服力的案例来自纳粹的纽伦堡集会,在纳粹失败后,有些学者认为这一集会因采用一系列富有影响力的仪式行为,从而在某种意义上极大地壮大了纳粹的政治影响力,激发了无数德国人的复杂而热烈的爱国情感。这些仪式也成为纳粹的敌人后来学习的典范,"法西斯分子的教训得到了仔细研究。语言同视觉形象结合的经验作为宣传方式被西方用来武装自己",比如在里根的总统竞选中,好莱坞"'创立'了里根主义,作为使西方中产阶级社会意识向右转的强大推动力……摄影师寻求有意识形态效果的拍摄角度,灯光专家也寻求自己的效果"[3]。"表现认同"不仅仅是政治仪式的直接参与者所常常具有的情感,在很大程度上也是仪式的间接参与者所具有的主要情感。例如在奥巴马的总统就职典礼中,全球无数非美国人、非民主党支持者或非奥巴马的支持者都以各种方式参与了这一仪式,他们在公共媒体、网络空间和日常生活中的宣传、报道、阅读、交流使得这一仪式成为一种

---

[1] 参见《新闻资料:美国历届总统就职典礼情况一览》,网易,http://news.163.com/50118/4/1ACR6L2D0001121S.html。

[2] 一些"不认同"同样能发布仪式信息,因此它们所引发的关注度中也潜藏着很多认同的可能性。

[3] [俄]谢·卡拉-穆尔扎:《论意识操纵》,徐昌翰等译,北京:社会科学文献出版社2004年版,第129页。

全球性的焦点。与此同时，美国虽遭遇了数十年来最大的经济滑坡，但仍然举办了美国迄今为止耗资最大、参与人数最多的总统就职典礼。据调查，奥巴马个人在这一期间的民众信任度为79%，[1]与其选民票54%的得票率相比，这多出来的25%不能不说在很大程度上反映了间接参与者的"表现认同"。

其次来看深度（强度）指标。在政治仪式中，政治参与的深度主要表现为参与者将其拥有的权力资源投入仪式的程度。这种投入又体现出参与者对政治仪式在权力生产上的有效性的认同。因此，在直接关系上，投入的程度不仅与广度一样，能体现出权力资源供给量的多少，同时还意味着参与者在权力资源供给量上的态度；在间接关系上，政治参与的深度不仅与下文要分析的政治仪式中的动员能力一起，形成了仪式行为中的榫卯结构，同时，它在源头上也表现出政治仪式在权力生产和再生产中所潜藏的合法性目的。在此，我们主要关注在直接关系中参与深度所表示的资源供给的数量。

在深度—身份层面上，政治参与水平表现为影响层次，主要取决于不同身份参与者之间的比值。根据身份（地位）与权力之间的正相关关系，如果将身份位阶从高到低排列，并对这些不同位阶的参与者的数目进行比较，那么就能够从比值中看出不同位阶参与者的分布情况。如果高阶身份与低阶身份之间的比值较大，便可以判定，在政治仪式势能所涵括的权力总量中，有较大部分被参与者当作权力生产的资源提供了出来。在具体的政治仪式中，更多的高阶身份者的参与，或者更高位阶参与者的加入，都能够在影响层次上表现为更具深度或强度。例如在前述历年来山东曲阜公祭孔子的仪

---

[1] 参见《民调显示：近八成美国民众乐观看好奥巴马新政》，中国新闻网，http://www.chinanews.com.cn/gj/bm/news/2009/01-19/1534156.shtml。

式中，除了主办者、主祭人和主持人等地位的渐次拔高外，其他参与者的地位也呈现出这种拔高的趋势，都在一定程度上表现出政治参与影响力的深化或强化。

在深度—身体层面上，政治参与水平表现为参与者对行动本身的支持程度，或者说是参与者在行动中的自主性程度。政治仪式中的参与者的身体以及身体所承载的具体行为都已在仪式的设计蓝图中体现出来。参与者也对这些设计有着自己的意见和愿望，一些在设计蓝图之外的支持性行动能够将这些意见和愿望呈现出来。在这些支持性行动中，参与者所拥有的权力资源的转让也就会显得更加有力和彻底。例如在阅兵仪式中，士兵们向领袖致敬的行为可能是被设计的，也可能是自愿的。虽然无法对这种可能性作准确的描述，但它们作为一种客观存在不容忽视。并且，这种可能性能够在参与者的情感、参与者对动员的反映，以及在政治仪式所生产出来的权力所具有的合法性程度中都得到一定的体现。

在深度—情感层面上，政治参与水平表现为参与者对政治仪式内在价值的认同，这种认同能够促使参与者全身心地投入到仪式中，或而言之，能够将其全部的权力资源贡献出来。从象征角度而言，价值认同意味着在消除象征的模糊性上产生了良好的效果。具体来说，任何政治仪式都具有一定的政治意图，但是这种意图被包藏在复杂而暧昧的象征之中，它所具有的权力从生产伊始就具有不确定性。参与者的价值认同表明他在政治仪式的意图与多义的象征中的某一含义之间建立了明确的联系，或者说，政治仪式所提供的象征系统对于该参与者而言既不复杂也不暧昧，它经过参与者在思想情感上的过滤变得清晰可见。政治仪式从而完全占有了参与者，反之亦然，参与者完全融入了政治仪式。参与者在价值层面上的认同就意味着,他的一切,包括他的身份、他的身体,以及他的情感,都已经成为一个同一体,被放进权力生产的熔炉之中。

3. 政治仪式中的政治动员

政治仪式中的政治参与只能为权力生产和再生产提供基本资源,它并不是一种同时能够将这些资源转化为权力的装置。在政治仪式中,是自上而下的政治动员发挥着这种装置的功用。政治动员的技术和能力决定了资源转换成权力的效率,它具有一定的规则和标准,是权力生产的基本原则之一。

在政治学领域中,政治动员和政治参与极其容易混淆。我们的区分方法是从理论上设置一种二元分立,即政治动员强调的是自上而下的具有控制性质的行为,[1] 而政治参与强调的是自下而上的具有自愿性质的行为。在政治动员中,个体行为人作为权力资源的基本单位是动员的对象;在政治参与中,这些个体行为人则是参与的主体。当然,在具体实践中完全对此作出区分是非常困难的。同样是游行示威的行为,在一些情况下属于政治参与,如在现代西方国家中经常出现的罢工游行;但在另一些情况下则属于政治动员,比如1999年5月8日北约军队轰炸了中国驻南联盟大使馆之后中国境内很多城市举行的游行示威活动。于是,仅仅从作为权力生产资源的基本单位的个体参与者出发,不足以在理论上清晰界分两种行

---

[1] 虽然1987年版《布莱克维尔政治学百科全书》中还没有"政治动员"词条可以在一定程度上说明这一术语还不具有太高的成熟度,但是我们注意到,"政治参与"词条的结尾中指出,在共产党内部的一些组织参与中,有批评意见认为这些参与"是与自上而下的控制有关的政治动员的范例,而不是什么真正的参与"。这基本上点出了政治动员与政治参与的最为基本的区分。参见[英]戴维·米勒、[英]韦农·波格丹诺主编《布莱克维尔政治学百科全书》,第564页。

为，还需要考虑来自二元分立中的另一个端点，即动员者的视角。

对政治参与的一般性理解倾向于将政客、政府官员或者其他在政治系统中直接对政治过程产生影响的个人或群体从参与者的范畴中清除出去，否则政治参与就无法以一种"干净"的面目存在。政治仪式既与其他社会实践或政治行为有着截然不同的行为特征、指涉范围和活动领域，同时也需要注意，政治仪式与其他不具有或者可以被忽视其政治性质的仪式类型，例如人生仪式、宗教仪式或者体育仪式等（当然，这些仪式一旦演变为政治仪式之后就应该另当别论了）之间也具有极大的不同。政治仪式不是为了完成某种政治任务或完善某种政治进程，而是通过种种设置和行动进行政治权力的生产和再生产，并且将构建合法性视作终极目标。政治仪式之间的主要区别就在于权力生产的能力、技术和有效性有所不同。我们在上文中指出，政治权力在很大程度上来自（群体）政治关系中的人与人之间的差距和差别。这种特殊的主体间性呈现出一种人与人之间的分立，在政治仪式中我们将之区别为动员者和参与者。动员者和参与者的二元结构把握着政治仪式之筹策的精髓，前者的策划、组织、主导和运作，以及后者的服从、投入、配合和支持，如同鸟之双翼，缺一不可。

从动员者—参与者关系的角度来看，政治动员的定义可以简单表述为：由动员者策划、组织或主导，通过对参与者的控制和调动而完成的作用于政治过程的行为。这一定义忽略了两个重要的方面，即政治动员的意图和效果。我们的考虑是，第一，政治动员本身并不能完整或者准确地表达其意图，尤其在政治仪式中，动员者和参与者在身份上的多元性和复杂性，以及动员者所调用的政治象征的模糊性，都在一定程度上掩盖了意图的本质，或者说，动员者的意图不在其完全控制之中。如果说存在着某种恒定的意图的话，那也就是动员者总是介入政治权力的生产和再生产，而这被我们认作是政治仪式的本质特征，因此无须由政治动员来承担。第二，政治动员的效果对于动员者来说虽然意义非凡，但是与动员行为本身之间却不具有直接的关系，它产生于行动之后，或言之，动员行为的发生并不考虑效果如何。效果是政治动员所生产出来的产品的质量，在未进行生产之前，质量只是意图的评价标准，它对生产还不具有太大的影响力——只有等生产完成，效果评估出台，动员的效果才会在下一次动员中对动员行为产生重要影响。总之，动员的效果主要影响的是动员中的权力再生产过程。不过，这种效果的反馈并不仅仅对动员产生影响，它实际上会影响整个政治仪式的再运作，因此，我们将这种效果放在政治仪式与合法性之间的关系中予以讨论。

  动员者在政治仪式的权力生产和再生产中占据着特殊意义，从势能与动能的转换角度来看，尤其与动员者在价值位阶中占据的特殊位置有关。在大多数政治仪式中，权力的价值位阶都是一个多层结构，仅从高与低的抽象描述中，我们只能相对简单地对最高与最低的价值位阶进行区分，而很难判定大量处于中间层次的价值位阶属于高阶还是低阶。动员者和参与者的二元分立在此问题上显示出了一定的优势，它能够将所有的价值位阶都进行二元归类，即使具体的价值位阶发生了变动，也只要调整其在二元分立中的所属即可。动员者与权力的关系是间接的。在大多数现代国家中，参与者才与权力本质具有直接关系。如中国宪法第一章第二条规定，"中华人民共和国的一切权力属于人民"[1]，或如美国宪法在序言中所言，

---

[1] 全国人大常委会办公厅联络局编：《中华人民共和国宪法及有关资料汇编》，北京：中国民主法制出版社1990年版，第6页。

"我们美利坚合众国人民……制定美利坚合众国宪法",美国最高法院前首席大法官马歇尔将之解释为"政府的权力由人民所赋予"。[1] 即使在古代君主政体中,君主虽处于政治体制的实际最高位阶,也通常需要从高高在上的神那里接受赐权。权力本质与神的关系是直接的,作为最高级别的动员者,国王与权力本质之间的关系是间接的。

由于动员者与权力本质之间的间接性,使得动员者本身虽然处于价值的高阶,但并不是权力生产的原材料。它在权力体系中的地位与其说是因为具有集合性权威,不如说它在深层次上是一种能够使用权力的原材料进行生产的装置。至此,我们通过对动员者和参与者在权力体系中的地位或作用的分析,简单回答了以下两个问题:第一,在政治动员这一权力生产的装置中,谁动员,谁被动员。第二,动员作为一种行动如何展开,或者说,政治动员的运作如何成为可能。从政治动员中行动终端的二分考虑,动员的运作主要由两种反向的行动构成,一是自上而下的施动行为,二是自下而上的回应行为。有学者就此提出了一种"动员议题—认同聚合"的"释义模型",前一变量是指政治精英提出用于动员大众的公共议题,而提出和洽议题的能力决定着动员的绩效;后一变量是大众对议题的回应,认同聚合体现出了动员预期的完成程度。[2] 我们基本赞同这种分析方式,但在政治仪式的研究中有所调整。

政治仪式是一种以仪式活动进行权力生产和再生产的象征体系,其中,权力运作以象征的构建和解释为核心。因此,作为其中

---

[1] 参见[美]卡尔威因·帕尔德森《美国宪法释义》,徐卫东、吴新平译,北京:华夏出版社1989年版,第47—48页。
[2] 参见孔繁斌《政治动员的行动逻辑——一个概念模型及其应用》,载《江苏行政学院学报》2006年第5期。

权力生产的基本装置，政治动员的技术也就集中在对各种象征的选择和调用上；其能力则主要由参与者或象征受众的回应程度反映。在这种象征的"应用—接纳"环状结构中，各种权力资源在"应用"阶段被摄入象征之中，然后再在"接纳"阶段被释放出来。这一单向过程构成了抽象个体权力资源先集中再让渡的权力生产过程。同时，在单向过程的循环往复中，权力的再生产便得以实现。作为政治仪式中权力生产的基本装置，政治动员的两个阶段的互动为其提供了源源不断的动力。

首先来看政治动员中的象征应用。在政治仪式中充斥着各种象征，它们在意义上相互有别，并不是所有的象征都具有权力供应能力，因此动员者必须在行动之前选择适当的象征。选择必须依赖具体的政治环境作出，同样的象征在不同的环境中具有截然不同的含义和作用。生长在内米圣殿里的圣橡树上的槲寄生被称作"金枝"，在特定的环境中象征着王权，但在其他环境中则是一种最为普通不过的植物。[1] 即便是在象征设置非常稳定的政治仪式内部，也需要根据动员者的具体意图作出调整。例如在中国广西举行的海村哈节仪式中，面对政治环境的变化，为取得政府支持而动员政府机构及其成员介入仪式，这便是在选择一些特殊的国家象征。[2]

象征选择实际上是动员者对象征体系所具有的权力体系的判断，在其动员之前的理解中，权力等级具有一种先验性。选择行为意味着这种先验性遭遇到经验的冲击之后所作的判断和调整。象征选择因此具有一定的抽象性，它只是一种在象征应用上的思路，在

---

[1] 关于金枝和王权的关系，参见[英]弗雷泽《金枝》，第3页。
[2] 参见吕俊彪《民间仪式与国家权力的征用——以海村哈节仪式为例》，载《广西民族学院学报》（哲学社会科学版）2005年第5期。

实际运作中需要通过象征的调用来完成。调用首先要确定在所选择的象征类型中，具体使用哪些符号；其次要确定这些符号在仪式中的具体安置；最后还要根据具体情况作出调整或变更。在海村哈节的例子中，仪式组织者征集的国家象征主要是国旗和"红歌"（赞颂祖国和社会主义制度的歌曲），因为这两种符号能够轻易融入仪式中，如国旗可以放在开路旗帜之前，而以"红歌"作仪式演唱环节的结尾也不突兀。通过这些行为，来自民间仪式之外的国家象征就被调用了。

选择处理外来象征的案例主要基于两种考虑。第一，外来象征的介入能够显示出政治动员自身的变动。政治动员作为一种权力生产的装置，会根据社会发展或环境变化进行"技术革新"。在"技术革新"中，能够观察到政治仪式中权力涵括范围的变化（如上述案例中国家符号的介入），权力价值位阶的变化（如海村哈节仪式中地方政府官员的介入），参与广度和深度的变化以及动员技术和能力的变化等。第二，内在象征的选择和调用是政治仪式的常规进程，其变动性有限，也容易被观察到。在对政治仪式的权力势能和动能的分析中，都已论及这些进程的具体阶段。

其次来看政治动员中的象征接纳。动员者在象征的选择和调用上隐藏着主观的意愿，希望这些象征能够对动员的受众起到预期的影响力。因此，受众对这些象征的接纳态度和接纳程度成为象征有效性甚至动员有效性的体现。受众的"喜闻乐见"实际上是一种具有强大力量的价值偏好，它是动员者应用象征之前，其权力先验性假设的经验性敌人。政治仪式的一个突出特点是，仪式过程中的所有行动者无论按价值位阶来划分，还是按参与或动员模式来划分，都在互动上存在很大程度的局限性。这种局限性驱动象征的应用和接纳这两个齿轮相互咬合，以驱动权力生产装置的运行。

皇家卫队换岗仪式中的骑兵军乐团（摄于瑞典斯德哥尔摩，2019年）

1754年完工的瑞典皇宫是斯德哥尔摩最具盛名的旅游景点之一，每天中午的皇家卫队换岗仪式具有浓重的表演性质，能够抵近观赏是其吸引大量游客的重要原因。瑞典王室通常居住在城外的皇后岛宫，后者有"小凡尔赛宫"之称；岛上还有建成于1753年的"中国宫"，充满了当时瑞典人对中国的想象。

政治仪式中的象征接纳和政治参与具有一定的相似性，只是前者是受众的被动行为，后者是参与者的主动行为——行动者在很大程度上是重叠的，唯有行动的性质有所不同。被动的象征接纳态度和程度主要取决于以下两个方面。第一，象征本身的力量。象征的影响力越大，在政治参与的角度上意味着能够处理权力资源（受众的身份、身体和情感）的能力越强，在政治动员的角度上则意味着各种动员受众都能够或都需要利用它。例如杜赞奇（Prasenjit Duara）曾指出中国的关帝崇拜具有相当大的广泛性，"关帝"这一象征符号"能调节不同的利益集团"，"因为各种利益集团都追求它"。[1] 不仅如此，象征的影

---

[1] 参见［美］杜赞奇《文化、权力与国家：1900—1942年的华北农村》，王福明译，南京：江苏人民出版社1996年版，第234页。

响力还与象征所隐含的价值秩序相关联,这种价值秩序决定着权力资源的数量。价值秩序的象征性应用尤其体现在动员者对受众的各种操控中,包括行动操控、意识形态操控或情感操控等。有力的象征能够令受众心甘情愿地贡献出身体、行动和思想,将其所具有的个体权利让渡给象征的操纵者。第二,动员方式在受众中所具有的和洽度。如果说政治是一种艺术,那么政治仪式的艺术性无疑在所有政治活动中占据着最高位置,而动员方式便是艺术性的集中表现。在政治仪式中,敏锐的动员者依靠悉心组织的活动赢得受众的欢迎和认同。动员方式的和洽度既来自动员者的创见,也来自受众的发明创造,其要义在于,动员者和受众在行动方式上达成高度一致,这种融洽使得受众的个体权利汇集起来顺畅地流向动员者,而动员者的"与民同乐"也同样顺畅地吸收着受众的个体权利。

政治仪式中的权力势能体现出政治权力的结构和状态,是权力生产和再生产的根本动因和资料来源;政治仪式中的权力动能则是政治权力的生产原则的表现,为政治权力的生产和再生产提供了具体资源和基本装置。虽然两者为权力生产和再生产准备好了基本条件,但权力是政治仪式的终极目标吗?权力生产和再生产的实质是什么?或者说在政治仪式中围绕权力所织就的政治关系之网有何根本旨趣?要回答这些问题,就必须对政治仪式中的权力和合法性之间的关系进行分析。

三、从变动的权力流到恒常的合法性

1. 政治仪式研究的权力视角

政治仪式如同一座水电站,它只是截留了一段河水。这条河是一条权力之河,正是它的"注入",才创造出"高峡出平湖"的壮丽景观,又通过它的"流出",在万马齐喑的一泻千里中,政治仪式方能恪尽职守。同时,这条权力之河也是政治仪式中不可或缺的主角。它静若处子时,既有气势恢宏的一面,为政治仪式的铺陈提供了广阔的背景和深厚的底蕴,又有细致入微的一面,体现出政治仪式中个体的具体行动、思维模式和种种情感;它动如脱兔时,在倾泻中既能挟雷霆之威以构建国家、民族等种种群体之精神,又可布雨露之泽以塑造芸芸众生之德性。

政治仪式的寻根之旅不能止于权力。之所以认为权力并不能承担政治仪式之根本,首先与政治仪式实践的策略面向相关。仪式的政治属性的获得,需要通过具体的策略才能显现出来。作为一种实践活动,政治仪式策略的要求和表现具有一定的目的性。而权力作为一种能力,无疑不可能作为目的出现。即便可以说"目的是得到权力这样一种能力",也可以很容易地顺延这一目的倾向继续发问:"得到权力这种能力的目的何在?"关于将权力作为一种能力与将权力作为一种能力的运用相区分开的观念,至少在目的意义上指出了权力的明确限度。例如,"大权在握"这种常见的权力斗争的胜利状态,往往只是一种行动策略的开始条件或起始阶段,当权者如果仅仅意在获得权力而不能守住权力,那么在握的大权很快就会成为过眼云烟。那么守住权力是目的吗?如果能够守住权力,那么是靠什么守住的?这一"什么"岂不是比权力更加本质、更为重要?事实的确如此,这个"什么"便是合法性,它在目的意义或实践策略意义上,成为政治仪式的根本,也是权力的根本。

权力像一种具有黏力的中介,将政治仪式和合法性黏合在一起。政治仪式和合法性之间的黏合度取决于两个方面:一是权力和政治仪式之间的黏合度，二是权力和合法性之间的黏合度。此前已经就第一个方面进行了详细讨论，证明了两者之间的紧密关系，在此扼要论述一下第二个方面。

"权力"这一概念主要由两个层面的含义组成。第一，权力处理的是一种人或群体、组织之间的关系。迄今为止，这种关系在经验意义上都是一种不平等关系，完全平等的关系中没有权力生存的土壤。进而言之，对这种不平等本身的构建和维护就决定着权力的存在状态，而这便是"合法性"一词的内涵。正如波齐（Gianfranco Poggi）所言："在整个历史上，政治权力最终建立在不同的个人和团体在运用强制工具方面的不平等现实的基础上，并受到合法性原则支持或限制，这一点在不同的社会安排中得到体现。"[1] 第二，权力是一种处理人或群体、组织之间关系的能力。这种能力"能够"处理各种不平等关系，它需要证明自己在支配、控制、强制以及影响等强化或强调不平等关系的行为中的合法性。合法性是能力得以"能够"的原因，"是对统治权利的承认……同时证明权力与服从的合法性，这是合法性的第一要旨"[2]。或而言之，"政治的合法性问题，其实就是一个政治权力得以自我辩护并可以获得认同的问题"[3]。据此，权力和合法性之间的粘力表现为一种共生关系。没有权力，合法性便会无物可言；没有合法性，权力就如无源之水。

合法性作为权力的源泉，在政治仪式中应该得到格外关注，对政治仪式中的权力存在和流动的研究必须深入到合法性的层面上，

---

[1] [美]贾恩弗朗哥·波齐：《国家：本质、发展与前景》，陈尧译，上海：上海人民出版社2007年版，第7页。
[2] [法]让-马克·夸克：《合法性与政治》，佟心平、王远飞译，北京：中央编译出版社2002年版，第12页。
[3] 任剑涛：《道德与中国传统政治的合法性》，载《华中师范大学学报》2005年第1期。

这样才能理解政治仪式的核心旨趣。尤为重要的是，理解政治仪式与合法性需要借助权力这一黏合物，无论将政治仪式视作一种系统还是一种过程，权力都一直贯穿其中，通过其生产和再生产显现出政治仪式的结构和状态。权力生产和再生产的过程是不同权力持有者围绕合法性展开的争夺，政治仪式作为一种权力生产和再生产的策略则成为争夺合法性的方式和技术。布尔迪厄将这种争夺表述为"以推行霸权原则为目的"的争夺，"实际上就是争夺合法性问题的合法原则的斗争，同时也是为了争夺霸权基础的合法的再生产方式的斗争，这两者不可分离"[1]。这种提炼能够扩展对争夺合法性这一问题的理解，既指出了争夺的根本对象（合法原则），又点明了争夺的关键（合法原则的再生产方式），还强调了两者的关系。将之应用到对政治仪式与合法性之间关系的理解中，政治仪式不仅在预期或目的上以合法性为对象，而且将此预期或目的内化到整个政治仪式的过程中，通过权力生产和再生产实现合法性的再生产。同时，目的和过程的不可分离既是对再生产的强调，也能够从中推出过程必然有个结果，而这一结果作为评估标准能够对再生产的进行和调整产生影响。在目的、过程和结果这个链条上，合法性的生产和再生产都经由权力的生产和再生产过程与政治仪式产生根本性的联系。

我们认为，在现代社会的一般观念中，合法性的框架经过对传统的继承和反思以及对现代社会生活经验的总结和展望，主要有规则、法律和民意三种基础。规则基础主要是由风俗习惯、宗教传统以及共同体观念（比如主权思想、民族意识、政治传统以及意识形态）等构成的价值系统，提供的是统治的神圣性；法律基础主要是

---

[1] ［法］布尔迪厄：《国家精英》，第458—459页。

第二章　筹策：政治仪式中的权力与合法性

指服务于民主原则的法理精神，由立法、司法和行政等政治程序及其章程构成的宪政制度，提供的是统治的权威性；民意基础是指拥有最高国家权力的抽象民众在经验生活中对政治权力的认同感，它主要存在于公共领域和日常生活范畴，提供的是统治的有效性。需要特别指出的是，民意所提供的有效性的另一层含义是它注重政治绩效，因此统治者自身的治理能力作为合法性构建的一种因素被划归到民意的范畴中。规则是合法性的规范性范畴，法律和民意是合法性的经验性范畴。在政治社会中，合法性都是通过一定的政治制度得到体现的：明确统治者和被统治者之间的关系，明确政治权力和政治权利的划分。[1]

选举制度本是隶属于法律制度范畴，但在现代国家的政治体系之中，它被划归至规则的范畴，是一种与共同体主权相关联的概念。以选举制度为核心所构建起的现代国家政治价值体系就是民主，[2]它是现代政治合法性最为重要的源泉。在另一方面，各种对人类社会早期民主理论的探索和研究赋予了民主充分的"传统"色彩。古希腊的民主制度被当作现代西方民主制度的源头，各个时代对古希腊民主理论的研究和阐发，描绘出一个完整的民主历史，这

---

[1] 阿尔蒙德指出，在一个传统的社会中，合法性可能取决于统治者的世袭地位、宗教习俗等；在一个现代的民主政治体系中，当权者的合法性将取决于他们在竞争性的选举中是否获胜，取决于他们在制订法律时是否遵守规定的宪法程序；在其他政治文化中，领导人可能依靠其特有的魅力、智慧或意识形态以及向公民许诺要改善他们的生活获得合法性。这种观点基本上与我们所提出的合法性三要素即规则、法律和民意相对应，但针对每一个部分仍有需要补充和完善之处。参见［美］加布里埃尔·A.阿尔蒙德、［美］小G.宾厄姆·鲍威尔《比较政治学：体系、过程和政策》，曹沛霖等译，上海：上海译文出版社1987年版，第37页。

[2] 这种民主是一种普适的政治理念，其复合性、复杂性体现在与自由、共和等政治理念的杂糅和互补之中。

样民主就在一种时断时续但从未消亡的状态中保持至今，所以将民主制度置放于合法性的规则基础之中。

合法性的法律基础主要是由"合法律性"奠定的。合法律性是合法性的一个重要方面，它强调了法律程序在政治生活中的主导地位，在它所遭受的种种诘难之中，对其自身合法性的质疑是最为切中肯綮的。如果法律本身和社会价值有所冲突、如果法律并不能体现人民的需求，甚至反而伤害了人民的利益，那么这种法律显然不能被视为具有合法性——这从另一方面也就等于确认了合法性之"法"比"法律"具有更高的权威。法律作为合法性的基础之一，具有很大的稳定性，它就暗含着和社会价值相契的价值诉求。尤其在宪法中，合法性的三个基础都会在相当程度上体现出来，包括民族国家的传统价值秩序、法律制度本身的正当性以及人民的共同意志。而法律如果违反了合法性，那也是法律诸多条文中的极少数，判定和修改它们更多地被视作一种经验意义上的技术行为，而非规范意义上的价值冲突。所以，任何一种政治权力获得合法律性，往往意味着登上了合法性殿堂中的王座，这不仅是可逻辑推演的理论，也是为历史证明的实践。

由以宪法和各种法律制度构成的现代法律体系并不是单独发挥作用，传统价值观念仍然发挥着重要的作用："市民社会和国家由宪法及传统结合在一起，宪法与传统强调彼此的义务以及一方相对另一方的权利。"[1] 法律体系不可忽视传统的重要性，其原因一方面在于法律构建自身的合法性时对国家的一些传统价值和状态有所需

---

[1] 邓正来、[英]J.C.亚历山大编：《国家与市民社会》，北京：中央编译出版社2002年版，第34页。

求；另一方面在于成文法在面对庞大的社会生活系统时有其自身的局限性，需要各种传统价值观念的支持和配合；再者，司法机构本身的合法性也常常得益于在一个较长时间内"令接连不断的、立场各异的选民们满意"，[1] 这亦证明了传统的重要性。

现代民族国家的形成涉及主权归属的问题，人民作为主权的最终拥有者使得民意成为合法性的重要基础。政权要获得完整意义上的合法性，就必须取得权力之源即人民的信赖和认同。民意的视角使我们明白合法性的生产者是权威的从属者，而不是持有权威的当权者。如果将合法性视为一种特殊的资源，那么民意就是一个存储政权的"信用"的银行。当民众的服从（实际上就是对政权的信任和信仰）与政权、当权者、政策或决议达成一致时，当权者就可以从民意的银行中支取其政治信用（即获得合法性），而如果能够准确判断出这种服从的结果，那就能够将"信用额度"提高到一个新的水平。[2] 民众的信任和信仰以及政权的信用，是一个双向动态支撑的过程。

合法性的三种基础构成了现代社会有关合法性观念的一种复合式理解，政治仪式与合法性之间种种关系的分析也应立足于其上。不同的政治仪式根据自身的特点以及权力生产和再生产的特殊方式，对这三种基础各有侧重，但殊途同归。

---

[1] 参见 Gibson, James, Gregory Caldeira, and Vanessa Baird (1998), "On the Legitimacy of National High Courts," *The American Political Science Review*, No. 2, pp. 343-358。

[2] 参见 Uphoff, Norman (1989), "Distinguishing Power, Authority & Legitimacy: Taking Max Weber at His Word by Using Resources-exchange Analysis," *Polity*, No. 2, pp. 295-322。

2. 政治仪式的预期和结果及其合法性分析

霍布斯认为"权势"作为一种实用主义策略或者一种宽泛的工具，是"为了取得某种未来具体利益的现有手段"[1]。有很多学者持有相似的观点，例如卡尔·多伊奇（Karl W. Deutsch）曾指出政治权力是"获得其他价值的工具"[2]。除了可以从最为质朴的实用主义的角度来理解这种观点，还可以将之理解为在权势或政治权力之中暗藏着一种"预期"，即预设了关于目标的期许。在肯定这一理解的基础上，从政治仪式与权力之间的深度联系出发，可以推断出政治仪式也同样具有这种预期。

这种预期的产生有两种原因：一是由于权力的"流入"将这种预期带入了政治仪式；二是由于政治仪式和权力之间的高度融通，使得权力的预期为政治仪式所共享。这两种预期虽然往往是叠合的，但也会产生分歧，尤其是在政治仪式作为多种力量进行博弈的战场时。

就具体内容而论，霍布斯意义上的"某种未来具体利益"或者多伊奇所言的"其他价值"并不是权势和政治权力所具有的预期的全部内容，当然也就不是政治仪式的预期的全部内容。通过对霍布斯的"权势"的分析可以最为简便地找到内容的其他部分。霍布斯的"权势"并不能简单地被理解为"政治权力"，而应该被理解为"合法性"。霍布斯强调了权势有两种来源，即"原始的"和"获得的"，这与合法性的来源相似，既有自然法意义上的"原始的"合法性，也有传统、制度和人民所给予的，对于权力所有者而言便是

---

[1] ［英］霍布斯：《利维坦》，黎思复、黎廷弼译，北京：商务印书馆1985年版，第62页。
[2] Deutsch, Karl (1974), *Politics and Government*, Boston: Houghton Mifflin, p. 31.

"获得的"合法性。[1] 因此,合法性便是政治仪式的预期之一。同时,由于合法性在政治权力中具有决定性的意义,所以无论是权力带入政治仪式的预期,还是政治仪式本身的预期,合法性都是这一预期的最为重要的内容,而利益或者价值在某种意义上都从属于合法性。从政治仪式所具有的预期来看,"合法性"便是回答"为什么要举行政治仪式"这一问题的密钥。

此外,政治仪式预期的内容结构中内隐着变动的和恒定的两个部分。变动的部分主要是由政治权力的具体实践或者行动策略构成的,比如不同的政治仪式期许获得不同的政治利益、具有不同的价值倾向,这些都是可变之物。这些变化在同一个政治仪式中也会产生,比如随着各种介入的政治主体的变化而变化,或者因为政治仪式所处的政治背景的变化而变化等。恒定的部分唯有合法性,政治仪式的不同以及政治仪式自身的变化,都不足以动摇合法性作为其预期之根本内容的恒定性。这种预期内容结构的变化和恒定既展示出政治仪式在比较意义上的差异,又呈现出政治仪式内外的种种变动,同时,在一个稳定而连续的层面上对政治仪式作为一种研究范畴和固定所指,进行理论提炼和图式构建。

在政治仪式的完成状态中,有预期就必有结果。结果在此具有两重含义:首先是指一种处于时间结构中的事实,常以"最终的"作用或影响方式"表现"出来,也就是说这种结果在一定程度上可以被直观地观察到。其次,结果具有某种规范性,它暗指对整个完成状态的检验和评估,可以被视为关于该实践活动的一种"整体性

---

[1] 霍布斯关于权势的细分与我们所言的合法性的基础有诸多相似之处,霍布斯甚至还注意到了权势的"马太效应",这更是合法性的优势所在。参见[英]霍布斯《利维坦》,第62—64页。

效果"。既然合法性是政治仪式的根本性预期,那么在结果中也必然会对这一预期作出特别回应。在经验层面上,政治仪式的结果表现为对合法性的某种具体作用方式,如正面意义上的构建、维护或巩固了自身的合法性,或反面意义上的攻击、破坏甚至颠覆了他者的合法性。在政治仪式的两端,事实意义上的预期和结果可能具有很大的差异性,甚至会出现政治仪式的预期是巩固某种合法性,但由于反对势力的介入和运作或者其他一些未得到有效控制的冲突行为,导致自己的合法性受到了损伤。例如在 2009 年 2 月 8 日,贵州德江县政府修改了该地舞龙活动的传统路线,部分舞龙群众表示不满,并聚集至县政府大院,"引来 2000 多人围观,部分干警和群众受伤"[1]。虽然在更高级别政府部门的介入下,这一由传统仪式引发的 "大型群众性事件"[2] 得到了解决,政府也恢复了原有的舞龙行进路线,但其合法性不可避免地受到了冲击。这种经验的存在意味着在对仪式的理论分析中,需要从规范意义上来分析政治仪式的结果,以合法性为主要测度对象来衡量已经完成了的政治仪式的效果。这种衡量一方面能够反映政治仪式的预期及其具体实现的整个过程的基本运作情况,另一方面也能够为下次举行该政治仪式提供一些参考意见,比如调整预期的高度、重点关注实现过程中的某些方面等。

预期和结果外在于政治仪式,它们将政治仪式视作一个未分割的整体。那么在整体意义上,仪式与合法性具有怎样的关系呢?这

---

[1] 李忠将:《舞龙纠纷围攻县府,德江疏导平息》,载《新华每日电讯》(数字报)2009 年 2 月 10 日第 2 版,http://news.xinhuanet.com/mrdx/2009-02/10/content_10792921.htm。

[2] 根据 2007 年 8 月中华人民共和国国务院令(第 505 号)所通过的《大型群众性活动安全管理条例》规定,参加人数达到 1000 人以上的民间活动为"大型群众性活动"。

种关系主要体现在作为整体的政治仪式对合法性的三种基础有何作用上,我们主要分析的是正面的作用,即政治仪式能够对构建、维护或巩固合法性产生积极作用,其实,政治仪式往往是争夺合法性的场所,因此也可能产生反作用,即反对、破坏或颠覆合法性。

在规则基础中,政治仪式通过对传统的承继和应用实现指定、控制和解释规则的作用。承继具有典型的时间意义,在此层面上政治仪式能够令传统异地重现,从而强调传统秩序在当下环境中的崇高地位。如在纪念性的政治仪式中,"时间差别被抹平,'真正的'、'真实的'同一个现实,每年都被揭示出来"[1]。利普塞特(Seymour Martin Lipset)甚至认为,"测试合法性的主要方式是看那个国家已经培养起一种共同的长期延续的政治文化的范围,主要指全国性的仪式及假日"[2]。政治仪式中的重复除了使规则通过承继被承认,更为重要的是通过承继而获得稳定性,合法性对这两者都有所倚重。在仪式的"永恒不变性"之外,随着"新的智力上和精神上的环境条件"发生变化,仪式的内在意义也随之发生变革。[3] 依靠承继传统获得合法性的政治仪式,在现代民主国家中依然保留着。比如在现代英国,新任首相上台需要到王宫中接受英国国王持权杖授权其治理国家,他所获得的合法性支持不是民主意义上的,而是具有较为浓厚的习惯法意味。[4] 在美国也有类似的仪式,总统在宣誓就职

---

[1] [美]保罗·康纳顿:《社会如何记忆》,第49页。
[2] [美]利普塞特:《政治人:政治的社会基础》,刘钢敏等译,北京:商务印书馆1993年版,第56页。
[3] 参见[英]爱德华·泰勒《原始文化》,第690页。
[4] 现代英国国王虽然拥有一系列法律赋予的国家元首权、立法权、司法权和行政权,但这种"法律"规定并没有现代法制的强制意义,而是在英国君主制传统的规范和约束中发挥作用。参见施雪华《当代各国政治体制——英国》,兰州:兰州大学出版社1998年版,第86—88页。

时需要手按《圣经》，以上帝的名义为民服务、统治国家，这种来源于宗教的合法性支持也是传统意义上的。列维-斯特劳斯则从结构—功能主义的视角为这种合法性提供了另一种辩护，他认为"当代社会为诸如国旗、国王和总统等符号所赋予的地位"，是将它们视作一种表现群体的对象，以使得个体情感能够通过集体仪式固着在上面。[1] 在此，合法性的规则意义不仅仅是一种传统，而是一种稳定的社会秩序，而这种秩序是社会得以存在和发展的必需之物，它能够提供比传统更深远和强大的合法性论证。

　　政治仪式和合法性的法律基础之间的关联通过两种方式实现。一方面，政治仪式和古典的法律具有性质上的同一性，比如在宽泛意义上的神权社会中，宗教仪式和巫术仪式在建立和维护信仰的功能之外，还具有权力构建和分配的功能。弗雷泽曾通过丰富的资料指出了古代祭司和国王身份的一致性，"神职与王权的结合"相当普遍，几乎是全球性的。古代国王通常是祭司，"作为人与神之间的联系人而受到尊崇"，而且也"被当作为神灵……能降福给他的臣民和崇拜者"。[2] 他甚至由此提出了一个令人惊讶的结论："在人类早期社会，专制政权竟是人类最好的朋友……也是自由最好的朋友……因为在极端的绝对专制的暴虐统治下，比起野蛮时期的表面有自由，实际上每个人从出生到死亡一生命运早就被世代承袭的习俗的铁框框所注定了的情况，毕竟还有较多一些的自由，自由地想自己之所想，自由地形成自己的命运。因此，就巫术公务职能曾是最能干的人们走向最高权力的道路之一来说，为把人类从传统的束缚下

---

[1] 参见[法]列维-斯特劳斯《图腾制度》，第81—82页。
[2] 参见[英]弗雷泽《金枝》，第12—13页。

解放出来,并使人类具有较为开阔的世界观,从而进入较为广阔自由的生活,巫术确实作出了贡献。"[1] 在现代社会中,法律与仪式的同一性最直观地体现在司法范畴中,比如在具有典型剧场意义的法庭审判中:"宣誓就职;法庭开始时要全体起立;按固定位置对号入座(或站);法官手持法槌在必要时敲击提醒,或要求肃静,或要求停止某些行为等;作证时宣誓,或手按《圣经》,或如我们[2]的法官所创造的手按宪法;审判完毕,依序退出法庭;宣判;执行死刑……其实,就仪式一词的本来含义而论,法律程序本身尤其诉讼是更符合其要求的,因为它更有重复性和程式性,所以程序本身即为仪式。"[3] 另一方面,政治仪式是一种"法律化"的手段,它通过各种意义上的过渡功能为仪式象征的人或事赋予法律意义。例如,"罗马仪式中的死亡模拟就似乎代表了生命的创造。只不过,这种生命不是神话中那种永恒和绝对的生命,而是模拟的、人工的和法律上的生命;总之它是文化的生命。一方面,非神话化的神话[4]是要解脱自然的已知;另一方面,又是要把文化带给现在,使它成为法律的世界"[5]。在现代国家生活中,法律化仪式也广泛存在着,比如在最为常见的职位授予仪式中,获得职位者也就获得了随职位而来的政治权力,这种仪式对其来说不仅是种荣典,更重要的是这种仪式体现了职位的神圣性,其实质是法律的神圣性,通过实现职位的法律化以获得合法性。

---

[1] [英]弗雷泽:《金枝》,第50页。
[2] 指中国。
[3] 邓少岭:《法律:仪式与戏剧》,载许章润主编《清华法学》(第二辑),北京:清华大学出版社2003年版。
[4] 古罗马仪式中存在着众多的神,但这些神却大多无名。
[5] [意]佩尔尼奥拉:《仪式思维》,第71页。

正义/司法女神（摄于瑞士伯尔尼，2012年）

在古希腊神话中，与正义、规则和司法等相关的女神主要有忒弥斯（Themis）、狄刻（Dice）、阿思翠亚（Astraia）等。古罗马时代混合了这些形象，创造了新的正义和司法女神朱斯提提亚（Justitia），她的雕像随着罗马法的复兴在欧洲城市中广为流行，其造型通常是一手持象征正义的剑，另一手持象征公平的天平，蒙着或者闭着双眼以示不受干扰地进行裁决。图中女神脚下几颗达官贵人的头颅表明她在执法中无畏任何世间强权。

第二章 筹策：政治仪式中的权力与合法性

与合法性相关的政治仪式在绝大多数场合中都会和民意联系在一起：人民不仅是这些仪式的重要参与者，也是这些仪式的目标。政治权力实现群众仪式的规模和强度与政治权力本身的力量具有高度的一致性，一种政治仪式能够在多大程度上和民意联系在一起，它就能在多大程度上和合法性联系在一起。这令我们不难想到古代国家动用令人惊叹的民力修建的庞大建筑，它们直接地体现出统治者政治权力的大小，但实质上更为重要的是反映出民意层面上对统治者合法性的认同。它们是充满威严的、永恒的无声仪式，在历史长河中持续上演着独角哑剧。秘鲁的土库美（Tucume）金字塔堪称经典论据：它们的建造是出于对山（神的象征）的崇拜，里面居住着高级权力精英，一旦出现严重的天灾，他们就认为是这座金字塔丧失了神性（最高的合法性来源）的庇护，同时也就意味着民意的普遍质疑（实际的合法性保证），就会废弃再建，而在其历史中建造了近 250 座这样的金字塔。[1]

体现民意的政治仪式在现代社会中主要有两条发展路径。一是承继和保留了基本内容和模式的仪式，这些仪式主要以地方性、民族性的仪式为主，在特定地域范畴和宗教文化范畴中维持了传统仪式的稳定性。当然在其中也随着时代的发展发生了一些策略层面上的变化。例如仪式成为新旧势力争夺地方权力的工具，通过对"仪式表达——典礼和举行典礼的场所"的控制，"积聚和控制"赢得竞争的民意资源；[2] 或者通过在这些仪式中"植入国家符号，民间力

---

[1] 参见 BBC（2006），*Lost Cities of the Ancients-EP 02：the Cursed Valley of the Pyramids*，UK。

[2] 参见 Jing, Jun(1998)，*The Temple of Memories：History，Power，and Morality in a Chinese Village*，Stanford University Press，p.90。

量可以实现对国家权力在某种意义上的征用,使之成为整合族群内外部关系的力量"[1],当然相反的现象也存在着。[2] 二是在形式上发生巨大变革的仪式,其中与神秘信仰相关的巫术成分大多被剔除,但是主要角色和规则并无大的变化。比如在最高政治领导人的选举中,古典意义上的政治仪式获得了现代意义,争夺金枝想成为新的祭司和国王的人,从山林之中来到了电视台,手中的武器变成面前的话筒,伤害对方的诡计转换为辩论中的言语机锋,最终的胜利者如同取得金枝的人,只是后者依靠一己之力获得了传统规则的承认,这种规则实际上就是祖先的民意,而前者主要得益于当下民意的抉择。如果将其视作一种政治仪式,争夺金枝的人没有任何机会通过操纵民意获得合法性,而争夺得票率的人则必须把对民意的影响放在第一位,所有的仪式性准备和道具都要服务于这个目的,包括在不同时空环境中他的穿戴、肢体语言、说话方式甚至家庭成员的言行举止等。在古典意义上,获得金枝的人无法转换仪式的过程和功能,他必须要接受任何人以任何方式来对付他,这是弗雷泽所言的个体自由的体现;而在现代意义上,赢得选举的人则未必会完全服从于仪式的制约,他能够通过各种途径修改或者破坏仪式,当他的权威受到威胁时,就能够令他站在更加有利的位置上对付他的敌人们。至少在目前来看,民主制度中的这种隐患并没有得到根治,而所有力图构建民主制度的国家也同样为此弊端而饱受煎熬。

虽然我们将政治仪式视作一个整体,讨论了它对于合法性的具

---

[1] 吕俊彪:《民间仪式与国家权力的征用》,载《广西民族学院学报》(哲学社会科学版)2005年第9期。

[2] 参见高丙中《民间的仪式与国家的在场》,载《北京大学学报》(哲学社会科学版)2001年第1期。

体意义，但并未忽略政治权力在其中的作用，只是暂时性地将其隐匿起来。事实上，在政治仪式与合法性三种基础之间的关联中，政治权力的流动无处不在。一方面，政治权力的流动将合法性带到了政治仪式的入口；另一方面，当政治权力从政治仪式中流出时，合法性已经站在了出口处。在这个流入—流出过程中，合法性身处何处？与政治仪式具有何种关系？政治权力在其中又扮演了何种角色？这需要考察政治仪式与合法性的内在关系。

3. 从曼纳—宗教力到合法性—政治力

作为一个整体，政治仪式与外部环境之间产生了诸多联系，尤以与政治权力的关系最为密切。政治仪式被视作一种能够处理政治生活中复杂权力关系的特殊方式，合法性是政治仪式的主要预期和结果，发挥着决定性的影响力。同时，政治仪式也是一个有着相对独立的内部环境的整体。在这个具有明显界限的"小世界"中，政治生活中的权力关系依然一以贯之，但运作方式发生了变化。与之相应的是，存在于政治仪式中的合法性也具有了全新的存在状态和意义。合法性不再是一种决定着政治仪式的行进方向与功能评估的预期和结果，而是一种形式和本质的复合体，既掌控着政治仪式中的权力生产和再生产的全过程，也掌控着政治仪式自身的结构和状态，并为政治仪式提供了原动力。合法性是政治仪式赖以为续的"生命力"，如果没有合法性，那么政治仪式就丧失了一切意义。这种观点的理论渊薮可回溯至一个多世纪之前一些人类学家和社会学家对部落社会中普遍存在的"曼纳"（mana）观念的研究。[1] 在这

---

[1] 在不同的中文译本中，mana 一词的译法有多种，在本书中涉及该词的引文，都统一使用"曼纳"。

些研究中，曼纳可被视作合法性观念的雏形。

曼纳观念主要来自美拉尼西亚（Melanesia）的部落社会，在其他地区（尤其是部落社会中）也广泛存在着类似的观念，虽然名称各有不同，但内涵非常接近。[1] 科灵顿（Robert Henry Codrington）是最早研究曼纳观念的人类学家之一，他在1891年出版的《美拉尼西亚人》（*The Melanesians*）一书中认为，曼纳"散布在每一巫术和宗教的仪式当中，浸透于每一个巫术和宗教的精灵，也渗入仪式总体包含所有的人与物当中"，曼纳"不仅赋予了物品和人以巫术和宗教的价值，而且赋予了他们以社会价值"。[2] 莫斯将曼纳视作一种"包含着巫术力量的观念"[3]，他总结道："曼纳首先是某一种效应，亦即一种在一定距离之外和在感应事物之间发挥着功效的效应。它也是一种气氛，不可估量、富于沟通性并自行扩散。曼纳还是一种环境，或者更准确地说，它像本质上就是曼纳的环境那样在发挥着功能。它是一种内在的、特殊的世界，其中发生的每件事情似乎都只包括了曼纳……它是在一个封闭的循环中被生产出来，循环中的每件事物都是曼纳，如果允许的话，我们可以说这个循环本身也是曼纳。"[4] 总之，"它既是一种力量，同时也是一种环境，一个跟其他世界都隔离，但又仍然与它们有紧密联系的世界。"[5]

涂尔干曾通过对澳洲图腾制度的研究指出，曼纳就是图腾的本

---

[1] 参见［法］莫斯《巫术的一般理论 献祭的性质与功能》，桂林：广西师范大学出版社2007年版，第133—139页；［法］涂尔干《宗教生活的基本形式》，第185—189页。

[2] 参见［法］莫斯《巫术的一般理论 献祭的性质与功能》，第129页。

[3] 同上书，第139页。

[4] 同上书，第132—134页。

[5] 同上书，第139页。

原,是图腾获得尊重的最为根本性的力量。"图腾制度不是关于动物、人或者图像的宗教,而是关于一种匿名的和非人格的力的宗教","宇宙就像图腾制度所构想的那样,充满一定数量的力并因此具有的生机"。这些力的"作用就如同名副其实的力。在一定意义上,它们甚至是物质的力,能够机械地产生物理效应……这些力确保了物种的繁衍。宇宙生命赖以维持基础的就是这些力"。同时,这种力"也具有道德属性",土著人举行仪式的根本原因在于遵从祖先的传统,这实质上是一种道德跟随,"他觉得他在服从一道律令,履行一项义务"。因此,作为图腾本原的曼纳"不仅是一种图腾力,也是一种道德力……这种力非常容易转化成为一种确切意义上的神性"。[1] 在涂尔干看来,能够在仪式中获得尊荣的对象"仅仅是因为它们含有这种力的某些成分。这力是一切宗教虔诚的源泉"[2]。这种宗教力并不仅仅存在于宗教生活中,因为涂尔干的旨趣在于将社会置放在最高的地位上。正如他所指出的那样,宗教之所以能够发挥各种作用,"那完全是因为它是一种社会的事务"[3]。由此可以认为,曼纳或宗教力为社会生活提供了物质性的和道德性的双重生命力。

曼纳的性质主要集中于两个层面。首先在物质的层面上,曼纳一方面以一种无所不在的力的形式表现出来,另一方面它也是所有事物和事件的根本形式,它是世界及其实践的物质本原。其次在抽象的层面上,曼纳呈现为一种道德力量,它是一种规范的神圣性,能够影响甚至决定人们(包括个体和群体)的想象和情感。在实践

---

[1] 参见[法]涂尔干《宗教生活的基本形式》,第182—183页。
[2] 同上书,第190页。
[3] 同上书,第224页。

的意义上,它是一切运动的精魄。涂尔干从宗教角度出发,将这种既能够推动事物的力也能够推动精神的力"都纳入了一种宗教形式而加以设想"[1]。这种分析无疑对理解部落社会的原始仪式或者各种意义上的宗教仪式都具有积极的指导意义。如果将之引入对政治仪式的分析就必须作出一些调整,因为在政治仪式中,纯粹意义上的、以神圣的尊崇为主轴的宗教力所能够发挥的作用并不具有最广泛的有效性。确切地说来,曼纳观念在宗教生活或宗教仪式中所具有的作用和意义,在政治生活或政治仪式中是由合法性观念来承担的。当然,合法性观念从曼纳观念中承继了大量的实践和理论支持。

从历史的角度来看,曼纳观念与我们所言的合法性的规则基础颇为相似。首先,因为曼纳具有神圣性,所以它所流经与贯穿的事件和事物与世俗生活产生区隔。比如在图腾标记中,由于它容存着曼纳,因此能够呈现出一种神圣性,"它无论在何处表现,都保持着这一特性"[2]。对于仪式而言亦是如此,"如果仪式不具有一定程度的神圣性,它就不可能存在"[3]。因此,这种神圣性是仪式所赖以为生的基本性质。曼纳站在传统和风俗的源头上,它是现今合法性所具有的神圣性的起源,或至少是最重要的起源之一。

曼纳所能提供的不仅仅是神圣性,涂尔干研究这一观念的意图并不是要证明曼纳具有神圣力量,而是为了证明"社会创造神或者把自己装扮成神"[4]。社会是集合了所有个体之力量的群体,具有无

---

1 参见[法]涂尔干《宗教生活的基本形式》,第212页。
2 [法]涂尔干:《宗教生活的基本形式》,第133页。
3 [法]涂尔干:《宗教生活的基本形式》,第33页。
4 同上书,第205页。

上的力量,"针对任何一种持有异议的企图,社会都将以谴责或物质压迫的方式作出强暴的反应",这是"激情迸发的共同决断,有助于强化它的绝对权威"。[1] 社会权威集中在"舆论"上,而"舆论"并不是一般意义上的公共领域中的群体言谈,而是一种属于整个社会所有的群体性人格。[2] 实际上,涂尔干所言的舆论正是社会的一种本质属性,它"在根本上是一种社会事物,是权威的来源,甚至可以设想,舆论是所有权威之母"[3]。涂尔干将这种理解带入对曼纳的研究中:"为了解释对王公贵族和政治要人的尊重,人们赋予了他们神圣的性质,例如在美拉尼西亚和波利尼西亚,据说有势力的人物拥有曼纳,他的影响就来自曼纳。不过,显而易见,他的地位要归功于舆论所赋予他的重要性。因而,归根结底,来自舆论的道德力量和神圣事物所赋有的道德力量是同出一源的,并且是由相同的要素构成的,这就是曼纳一词兼有上述两种意涵的原因。"[4] 我们曾指出过,地位是政治权力的价值位阶的主要代表,在涂尔干看来,权力的价值位阶既来自具有神圣性的曼纳,也来自具有权威性的舆论,[5] 并且这两者同根同源,都是他所言的宗教力——确切来说是社会力——的双重表现。涂尔干总结道:宗教力"既是自然的又是人类的,既是道德的又是物质的……它们是道德力量,因为它们完全是由一个道德存在(即群体)在另一些道德存在(即群体的个体

---

1 [法]涂尔干:《宗教生活的基本形式》,第 201 页。
2 涂尔干将之表述为"同一社会的所有成员共同具有某些同样的意思"。参见[法]埃米尔·涂尔干《社会分工论》,渠东译,北京:生活·读书·新知三联书店 2000 年版,第 71 页。
3 [法]涂尔干:《宗教生活的基本形式》,第 201 页。
4 同上书,第 205 页。
5 涂尔干对于舆论的理解具有一定的特殊性,主要是将其视为群体权威的集合表征,与我们所言的作为合法性基础之一的民意有所不同。

成员）中所引起的印象构成的。它们所转达的不是物质事物影响我们感觉的方式，而是集体意识作用于个体意识的方式。另一方面，既然它们是以物质的形式被设想的，人们就不能不认为它们与物质事物是密切相关的，因此，它们统治了两个世界。它们栖居在人类中，同时也是事物的生命本原"[1]。现在看来，这种论断虽然有些瑕疵，但在理论上启发了政治仪式中的合法性研究。假设用"合法性—政治力"替代"曼纳—宗教力"来观察政治仪式，会得到何种教益呢？

第一，作为一种力量，合法性—政治力是包括政治仪式在内的政治生活的本原。政治权力作为行为者处理政治关系的主要能力，其能力的力量源泉就来自合法性—政治力。也就是说，合法性是政治权力之力，它既向权力供给能量，又向权力供给生命。

第二，作为一种道德力，合法性—政治力为政治生活提供基本的认知规范。正如宗教作为一种道德力表现为群体性的社会意识对个体意识的统领一样，合法性—政治力厘定了政治生活中的各种关系。历史地来看，合法性以其变动着的"法"成为所有神圣性和权威性的源泉，弥漫在政治生活中，控制着政治权力，决定了政治关系。这一判断同样适用于政治仪式中的合法性—政治力，政治仪式可以讲述不同的故事，有着不同的主题，但在文本的终极旨趣上都受制于合法性—政治力。无论政治仪式的形式多么繁杂、象征多么模糊、隐义多么幽深，合法性都是固守在政治仪式核心中的唯一者，缺失了合法性，形式、象征和隐义便会立刻破碎而飘散。虽然我们将合法性的规则、法律和民意基础分别与合法性的神圣性、权

---

[1] ［法］涂尔干：《宗教生活的基本形式》，第212页。

威性和有效性三种性质相对应，但宽泛地来说，都可以用权威来涵括这些性质，当然也就可以涵括这些基础。比较来看，曼纳—宗教力在权威上的供给比较狭窄，一是其神圣性主要与世俗性相对，而合法性的神圣性则来自风俗习惯、宗教传统和共同体观念等多个方面；二是其有效性集中于群体意识对个体意识的影响，这种自上而下式的权威基本上属于前现代等级社会的产物，合法性—政治力的有效性还包括从自下而上的角度来考量这种权威，强调的是公共领域和日常生活中民众的"软性"反馈以及来自政治绩效的"硬性"反馈。

第三，作为一种物质力，政治仪式中的合法性—政治力同样"是以物质的形式被设想的"。它必须依赖政治仪式提供的躯体，包括政治仪式中的各种人物或事物。没有这些客观存在组成的物质形体，合法性就无处依附。对于部落社会的土著人或原始人来说，曼纳能够控制自然世界的循环；而对于现代社会的人们来说，在物质意义上，合法性控制的并不是一个纯粹意义上的自然界，而是一种自然与人之间的关系。这种关系的历史性端点向前可以上溯至质朴的自然法传统，迄今仍存在于环保主义或绿色主义之中，这种趋势应该会在未来相当长的时间内得到延续。这两个端点囊括了漫长的自然与人之间的关系，虽然非常复杂且差距极大，但两者仍然能够被统合在合法性的诉求中。例如古代的天灾可以被视作对当权者合法性的否定，现代的天灾纵然有"科学"的保驾护航，也一样能够引起对当权者合法性的质疑，只是前者针对的是当权者神圣性的缺乏，而后者则针对的是当权者行政绩效的孱弱。

第四，作为一种双重性力量，曼纳—宗教力所具有的"物质"和"道德"的两个方面并不完全适用于政治仪式中的合法性—政治力。涂尔干所言的"物质"主要指涉的是一个与人类相对应的自然范畴，而在政治仪式中，既包括种种自然事物，也包括人造事物，同时还包括各种具体的实践行为，我们将之划归为"形式"方面。"道德"虽然在一定程度上能够反映人类生活的重要特征，但它与物质所表示的自然范畴之间不具有对等性，涂尔干只是用它来"代表"一个与自然范畴相对应的人类范畴。我们在此则直接用"形式"的对应性范畴"本质"一词来表示合法性的另一个方面，强调的是其基本特质。正如曼纳—宗教力以一种宗教形式包含了整个世界，内在于政治仪式的合法性—政治力散布在政治仪式的各种形式之中，主宰着政治仪式的本质。政治仪式既在形式上表现出对合法性的关涉，又在本质上为合法性所踞守。

4. 政治仪式与合法性的内在关系

曼纳观念为确定合法性在政治仪式中的位置提供了很好的理论观测点，并且作为一种来自人类早期社会中的特殊观念，在历史意义上与自然法具有极其密切的联系。合法性与曼纳相比有着诸多不同，所承载的历史使命更加漫长而重大。合法性的强处不仅体现在时间层面，也表现在空间层面。合法性是人类社会生活尤其是政治生活的必需品，无论是部落社会还是城邦、君主国或共和国，无论是无国家的政治制度还是神权政治制度、君主制度或民主制度，都有着各自的合法性体系。但是在分析政治仪式与合法性的内在关系时，从合法性的无所不包出发并不是恰当的方式，因为无法也无必要考察两者之间的所有细枝末节，关注两者的主要陈兵之处和短兵相接之时或许更为适宜。我们已经在有关合法性与曼纳的区别中，从合法性角度证明了这一论断，在此，从政治仪式的角度再作简单分析，以完善这一证明。

　　仪式与社会生活中的其他实践活动的重要区别在于，它是一种对时间和空间有着大量特殊要求的象征体系：在时间上表现为一种传统，在空间上表现为一种习俗，在象征上表现为一种文化。传统、习俗和文化（如宗教和艺术）在理论和实践上都能自成体系，是具有相对明晰边界和广阔涵盖范畴的独立意识系统。不管是将"政治"视作概念、主题还是范畴，它都没有统摄传统、习俗和文化的绝对能力。一般来说，它们是平行系统，能够互相交叉共享，但既不能彼此替代又不能完全侵吞。政治仪式中存在很多带有强烈传统、习俗和文化等风格的元素，它们有些背负着非政治性的厚重外壳，贸然地将之放进政治分析中或断然将之与政治观念直接勾连，会造成大量谬误。回到政治仪式与合法性的关系分析中，须认识到作为分析政治关系利器的合法性在分析大量"原教旨"性的特殊元素时往往会力不从心。

　　"政治的"这一形容词为分析政治仪式和合法性的内在关系提供了最充分的斡旋。合法性可以扬长避短地用于分析政治仪式中各种具有政治性的元素。实际上，政治仪式与其他类型的仪式相比所具有的基本性质是政治性，正是这种性质对其所包含的一切实践行为起到了决定性的作用。在其中，政治权力是政治仪式实践策略的重心，扮演着最为重要的角色。围绕着政治权力，政治仪式表现为从权力资源的准备和提供，到权力生产装置的配备和运作的过程。在此角度上，我们将政治权力视作政治仪式与合法性之间的黏合剂，一切关系都通过政治权力发生作用。

　　虽然合法性总跟随着作为黏合剂的政治权力的流动而发挥作用，但是与总在变动的权力流不同，合法性是恒常的。在政治仪式的权力涵括范围、价值位阶、政治参与和政治动员中,政治权力的结构、状态和作用方式变化多端。但在这些政治权力的重要存身之处,合法性不单是与权力如影随形,而且深入权力的骨髓。合法性的存在方式和作用方式,展现出合法性与政治仪式之间的内在关系。

权力的势能作为一种结构和状态,包含着政治仪式中形式化的政治元素,因而也就成为合法性的主要存身之处。[1] 政治仪式中的权力涵括范围层面主要指权力所容纳的观念范畴、时间范畴和空间范畴,这种层叠的范畴也正是合法性存在的主要范畴。确切地说,在政治仪式的类型、规模、背景和空间及其变化等方面,合法性都保持着高度稳定性:它一贯"安分守己"地存在于仪式的各种象征物中,无论类型如何变动、规模是大是小、空间如何转换、时间如何流失甚至象征物如何调整,合法性都附着于其中,并持续散发出强大的力量。例如,"在缺乏公开选举领袖的仪式的等级制政治制度中,行之有效的合法性符号应用随处可见。在很多情形中,统治者并不简单地因其职位接管合法性象征物,而是因为他对象征物的获取而得到了合法性和职位。"[2] 美国总统的就职典礼与之相映成趣。很多总统都会将手放在《圣经》上宣誓,虽然他们既不是在宗教意义上从《圣经》中吸收上帝的权威,也不是在政治意义上继承政教合一的神圣权威,但是《圣经》作为一种被广泛世俗化和美国化的宗教精神的象征,能够提供复合的合法性。在不同总统的就职典礼

---

[1] 前文曾指出,"权力涵括范围"这一指标用于衡量政治仪式中所蕴含的权力"总量",在此我们主要关注的是总量中所包含的各种具体或抽象的形式,将之作为合法性的依附者进行讨论。

[2] [美]大卫·科泽:《仪式、政治与权力》,第57页。

中,《圣经》都是极为重要的合法性象征物,它的力量是宗教的,更是国家的、传统的和文化的,甚至在特殊的时刻还是个人的——如奥巴马宣誓时所使用的《圣经》是林肯用过的,林肯作为一种特殊的合法性象征附着在他所使用过的《圣经》上,经过奥巴马之手而被其吸收,并通过无数观礼者对林肯的情感、认知和回忆固化了这种吸收。并非只有具体的象征物才能作为合法性所依存的形式,抽象的概念也能承担这一任务。在法国大革命中,"祖国"、"自由"和"理性"这些"纯粹世俗性质的事物"被转变为"神圣的事物",接受着广泛的膜拜。[1] 这些概念在确定其合法性地位之后,在漫长的历史变迁和空间转化中,在无数的政治仪式中,都稳定地释放着动人心魄的力量。它们往往和一些具体的象征物一起,成为政治仪式中最为绚烂夺目的事物。没有了合法性或者不具有合法性,国旗便是一面普普通通的布料,"祖国"便是一个稀松平常的词汇,一切政治权力的源泉就会干涸。[2]

权力势能的另一个指标是"价值位阶",这一术语本身就包含着合法性诉求的重点对象——"价值"。地位作为"价值位阶"的主要代表,是合法性在这一维度中的主要表征。在普遍地将"权威"当作"合法性"使用的语境中,地位与权威之间的关系得到广泛阐述。在政治仪式的内部,权威或合法性的转移往往与地位的转移保持高度的统一性。"权威的公开授予是一个需要借助仪式得以实现的象征过程","依靠仪式,个体脱离了先前所在的地位,拥有

---

[1] 参见[法]涂尔干《宗教生活的基本形式》,第205页。
[2] 我们只是讨论了具有强烈合法性的事物,实际上在任何具有政治权力的事物中,都在一定程度上存在着合法性,只是多寡有别。

了新的身份"[1]。但是，这种观点容易造成一种权威与地位相等同的误解。实际上，权威或合法性内在于这种地位之中，地位只是合法性存在的外在形式，与地位相关联的财富、名望和声誉亦是合法性存在的外在形式。顺着这些形式中所流淌的权力或者它们在实践中所展现出来的权力回溯至权力之力量的源头，就会发现合法性。利奇作了形象的比喻："被控制的有伤害能力的力量通常在权威系统中被赋予清楚的关键要点……权威的地位似乎是由电路构建起来的，只有那些达到正确地点的人才能操纵开关以便为整个系统提供力量。"[2] 这种"在其位，谋其政"的观点将权力的运行视作一种"电路"，在运作过程的意义上将权力和权威视作一种混合物，最终的"关键要点"指出了权威或合法性的存身处所。玛丽·道格拉斯（Mary Douglas）扩展了这种观点，认为利奇只是指出了"保有职位的人们倾向于被认为具有能被意识到的被控制力量，与之相对比的是，那些角色不清晰的人则倾向于被看作具有无意识的不受控力量，并威胁着那些地位更加清晰的人"[3]。两种观点实际上指出了两种不同社会结构中与地位相联系的力量。按照道格拉斯的理解，一种类型的人如巫师，或明确所指的人如圣女贞德，在一种系统中拥有明确地位，在另一种系统中的地位却暧昧不清。其实他们在不同的系统中都具有"义务和责任"，"圣女贞德是其中的一个极好的典型：一个宫廷中的农民，一个披装配甲的女人，一个战争内阁的局

---

[1] ［美］大卫·科泽：《仪式、政治与权力》，第61页。
[2] ［英］玛丽·道格拉斯：《洁净与危险》，黄剑波、柳博赟、卢忱译，北京：民族出版社2008年版，第127页。
[3] 同上书，第128页。

外人；对她的行巫指控恰好也将她置于这一类别[1]之中"。[2]

道格拉斯的分析路径虽然并非用于关注地位与合法性之间的关联，但从中我们能够发现合法性在价值位阶中的存在是多层次的、复合性的。多层次意味着合法性并不为某一种价值位阶所拥有，那些"能被意识到的被控制力量"的显赫地位当然是合法性钟爱的寓所，但那些"具有无意识的不受控力量"的卑微地位也同样有合法性寄居。从合法性的规则基础来看，前者尤为对应受到精英阶层剧烈影响的规则，如传统文化的解释、风俗习惯的扬弃以及意识形态的宣传和操控等；后者尤为对应大众舆论和政治绩效等反映出的民意。复合性意味着在同一个价值位阶中，人往往具有多重身份，这些跨越多种系统的身份之间存在着碰撞。对于个体而言，他所具有的和所认知的合法性都受到这些不同系统的影响，碰撞的结果在很大程度上不可预测。虽然通过行动及其在不同系统中暂时性的明确形象能够作出一定的判断，但仍然不足以完全反映这一结果。因此，对这种合法性的分析，需要对个体和群体的多重身份在同一政治仪式中的不同体现进行分析，这将在下一章中讨论。

势能向动能的转化表明，政治权力的存在到展现是通过一种生产过程完成的，政治仪式中自下而上的政治参与和自上而下的政治动员在两个向度上为这种生产过程提供了基本装置。政治参与和政治动员中所涉及的种种事物只要存在于政治仪式之中，就必然属于合法性借以寄身的形式。政治仪式中的权力动能在分析合法性时所提供的最有价值之处是：在势能向动能的转换过程中，合法性作为

---

[1] 即巫师类别。
[2] 参见[英]玛丽·道格拉斯《洁净与危险》，第129页。

一种装置和行动的本质是如何体现出来的。政治参与和政治动员不只是政治仪式中的两大基本行为类型，它们也是其中权力生产和再生产的两项基本原则。"原则"这一判断部分地呈现出"本质"的一些基本特征，如基本的规则和根本性的驱动力等。根据合法性与权力之间存在的固有关系，政治参与和政治动员也势必与合法性之间存在着密切的关联，但这种关联是否是本质性的，还必须进一步讨论。在一般意义上，本质是指"事物本身所固有的，决定事物性质、面貌和发展的根本属性"[1]。如果说合法性是政治参与和政治动员的本质，就必须至少从两个方面给予证明：一是两者中定然包含着合法性，二是合法性在其中起着决定性的作用。我们已经对第一个方面给出了证明。从逻辑上来说，合法性在权力涵括范围和价值位阶中普遍存在，而政治参与和政治动员中的所有元素都来自权力涵括范围和价值位阶，因此，合法性在后两者中也定然存在。在第二个方面，合法性的决定性地位主要体现为它是测度政治参与和政治动员效度的主要指标，如果在合法性这一属性上有所缺乏，那么政治参与和政治动员本身的意义和作用就会岌岌可危。

仪式政治参与的效度主要取决于其行动过程和行动结果是否具有某种合法性基础。不同时空中的政治仪式对合法性各种基础的依赖度也不一样。如果从合法性角度对参与行为进行测评，就必须根据不同的政治环境选取不同维度的合法性内容。例如在现代民主社会中，法制维度在合法性体系中占据着极为重要的位置，不仅在日常的政治生活中发挥着主要的约束作用，甚至对政治仪式中的参与

---

[1] 中国社会科学院语言研究所词典编辑室编：《现代汉语词典》，北京：商务印书馆1996年第3版，第61页。

行为也具有决定性的影响。在2004年乌克兰的"橙色革命"中，拥护尤先科（Viktor Yushchenko）的民众举行了广泛的游行示威和大规模集会等政治仪式。民众的参与行为一方面由法律因素引发（选举结果不合法律，后来议会甚至为此修改了总统选举法），另一方面则在对法律的遵守中保持了良好的克制，因为他们唯有自身守法，才能要求对立者守法，并在法律限定的范畴内重新选举，在结果上获得承认。[1] 在政治仪式中，参与者的身份、身体和情感都是在合法性的各种基础的约束下加入仪式过程中的。整个参与行为在一定程度上表现为身份的归属、身体的服从或情感的认同。站在参与行为对面的参与者所归属、服从和认同的对象是合法性基础的不同内容，缺乏了这些内容，不仅参与者会无所适从，甚至参与行为也无从谈起。在我们业已提及的所有政治仪式中都可以发现这一点，任何参与行为都受到神话、传统、习俗、法律和公共舆论等各种合法性来源的制约，这些合法性来源又通过参与行为的遵从而呈现出决定性的作用。

政治仪式中政治动员的效果也必须接受合法性的测度。合法性如同一张试纸，当政治动员从中经过时就会留下痕迹。与试纸作用不同的是，这种痕迹一方面能够反映出政治动员的本质，另一方面又对政治动员产生了严格的、卓有成效的反作用力。政治动员的基本机制主要体现在象征的"应用—接纳"环状结构中，各种权力资

---

[1] 参见 Hesli, Vicki(2006), "The Orange Revolution: 2004 Presidential Election(s) in Ukraine," *Electoral Studies*, Vol.25, No.1, pp.168-177。值得注意的是，这场仪式中的民众参与同时有着"政治动员"的一面，在某种程度上，体现"人民的权力"的活动实际上是"精英操纵的游行"，这正展现出了政治仪式中政治活动的复杂性。参见 Lane, D. (2008), "The Orange Revolution: 'People's Revolution' or Revolutionary Coup?" *British Journal of Politics & International Relations*, Vol.10, No.4, pp.525-549。

源在"应用"阶段被摄入象征之中,然后再通过"接纳"阶段被释放出来。首先,政治动员倾向于选择那些最具有合法性或权威性的象征。当人们认为某种象征最为有力,实际上便是承认了这种"力"具有合法性。其次,在象征的调用环节中,有关象征的设置或安排虽然是在仪式系统中按照某种业已固定的程式进行,但这种设置或安排仍然体现出了对"效果"的追求。这在政治仪式的变革中体现得尤为强烈,这种"效果"隐藏着对合法性的需求。最后,象征的接纳从表面上看是政治动员寄托于符号之中的象征意义得到了承认,实质上是这一意义所代表的合法性得到了承认。象征的接纳与否直接与动员的效果相连,如果动员的行动得到了广泛响应、动员的目标得到了实现,那么就可以认为该政治动员是成功的。此时我们再返回"政治动员"这一术语的基本概念中去:它是各种政治主体(绝大多数都是强势的群体性组织)利用各种投入的资源为其政治权威服务的行为。于是,政治动员效果的实现就意味着动员者的政治权威得到了承认(这种承认并不是简单的确认,而是包含着一系列相关的意义和行为,如认同、接受、服从、维护或增强)。这意味着合法性之"法"实现了"合"。

政治仪式中的权力势能和动能展现出权力不断变动的轨迹。虽然可以通过将之置放在具体的案例中进行分析,得到一份翔实的调查报告,但如果根据一个或多个案例中权力的运作轨迹得出某种不变的规律,那会是极其危险的。很多早期仪式研究的成果受到攻讦甚至否定的主要原因便在于此。当然,我们并不是否定一些学者从田野调查或案例分析中得出的一些具有普适性的结论,只是认为仅从权力角度出发观察具有政治性质的仪式是可行的,但得出的结论会存在很大的问题。权力并不是一个"终极性"的命题承担者,它的多变和游移不利于以其为基础构建某种仪式理论。与变动的权力不同,合法性具有恒常性,一直在人类的政治生活中扮演着终结者的角色。"恒常"一词具有两重意义:第一,合法性这一概念具有普遍性,无论是在"法"的构成上,还是在具体政治实践与之具有的关系上,合法性无处不在。第二,合法性概念还具有连续性,不管时空如何转换,它都从不间断。因此,合法性附着在政治生活的各种形式中,是政治生活的本质所在。合法性也直接附在政治仪式的所有政治性元素中,并从根本上主宰着政治仪式。在我们对政治仪式的分析中,政治权力的生产和再生产是既以合法性为源头又以合法性为终点的体系和过程。不过,政治仪式并非纯粹的政治实践,还是一种仪式实践。合法性的政治属性毋庸置疑,但与仪式之间存在诸多隔阂,我们希望通过一种"政治文化分析"寻找到跨越合法性和那些隔阂的桥梁。

第三章

展布

政治仪式的外部环境与内部结构

第三章 展布：政治仪式的外部环境与内部结构

作为一种特殊类型的实践活动，政治仪式不仅在既定的社会文化土壤中生根，而且有其自成系统的显性和隐性行为规范。因此，关于政治仪式的进一步研究，需要考察其赖以存活和运转的外部环境与内部结构。我们将这种透析视角形象地称之为"展布"。政治仪式的"展布"包括什么？埃里克·沃尔夫（Eric Wolf）的话或许可被视作一种既易于理解又发人深省的答案："当我们看待历史的不同阶段时，我们必须首先立足于更为广泛的社会政治领域以及其中的权力分配。这些领域不仅生产民族和国家、政治程序和政策，也生产差异性的世界观和统治性的社会关系"；"当我们反思文化时，不要将其认为一种物质形式和象征形式的仓库，而是一些以社会活动形式展呈出的剧目。"[1] 据此，应该广泛关注政治仪式的各种外部环境，并在其中探讨政治仪式与权力之间的关系；同时，政治仪式作为一种政治文化范畴中的实践活动，其繁复多元的内在结构、隐幽之处和弹性地带，也的确把自己塑造成一个节目丰富、异彩纷呈的"秀场"。

一、时势：政治仪式的外部环境

1. 审时度势：政治仪式外部环境的位置及其分层

在卡通片《霍顿与无名氏》中，一只大象精心呵护着一朵小花，因为花朵中有一粒浮尘，浮尘中有一座完整的城市。[2] 在现实

---

[1] 参见 Wolf, Eric(2001), *Pathways of Power：Building an Anthropology of the Modern World*, California：University of California Press, pp.64, 80。
[2] 参见 Geisel, A. (Producer), & Martino, J. (Director)(2008), *Horton Hears a Who* [Motion picture], United States：Twentieth Century-Fox Film Corporation(author：Ted Geise / Dr. Seuss)。

生活中，如果以从 1 飞米到 100 亿光年间的每个长度单位来观察世界，那将会看到完全不同的景象。"世界"作为一种认识论上的范畴概念，在实践中被极其明晰地区分开来，在抽象中亦是如此。无论是客观存在意义上的，还是主观想象意义上的，政治仪式都有理由也有能力成为一种世界。如果将其看作一粒浮尘，它是否也附着在一朵花上？是否也会跟着大象在另一个世界中游荡？它究竟在哪儿？

政治仪式不管以何种形态存在，都具有一定的外部环境，并且受其影响。莫斯曾建议"从观察仪式的运作过程转到研究这些仪式的发生环境"[1]。那么政治仪式的发生环境是什么？政治仪式虽然是众多仪式类型中的一种，但由于其具有政治性征从而超越了仪式的传统视域（部落、巫术、神话和宗教），与政治生活的广泛性联系在一起。这就意味着政治生活自身及其环境都可视作政治仪式的环境。当然，如果将政治生活进一步细分，包含了政治仪式的一个或多个部分的内容都在一定程度上承担着环境的作用。所以，"政治仪式在哪儿"也就意味着"政治仪式存在于何种社会形态中"。

伊斯顿有关政治生活的系统分析基本确定了政治仪式外部环境的外延："社会系统总体环境"包括"社会内部环境"（如文化系统、社会系统、经济系统和人口系统等）和"社会外部环境（国际社会）"。[2] 此后，这种环境—系统分析主要在两大方面得到了理论补充。一是扩展性的，增加了对自然环境的重视，即政治环境不仅包括政治生活中的各种社会因素，还包括各种自然因素。环境史学的

---

[1] [法]莫斯：《巫术的一般理论　献祭的性质与功能》，第 15 页。
[2] 参见[美]戴维·伊斯顿《政治生活的系统分析》，王浦劬译，北京：华夏出版社 1998 年版，第 27 页。

发展为这一方面的研究提供了极为丰富的理论支持,认为"政治史与生态史之间存在着一个过于直接的相似之处"[1]。麦克尼尔(John McNeil)进一步认为环境包括物质、文化/思想和政治三个基本向度,并明确提出了环境政治史的概念,把法律和国家政策视为它与自然世界的关联。[2] 二是收缩性的,主要关注社会环境中与政治系统之间更具关联性的部分。如有些学者提出"社会资本"的概念,认为社会资本包括社会网络、规范和资源三个部分,网络是社会资本的载体,规范是个体调动资源的途径,资源是社会资本的实质内容。网络是规范有效实施的保障,脱离网络就意味着或多或少的惩罚与损失;规范是联系网络的纽带,也是矫正调节个体行为的主要力量;资源是人们结成网络、遵守规范的主要目的。三者结合在一起,成为能够产生新价值的价值,即社会资本。社会资本作为更基础性的因素,对政治系统有多方面的影响。[3]

对外部环境的不同划分,构成了对政治系统的不同理解。卢曼(Niklas Luhmann)认为,环境和体系之间的"差异被解释为复杂性中的差异,因此可以说,环境总是比体系本身更为复杂"[4]。内在于政治系统中的政治仪式也面临这种复杂性,它虽然与其政治环境之间存在着巨大的差异,但这些差异能够以极为复杂的形式交织在一起。马克·布洛赫(Marc Bloch)曾给出一个例子:"在封建时代

---

[1] [德]约阿希姆·拉德卡:《自然与权力:世界环境史》,王国豫、付天海译,保定:河北大学出版社2004年版,第182—183页。
[2] 参见McNeil, John(2003), "Observations on the Nature and Culture of Environmental History," *History and Theory : Studies in the Philosophy of History*, Vol. 42, No. 4, pp. 5 - 43。
[3] 参见何君安、梁忠民《论社会资本与政治系统的关系》,载《政治学研究》2003年第3期。
[4] 转引自[意]希普里阿尼《宗教社会学史》,第248页。

的西欧各民族中，基督教神秘仪式中所表现的热诚信仰，与人民对暴力和抢劫的爱好，乃至对战争的最为自觉的颂扬，显然可以毫无困难地调和在一起。"[1] 所以，对政治仪式进行准确定位就需要对其外部环境作细致的分层理解，既凸显两者的差异性，又削弱其中的复杂性。这是基于实践经验的考量，也是出于理论研究的需要。

政治仪式庞大的外部环境是包含了自然因素和社会因素在内的政治环境，对政治仪式的影响是多重的、复杂的——不同的具体因素被以不同的方式和路径输入政治仪式，使得政治仪式呈现出一种环境的浓缩和复合的状态。但在外部环境的影响中，总有一些因素与政治仪式之间的联系要强于他者，这既受到环境与系统之间相互作用的影响，也在很大程度上由系统自身具有的特殊性质决定。根据外部环境对政治仪式的影响重点以及政治仪式自身具有的特殊性质，政治仪式外部环境主要包括文化、政制和事件三个层面。

文化囊括的范畴在很大程度上与政治环境的外延相仿，尤其与社会结构具有某种等同性。从文化角度研究仪式的格尔茨特别指出："文化是意义结构，依据它人类解释他们的经验并指导他们的行为；社会结构是行为的形式，是实际上存在的社会关系网络。文化与社会结构因而不过是同一现象的不同的抽象。"[2] 持相似意见的丹尼尔·贝尔（Daniel Bell）更为直接地将文化与仪式联系在一起，他指出："文化领域是意义的领域。它通过艺术与仪式，以想象的表现方法诠释世界的意义。"[3] 不仅如此，文化与政治之间也具有密切

---

[1] ［法］马克·布洛赫：《封建社会》，张绪山译，北京：商务印书馆2004年版，第87页。
[2] ［美］克利福德·格尔茨：《文化的解释》，第177页。
[3] ［美］丹尼尔·贝尔：《资本主义的文化矛盾》，赵一凡、蒲隆、任晓晋译，北京：生活·读书·新知三联书店1989年版，第30页。

的联系,"文化广泛地发挥着政治载体的功能。作为一种分析方法的文化政治……对各种形式中的权力关系进行前所未有的探究,其发现和洞见极大地丰富和改变了人文研究的面貌。"[1] 此前关于政治文化与政治仪式的讨论已经指出,政治仪式作为具有政治性征的象征体系,在范畴上与政治文化天然契合。虽然此前强调的是政治文化贯穿于政治仪式中的意义,但"贯穿"一词也意味着政治文化不仅存在于政治仪式内部,同时也存在于其外部。阿尔蒙德有关政治文化的基本定义指出了政治文化与政治环境在范畴、时空和内容上的相似:"政治文化是一个民族在特定时期流行的一套政治态度、信仰和感情。这个政治文化是由本民族的历史和现在社会、经济、政治活动进程所形成。人们在过去的经历中形成的态度类型对未来的政治行为有着重要的强制作用。政治文化影响各个担任政治角色者的行为、他们的政治要求和对法律的反应。"[2] 因此,无论是从外部环境的范畴边界来看,还是从政治仪式作为一种政治象征系统的基本形貌来看,文化都可被视作政治仪式的外部环境的主要层面之一。

文化为社会的整体架构提供了基础性的方式和力量,制度作为该架构得以运行的环节之一从属于文化的安排。在具体的政治仪式中,这种从属性常常以文化对制度的征用、替代或掩盖等方式体现出来。文化层面有助于理解和阐释政治仪式中的仪式部分,政制层面则长于对政治仪式中的政治部分进行分析。我们可以在两条不同的路径上理解政制。第一,政制是"政治体制"(political system),这一术语也被广泛地译作"政治系统"或"政治体系"。"政治"方面

---

[1] 汪民安主编:《文化研究关键词》,第 360 页。
[2] [美]阿尔蒙德、[美]鲍威尔:《比较政治学:体系、过程和政策》,第 29 页。

强调政治体系与"合法的人身强制联系在一起","体系"方面则强调政治体系中"各部分之间的某种相互依存以及体系同环境之间的某种界限"。[1] 依照这种政治系统来观察政治仪式,各种政治象征被当作一种输入对象,而政治仪式便是处理这种输入对象的机制。第二,政制是一种"政治制度"(political institutions),是国家和社会构建中的各种基本规范,例如法律制度,立法、司法和行政制度,以及各种处理国际关系的制度等。政治制度对政治仪式的主要影响体现在各种政治组织及其规则与政治仪式的关系上,如国家、政府或政党在政治仪式中的作用,具有强制性力量的政治规则对政治仪式产生的影响,以及政治组织及其规则的变革与政治仪式的变革之间的联动性等。

在政治体制中,政治仪式面对的是近似于暗箱操作的外部环境,虽然黑箱的边界是清晰的,但大量来自象征之外的输入以及这些输入之间的关系都充满了不确定性,需要对政治仪式的外部环境做进一步的压缩。事件环境的涵括范畴最小,内嵌于另外两种环境之中。在文化环境中,各种系统之间关系的体现和作用往往以事件的形式表现出来;在政制环境中,政策输出、政治活动或规则的具体运作也通常依托于具体的政治事件。环境(circumstance)一词的英文含义为理解政治仪式的外部环境提供了一条简单的道路,它既指"环境、境况、情境",也指"事情、事件",甚至直接用于指"典礼、仪式"。作为一种实践活动,事件与仪式之间的密切关系也具有经验性证明。例如《左传·成公十三年》中有言:"国之大事,在祀在戎。"这说明,作为主要政治仪式的祭祀是中国古代国家生

---

[1] 参见[美]阿尔蒙德、[美]鲍威尔:《比较政治学:体系、过程和政策》,第4—6页。

活中最为重要的事情之一。在古希腊神话中,"貌似历史的故事情节其实反映了某种古代的风俗和仪式:俄狄浦斯的故事可能反映了古代王室继承制度和替罪羊风俗;特洛伊战争和墨兰托斯的故事可能与少年武士的成丁礼相关;忒拜战争的故事则可能源自东方驱邪仪式的咒语"[1]。中国古代典籍名言强调了政治仪式的政治属性,即事件与政治体制或政治制度中的"政策"具有某种相似性;古希腊神话的仪式解读则强调了政治仪式的仪式属性,表明事件能够充当仪式的载体和依托。就概念的本意和客观表现而言,"事件"一词具有空间意义(原初意义上的环境)、时间意义(发生及其过程和结果)以及实践意义(作为特殊策略的活动和行动),这令政治事件能为政治仪式提供最为熨帖的外部环境。将政治仪式置于事件环境中予以分析,既能够根据事件所具有的时空属性确定政治仪式在历史和现实中的具体位置,又能够在具体的实践活动中把握政治仪式的目标与意义。

2. 外部环境的结构和作用

对于政治仪式这片象征之林而言,文化层面指明了进入丛林的多条道路,政制层面划出了丛林的基本范围,事件层面则驱散了丛林中的瘴气和迷雾。图 3.1 给出了政治仪式外部环境的结构简图,直观地显示出政治仪式及其外部环境之间的相对位置。三重环境构成的同心圆结构中存在着完全包含的关系,即事件环境内嵌在政制环境中,政制环境又内嵌在文化环境中。这种结构意味着三种环境既能够各自直接向政治仪式施加影响;同时,由于政制和事件两种

---

[1] 王以欣:《神话与历史》,北京:商务印书馆 2006 年版,第 492 页。

内环境也接受其外在环境的影响，使得文化和政制两种环境对政治仪式的影响可能是间接性的。因此，在分析一种具体的政治仪式时，既要考虑到各种环境的直接影响，也要对各种可能性的间接影响有所考量。

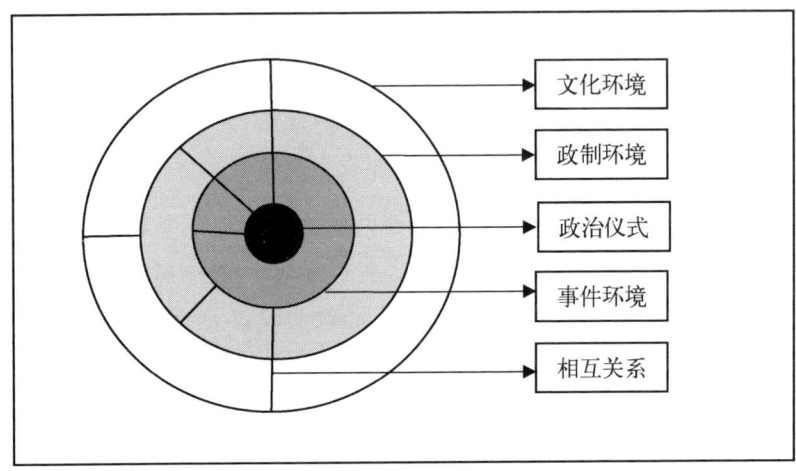

图3.1　政治仪式的外部环境结构简图

文化环境是一种历时性立体结构，它将政治仪式置于历史背景中予以考察。文化如同一张包容不同时空的巨网，既可以从任何历史阶段的特殊时空中选取资源对政治仪式施加影响，也能够将现时性的各种文化因素输送给政治仪式。在这张巨网中，政治仪式是一个不断吸纳资源、接受影响并择机反馈的重要节点，从其出发既可以在时间上追古抚今（如政治仪式能在漫长的历史中一直持有某种政治价值），也可以在空间上心骛八极（如政治仪式能够在整个国家层面上实现政治文化的整合）。与文化环境相比，政制环境是一种具有共时性偏向的平面结构，其供应者主要是一个在有限时间跨度中执行某种特殊制度类型的政治共同体。政制环境能够将制度的连续性和变动性都投射在政治仪式之中。以美国总统选举为例，不同时期的选举是与当时的具体政治背景相联系的。总统选举与其说是一种国家最高行政权力的有序更迭，不如说是参与角逐的多方政治力量对当时国家政策的再判断。[1] 事件环境是一种"即时性的（instantaneous）"线性结构，在时间意义上转瞬即逝且不可逆转，政治仪式处于这一过程中的某个阶段上；在空间意义上也限制了政治仪式的施展腾挪。虽然事件能够被理解为可重复的结构，如四年一次的美国总统选举，但任何一次选举又都是不同的"故事"。换而言之，选举本身作为一种事件是重复举行的，而选举本身的仪式性质以及选举作为一种事件所包含着的各种相关仪式，其具体内容方面是不可重复的。

三种外部环境之间存在着密切的相互作用，它们既不是简单的线性连接，也不是相邻范畴的交互，而是一种兼具发散性、复合性和融惯性的网状关联。不仅不同的外部环境与政治仪式会产生相互作用，而且不同外部环境之间的作用也可对政治仪式构成影响。这种复杂的作用关系为理解政治仪式中的象征意义提供了多种路径。例如，出现在某种政治仪式中的国旗，既在事件层面上表明了国家的介入或在场，也在政制层面上明确了该仪式所在时空的特殊政治体制，同时在文化层面上能够提供爱国主义情感或民族自豪感。政治仪式与其事件环境、政制环境和文化环境像是一种由点、线、面、体组成的三维结构。通过综合考量政治仪式在三种外部环境中的具体位置，就可以比较准确地对其进行"定位"。

---

[1] 参见 Warren, Miller, and Hanks, Merrill(1982), "Policy Directions and Presidential Leadership: Alternative Interpretations of the 1980 Presidential Election," *British Journal of Political Science*, No.3, pp.299-356。

简单的输入—输出模型在解释政治仪式系统与其环境之间的关系上力有不逮。这主要是因为政治仪式的核心是象征，而日常政治生活的核心是政策，象征在环境中的游移度和可变性远远胜过政策。外部环境往往并不直接输入某种要求或支持，更常见的是为政治仪式的实践活动提供背景和施加影响。我们总结出三种最为主要的作用，分别是造势（building up the momentum）、技改（technological transformation）和显影（development）。

造势是外部环境最为常见的作用，旨在为政治仪式提供一种综合情境。在这种造势作用下，政治仪式作为重复性的实践活动虽然在程序和目的上没有什么变化，但在合法性构建上已深受影响。前文曾指出，政治仪式如同一座水电站。造势的意义便在于将这座水电站安置在更具发电效益的河段上，或是改变河道的地理特征以影响水电站的发电效益——这种权力之河的效益就是合法性。

外部环境发生变化时起的主要作用是技改，即改变政治仪式用于权力生产和再生产的方式和技术。最直观的技改是科技发展在文化、政制和事件层面上的投射，进而对政治仪式的权力生产方式产生影响。更重要的是文化、政制和事件自身的社会性变化在技改层面上产生的影响，如文化冲突、制度更迭或政治运动等，这些外部环境的剧烈变化往往会造成政治仪式的权力生产和再生产技术也发生巨大变化。从技改前后合法性的变动情况中可以看出，这些变化不仅仅是简单的"技术性"的，还是深刻的"规范性"的。

外部环境的稳定和变革对政治仪式的运行产生的造势和技改影响，偏重于形式意义，并未过多展现出本质性的影响力。外部环境并非缺乏这种影响力，只是它隐藏得过深，以至于仅论及环境无法有效地将其挖掘出来，必须考察政治仪式受到外部环境影响后的反应，我们称之为显影作用。外部环境犹如一种显影剂，政治仪式便是底片，唯有将底片置于显影剂中才能查看其清晰和完整的信息。这种显影的基本原理在于，政治仪式受到外部环境不同因素的作用后，会产生复杂的应激反应。不过，底片经过显影后所表现出来的图像只是一种外在的显像，应该将这种显像与显影剂的刺激联系起来考虑，方能把握底片的本质。这意味着，在分析具体的政治仪式时，不论是将仪式视作某种行为、戏剧或故事，都须将其中显示出来的种种情状与其外部环境联系起来，以研究它们之间的内在关系。

3. 文化：政治仪式的宏观环境

格尔茨对文化环境的涵括范畴曾做了一个极为宽泛的描述："我们的思想、我们的价值、我们的行为，甚至我们的情感，像我们的神经系统自身一样，都是文化的产物。"[1] 葛兰西（Antonio Gramsci）则在严格的政治生活空间中讨论了文化问题，指出文化或者说"统治阶级政治文化霸权"是一种力量体系，[2] 其主要作用是"控制"和"斗争"，社会生活或政治世界成为不同阶层的亚文化系统争夺话语权的战场。我们认为，文化在"描述"和"控制"社会生活之外，还具有"展现"社会生活的功能。这种展现不仅是将社会生活通过某些表象形式呈现出来，而且意味着文化内含着一些具有限定性和标准化的程序与规则，能够将社会生活中的基本秩序演示出来。对于受这种文化展现影响的政治仪式而言，很可能会具有或产

---

[1] ［美］格尔茨：《文化的解释》，第63页。
[2] 参见［意］葛兰西《狱中札记》，曹雷雨等译，北京：中国社会科学出版社2000年版，第214页。

生与其外在文化环境相似的秩序理念。科泽直白地肯定了这种同构性:"经由仪式,或者是在更普泛的意义上——通过文化——我们不仅理解了身边的世界,而且使得我们相信所见到的秩序并非出自我们自身(文化)之手,而是为这个永恒的世界自身所有。"[1]

文化环境营造出的理念世界究竟对政治仪式能够产生何种作用?我们可通过一个案例进行具体的分析。巴拿马共和国印第安库纳人的萨满在治疗难产的仪式中会吟唱一种巫歌,呼唤众神来帮助产妇,到殖民时代,古老的歌词中新添了一位"白人银色汽船之神"[2]。对于库纳人来说,"白人银色汽船"是一种新侵入的文化景象,对他们的宇宙观产生了巨大的冲击,甚至得到了社会地位崇高的萨满的承认。在仪式中,这种文化景象的介入显示出仪式的外部环境中出现了新的有利因素,或者说它的存在增加了仪式的效力,这体现出文化环境的造势作用;同时,新文化景象的介入也显示出仪式在面临文化环境的变迁时作出的调整,这体现出文化环境具有促成仪式在方式和技术上进行改造的作用;更为重要的是,这种介入还显示出两种文化的冲撞,结果是西方文化被纳入库纳人的合法性体系中,这便是文化环境对仪式产生的显影作用。文化环境的变化对部落社会的生命仪式造成的这些影响,同样会发生在政治仪式中。实际上,外部的文化环境无论表现为一以贯之的持续性,还是表现为游移不定的变动性,都会对政治仪式产生一定的影响,只是在文化环境的剧变中,政治仪式的反应更为激烈。

---

1 [美]大卫·科泽:《仪式、政治与权力》,第 98 页。
2 [法]克劳德·列维-斯特劳斯:《结构人类学》,陆晓禾、黄锡光等译,北京:文化艺术出版社 1989 年版,第 29 页。

第三章 展布：政治仪式的外部环境与内部结构

《骑马的英国殖民官》（摄于美国纽约大都会博物馆，2013年）

　　尼日利亚的约鲁巴人在刻画英国殖民官形象时，极为夸张地放大了枪支的比例。这种对强大的西方武器作漫画式处理的方式，在非洲各殖民地的民间艺术中颇为常见。西方殖民者在武力征服过程中也将其政治影响深刻地烙印在非洲的本土文化之中。

文化环境对政治仪式所产生的造势作用的强弱，在很大程度上取决于文化环境与其中的政治因素之间的关系。文化政治学从权力角度提供了一种强政治性解释："权力关系涵盖了所有社会和文化关系……'政治'现在几乎可以与任何概念相链接。"[1] 这种观点比政治文化研究中的关系判断更为激进，直接指明文化与政治之间存在着根本性的通融和共生关系。作为一种权力生产和再生产的巨大场域，文化环境将各种文化因素当作权力资源灌输或配给到政治仪式中，集中体现出它对政治仪式的造势作用。在客观效果上，这种造势作用使得政治仪式成为一种重要的权力生产和再生产方式。

文化环境和政治仪式都处于持续性的变化中，正如阿尔蒙德所言："政治文化并不是一种静止的现象……对政治文化的认识必须是能动的。"[2] 文化环境中的政治变化往往会促成政治仪式的技改，大到"传统的发明"，小到"白人银色汽船之神"的出现，都是技改的结果。从表面现象来看，政治仪式只是在操演方式或外在形式上发生了一些技术性的改变，但不可忽视政治仪式的象征系统也会发生一定程度的改变，这种改变对应的是文化环境在权力关系上有了新的界定。例如，在封建社会文化系统和现代民主政治文化系统中，欧洲君主的加冕仪式在主要程序和外观上变化不大，但在权力观念、意识形态和伦理规范上都发生了显著的变化。因此，文化环境对政治仪式的技改作用，要兼顾其在现象层面和规范层面上的两种效果。

"白人银色汽船之神"在形貌上是西方文化在印第安库纳部落

---

[1] 汪民安主编：《文化研究关键词》，第361—362页。
[2] ［美］阿尔蒙德、［美］小鲍威尔：《当代比较政治学——世界展望》，第60页。

仪式中的一幅剪影，呈现出西方文化的介入。"白人银色汽船之神"也是一种显影，展示出西方文化在印第安文化中的显现过程，呈现出两种不同文化之间的冲突、消融和整合关系。更重要的是，这种符号作为一种力量的象征，通过携带新的合法性信息改变了旧有的合法性结构。对于政治仪式而言，附着于其符号体系中的合法性信息，在文化环境中的显影过程更为明显。这既根源于文化和政治之间的特殊关系——在现代社会中，文化的政治化大大提高了显影剂的浓度，能够以较高的强度令政治仪式表现出某种特定的权力关系；也与政治仪式中符号所具有的政治属性息息相关，这种属性又加强了政治仪式这一底片的敏感性，能够对来自文化环境中的各种政治权力信息作出迅疾的反应。

无论是将文化和政治之间的关系置放在政治文化的路径上予以理解，还是置放于文化政治的路径中进行观察，文化都是政治仪式外部具有政治属性的宏观环境。从历史角度来看，文化环境从弱势的平复性和修缮性的力量，日渐演变为强势的具有整合性和控制性的力量。在文化环境的持存和变革中，政治仪式必须顺应文化所造之势，迎合文化在形式和内容上的转变，以及凸显文化的政治内蕴和要求，不断寻找更为合适的安身立命之处和合宜的行为处事之法。

4. 政制：政治仪式的中观环境

文化环境是一种想象之域，具有跨越时空的性质。在分析政治仪式的文化特性、传统的重复性和跟随性以及进行跨文化比较时，文化既是基于客观实际的实践环境，也是具有解释力的理论环境。但是，当分析政治仪式在一定时空中的政治属性、参与政治生活、发挥政治意义和体现政治诉求时，文化环境就显得过于庞大了。如果说文化环境为政治仪式的想象力提供了广袤的空间，政制环境则为政治仪式提供了一种视力可及的空间。政制环境作为相对狭窄但更加紧凑的范畴，能够对政治仪式的分析提供一种与政治生活及其关系更具紧密性的约束力。

政制环境并不独立于文化环境之外，两者之间具有特殊的关系。首先，政制在宽泛意义上是文化的一部分，"文化是母亲，制度是母亲的孩子"[1]。文化为社会的整体架构提供了基础性的方式和力量，制度作为该架构得以运行的环节之一，从属于文化的安排。其次，政制与文化之间的确存在着明显的区隔，但不可否认两者之间有很大的交集，尤其体现在政制与政治文化的共通之处。制度文化的概念体现出了这种共通，在政制的构建和维护中，必须考虑到处于制度之中的各类行动者的情感因素和观念因素。意识形态便是一种最具典型性的制度文化，它是政治机构和政治文化合作的产物。

政制既是一套具有整体性的秩序，也是一套具有层次性的规范。政制环境主要由法律单元、政治制度单元和社会制度单元组成，它们对政治仪式构成了多重约束。法律单元标示出政治仪式在政治生活中的基本活动边界。一方面，法律是合法性的重要基础之一，而任何具有政治属性的仪式都以合法性为主要诉求，因此法律成为政治仪式力图达成目标的基本轨道。另一方面，宗教仪式、民间仪式或体育仪式虽各有其基本规则，但它们一旦被纳入政治仪式的范畴，就须接受政治范畴的规制，法律便是政治规制的集中体现。政治制度单元决定着政治仪式中政治动员的程度，强调自上而

---

[1] Etounga-Manguelle, D. (1992), "Culture et Developement: les réponses africaine," Paper on International Conference on Culture and Development in Africa, p.18. 转引自周怡《强范式与弱范式：文化社会学的双视角》，载《社会学研究》2008 年第 6 期。

下式地对政治仪式中群体力量的影响。不同政治制度的动员能力差别,直接影响到身处其中的政治仪式的权力生产和再生产的技术与效率。不同的政治制度意味着给予政治仪式不同的活动空间,从而间接影响到政治仪式与政治制度所建立的权力体系之间的关系。此外,社会制度单元的影响力亦不容忽视。社会制度既包括从属于政治制度的、由政治机构所制定的应用于社会生活的制度形式,如福利制度,也包括独立于政治制度的、内在于社会生活之中的制度形式,如企业制度。由此可见,社会制度对政治仪式的影响力集中于自下而上式的政治参与方面。政制环境中的法律、政治制度和社会制度三条主线编织并分割了政治仪式的活动领域和行动方式,能够影响甚至决定政治仪式的发展方向。

与文化环境的宏观影响不同,在政制环境中,政治仪式所受到的种种影响都相对明晰可见,因为置身仪式内外的观察者和参与者都无须通过难以把握、几近无限的想象力来描述仪式的范畴或梳理与仪式的关系。政制所造之势、技术改造以及核心诉求都在一个"可视"(与文化的"可想"相对应)的中观环境中。文化环境为政治仪式这种特殊的象征系统提供了众多暧昧不清的解释角度,而政制环境对这些解释进行了强有力的剥离,多义的政治象征在政制的聚光灯下逐渐显露为清晰的政治符号。

政制作为政治仪式外部环境中相对稳定和牢固的层面,即便发生微小的变革,也会在政治仪式中掀起轩然大波。历史地看,在政制缺失或不健全的前近代社会中,政制与政治仪式之间的联动性往往需要倚仗各种非政治因素,如宗教、神话和巫术等;在近代民族国家兴起之后,这些非政治因素逐步让位于政治因素。虽然政制环境对政治仪式的诸多影响可以在稳定的状态中进行分析,但通过观察两者在变革中的联动性，能进行更深层次的挖掘：如果两者的联动是无碍达致的，或者说两者交互之处是"平滑"的，那么在交互面上的信息流动直接反映出影响力的具体形貌；如果两者的联动存在某种障碍，或者说两者的交互面如锯齿般参差不齐，则意味着在两者之间产生了冲突，可能会引发一些非即时性的变革，它实际上反映的是政制环境对政治仪式的间接性影响力。

当代中国民间仪式的复兴是观察政制变革与政治仪式之关系的典型案例。中国具有历史悠久的政治仪式传统，其中一些稳定地延续了千百年。一个多世纪以来，晚清、民国和新中国三个历史阶段中所实行的多种政制对这些仪式传统产生了巨大的影响力，使政治仪式的涵括范围、具体的操演方式以及内在的政治诉求都发生了翻天覆地的变化。以1978年改革开放以来的民间仪式复兴为例，其历史背景既需要回溯至古代社会中的仪式传统（稳定性影响），也需要置放于民国和新中国之间的政制差异（冲突性影响）中，同时还需要考虑新中国建立之后的一系列政制变革（变动性影响）。

新中国成立之后，传统的民间仪式由于与"封建"（如君权、神权）和"迷信"（如巫术、民间宗教）两大意识系统天然的亲密关系，受到了系统性的排斥。社会主义政制作为一种政治环境，提供了巨大的压力和强制力，通过扬弃和改造，民间仪式要么与政制要求的社会主义核心价值观相协调，要么彻底地退缩至私人领域的角落中，仅有极少一部分通过改头换面得到了一定程度的保留，或者成为新构建的政治仪式的一部分而存在。改革开放所促成的政制转变逐渐松开了对民间社会的意识控制和约束，开放的文化环境和经济环境更是加速了民间仪式的复兴，因此其指向也就具有一定的复合性，受益于政治、文化和经济等多重因素的合力。

关于中国当代民间仪式复兴的政治意义分析，主要有两条各有侧重的理解路径。第一条路径强调民间仪式内含着稳定性，虽然现代与传统之间的政制存在着差异甚至断裂，但民间仪式仍能够持续地发挥传统的政治功能。王铭铭观察了发生在 20 世纪 90 年代的中国大陆不同地域的几场庙会和祭祖仪式，它们正如马丁（Emily Martin）和王斯福（Stephan Feuchtwang）所言蕴含着一种象征性权力，[1] 而权力的基础则是一个虚拟的中华帝国政治模式。虽然现代社会已经取代了想象的政治模式所发挥的控制乡民社会的作用，但"民间'象征的秩序'依然生存在民间，它还是一个活的文化"，"乡土中国还没有远离它的传统社会"。[2] 从另一个角度来看，这种稳定性也是有限的，因为即使政制环境对民间仪式的冲击力还不足以动摇乡土中国的所有传统，但所显现出来的"传统跟随"至少在程度和烈度上要远逊于传统社会。这一点在仪式所涵括的政治权力范围、政治价值的具体实现技术以及政治合法性的主要基础等层面上，都表现得极为突出。

第二条路径对稳定性之外的变动性给予了重点关注，侧重于揭示民间仪式和国家之间变动着的互动关系，主要包括国家权力对民间仪式的控制和利用，以及民间仪式对国家权力的借用和征用。前者是指国家通过法律、法规和政策强制性地规定民间仪式的发生，使其行为者在活动中总是受着义务的约束，或者国家通过其代理人（主体是政府官员）的"出场"，借助宽松的文化环境和与民同乐的民间仪式象征，影响与引导群体的行为和文化观念，使之产生对国

---

[1] 参见 Emily Martin（1981），Stephan Feuchtwang（1993），"Historical Metaphor," *Man*，Vol.28, pp.35–49。
[2] 参见王铭铭《象征的秩序》，载《读书》1998 年第 2 期。

家的认同与尊敬,进而强化国家意志和权力。后者是指民间仪式被民间力量用作对国家权力实现征用的社会资源,用以整合群体或者追求民间利益。无论是国家权力对民间仪式的征用,还是民间力量通过仪式实现对国家权力的征用,实际上是同一仪式过程中两个相互依存的方面。

郭于华通过对陕北农村民间仪式的观察,对国家权力和民间仪式之间的关系史作了精辟总结:"国家政治的仪式化运作弥漫于农民的日常生活,改变着人们原有的整合的生活逻辑和乡土社会的文化景观。这是近半个世纪的过程,这一过程表现为国家仪式对传统宗族和社区仪式的替代,革命意识形态和运动话语对地方性知识的替代,以及领袖崇拜对神灵、帝王崇拜的替代。改革开放以后,国家与民间社会的互动关系表现为国家力量在一定程度上的弱化与撤退,以及乡土社会生活逻辑的复归与再构建的过程。认识民间生活逻辑与国家权力这两套意义系统的相互作用,才能动态性地、过程性地理解和解释社会生活与社会变迁的真实图景及其文化内涵。"[1] 杨利慧具体地指出这种互动体现出民间仪式谋求政治合法性的重要策略,如当代中国女娲庙会与黄帝陵庙会的复兴是"与现行政治秩序一致的:(1)它的效果与国家意识形态所推崇的价值(如社会主义精神文明)相一致;(2)它的效果与目前国家的中心任务(如促进经济建设)相一致;(3)它的效果还有利于国家统一和安定团结的政治大局。这样的表述有利于相关活动获得国家和地方政府有关管理部门的认可"[2]。

---

[1] 郭于华:《民间社会与仪式国家》,载《读书》1999年第9期。
[2] 杨利慧:《仪式的合法性与神话的解构和重构》,载《北京师范大学学报》(社会科学版)2005年第6期。

诚然国家权力在民间仪式的复兴中扮演着格外重要的政治角色，但两者之间的相辅相成或相互对立仅展现出政制环境的一个环节，并在某种程度上局限于空间的意义。唯有回到政制的基本立场，才能较为"贴切"地将民间仪式的复兴所受到的影响呈现出来。

首先，将政制理解为一种政治系统，它强调的是政制的结构性特征，促使我们格外关注其中的组织性因素（当然并不是说要有意忽视规则性因素）。国家是一种发挥着强制作用的中央政治结构，而民间仪式天然地立足于地方政治结构之中，因此牵扯到国家权力的民间仪式在一定程度上处理的是中央和地方的结构关系。于是，内在于民间仪式中的地方性的政治、文化和经济诸多要素成为国家政治体系的延伸结构，它们像是柔韧的触手，既能够收集、整理和反馈被卷入其中的信息流，又能够聚合、控制乃至规训被卷入其中的参与者。

其次，将政制理解为一套政治制度，它是一种具有强制性的规范，与之发生关系的民间仪式所包含的传统规范被卷入其中，特别是负载着传统规范的象征也被纳入政治规范的管理范畴中。这意味着随着民间仪式的复兴，不论是传统社会的象征还是新介入的国家象征，在空间上具有跨越性、在时间上具有稳定性的政治制度既是控制这些象征的主人，又是这些象征所追求的对象。政治制度对这些象征的管理具有两重性，一方面输入价值指令，另一方面也输入技术指令，从而影响着（在很大程度上是决定着）仪式的整体质量（形态）、运行方式（过程）和前进方向（目标）。管理的直接后果就是使民间仪式的象征系统成为一种次于政制规范的亚规范，因此如果脱离政制环境观察民间仪式，其中明确指出的和潜在隐藏着的政治意义都会变得无迹可寻。

国家权力的介入使得民间仪式成为政治仪式，这种现象相当广泛：宗教仪式、部落仪式、宗族仪式、体育仪式以及生命仪式都可以在一定条件和环境中向政治仪式转变。现在可以离开中国当代民间仪式复兴的案例，回到政制环境对政治仪式所产生的影响中。

在造势作用方面，政制环境的变革使得流入仪式的政治信息发生了根本性变化。规范性强度不同的法律体系和各级政治组织制度，作为主要的信息源在输入中实现了对政治仪式的控制，无论是政治仪式的主动性反应还是被动性反应，与当时的政制环境关联度较高的政治权力和政治价值成为政治仪式中政治因素的主要组成部分。诚然很多跨越了不同政制形态的政治仪式得到了保存，但如果撇开它们对所处政制环境的依赖和迎合，就根本无法把握它们的本质意义。例如，无论当代的孔子公祭仪式在形式上如何"复制"古代祭孔大典，也无法遮蔽两者基于不同政制环境在政治构建上的巨大差异。

在技改作用方面，政制环境主要影响政治仪式进行权力生产和再生产的具体策略，即通过各种方式输入明确的政治文化目标，使政治仪式满足制度性的要求。这种技改有多种多样的表现渠道。在狭窄的渠道上，主要表现为仪式符号所具有的象征意义的政治转变，如清代皇家仪式和新中国成立后国庆阅兵仪式中的天安门具有不同的政治意义；较为宽阔的渠道可见于民间仪式对国家权力的借用或国家权力对民间仪式的征用中，如21世纪以来祭孔仪式中的地方和中央的政治权力交互和政治利益互补；还有是在政治仪式的整体变化上，体现为不同类型的政治仪式伴随政制环境的变迁而发生的衰弱和兴盛，例如在近代欧洲，君主天赋权威的衰落令君主的出场仪式在权威展示上的重要性大不如前，于是，出场仪式就逐渐让位于呈现君主统治地位的仪式。[1]

在显影作用方面，政治制度、政治组织和政治秩序的巨大调整，往往意味着作为显影液的政制环境在剂量配比上有所变动，显影的速率和效果也因此发生相应变动。比如，政制变革导致合法性基础发生了根本性的变化，那么也会要求政治仪式必须作出及时的协同反应。一些政治仪式实践之所以具有高度的稳定性，正是因为它们能够随着政制变革作出合乎时宜的调整。[2]

5. 事件：政治仪式的微观环境

事件环境之"微"体现在三个方面：在影响范畴上"单调细微"，在影响方式上"细致入微"，在影响程度上"无微不至"。作为一种微观环境，事件主要由大量即时性的偶然经验构成，它只能在一个相对短暂的时间之链上和界域非常有限的空间中发挥作用。这意味着事件和政治仪式之间的时空比值较小，政治仪式能够在事件环境中占据重要地位，甚至主导事件的核心进程。在政治社会学视域中，"以话语形态取代社会形态"[3] 的分析策略为观察事件之微提供了一个重要路径。虽然事件环境因其"微"而不能独立成为与社会体系完全匹配的话语体系，也很难断定它是否具有适合"话

---

[1] 参见 Muir(1997)，p.153。
[2] 杜赞奇提供了一个典型案例：在清末新政时，"乡村精英们迅速退出宗教活动而集中致力于新的举措（即从事'新政'事务），恰恰表明他们过去从事宗教活动的兴趣在于宗教外衣下的政治活动。"这一案例在现象层面上表现出政制变革和仪式在实践意义上的联动性，在本质层面上则表现出政制和仪式之间的权力（及藏匿于其中的合法性）的变动和联动。参见[美]杜赞奇《文化、权力与国家：1900—1942 年的华北农村》，第 134 页。
[3] 刘欣：《新政治社会学：范式转型还是理论补充》，载《社会学研究》2009 年第 1 期。

语/实践"分析的天然优越性,但是,它严格遵守宏观的话语规则,并独立搭建了一个五脏俱全的语义系统。事件如同一则"故事",不遵守话语规则,就无法令人明白和传播;而语义系统赋予其情节和意义,使之"有意思"。政治仪式是故事中的重要片段,不仅需要在话语规则中表述,更需要践行语义规范,服从情节安排和意义呈现。事件环境留刻在政治仪式中的双重话语烙印,必须经过实践过程展现出来,事件的实践策略影响了政治仪式的行动原则和目的。

举例而言,2008年的美国总统竞选就是一场重要的政治事件,竞选胜利后的就职典礼则扮演着"画龙点睛"的作用,既完成了总统权力的合法性构建的基本程序,也是对整个事件的成功总结。这一事件的话语规则便是美国总统竞选的基本规则,后者决定了整个竞选过程中所有演讲和论辩的基调以及所有活动和行为的准则。就职典礼也必须服从这一规则,成败双方都必须在此框架中平和地面对对手,"宜将剩勇追穷寇"的话语和实践都是不可想象的。竞选事件的语义规范是竞选人所持的基本理念,包括整体性的施政纲领和个体性的言谈举止。对于胜利者、第一位黑人总统奥巴马而言,他在竞选中选择的语义规范着重构建了与发表《解放黑奴宣言》的伟大总统林肯之间的关系;而在其就职典礼中,这种规范得到保留和重申:奥巴马面向林肯纪念碑宣读誓词,主题"自由的重生"则语出林肯的葛底斯堡演说。通过这一系列活动,"竞选结束后,将巴拉克·奥巴马和亚伯拉罕·林肯相提并论已经成为一种趋势"[1]。

---

[1] [美]埃文·托马斯:《奥巴马凭什么赢》,中雷、宁娜译,重庆:重庆出版社2009年版,第191页。

事件环境在话语意义和实践意义上对政治仪式的影响也主要以造势、技改和显影的方式表现出来。事件环境的造势作用体现在它为政治仪式提供了（事实上是指定了）特殊的权力生产要素，包括在事件中被卷入或动员起来的人员以及在事件中被一再唤起并固化的政治记忆等。这些要素直接影响了政治仪式中权力之河的流量，例如奥巴马声势浩大的就职典礼并不是靠竞选胜利后的仪式组织一蹴而就的，而是来自整个竞选过程中源源不断牵涉其中的所有权力资源。

事件环境的技改作用以事件的主要诉求和行动策略为基本指导思想。一般而言，事件具有特殊性，而其中的政治仪式具有恒常性。技改是事件环境的特殊性对政治仪式的恒常性的冲击，通过事件环境的变化促使政治仪式也发生变化。例如所有的美国总统选举都是不同"故事"，而胜者的就职典礼则是永远的"程式"，后者因前者而发生的变化既是政治仪式之技术应用的转变，也表明了"程式"对"故事"的反映和呼应。奥巴马的就职典礼上首次出现的华人舞狮团，反映的正是他少数族裔的肤色，呼应的则是他支持文化多元化的政治策略。

事件环境的显影作用表现为，事件如同水印般留存于政治仪式中，成为政治仪式关键性的"防伪标志"。依靠这种标志，某一政治仪式得以与其他同类事件中的政治仪式严格区分开来。例如奥巴马作为美国历史上第一位黑人总统，其宣誓仪式中使用的诸多元素来自曾经签署《解放黑奴宣言》的林肯，产生了与历任总统宣誓仪式都极为不同的特殊意蕴。显影意味着内嵌着政治仪式的事件与作为政治仪式之水印的事件，在内外辉映的一体性中表达其真实意图。事件的性质与目的决定着政治仪式的性质和目的，即使在政治仪式中可能会出现"反事件"的状态，但事件本身仍然作为具有包容性和统摄性的整体，将这些情状一并纳入其内在矛盾中予以通盘考虑。

二、景观：政治仪式的基本内置

无论是作为一种实践，还是作为一种现象，政治仪式的动态表达或静态呈现都必须依赖于一些基本的组成要素。这些组成要素即其内部的基本结构，在上文的分析中，实际上已经或多或少地涉及了这些要素。政治仪式的基本内置有四种：时间、空间、人员和器物。它们组合在一起构成了政治仪式的主体。

1. 时间：政治仪式中的权力节奏

1.1 作为仪式主题的时间：政治权力的合法性资源

与仪式密切相关的时间主要有两种：一是外在于包括仪式在内的一切实践活动的"社会时间"，[1] 它不能凸显仪式的任何特殊性，只是决定了仪式必须存在于普遍的实践范畴中。二是在一定程度上具有独立性的"仪式时间"（ritual time），[2] 它作为仪式的专属物广泛地存在于仪式的内在性质和外在形式中。"仪式时间"在实践意义上呈现出"差异性"，通过多重维度确定自身的界限，在与其他活动之间所竖立起的每一堵墙壁上都镌刻其特殊的禁忌和规范。

---

[1] 参见汪天文《社会时间研究》，北京：中国社会科学出版社2004年版，第11页。
[2] 默赖斯·布洛赫使用这一概念与"日常时间"相对，强调的是一种有关时间的"观念"，我们在此主要关注时间在仪式中的作用和意义。参见 Bloch, Maurice(1977), "The Past and the Present in the Present," *Man*, Vol. 12, No. 2, pp. 278-292. 转引自陈蕴茜《时间、仪式维度中的"总理纪念周"》，载《开放时代》2005年第4期。

同时,"仪式时间"呈现出一些基本的时间属性,比如重复性、连续性和即时性等,它们也与仪式的整个运作过程之间具有直接的共振关系。[1] 那么在政治仪式中,这种"仪式时间"有何特殊表现?它与政治权力和合法性之间如何产生关联以及产生怎样的关联?我们站在时间的特性上,从三重维度中分析这些问题。

"重复性"是仪式的本质属性之一,意味着它在时间意义上必须追溯和再现从前。事实上,仪式的同义词如典礼、礼拜或仪典等,都直接指向具体的时间。简而言之,时间被当作仪式的主题。正如涂尔干所指出,时间"不仅包含着我们的个体实存,也包含着整个人类的实存",而且一些时间标记如"日期、星期、月份和年份等等的区别,与仪式、节日以及公共仪典的周期性重现都是相互对应的"[2]。时间标记为仪式的举行提供了简捷有效、可供参照的规律性,在周而复始中再现了一去不回的历史。仪式的举行,意味着整个历史以一种累进性的沉淀方式,将各种力量元素携至仪式所唤起的特定时刻,由此,仪式同时获得了时间的连续性和当下性的双重力量。在仪式中充当主题的时间主要是宽泛意义上的"节日",既包括与宏大历史传统相连的"天时",也包括与具体历史人物或事件相连的"纪念日"。这两类时间主题对于政治仪式来说具有不同的意义。"天时"呼应的是一种自然时间,它能够借用来自自然法的神圣权威;"纪念日"则基本上属于生活时间的范畴,从中获得的政治资源离不开被纪念的人或事件的政治实践及其象征意义。

---

[1] 如果在一个历史发展的视角中观察变化中的仪式,这种共振的频率将显得尤为突出。
[2] [法]涂尔干:《宗教生活的基本分析》,第 11—12 页。

这些政治仪式都"以特定的时间为核心而展开,任何对这些时间的更改和不敬都标志着仪式的失败,因为那是对时间之主宰的合法性的怀疑和亵渎"[1]。

以"天时"为时间主题的仪式是古代社会或原始社会的人类仪式活动中的主要组成部分,与社会生活关联最深的生育和生产活动都必须求助于自然界的大力襄助。人们在这些仪式中对自然力量顶礼膜拜,"仪式生活的节奏就带上了宇宙生命节奏的印记"[2]。作为人类社会生活的重要形式之一的仪式与节日之间在节奏上保持着高度的一致性,更为重要的是,仪式表达出社会生活和自然生活在秩序上的统一性——节奏本身就是秩序最为本质的表现。在一些以"天时"为主题的政治仪式中,如中国古代"春振秋搜"的阅兵仪式和择取黄道吉日的登基仪式等,权力拥有者"使其政治活动与自然规律连为一体"[3],其目的在于借用自然法所蕴含的丰富的政治合法性。随着自然法传统的衰微,此类政治仪式也逐渐凋谢,转而更多地向"纪念日"索要合法性资源。

"纪念日"是"天时"发生"社会进化"的阶段性成果,它是社会控制自然的能力日益增长的表现。"人"及其特殊实践活动"事件"成为一种时间形式,意味着社会节奏成为整个世界的主旋律。虽然有些纪念日与"神"有关,但这种时间意义上的"返祖现

---

[1] 王海洲:《合法性的争夺:政治记忆的多重刻写》,南京:江苏人民出版社 2008 年版,第 170 页。
[2] [法]涂尔干:《宗教生活的基本分析》,第 331 页。
[3] [美]大卫·科泽:《仪式、政治与权力》,第 26 页。

象"越来越罕见，[1] 在政治仪式中表现得尤为明显，这与政治合法性的根本基础向法律和民意倾斜有直接的因果关系。苏联在第二次世界大战之后创设了一系列纪念日，在这些日子中举行的仪式具有多种政治作用，例如被致敬的烈士"变为有力的神圣象征，组织、引导和唤起对共同体和国家的集体理念"[2]，而所涉及的大量关于二战的符号展布，则为当时苏联政府的团结提供了强烈的情感支持。[3] 近代中华民国政府在孙中山去世后创设了"总理纪念周"，"作为制度时间、政治时间与仪式时间，在民国时期一直与国民党政权相始终……使国民党初步实现了对社会日常生活中人们思想意识的控制"[4]。

以时间为主题的政治仪式最大限度地发挥出节日的政治功效，它或召唤神圣的自然法传统，或召唤附着在被纪念的人物和事件上的政治象征意义，以之为权力生产和再生产的重要资源。需要注意的是，一些政治仪式以节日为主题，并不意味着仪式对节日的全盘控制，反之亦不成立。时间以各种形态存在于仪式的内外，需要区别对待。伊萨姆贝尔（François-André Isambert）据此认为"节日的概念超过了礼仪和仪式的概念，它是仪式的一种继续"[5]，在时间的延续性和节奏性上表明了两者的特殊关系。

---

[1] 很多重大的历史事件或特殊活动选择在神圣的节日里举行，正展现出世俗生活向神圣生活的渗透。每一次此类活动的举行，都不啻一次消除返祖基因的试验。比如在古代欧洲史中，匈牙利人对南特城的突袭并攻克是在宗教节日完成的；英国国王埃塞赖德选择在1002年11月13日（圣布莱斯节）"下令将可以抓到的丹麦雇佣兵悉数杀掉"。这些史实表明世俗政治活动对宗教活动的介入和控制已经有漫长的历史。案例参见布洛赫《封建社会》，第60、70页。
[2] 转引自［美］大卫·科泽《仪式、政治与权力》，第76页。
[3] 参见［美］大卫·科泽《仪式、政治与权力》，第82页。
[4] 陈蕴茜：《时间、仪式维度中的"总理纪念周"》，载《开放时代》2005年第4期。
[5] ［意］希普里阿尼：《宗教社会学史》，第231页。

政治仪式

埃及方尖碑（摄于土耳其伊斯坦布尔，2015年）

公元390年，罗马皇帝狄奥多西一世（Theodosius Ⅰ，约346—395）为了装饰新建的跑马场，从埃及的卢克索神殿运来了有"古代世界的拿破仑"之称的、最伟大的法老之一图特摩斯三世（Thutmose Ⅲ，1514 B.C.—1425 B.C.）建造的方尖碑。基座四面的浮雕上描绘了这位立基督教为国教的皇帝观看赛马、奖励获胜者、主持竖碑仪式和接受朝贡的场景。来自遥远时空的神圣力量被加诸其身，跨越近1900年的两个"伟大"时刻重叠在一起。数年之后，随着狄奥多西一世的驾崩，罗马帝国一分为二。这座方尖碑自此迎来了新的命运。

随着历史的变迁，时间作为政治仪式的主题之一，在呈现方式上发生了巨大的变化。虽然大多数社会都有自己的时间结构形式，也在一定程度上对应着不同的社会结构形式，但是时间计算技术的发展对社会结构产生了更大的影响。钟表的发明以及格林尼治时间的确定形成了"现代社会的时间"，这种"时钟时间对于现代社会及其构成的社会活动的组织至关重要"。[1] "节日"主题在保持其传统时间特征的同时不得不向现代时间所具有的区隔形式妥协，这使得政治仪式更加重视"节日"性时间中的"时钟"性时间，时间成为规训技术（如阅兵仪式中对士兵身体的时间控制）、权力资源（如国家对公共节假日的管理[2]）和社会制度（如仪式化意义上的对生产和休闲的划分）等。

1.2 作为仪式过程的时间：政治权力与阈限

"阈限"这一术语出现在盖内普对"通过仪式"的研究中。"通过仪式"是指"伴随着地点、状态、社会位置和年龄的每一次变化而举行的仪式"，"并不限于文化规定的生命转折，它还可以伴随着从一种状态转向另一种状态时所发生的任何变化"，因此包括众多的生命仪式、农事仪式和涉及资格、地位或状态变化的各种形式的入会仪式等。"通过仪式"主要包括三个阶段："分离、边缘（阈限）、聚合。"[3] 在特纳看来，"阈限"最值得关注，因为这一阶段体

---

1 参见［英］斯科特·拉什、［英］约翰·厄里《符号经济与空间经济》，王之光、商正译，北京：商务印书馆 2006 年版，第 304 页。
2 中国"立法核准清明、端午和中秋节气为法定假日，让文化记忆获得自己的法权安排"，使这类时间资源成为一种合法性（从文化到政治）来源。参见许章润《"习惯法"的当下中国意义》，载《读书》2009 年第 10 期。
3 ［英］特纳：《象征之林：恩登布人仪式散论》，第 94 页。

现出仪式中状态转化的"结构间特性",[1] 它确立了一种处于社会结构边缘的模糊地带,身处这一时空的人对于正常的社会结构而言是"不可见的"。"阈限"是涵括了时、空、人三种因素的混合结构,在此先讨论阈限的时间形式。

时间意义上的"阈限时期"将重点放在"通过仪式"的"过渡"(transition)上,这种过渡是"一种过程,一种生成","甚至是一种转换"。[2] 仪式时间的这种特殊形式,为观察政治仪式中的权力状态提供了重要的路径。阈限时期在过程意义上将其"不正常"的状态与仪式前后的两种正常状态相勾连,意味着社会时间中正常的权力秩序虽被仪式时间所打破,但亦随着仪式时间的结束而重新平复,由此显现出的秩序的稳定性强调了仪式时间之于社会时间的从属性和功能性。政治仪式中的权力生产过程所具有的独立性无法脱离正常的社会时间的制约,无论权力本身昭示出的状态被"过渡"到怎样的境况中,权力构建和表现的原则和规范仍然是在"正常"的轨迹之中。在古代皇帝的加冕、现代政府官员的就职甚至是反政府的游行示威等政治仪式中,仪式时间作为封闭而独立的过程虽然暂时将牵涉其中的各色人等抛入一种接受或期待变化的不定状态之中,但它既没有彻底从社会时间中分离出去,也从未丧失恢复正常的平复力。例如,当国王被送上断头台举行公共行刑仪式时,似乎时间发生了逆转,权力出现了倒流,但阈限期限一过,国家政治生活中的基本原则仍没有根本变化。[3] 简而言之,变化的是权力的主

---

1 参见[英]特纳《象征之林:恩登布人仪式散论》,第99页。
2 参见[英]特纳《象征之林:恩登布人仪式散论》,第93—94页。
3 参见[法]托克维尔《旧制度与大革命》,冯棠译,北京:商务印书馆1992年版,第二编第五章。

体和主体的权力,不变的是权力的原则和规范。政治仪式中的阈限时期作为一种过程,在时间意义上充当了社会时间的"异数"和"变量",但它遵守着由社会所提供和规定的运算规则。无论在何种程度上强调某种政治仪式的政治破坏力,都至少应该在同等程度上强调和关注其体现出来的政治稳定性,否则政治仪式就会丧失一切规律性,落入不可揣度的碎片化之中。

政治仪式的阈限时期在整体意义上维持着仪式在社会生活中的相对稳定的政治功能,但这并不意味着这个整体不存在任何变动性。阈限时期本身作为一种边缘时间,既呈现出相对于社会时间的差异性,也在统一的时间范畴内与社会时间保持着变动性关联。更加值得关注的是阈限时期内部存在的时间变动性,它涉及政治仪式内在的权力生成问题。德波认为农业社会到工业社会的转变,体现了从"循环时间"向"不可逆的时间"的转变,这种转变意味着社会中最为重要的生产方式和生产关系发生了巨大的变化。[1] 实际上,与神话相关的仪式(尤其是宗教仪式和以神话为原型的民间仪式)的衰微以及与人自身相关的仪式(纪念历史人物或事件的仪式)的兴盛,从时间的意义上反映出了这种变化。神话在循环时间中处于核心地位,它促使时间主导下的社会生活的首尾衔接平滑而自然。[2] 政治仪式在每一次面向神话中,都会获得一种回归原点的重复性体验,因此每次举行仪式都是一次神圣而崇高的循环,其中的权力所有者和神之间的距离保持了高度的恒定性,这就要求生产方式精细

---

[1] 参见[法]德波《景观社会》,第57—59页。
[2] 这种循环往复实际上在经验世界中并不表现为具体的时间,正如波德里亚所言:"原始社会中没有时间。想要了解那里的人们'有'没有时间,是没有意义的。"参见[法]让·波德里亚《消费社会》,第121页。

而稳定，否则就有影响甚至破坏这种距离的可能，而这是循环时间所严格拒斥的。挟科技之威而来的近现代社会通过大规模和高强度的知识生产"离心机"，将神秘从神话中抛离出去，早期人类学家担当了这种离心机操作员的职责。在这一阶段中，政治仪式本身还保持着某种回复性，如权力指向保持着被预设的原点（合法性源泉），在时间意义上，它与追溯的时间构成了一个小循环系统，都是"借助永恒不变的和潜藏着的形式，把过去、现在和将来联系在一起，从而消除了历史和时间"[1]。但是，这种似曾相识的时间显现方式与其古老形式之间具有根本性的差别，它已经贯彻了"不可逆的时间"的单向性。执行循环时间的古代政治仪式是面向过去的，传统和现在之间保持着同一性；执行不可逆时间的现代政治仪式是面向未来的，传统和现代之间被功能化和功利化了。因此，古代政治仪式中的权力生产方式以干净而纯粹地再现和保持传统为贵，越是接近源头，权力的合法性就越充分。而现代政治仪式中的权力生产方式是"资本主义式"的，它以最大限度地榨取其中的合法性资源为主——在上文所阐述过的政治仪式的技术改造中可以明显看出这一种变化。

总之，政治仪式中的阈限时期被逐渐剥离了"原生态"的权力生产方式，它不再虔诚地渴求合法性源泉中流淌出的神圣之水，而是更加接近日常时间中的庆贺、炫耀、展示和操控，无论是组织者、参与者、观察家还是广大观众，都对皇帝没穿衣服心知肚明。

---

[1] Myerhoff, Barbara, "A Death in Due Time: Construction of Self and Culture in Ritual Drama," In John J. MacAloon (ed.) (1984), *Rite, Drama, Festival, Spectacle*, Philadelphia: ISHI, pp.149-178. 转引自[美]大卫·科泽《仪式、政治与权力》，第13页。

波德里亚不无正确地指出,在"消费社会"里,无论是劳动时间还是休闲时间,都接受着"生产系统的抽象的支配"[1]。在政治仪式中,这表现为阈限时期的转换功能被急遽弱化了,它再也无法守住社会结构的边缘地带,而是被搅入多元化和碎片化的社会生活,成为琐碎而平淡无奇的一部分。考古学中的技术发展和旅游人类学的兴起,都部分地、突出地影响了政治仪式在权力生产上借用神圣性的传统和意图。在时间意义上对这一困境的现代解决,是靠时间技术来实现的。当时间的本质更变之后,仪式时间就必须顺应此潮流,以技术社会的方式应对它带来的技术性危机。

1.3 作为仪式策略的时间:政治权力的技术和艺术

时间是仪式与生俱来的策略之一,仪式过程对秩序的强调反映在时间层面上的第一要求便是在合适的时间做合适的事情。在古代仪式中,这种策略本身的意义并不突出,策略所具有的功能意义和工具理性不为人知。正如福柯所言,时间成为作用于个体肉体上的微观权力技术诞生于18世纪,与知识生产的方式的重大变革相联系。近代以来,政治仪式一方面执着地守卫着古老的时间记忆和技艺,另一方面一些新的时间技术和艺术也在政治仪式中得到广泛的运用和展现。从权力及其合法性构建的需要来看,古旧的时间策略(经由现代性视角而看到的)无法适应现代政治生活的要求,它必须作出调整和创新。事实上,时间策略的古今发展和变化,最为关键的意义并不是技术应用和艺术创造的变化,而是人们对仪式时间的认知方式的变化,以及由其反映出的知识生产和再生产的变化——在政治仪式中,无论是时间还是知识,都彰显为一种权力。

---

[1] [法]让·波德里亚:《消费社会》,第120页。

时间被视作一种规训和控制的技术。在政治仪式中，参与者及其行为被分割成一些"序列化"的连续时间片段，它们能够被"具体地控制和有规律地干预"，在此过程中，"权力被明确地直接用于时间"，"权力保证了对时间的控制和使用"。[1] 如果说"阈限"是仪式时间的整体性分离，那么"序列化"就是仪式时间的部分性分离，分离的意义在于提高权力控制的有效度。权力控制的时间技术在一元性的传统政治社会向多元性的现代社会转变时，必须从控制整体向控制部分甚至控制碎片发展。现代科学管理的时间模式是一种能够提高生产效率的流水线，它将独立的个体通过时间的分解钉在缺一不可的连续性中。于是，个体对社会化生产以及群体化生存的服从，都呈现出权力生产和再生产的有效性。在政治仪式中同样存在着相似的流水线，如在阅兵仪式中，士兵们高度细化的动作是非常严格的"碎片叠合"，虽然这种时间策略的对象是微观和独立的，但它通过众多个体的齐一性展现出宏大而有效的权力。

政治仪式中严苛的时间技术并不是仪式时间的唯一策略，在政治意义上的"人权"和哲学意义上的"人性"愈发受到重视和呵护的同时，更具适应性的"时间艺术"出现了。时间艺术的出现和现代社会的文化风潮有关，无论是政治文化还是企业文化，一种与价值、情感和态度相联系的公共意识呼唤更为契合人性的或者说温情脉脉的时间策略。"闲暇"（休闲时光）和"消费时间"部分地表达出了这种要求。举例而言，美国总统的就职典礼与古代帝王的加冕典礼相比，充满了轻松愉悦，缺乏了庄严肃穆。前者展现出政治波普艺术的精髓，后者则是一种康德式的美。总统就职典礼中的各项

---

[1] 参见［法］福柯《规训与惩罚》，第180页。

活动被分解为宣誓、舞会和游行等不同的部分，它们代表着不同的文化呈现和诉求，也表现为合法性的不同来源：宣誓时手按《圣经》可以获取一种神圣传统的合法性资源，举行的多场官方舞会汇聚不同政治精英阶层的合法性资源，游行中体现出来自民众的认同感是一种民意维度中的合法性资源。在这两种不同历史阶段的政治授权仪式中，总统和帝王通过不同的时间策略塑造出一种共同的"时间感受"：他们都是"应运而生"的"真命天子"，个人命运的时间格式在精雕细琢中弥漫至整个政治仪式的过程（时间序列）中。

2. 空间：政治象征与权力场域

2.1 政治仪式中的空间及其政治性

空间是指一切事物的存在及其行动，它和时间一起构成了整个世界。两者作为学术性的概念在近一两个世纪才得到广泛的探讨。涂尔干在社会学初创期认为，"要想在空间上安排各种事物，就应该尽可能地把它们有所区别地安置下来"，因为空间的不同区域之间具有"不同的情感价值"。空间的表现和应用与社会实践之间具有对应性，社会组织是"空间组织的模型和翻版"。[1] 从涂尔干开始，社会学家们都不同程度地认为："不同的社会制造了性质有所差别的空间与时间概念。"[2]

将对空间的考察放在时间之后，是因为时空之间有着一种内在的、比较微弱的先后逻辑。空间通常都被视作时间最为亲密的派生

---

[1] 参见[法]涂尔干《宗教生活的基本形式》，第9—10页。
[2] [英]大卫·哈维：《时空之间——关于地理学想象的反思》，载包亚明主编《现代性与空间的生产》，上海：上海教育出版社2003年版，第375页。

物，时间是空间的一切意义所在。在社会生活中，正如吉登斯所言："统一时间是控制空间的基础。"[1] 在我们所要分析的仪式中亦是如此："正是不同仪式在时间上的分隔，才导致仪式性空间成为可能。在这个意义上，时间可以说是空间的建构材料。"[2] 与对政治仪式时间的分析相对应，我们也在三个层面上考察政治仪式的空间。在主题层面上，空间以地理学意义上可量化空间（如圣地和祭坛等建筑）的形式表现出来。在阈限层面上，空间和时间一样也完成转换和生成的任务。在策略层面上，空间通过定位、排列或分割等技术处理权力。

空间的政治性进入理论视野与社会生产方式发生的巨大变革相关，这种"视点"在任何角度上都归属于"现代性"。或者说，空间的政治性"一直存在"，但"未被发现"。勒菲弗对空间问题进行了开创性的研究，认为"空间是政治性的、意识形态性的"[3]，在建筑、规划和宽泛的生产意义上皆是如此。具有政治意味的空间之所以能与权力产生关联，具有多种原因。在此，我们主要分析两种关联路径。

首先，空间可以是一种政治象征，它关乎权力构建的各种政治想象，成为合法性的重要政治资源。圣地、祭坛、宫殿和各种壮观的建筑曾在古代社会的政治仪式中承担此类功能。借助这些空间，政治仪式既展现了权力所有者的巨大力量，同时也从这些神圣的空间中获得自然法或神灵所赋予的合法性。这种象征着权力并供应着合法性资源的空间在现代社会中仍以各种形式广泛存在着。各类权

---

1 ［英］吉登斯：《现代性的后果》，田禾译，南京：译林出版社2000年版，第16页。
2 梁永佳：《地域的等级——一个大理村镇的仪式与文化》，北京：社会科学文献出版社2005年版，第27页。
3 ［法］亨利·勒菲弗：《空间与政治》（第二版），李春译，上海：上海人民出版社2008年版，第124页。

力机构处心积虑地构建自身所处的特定空间,在其应用性功能之外总是尽力包裹象征性的外衣。如巴西议会大厦的建筑外观被称作"一双筷子两只碗"。"两只碗"指的是参众两院,"一双筷子"指的是办公大楼。右侧上仰的较大的碗是众议院会议厅,象征着众议院的"民主"和"广纳民意",左侧下覆的稍小的碗是参议院会议厅,象征着参议院的"集中民意"与统帅功能。代表众、参两院的巨碗一仰一覆,与二者不同的功能相对应;一大一小,又与参议院和众议院的人数相对应。两座办公大楼设计成并肩而立,两楼中间的第11至13层有一条廊道连通,这样一来,两幢楼与过道就呈现"H"形,"H"是葡萄牙文"人"(Homen)的第一个字母,这两幢办公大楼就象征着联邦议院"一切为了人"的立法宗旨。普通的生活空间也能转换为政治空间。如美国纽约世贸中心由纽约港务局集资建成,主要发挥着公共管理、经济贸易和旅游餐饮等社会功能;但由于其地标性的特征,在几十年中逐渐成为美国文化中的"一个独一无二的和具有象征意义的地方"[1];"9·11事件"进一步改变了世贸中心的地位,它之所以成为攻击目标正是因为它被视作"国家精神围绕着的、值得尊敬的象征"[2]。

其次,空间可以是一种"场域",在其本质中内含着权力关系。在布尔迪厄看来,"空间的概念通过自身而包含着对社会世界的关系性感知的原则……不管是个体还是群体,都生存并存在于差异中,而且通过差异,也就是说,由于他们在某个关系空间中占有的相对

---

[1] 美国"9·11"独立调查委员会:《9/11委员会报告》,史禹等译,北京:世界知识出版社2005年版,第392页。
[2] Trivedi, Bijal P.(2001 September 13),"Why Symbols Become Targets," *National Geographic News*, http://news.nationalgeographic.com/news/2001/09/0913_TVsymbol.html.

位置而存在……它（关系空间）是最真实的现实，是个人或群体的举止行为表现的真正根源。"[1] 他认为社会主要由两个部分组成：（社会）空间和（社会）关系。两者构成的大空间中存在着多种"场域"，如政治的、经济的和文化的等。在这些场域中包含着三种需要关注的对象：差异、权力场和资本的"汇兑率"。其中，差异是场域中所有行为者之行为的根源；权力场是解释多场域之间关系的重要概念，它横越多个场域，是具有多元身份的"行动者之间的力量关系的空间"；[2] 行动者具有不同的资本，如经济的、文化的乃至象征的，这些资本之间存在着汇兑关系，对汇兑率的保持或改变体现为权力斗争的结果。

政治仪式中的空间在政治象征和场域的意义上含有特殊的权力关系，但这些空间所呈现出来的不同形态适用不同的权力规则。政治仪式将其仪式性的一面覆盖到空间的政治性之上，因此日常生活中的权力规则也受到了巨大的影响。例如美国总统就职典礼在安全部门的监视和控制下"改变了城市的社会环境"，"'现实的华盛顿'转换为'就职庆典的华盛顿'——在这一新类型的社会空间中，原来作为日常生活一部分的流动性被带入静止状态"，"公共空间从一种常规性的日常生活进入一片无菌区[3]的转换过程，是一种仪式形式，它界分开内外，形成了一种新的社会政治现实"。[4]

---

[1] ［法］布尔迪厄：《实践理性：关于行为理论》，谭立德译，北京：生活·读书·新知三联书店 2007 年版，第 36 页。

[2] 参见［法］布尔迪厄《实践理性：关于行为理论》，第 39 页。

[3] 喻指隔离了危险境况的安全地带。

[4] 参见 Bajc, Vida(2007), "Surveillance in Public Rituals: Security Meta-ritual and the 2005 U.S. Presidential Inauguration," *American Behavior Scientist*, Vol.50, No.12, pp. 1648 – 1673.

2.2　政治仪式的空间形态及其权力规则

古往今来的政治仪式基本上都离不开特定的地理空间，经过精心遴选和构筑的"地点"是仪式得以顺利举行的前提条件之一。在文化地理学的视角中，空间是一种文化建构。[1] 无论将政治仪式举行的地点放宽至宏大的"地区"，还是特指相对封闭的"场所"，两种空间的文化性征（包括了政治理念）都紧紧地附着在仪式上。地区层面的宏观政治意义实际上已经在前文外部环境的相关论述中有所分析。场所层面指政治仪式举行的微观地点即仪式场所，主要是特别营造的建筑空间或经过特殊选择的自然空间，如中国古代明清两朝皇帝举行祭祀天地仪式的天坛和地坛，或从舜开始直至清代众多皇帝举行封禅仪式的泰山等。

这些经过精心选择的地理空间在政治仪式中具有特殊的政治意义，主要承担着供应权力象征和合法性资源两大任务。"在世界历史上，几乎每个时期的统治者都一心想建造一座象征权力中心的建筑物。"[2] 盛大的政治仪式往往就在这些建筑物中举行，建筑物本身所具有的权力象征与在其中举行的政治仪式合二为一，以文化传播和政治展布的方式为所有的参与者和观众所感知；同时，这些权力建筑自身的合法性构建方式也得到了散布。如宫殿"不仅是建筑物"，也是"仪式化了的国王日常生活"，纷繁复杂的宫廷仪式揭示了包括君主专制和社会等级制在内的一系列文化现象。[3] 格尔茨认为巴厘的宫

---

[1] 参见[英]迈克·克朗《文化地理学》，杨淑华、宋慧敏译，南京：南京大学出版社2005年版，第94页。
[2] [澳]乔治·米歇尔：《再现的时光：有关文化遗址和古迹的历史观》，载张穗华主编《石头，文化和时间》，北京：中国对外翻译出版公司2003年版。
[3] 参见[英]彼得·伯克《制造路易十四》，郝名玮译，北京：商务印书馆2007年版，第98—100页。

廷仪式充当了一种典范,通过民间的模仿将整个国家包裹于其中。宫廷作为一种权力象征,在大大小小的具有同一性的政治仪式中表达并操演了国家的政治秩序,即合法性的认知和构建方式。[1]

政治仪式的阈限空间是糅合了具体和抽象的空间形态,也是阈限时间的空间表达。进入或通过这一空间,事物的性质会发生根本性的变化。这种现象普遍存在于仪式性的阈限空间中,如中国民间的一些庙宇。在新中国成立前,"逮住犯法分子(如小偷)后,人人可以捶打他,但将其带进庙中神像之前时,只有村庄首事们才能鞭打小偷,村民只能围观,以此使世俗权力神圣化"[2]。庙宇的大门隔开了日常生活和神圣生活,村民与犯法分子之间的对位关系在此被解除或禁止,而首事和小偷的对位关系的建立则为首事在日常生活中所具有的权力添加了新的力量。再如英国女王的加冕仪式,其地理空间(教堂)的物理形态与其日常时刻相比没有发生根本性变化,但女王和官员们在此仪式中获得了与进入或经历这一空间之前相比全然不同的权力。这在空间意义上表现为一种"造势",政治仪式通过特殊的仪式空间的设置,为权力的转化提供了特殊的情势,情势的有效性与其使用的权力规则直接相关。

阈限空间发挥权力转换的功能首先在于它是一种政治象征的熔炉,将各种政治符号熔化并锻造成权力象征,给予进入或经历阈限者。这种给予以三种方式进行:一是对已有地理空间的装饰,我们

---

[1] 波齐为此论点提供了另一种佐证,他认为宫廷既表达出权力象征,又厘定了权力关系:宫廷是"许多重大事件演出的舞台",对于贵族们而言,宫廷中的生活是一种地位的象征,宫廷生活将宫廷贵族从他们在国家原来的地位中分离出来,又使这些贵族互相之间进行竞争,但对君主的地位并不构成威胁。参见[美]波齐《国家:本质、发展与前景》,第47页。

[2] [美]杜赞奇:《文化、权力与国家:1900—1942年的华北农村》,第126页。

第三章 展布：政治仪式的外部环境与内部结构

皇家加冕的斯德哥尔摩大教堂（摄于瑞典斯德哥尔摩，2019 年）

  这座斯德哥尔摩最古老的哥特式教堂始建于 1279 年，自 15 世纪以来一直是瑞典国王加冕典礼的举办场所，又被称为"加冕教堂"。其内陈列着北欧最大的木雕《圣乔治屠龙》（1489），由教皇格拉修一世（Gclaxius Ⅰ）于 494 年封圣的骑士乔治象征着瑞典，恶龙则象征着当时控制着该国的丹麦。

称之为"合法性的加持"。在英国女王的加冕仪式中，对教堂的建筑空间进行了政治性的装饰，一系列具有权力意义的符号（王室的徽章和国家的旗帜等）在具体的地理空间之外提供抽象的合法性资源。[1] 二是为政治仪式新建（或赋予新意）的地理空间。如中华人

---

[1] 中世纪欧洲的统治者已经在其居住建筑中有意识地使用与合法性相关的装饰，常见的是绘有统治者祖先及其事迹的绘画，以"通过这些绘画使他本人或其家族成员与过去那些伟大的帝王产生某种历史的联系"。参见[德]约阿希姆·布姆克《宫廷文化：中世纪盛期的文学与社会》，何珊、刘华新译，北京：生活·读书·新知三联书店 2006 年版，第 151 页。

民共和国举行开国大典时的天安门城楼及其广场,皇权符号被抹杀殆尽,体现"人民当家作主"的政治符号得到普遍应用。三是物理空间自身产生了阈限功能,从实践场所转变为抽象的观念场所,赋予了场所仪式性的意义。如中国的革命教育基地南京雨花台或美国葛底斯堡国家军事公园,旅游者在游览中转变为"圣地朝拜者"[1],意味着空间自身成功地向参与者施加或"贯彻"了有关权力和合法性的理解。在阈限空间中,空间的物理属性退居次位,占据首要地位的是空间的政治属性。与地理空间展现权力之威不同,阈限空间促成权力性质的转换。它不是(虽然部分地具有)赤裸裸的权力宣示,而是一种全新的权力关系的塑造。

策略空间准确来说是人的行动策略在空间中的显现,是人们处理彼此的空间关系的具体方式。策略空间的典型形式是"位置",诸如"位高权重"或"人微言轻"都是对位置所具有的权力关系的表达。政治仪式依靠对人或事物的位置设计来实践其权力规则,它用以定位的坐标系主要由位置的绝对值数轴和相对值数轴构成。

位置的绝对值数轴代表的是绝对位置,是政治仪式中具有特定性和独立性的位置空间,它并不需要参照其他位置来确定自身的存在。例如祭祀仪式中的祭坛、会议中的主席台或就职典礼中的演讲台等位置往往是仪式空间的中心。这些位置的空间策略包括位置的设置、争夺或更换等。在现代政治生活中,日本和韩国的议会中经常会出现议员殴斗的现象,议院的主席台和大门是殴斗的主要场所,这两者都是仪式场所中的重要空间位置。不进入大门、不登上主席台,议事活动

---

[1] John Gatewood, and Catherine Cameron(2004),"Battlefield Pilgrims at Gettysburg National Military Park," *Ethnology*, No.3, pp.193-216.

便无法继续下去,因此,"无法"本身就成为有效的反对票,客观上阻止了动议的提交和完成,这属于一种基本的议会权力的运作方式。

位置的相对值数轴代表的是相对位置,包括政治仪式中一系列具有对位关系的位置空间,如上和下、高和低、左和右等。政治仪式的重要空间策略是将不同的人或事物置放在不同的对位关系中。这些对位关系归根结底处理的是权力关系,它们既含有象征性的权力,也在权力运作中具有实际意义。比如法国国王路易十四身高约1.6米,为了达到所谓的"社交的高度",他使用了各种方法增加身高,包括穿高跟鞋和降低身边人员(包括其长子)的高度等方式。[1] 几百年后,身材同样不高的法国前任总统萨科齐也使用相似的策略以赢得有利的对位空间,比如在公众前演讲时站在小板凳上,或者与其他国家领导人合照时故意踮起脚尖。[2] 再如总统就职典礼中处于视觉中心和视觉高位的总统,或者阅兵仪式中站立在检阅车上接受士兵们仰首注视的首长,都意味着相对位置能够塑造出一种"视觉权力",直接体现出对位者之间的权力关系。虽然这些空间策略常常得到了艺术性的处理,但正因如此,更加显露出其中潜藏着对权力的深层次认知和理解。

2.3 政治空间的生产和再生产:仪式、象征和符号的联变

空间的生产在后马克思主义政治经济学和后现代地理学的语境中得到了充分的论证,围绕都市化出现的种种问题被摆在核心位置上,社会和空间的某种对应性成为研究空间生产的生产关系的出发点。苏贾(Edward Soja)用"空间性"(spatiality)表述"社会空间",认为,

---

[1] 参见[英]彼得·伯克《制造路易十四》,第140页。
[2] 参见《为与奥巴马站齐 萨科齐板凳增高》,新华网,http://news.xinhuanet.com/photo/2009-06/10/content_11519443.htm。

"空间在其本身也许是原始赐予的,但空间的组织和意义却是社会变化、社会转型和社会经验的产物"[1]。空间的生产意味着社会的生产,或者说"整个社会生产出了'一个'空间",在其中,"生产关系的维持变得具有决定性","整个空间变成了生产关系再生产的场所"。[2]

仅依靠对资本主义生产关系中的空间的考察,无法为政治仪式中空间的生产和再生产提供足够的理论支持,因为政治仪式在时间和空间上的跨越和蔓延突破了"资本主义"、"现代性"或者"后现代性"等概念的束缚。政治仪式是一种社会实践,社会空间的覆盖性无疑对政治仪式中的空间具有显著的影响力。同时,政治仪式是一种具有重复性和区隔性的社会实践,因此其空间生产的方式具有一定的自主性和特殊性。空间政治学、现代和后现代地理学已经为研究政治仪式空间在日常生活中的生产方式提供了足够多的观点,它们集中关注社会空间以控制为主要目标的逻辑和策略。即便政治仪式空间保有这类目标、逻辑和策略,也是依靠政治仪式内在的"生产力"达成的,仪式、象征和符号之间相互关联的变动性是这种生产力得以发挥的原动力。据此观点,我们对政治仪式中的空间生产和再生产进行分析,以通过三者的"联变"观察这些特殊的政治空间中所呈现出的权力生产和再生产以及合法性构建的变动性。库珀(Hilda Kuper)认为,"社会空间会因为政治力量的互动而变得不均匀"[3],政治仪式的空间是否亦如此?

---

[1] [美]苏贾:《后现代地理学:重申批判社会理论中的空间》,王文斌译,北京:商务印书馆2004年版,第121页。

[2] 参见[法]亨利·勒菲弗《空间与政治》,第38—40页。

[3] Kuper, Hilda(1972), "The Language of Sites in the Politics of Space," *American Anthropologist*, N. S., Vol.74, No.3, pp.411-425. 转引自梁永佳《地域的等级——一个大理村镇的仪式与文化》,第23页。

第三章　展布：政治仪式的外部环境与内部结构

　　生产和再生产的过程存在更迭，无论是维持、控制还是颠覆都必须依赖更迭达成。政治仪式中地理空间的更迭尤其体现在核心建筑的维修、重建或更新（包括物理形态和意义范畴）上。作为一种政治符号，空间象征的变化在政治意义上表明权力系统的更变。在1949年开国大典上，天安门广场的意义转换体现出了这种空间更迭和权力更变之间的关联。天安门城楼作为地理空间在物理形态或几何意义上保留着主体建构，部分结构的维修和重建是为了新政治仪式的需要。天安门广场此后还进行过重大改建，目的是建成一个巨大的人民广场，最大限度满足大规模人民集会的需要。在体现权力系统更变的同时，这种空间更迭体现出合法性基础（要求）的变动。清代皇权主导的颁诏大典在天安门举行，诉求的是"天"的神圣合法性，而开国大典通过毛泽东对"中国人民"地位和作用的一再强调、盛大的阅兵仪式和群众游行，体现出以"民"为主的合法性诉求。

　　在传统仪式理论中，阈限是通过仪式中的关键环节。"过渡独具一种活跃的和巡回的特性，而且因为它还带着一种滑向空间层面的意思在里面，有着一种转换、替代以及分散的意味。"[1] 这指出了仪式事物之间的关系发生了质变。在古代欧洲国王加冕仪式中，王位继承人经历阈限空间后获得了王权，他在仪式前后所具有的力量性质发生了根本性的变化。空间的日常形态（教堂）通过加冕仪式的营造具有了抽象的想象力（神圣天国和世俗国家）。作为具有复合性的物理空间、想象空间和实践空间，政治仪式的阈限空间搭建了全新的权力关系，通过对空间符号的意义进行新的阐释和组合，实现其向特定象征的跳跃，在跳跃中能量便能产生并发挥出来。阈

---

[1] ［意］佩尔尼奥拉：《仪式思维》，第35页。

限空间的转换功能标示出两个完全不同量级的空间形态，如果没有加冕典礼这一政治仪式，王位继承人进出教堂并不会改变其权力结构，但是在加冕仪式之后，阈限空间将新的能量加于他的身上，当他走出教堂后，便成为国家权力的结构性中心。能量的跳跃展示出权力关联的特殊方式，而能量的供给则体现出合法性构建的特殊方式。在这一案例中，阈限空间的能量来自上帝，仪式的核心内容便是以种种方式将来自天国和上帝的力量转移到国王身上，它对应的是君权神授的合法性构建方式。

位置空间的生产和再生产体现在新的位置策略的应用上，意味着权力技术发生了变化。[1] 福柯对边沁（Jeremy Bentham）的全景敞视建筑的重新阐释向我们展示出一种极具震撼性的空间结构。作为"政治技术的象征"，"它是一种在空间中安置肉体、根据相互关系分布人员、按等级体系组织人员、安排权力的中心点和渠道、确定权力干预的手段与方式的样板。"[2] 全新的位置关系和全新的权力技术相联系，在权力知识的生产和再生产中频繁出现。位置转换具有促成权力技术发生变革的巨大力量，与位置在处理社会关系中所扮演的重要角色相联系。差异和区隔等概念所揭示出的位置空间的非均衡性，将社会关系推入复杂的对位关系中，一些在非均衡性空间具有举足轻重意义的位置策略会导致社会关系的根本性变动，体现在政治生活中，就是对政治权力的实践技术产生根本性的影响。例如，在新中国成立以来（1949—2019）的 15 次国庆阅兵仪式中，直接视觉观众的位置发生了巨大的变化。1949 至 1959 年的 11 次阅

---

[1] 新的位置策略也直接反映出权力系统的基本状态，在此我们主要关注的是更为关键性的权力技术的变革。
[2] ［法］福柯：《规训与惩罚》，第 231 页。

兵中，直接视觉观众的主体积聚在现场，与天安门城楼中的高阶权力群体之间的落差既是几何量级上的，也是情感量级上的。在改革开放之后的1984年重新恢复的国庆阅兵中，电视直播使直接视觉观众的主体坐在电视机前，他们的物理空间位置发生了根本的变化，现实的位置空间让位于"位置感"，即他们跟随着电视画面体验到的空间感受。1999年的阅兵仪式随着电视人口普及率的提高和电视直播技术的发展产生了更多的直接视觉观众，在位置感的体验中也加入了新的元素（如对日常生活中的电视内容的感受）。2009年和2019年的国庆阅兵中，网络技术的飞速发展催生了大量收看网络直播的直接视觉观众，网络媒介的多元互动性与以往被动接受、缺乏互动的电视媒介相比，令观众的位置感更具有主动性和批判性。总之，在阅兵仪式的变化中，随着媒介技术的变化，位置策略也不断发生变化，在体现出中国政治生活的开放、多元、互动（主要是政治参与）趋势的同时，也表明了政治权力的具体实践产生的变动。在此背景中理解合法性基础对民意的依赖就变得更加容易了。

3. 人员：仪式人、政治人及其关系

3.1 仪式人与政治人的交叠合谋

政治仪式是一种人类社会的活动，人员可被视作政治仪式最为基本的内置之一。对政治仪式中的人的研究是我们关注的重点，在此主要讨论政治仪式中人员的存在状态和基本关系。政治仪式集合了仪式活动和政治活动的双重特征，其中的人员也就相应地具有了两种性质。他们既是仪式人，也是政治人，两种"成分"交叠在一起难舍难分。这种人员属性具有极为久远的传统，例如在古代社会的重大祭祀仪式中，国王既是祭司，又是群体的政治领袖。两者具

有合法性意义上的共生性。这在全世界广泛地存在着，最明显的表现是很多古代社会的政治人物具有仪式性的名称（ritual title）。[1]他们在政治仪式中通过仪式人的身份承担仪式任务，同时又因其是政治人而能够履行政治职责。

仪式人是谁并不重要，重要的是他们是什么样的人，即仪式人的本质特性是什么。仪式人的本质特性和仪式的基本性质有关。首先，仪式作为一种区隔性的社会活动与其他类型或性质的社会活动有所区别，而仪式人和其他人群相比也具有相应的差异性。在仪式对日常生活的切割中，仪式人是主要执行者。在仪式举行前，仪式人负责策划和组织，对仪式的整个过程和基本目标都有所预设。在仪式举行中，仪式人主要是表演者和观众。表演者包括仪式中的各类主角、配角，通过行动操演整个仪式过程，并将之呈现在观众面前。表演者和观众的内在关系与张力常常主导仪式的具体进程，大多数难以预料和控制的因素都从中衍生出来。在仪式举行后，还存在着一些结构特征暗淡而松散的仪式人，包括仪式的记录者、总结者、评价者和观察者。他们的行为令仪式成为一个相对完整的社会系统，控制着仪式的各类输出管道。其次，仪式作为一种重复性的社会活动，上述出现在仪式过程各个阶段中的仪式人也就具有了相应的性质，即稳定性。相对固定的仪式人在一定程度上保持了仪式的基本规则，尤其是仪式举行过程中的仪式人，其稳定的传承记录了仪式的基本历史，而其变动性亦反映出仪式的重要变迁。

在人生仪式或宗教仪式中，仪式人的政治意义通常比较薄弱。

---

[1] 参见 Foucault, Michel, *Security, Territory, Population: Lectures at the College de France 1977—1978*, in Michel Senellart, English series edited by Arnold I. Davidson, Translated by Graham Burchell(2009), New York: Palgrave Macmillan, p.187。

政治仪式中的仪式人则不然,他们可以在政治仪式举行前设定仪式的政治目的,在操演中发挥仪式的政治功能,在完成后对仪式进行政治分析或评价。仪式人在政治仪式中具有功能性的作用,但是政治人却并非如此,主要通过其象征意义发挥作用。仪式人的政治属性在政治仪式中被转化为政治象征,其意义借由仪式的操演传达出来。例如在中国改革开放以来的国庆阅兵中,邓小平、江泽民、胡锦涛和习近平作为阅兵首长是主要的仪式人,其仪式身份是中华人民共和国军委主席,但他们同时也是国家的最高领导人,因此阅兵不仅是军事仪式,也是国家仪式。

仪式人和政治人的交叠是政治仪式中的人员的一种本质特性,由此导致的行为既具有仪式性又具有政治性,使得这种交叠呈现出合谋的特征。因此,对政治仪式中人员的观察就必须综合考虑到这两个层面的表现,任何厚此薄彼的想法和行为都是失之偏颇的。此前大多数政治仪式研究就都存在这样的问题,即政治作为仪式的随从虽然有时得到了足够的重视,但仍无法把握其政治行为的本质。

3.2 政治仪式中人际关系的生产模式

格尔茨认为,在"分散的、变幻无常的场域的每一个点上",斗争都是为了人,"为了他们的服从、他们的支持以及他们的个人效忠","政治权力更是通过人而非财产的方式进行传承,是关于声望的累积而非疆土扩张之事。"[1] 如果说场域是权力关系的社会空间,那么人就是由种种复杂关系所构成的权力网络中的重要节点。虽然特殊的时间、空间和器物也能充当权力网络中的节点,但人这种节

---

[1] 参见[美]克利福德·格尔兹《尼加拉:19世纪巴厘剧场国家》,赵丙祥译,上海:上海人民出版社1999年版,第26页。

点更具能动性和流动性。人员之间的关系控制着政治仪式中权力网络的编织、显现和收放。

政治仪式中的人际关系极为复杂，随着人员类别的增多呈现出几何等级的增长。在传统人类学对"礼仪人物的定位和划分"中，[1]仪式人在社会历史中的变迁过程得到了诸多关注，人际关系与仪式内在的"关系丛"相结合，或者说，仪式人之间的关系与仪式所处理的主要关系高度重叠。这一点在政治仪式中遭到了破坏，政治人的加入添加了一个全新的关系丛，人员在处理其仪式关系时常常受到其政治关系的牵制。从单个关系路径出发厘清这种复杂状况很容易陷入泥沼，在此，我们根据人员成分上的二重性探讨政治仪式中的人际关系的生产和再生产，并观察它们与权力和合法性之间的关系。

存在于一场具体的政治仪式中的种种人际关系没有任何帷幕的遮蔽，它们都被一同绞进了由仪式人和政治人拧成的强力绳索中。人员的仪式人和政治人的二重性提供了一种内在的人际关系生产系统，即政治仪式中的人际关系在最为主要和宽泛的层面上存在于人员的自生产系统中。这些人际关系是个人权衡和选择自己的仪式成分和政治成分的结果，自我内在的关系逻辑决定了外在的人际关系，一种由内而外、由此及彼的关系生产脉络就此呈现出来。

政治仪式中人际关系的重要生产模式之一是仪式人主动邀约政治人。如海村哈节仪式作为传统的民间仪式，其中的人员原本是弱（无）政治性的，他们是单纯的仪式人，神话和宗教系统的仪式逻辑占据着主要位置。政治逻辑加进来后，这种民间仪式主动邀请政

---

[1] 参见［法］莫斯《人类学与社会学五讲》，林宗锦译，桂林：广西师范大学出版社2008年版，第57页。

治官员参加，在仪式中加入国旗、国歌等政治符号，并将这些人员和器物放在一个极为显要的位置上，甚至成为引领仪式进行和宣示仪式高潮的必要环节。这种人际关系的生产模式由两个部分组成：首先，传统的仪式人主动意识到或者反思自己在社会发展中的政治属性，认为需要在仪式过程中加入政治元素。这些元素使他们自己内在地从仪式人转变为政治人。其次，由于传统仪式人成分具有较强的稳定性，直接向政治人转变比较困难，因此他们邀请政府官员（尤其是级别较高的官员）作为参与者进入仪式之中，在操作中变得更为简单，如此则使整个仪式中政治人的成分比例大大提高。最终，民间仪式在借用或征用了国家力量的同时，自身也成为一种政治仪式，其中的人际关系从单纯的仪式关系转变为仪式—政治混合关系。

第二种人际关系生产模式是政治人的主动介入。在恢复公祭的曲阜祭孔大典中，政府官员一开始是组织者和主持人，他们虽然通过仪式的操演将自己抛入和日常政治关系完全不同的仪式关系中，但政治关系的内在逻辑始终在其中起着主导作用。在多次祭孔大典的演变中，参与其中的政府官员的级别越来越高、政府部门越来越多，政治影响的范畴也得到了显著拓展。祭祀系统的传统意义在意识形态意义上和中国一直以来的政府官员的行为规范之间存在着巨大鸿沟，文化和经济等因素在改革开放后迅速填平了这道原本被视作禁区的鸿沟。在这种人际关系的生产模式中，政治人对成为仪式人的风险和收益进行了评估，通过由政治关系主导仪式关系的方式加强了对仪式的控制能力。因此，祭孔大典虽然在受众面前展现为一种文化表演或传统道德教育，但其政治挂帅的根本性质一直没有发生变化，甚至由于介入政治关系的高阶化和扩展，其政治性征表露得越发明显和充分。政治人的主动介入体现了国家权力对传统仪式意义系统的征用和改革，这也是现代社会中政治仪式依然广泛存在并且产生巨大影响的原因之一。

人际关系的两种生产模式显示出政治仪式中权力流通的两个向度：一是政治权力的被动引入，通过邀约、征用或借用等方式达成；二是政治权力主动介入，通过对非政治仪式的征用、改革或重构来实现。政治人在政治仪式中的存在状态和方式是政治权力生产和再生产的重要方式之一。政治仪式人员内在的仪式人和政治人的成分比例，以及政治仪式中所有人员的仪式人和政治人之间的成分比例，影响着政治权力的生产和再生产能力，也影响着政治权力在仪式实践中的具体流通过程。人际关系所包含的权力信息显现出合法性的状态，从人员流动或者说权力流动的源头、数量和速度等方面都可以看出政治仪式中合法性构建的主要偏好。例如在海村哈节对国家权力的征用中，使用的主要象征资源是国旗和国歌等国家符号，意味着它们在政治意义上能够提供更多的合法性支持。在曲阜祭孔大典这一政治力量借用传统仪式的活动中，政府通过对作为中国传统文化象征的孔子的借用和阐发，获得来自传统层面的合法性支持，并经由其文化和经济等方面的成功获得普遍的社会认同，即民意层面的合法性支持。

政治仪式中的人际关系值得更加广泛和深入的探讨，在多种学科领域中都能够寻找到和洽的分析工具，但也意味着会得到有所差异的结果。我们只是尝试从政治文化学和政治社会学的角度作出简单解释，后文有关政治仪式中人的身份、身体和角色等方面的详细探讨，将进一步对这种分析路径和基本观点提供理论支持。

4. 器物：政治仪式中的"物体系"与"物力"

4.1 政治仪式中的器物：标准配置及其规格

早期人类社会的仪式已经出现专属的器物，它们在仪式中具有重要的意义。仪式器物的质料多种多样，或直接取材自然，或人工冶炼制造，甚至是取用于人体本身（如头发和骨骼等）。仪式器物的种类可能是特殊的，专为仪式设置的器具（如用于祭祀的礼器）；也可能是一般的，非为仪式所专门制造（如阅兵仪式中的武器）。前者是仪式信息的重要记录者，后者是仪式作为社会性活动的证明。我们将仪式中的所有器物称为仪式器物群，它们所组成的一种器物系统，既关乎整个仪式的目的、运作和功能，也常与社会秩序构成映射关系。比如在中国古代的祭祀仪式中，"天子以牺牛，诸侯以肥牛，大夫以索牛，士以羊豕"（《礼记·曲礼下》），"牺牲"的等级与政治系统的权力次序直接对应，反映出政治权力的存在模式。有关仪式器物的系统性，在中国古代典籍《仪礼》和《礼记》中有很多专门记录。[1]

政治仪式和一般仪式相比具有类似的器物配置，但具体的器物性质和配置方式有其独立性，不仅能够体现出政治仪式的影响范畴和基本性质，更是与权力展布产生直接的关联。任何政治仪式都有其"标准配置"，这种配置格式对政治仪式所需要的器物作了基本规定，如果达不到这种标准或是对此标准有所破坏（如污染和缺损），那么政治仪式的效果就会大打折扣。这些标准配置之上还存在着层次不等的规格，直接影响政治仪式效力的大小和范畴，亦是

---

[1] 参见李安宅《〈仪礼〉与〈礼记〉之社会学的研究》，第25、48页。

政治权力强弱不一的反映。这种仪式器物的标准和规格的概念在原始社会的各种仪式中已然存在,初始时与政治权力并无直接关联,反映的是自然的力量。自然法传统以及世俗权力的神圣化传统展示出仪式器物从自然力量向政治力量演化的过程。人类学已经就此问题给出相当精细和精彩的解释,在此关注的是已经"格式化"的政治仪式的器物配置。

政治仪式中器物的标准配置是指政治仪式能够顺利展布所需的基本装备。这种"基本"主要与传统相关,政治仪式作为重复性的政治活动,所重复的传统决定了"基本"的具体内容。事实上,传统总是处于演变之中,只是以一种可解释的同时也是可接受的方式进行着。"基本"中的主体是政治仪式的核心器物(如加冕仪式中的"冠冕"、授权仪式中的"任命书"或者是阅兵仪式中的"武器")具有特殊的政治意义。核心器物具有高度的稳定性,是政治仪式所能够营造出的象征旋涡的物质意义上的中心,不认识它们就无法理解政治仪式的核心旨趣。如果仪式中出现了没有带上皇冠的国王、未接到任命书的官员或是没有武器的士兵,那么这些仪式就会丧失应有的意义,仪式人员也会丧失应有的合法性。

配置规格或许比标准配置更加重要,因为政治仪式通常不会受到达不到标准的困扰,而是容易陷入规格之战中。配置规格直观地显示出政治仪式的权力展布能力的大小,这也是古往今来无数政治仪式能够贡献大量精美礼器的主要原因。在一些小规模的社会群落中,制作重要礼器会耗费极大比例的社会财富。政治仪式的组织者总是不遗余力地提高仪式器物的规格,英国国王的权杖和王冠镶嵌着世界上最大的几颗钻石,以与曾经最为强盛的日不落帝国的身份相称;而美国总统就职典礼的花费屡创新高,虽然大多直接用于仪式筹备、安保和交通等方面，但间接地体现出美国在国内、国际政治中的权力展示和文化构建的要求。

规格的形容词很多，在器物与合法性的关系上主要与"古老"、"奢侈"和"强大"有关，分别对应着传统权威、魅力权威和一种综合性的权威。这种对应性并非不可变动，事实上器物自身的规格往往是多元的和复合的，其权威也就具有相应的合成性。同时，规格意味着比较，它们在很大程度上应该尽可能地在同一类型的不同政治仪式实践中予以考虑。

奥巴马在就职典礼上宣誓时所使用的《圣经》是200年前林肯曾用过的那本；路易十四在涂油仪式中所用的圣油瓶，据说"是在法国第一位信奉基督教的国王克洛维接受圣雷米洗礼时由一只鸽子从天国带来的"[1]；在中国古代的皇权争夺战中，具有传说性质的"九鼎"是"王权至高无上、国家统一昌盛的象征"，现在被复原后置放在中国国家博物馆中。[2] 政治仪式中器物的古老性意味着它能够释放出久远的神圣权威以及在历史长河中所积累的传统权威，成为孵育最高等级合法性的不可多得的温床。很多政治仪式的组织者为如何在核心器物上涂刷"古老"的外衣而殚精竭虑。这种政治行为从古老的传统权威资源中自主采集所需的成分，既继承了历史，又再造了历史，令现实的政治战场扩展到所有的时空之中，神话传说和野史轶闻的加入为政治仪式的器物添加了复杂解释的可能，也使得政治仪式自身的神秘性和戏剧性得到了充分的发挥。即便是在现代社会中，政治文明的理性车轮仍然无法彻底摆脱这些看似古旧

---

[1] ［英］彼得·伯克：《制造路易十四》，第47页。
[2] 参见穆岩《中华九鼎现身国家博物馆》，载《光明日报》2006年5月20日第2版。

的轨道。当身着西服的政府官员套上峨冠长袍祭拜孔子时,很容易就会发现这些古老的服装是由传统与现代、理性与情感、文化与政治等多重丝线经纬交叠而织就,古老的规格中所隐含的传统权威就这样被一针一线、丝丝缕缕地呈现出来。

"奢侈"、"稀有"或"珍贵"都是对器物较高规格的近似表述,政治仪式中的稀缺器物所散发出的魅力,便是韦伯所言的克里斯玛,是一种常见而重要的权威类型。沃尔夫认为,奢侈品在古代"体现了意识形态模式,优越性即是通过这些物品而宣称的,因此,它们具有重要的政治意味"[1]。仪式器具大量使用奢侈品的历史阶段,很可能是政治权力的意识形态构建相对成熟的阶段,与早期社会仪式中通常使用并不昂贵的神秘品阶段相对应。在奢侈开始的年代中,来自自然法的权威传统已经受到了日益成熟的制度化权威的冲击,奢侈品所具有的魅力在权威之战所造成的混乱空间中夺得了重要的位置,并稳稳地承继了下来。路易十四在晚年的仪式性宫廷生活中的奢侈开支极为惊人,每年花费近29%的国家财政预算。这些消费的政治意义在于,由奢华生活和奢侈品主导的宫廷生活促成了社会性的模仿,这是"伟大的路易""施加于社会的强大影响力"[2];英国女王在加冕仪式中所戴上的熠熠生辉的王冠,极大地增添了其个人魅力;就连以平民化穿着深得人心的米歇尔·奥巴马在

---

[1] [美]埃里克·沃尔夫:《欧洲与没有历史的人民》,赵丙祥等译,上海:上海人民出版社2006年版,第101页。

[2] 参见[德]维尔纳·桑巴特《奢侈与资本主义》,王燕平、侯小河译,上海:上海人民出版社2005年版,第99、112页。

其丈夫的就职典礼上所穿的柠檬绿套装也价值2000多美元。[1] 曾经被视作落后、"乏力"的魅力型权威没有得到足够的重视，政治仪式中的奢侈器物所取得的实际功效有力地证明了这种类型的权威在政治生活中的强大生命力。它们不单单掌控着文化品位，展示着经济实力，同时也是政治权力的一种炫耀方式。政治仪式中的器物奢侈规格，能够增添不同程度的政治权威，在"面子"或"情感"的表面现象下，是围绕政治影响力和政治实力展开的暗战。

在政治仪式中，规格越发强大的器物越容易获得更高的认同感，由于认同感的来源是多元的，因此我们将此类器物理解为一种综合性的合法性资源。强大强调的是规格的性能，强大的器物可能既不古老也不昂贵，只是具有超然的强力。人类学家莫里斯·歌德利埃（Maurice Godelier）曾描述了一次田野经历："一位战争巫师决定让他一睹自己最秘密的宝物——Kwaimatinie的'内部'。巫师来的时候，全村人都知趣地回避开，他走到歌德利埃的面前，郑重地打开包袱，眼含热泪、声音哽咽、面色凝重。歌德利埃看到，包袱里只有三样平凡的东西：一块黑乎乎的石头、几根长骨头、几只铜碟子。"[2] 以宽泛的曼纳观念来解释，这些物品之所以是强大的，是因为它们中含有非凡的曼纳。来自自然的或神灵的力量造就的仪式器物的强大性，在古代宗教社会以及近现代社会中发生了变化，这意味着强力的源泉发生了变化。例如在俄罗斯联邦总统就职

---

[1] 参见《奥巴马夫人就职典礼晚装由华裔设计师操刀》，新浪网（www.sina.com.cn），2009年1月22日，http://news.sina.com.cn/w/2009-01-22/032217092518.shtml，访问日期：2009年4月27日。

[2] Godelier, Maurice (1999), *The Enigma of Gift*, The University of Chicago Press, p.125. 转引自梁永佳"译序"，第6页，载[英]拉德克利夫-布朗《安达曼岛人》，梁粤译，桂林：广西师范大学出版社2005年版。

典礼中，普京和梅德韦杰夫都是手按宪法宣誓，因为宪法能够为宣誓者提供法律权威，即合法律性。美国总统宣誓就职时手按《圣经》旨在获取一种神圣权威。法西斯（fascio）是古罗马高官的权力标志：一把斧头围缚在棍棒之中，象征着万众团结一致，服从一个意志和一个权力，因此属于一种民意范畴中的合法性。

政治仪式中的器物配置，无论以何种方式提高其规格，都直接地与权力的提升相联系，并间接地反映出某种合法性资源的潜在构建。那么这种得到了提升的权力以何种方式表达出来？这就需要考察器物在权力表达上的特殊性征。

4.2 "物力"：权力表达的象征性与功用性

政治仪式中有力的器物所占据的地位都是相似的，但各有各的"力道"来源。在部落社会的几乎所有仪式中，器物中的图腾力或曼纳是力道的最主要来源；在古代欧洲的政治仪式或者具有政治意义和作用的宗教仪式中，"物力"主要由宗教力构成，通过世俗权力的神圣化展现上帝的至高力量；现代社会中器物的力量则主要以各种"象征力"的形式表现出来。

之所以强调现代社会中政治仪式的"物力"是象征力量，是因为在原始社会和前现代社会中的"物力"虽然大都以某种象征的形式表现出来，但它们在实践中并没有被"理解为"或"认识为"一种象征——它们的效果是直接的，而非象征的。毛利人如果自认为被具有图腾力的"魔法"武器所伤，那么他就会认为这是致命的，即便是小伤也会导致其死亡。[1] 这意味着在心理上他不认为这种长

---

[1] 参见［法］莫斯《人类学与社会学五讲》，第37页。这种情况普遍存在于部落社会中，尤其表现为与"图腾禁忌"相关的主题。

矛的力量"象征着"魔力,而是"就是有/的确是"魔力。古代宗教社会与部落社会的情形相似,具有宗教力的礼器并非象征着上帝,而是直接意味着上帝的在场,是一种能够被直接感知的力量。欧洲国王的触碰被视作具有治疗功效,正是这种力量的非象征性呈现。象征是现代人用来描述前现代经验的一种表达方式,并且在现代社会中获得了真实的地位,即象征不再是一种对先验的现代性表述,而是现代社会实践活动的实在表达。或而言之,象征在表述意义上将现代与前现代的仪式置放在同一个理论层面上予以考察,这种学术研究的方便性在现代的仪式实践中被分化了,因为在如今的仪式实践中,象征不再是理论表述,而是客观的实践经验,一种具有功用性的表达模式。

正因如此,在前现代社会中不曾认识到的象征力成为权力常常借用的形式,我们将之称作权力表达的象征性。伴随着这种趋势,权力表达的功用性也变得益发显著:政治仪式借用的象征力量虽然在信仰意义上遭到了削弱,但在结构性、功能性和程序性意义上得到了保全和修复。现代社会的政治仪式是一个全新之物,与前现代社会中的各类仪式都显著不同,人类学从所谓的"落后社会"中观察到的仪式经验唯有经过修正才能应用到此中来。如果撇开政治学所确立的特殊研究方式和观察路径,很难真正走出这片"象征之林"。

权力表达的象征性能够出现的前提是,器物作为内含权力之物被符号化,然后通过对这些符号选择性的政治解释转换为政治象征,并转入仪式的枪膛在操演中被击发出来。这就是符号权力,在传播学意义上指"借助象征性内容的生产和传送,干预事件进程、影响他人行为甚至制造事件的能力"[1]。符号学在多学科领域中不断拓展,向我们展示出一个完善的解释体系。符号的生产和再生产、编码和解码以及"阐释与过度阐释"等实践和理论普遍存在着。政治仪式作为一种象征系统,集中地为符号和象征的关联性提供了仪式性的勾连和政治性的观照。其观察顺序如下:首先,器物是种政治符号,它一进入政治仪式就已经被内置相关的政治信息,尤其是权力信息。其次,仪式通过各种操演形式对器物符号中的各种信息进行筛选、重组甚至新创,使之呈现为一种定向编码;最后,这种具有特定意义的编码进入存在于受众脑内的政治解码器(受众的政治情感和价值系统以及政治理解和认知系统)中,转换为特定的政治观念。在此流程中,器物中的权力信息依次被符号化、象征化和最终接受。

  器物从政治符号转为政治象征的进程并不是孤立的,同时还有另一个进程在运行,即器物作为仪式道具在功用性上服务于政治权力。例如美国总统宣誓时手按《圣经》并不意味着总统必须是个虔诚的基督徒或美国完全是个基督教国家,它所借用的来自上帝的象征力量在实际的政治生活中并没有古代的宗教力量那么大。《圣经》这一仪式器物的一再出现有其功用性目的,既表达了总统宣誓这种重要的政治活动的程序稳定(暗含着淡淡的传统权威的意味),又宣扬了美国式政治文化的主要内容(指向道德完善的宗教信仰)。器物所具有的"象征"与古代的相似所指相比,由于其功用性的伸张和扩展,象征这一形式本身具有的力量越发孱弱。人们明白,《圣经》只是"象征着"上帝,而"不是"上帝;和平鸽只是"象

---

[1] Thompson, J. (1995), *The Media and Modernity*, Cambridge: Polity, p.17. 转引自石义彬、熊慧《媒介仪式,空间与文化认同:符号权力的批判性观照与诠释》,载《湖北社会科学》2008年第2期。

征着"和平,并"没有"任何促成和平的实质性力量——而这些在前现代社会中往往是一种肯定陈述。

政治仪式在现代社会中存在并得到重视的主要原因是,器物所包含的象征有着"斩钉截铁"的美好历史,一旦对现在的"似是而非"进行有效修复,那么器物的实际效力将会得到充分的发挥,或许能够被表达为一种得到确信的权力。拉德克利夫-布朗通过安达曼岛人的器物观阐释了这一完美状态:"安达曼人相信一些物品具有保护力,而与这一信仰有关的习俗,是他们表达一种非常重要的社会情感、从而使这种社会情感维持必要程度的活力的手段。"[1] 另一重要原因在于,器物在权力表达的功用性上得到了普遍认同,如果奥巴马忘记了按《圣经》,那么他的权力或许会受到某种程度的伤害。事实上亦是如此:奥巴马在宣誓时念错了誓词,事后担心这会被视作未完成宣誓程序,从而不具有合法的总统权力,于是他在当日晚间进行了重新宣誓。[2]

就器物观念而言,现代社会存在着两种潜在的危险。第一,迷失在器物的幻象之中。器物作为符号与其象征之间关系的传统确凿性已经遭受了严重的伤害,这意味着符号的象征解释变得更加丰富复杂,也变得更加难以测度,这为人们理解这些政治象征带来了诸多困难。只有在宣誓中使用《宪法》才是民主社会的象征?焚烧国旗象征着背叛国家还是政治自由?无数类似的问题在全球化过程中变得异常尖锐,同样的象征物在不同时空所产生的不同影响,实际上反映了公民在文化、道德和政治素质上的差异。如果"我们"

---

[1] [美]拉德克利夫-布朗:《安达曼岛人》,第193页。
[2] 参见《奥巴马力求完美 重新宣誓就职弥补典礼口误缺憾》,人民网,http://world.people.com.cn/GB/1029/42355/8712606.html。

（无论是在何种意义上理解）没有足够的政治权利和理性能力去辨识种种象征背后的多义性，那么可能会被卷入一种象征拜物教，成为受控的乌合之众，盲目而冲动地跟随操纵器物之象征的指挥棒。器物符号是"思想的物质载体"[1]，象征则是各类思想的可能性表达，无论意味着思想自由还是思想控制，人们都需要对政治仪式有着更为深切和清楚的认识。

第二，陶醉于器物功用的消费意义。政治仪式中不同等级的器物有着切实的政治影响，从西欧各国的殖民竞争阶段开始，夸富宴式的仪式比拼提升了所谓的"国际形象"，这种极具现代意义和流行意义的行为依然广泛存在着。对仪式器物的实用主义理解进一步扩大了对它们的消费，例如《礼记·曲礼下》有言："君无故，玉不去身"，"玉"作为一种仪式器物具有一种保护功能；但是在现代中国社会中，玉的具体功用并不取决于其作为"玉"的形式，而是取决于它的价格，来自消费意义上的昂贵似乎能够使玉提供更为可靠的保护。如张光直认为，器物的"内在特性""既有文化的特征又有物理的特征，在500度烧成的陶器与在1500度烧成的陶器，其区别既是物理的也是文化的"[2]。当在消费意义上理解政治仪式中的器物时，不同价值的器物如同不同温度烧制的陶器，表达出的是政治文化上的差异。如果政治有"好坏"之分，那么政治文化也会有良莠之别。在政治仪式中，陶醉于器物的消费意义，在权力层面上意味着器物成为一种权力消费品，与权力等级产生对应性。这种观念形成的危险后果在中国政治生活中并不鲜见，在公务车与行政级

---

1 [美]格尔茨：《文化的解释》，第427页。
2 [美]张光直：《考古学：关于其若干基本概念和理论的再思考》，沈阳：辽宁教育出版社2002年版，第111页。

别相挂钩的背景下,在购车和用车上出现了普遍的仪式性竞争,刮起了恶劣的权力攀比风。

三、隐迹：政治仪式中的权力暗号

时、空、人、物等仪式的基本内置是仪式作为象征体系不可或缺的基础结构。在仪式所包含的整个符号群中,还有一些符号虽非必不可少,但也对仪式起着重要影响,在某些仪式中甚至能够发挥出核心符号的作用,如语言/文字、声音/音乐、图像/色彩和行动/姿态等。这些符号不具有器物符号的实存性,不过它们的作用却是无比"实在"的。这些符号在仪式中的痕迹和迹象[1]往往主动或被动地被藏匿起来,从而具有强烈的隐喻和暗指的能力。政治仪式中的符号虽然大小形制不一、具体抽象有别、复杂程度不等,但都能够生成、转换和交换权力信息的特殊分子。本节我们便对语言/文字和声音/音乐这两类重要的权力暗号进行分析,并探查它们与政治生活之间所存在着的可观察、可认知和可解释的潜在关联性。[2]

1. 阅读权力：政治仪式中的语言

1.1 古代社会中的仪式语言

在此讨论的语言主要包括过滤了声音和姿态的"说"的纯粹内

---

[1] 这是两种不同的符号创制方式。参见[意]埃科《符号学与语言哲学》,王天清译,天津：百花文艺出版社 2005 年版,第 54—55 页。
[2] 图像/色彩符号的作用方式也基本适用于这种分析,行动/姿态则作为仪式的操演方式和表现形式见于其他分析,尤其是与人之身体相关的论述中。此外还存在着众多其他形式的符号,限于篇幅和重要性不做过多解释。需要注意的是,在此将语言和文字、声音和音乐同组,是出于"符号简单化—象征复杂化"的分析需要,对它们中(如歌曲作为两组符号的集合形式,歌舞作为语言、声音和行动的集合形式)的关系不作细分讨论。

容,以及文字的各种"书写"形式的具体呈现。仪式中巫师的咒语、演唱的歌词、朗诵的内容、器物上的铭文、订立的各类契约等皆属此类。在古代社会中,这些语言符号的意义往往晦涩难懂,在迈向象征的过程中所具有的开放性和模糊性令解码变得极为困难——甚至有时候仪式中的诉说者自己也不明白其中的具体含义,作为仪式内容之一的语言本身就是仪式稳定性和神秘性的一部分,在漫长的传承之中已经具有了独立而直接的力量。

不管是清晰还是含混,仪式语言的巨大力量仍然是显见的。埃文思-普里查德的研究指出,阿赞德人的巫医在熬魔药的各个阶段都会念咒语,在巫术的使用过程中,往往也会伴随着各种说唱出的话语。[1] 如果缺乏这些语言,魔药的效力就会大打折扣甚至失效。贝特森(Gregory Bateson)发现:在雅特穆尔人中具有博闻强记能力的人具有重要的社会地位,因为他们作为专家能够记得数量极为庞大的人和事物的"名字",而"命名系统其实是整个文化的理论图像"。这些专家能够"不断地将自己确认为仪式的非正式掌控者,对那些正在执行仪式各复杂程序的人提出批评和指导"[2]。

上述两个案例是语言在仪式中显现力量的两种不同路径,前者倾向于语言形式的一端,具体的诉说内容在重要性上不如诉说本身(说什么不重要,重要的是说不说);后者倾向于语言内容的一端,诉说本身的重要性则不如诉说的内容。这实际上反映出了古代仪式语言的两种知识控制类型,在阿赞德人的魔药仪式中,语言内容和

---

[1] 参见[英]E.E.埃文思-普里查德《阿赞德人的巫术、神谕和魔法》,覃俐俐译,北京:商务印书馆2006年版,第221、240页。
[2] [英]贝特森:《纳文——围绕一个新几内亚部落的一项仪式展开的民族志实验》,北京:商务印书馆2008年版,第188—189页。

仪式形式被捆绑在一起，以呈现出一套整体性的仪式知识。对这种知识的完整保持，成为权力展示的基本前提。语言本身的力量隐藏在仪式的整体结构中，比如与巫师本身相联系（其他人说了无效），与神器或礼器相联系（不持有该物说了也白说），与仪式的特殊时空设置相关（该时空之外人轻言微）等。在雅特穆尔人的语言专家对仪式的控制中，语言内容独立于仪式的知识：仪式是依仗和应用这种知识的最为重要的方式。语言的影响力具有外在的隐蔽性，如仪式执行者不知道何时何地何人会携带比他更多的知识储备，这种储备一旦被释放出来就会成为变革仪式的巨大力量。某些初民社会中的仪式语言持有与雅特穆尔人异曲同工、也更为常见的力量呈现方式，即知识在规范意义上属于仪式的操作者所有，如祭司被视作所有仪式知识的最高专家，他们控制着社会的所有语言内容甚至形式，对仪式的操控既体现出了对社会整体知识的控制力，也体现出了对社会本身的控制力。这一点在17世纪易洛魁人的生活中可以看出，他们由五个氏族组成一个联邦，虽在同一个政治组织之中，但文化和语言都存在差异，于是"联邦事务由能通晓多氏族语言的头人处理"[1]。

在初民社会中，仪式语言的力量来自对社会生活所需要的各类知识的集中和控制，语言媒介的单调性（主要依靠口口相传）约制了知识的传播范畴，语言借助各种仪式的特殊呈现方式（咒语、誓约和颂词等）被转换为具有神圣性的权威资源。对处于语言权力控制中的人们来说，从语言到知识再到社会控制的认知逻辑是隐性的。

---

[1] ［美］埃里克·沃尔夫：《欧洲与没有历史的人民》，第196页。

1.2 政治仪式语言的祛魅

按哈里森（Jane Ellen Harrison）的理解，古代的艺术形式在很大程度上起源于仪式。[1] 如果依从这一判断，那么就可以从戏剧、歌舞或诗歌等艺术形式对语言的应用中管窥仪式语言的发展方向。在初民社会中，仪式语言一直笼罩在厚厚的神秘面纱中，隐匿的知识成为权力最为重要的源泉之一。当较为成熟的艺术形式随着社会的发展渐次出现之后，也对仪式语言进行了不同程度的变革，有两个特征最为明显：一是不再以神秘感为主要或首要的"语感"，二是抽象性甚至是无意识性渐趋淡薄。但是，仪式语言所具有的权力意义也在一定程度上得到了保留和认可，它们依然能够对社会的政治状态产生积极的影响。

以诗歌为例，前印刷文字时期的口传诗人是初民社会知识传播系统的重要支柱，较好地维持了原始仪式的语言形式。"口传诗人所宣示的智慧，原本是借助于神的权威，向初民社会强加以信念秩序的一种符号策略……借助于他们所传布的智慧，他们不仅仅在社会世界里灌输了一个社会所必需的种种经验和忠告，而且还控制了对于历史和现实的理解，并以此建构起一个能够最大限度突现自己符号利润的精神秩序。"[2] 在古代社会早期，如中国的春秋时期和古希腊时期，口传诗人所具有的神秘性大不如前。《诗经》中采撷的诸多民风和《荷马史诗》在某种意义上都是口传诗人的作品，这些作品中的语言表达和原始仪式语言的表达有着极大的差异，从令人费解的呓语和魔咒向世俗生活转变——这也是一种政治性的表现，即从无政治社会向政治社会转变。这种转变影响了古代社会仪式语

---

[1] 参见[英]哈里森《古代艺术与仪式》，刘宗迪译，北京：生活·读书·新知三联书店2008年版。
[2] 朱国华：《口传文学：作为元叙事的符号权力》，载《求是学刊》2003年第1期。

言的权力策略,对于当权者而言主要有两种方向的选择,一是倾向于世俗控制,如《诗经》中所反映出来的统治者对民间意识形态的影响,[1] 二是倾向于神圣性,如柏拉图在《理想国》中摒弃被他认为是有害的《荷马史诗》,而将土生神话这种"高贵的谎言"予以保留,认为后者"有助于培养城邦公民一体同源的亲族意识,有利于加强全民的凝聚力、爱国心和自豪感"[2]。

随着文字社会的发展,仪式语言的神秘性不断遭受祛除,并向政治生活的实践迅速靠拢。如在古希腊,"城邦制度意味着话语具有压倒其他一切权力手段的特殊优势",城邦生活"不能再把某种个人威信或宗教威信的力量强加于人,而必须通过论证的方法来证明自己的正确性"[3]。因此,古远的克里斯玛型仪式语言让位于可算是"法理型"的仪式语言:一方面具有法律的庄严,这反映在仪式语言的装饰性上,另一方面具有法律在世俗生活中的适用性,这反映在仪式语言的功能性上。具体的政治仪式语言主要由"装饰性"的语言和"功能性"的语言构成,意义含混或隐晦的神秘语言全线退却。这既保持了仪式所具有的与日常生活之间的区隔性,又维持了仪式对日常生活的干预性。

发展到近代社会,古典的仪式语言传统进一步崩溃,装饰

---

[1] 如《诗经》中的一些祭祀诗"首重先祖德业勋烈,而不在其'神威'或超自然的神力",从与其对应的史实来看,"周人通过祭祀而鼓吹先祖德业,为周人取代殷人寻找合理的根据,并将之灌输于殷人之后的头脑中以求达到稳定部族关系、维护周人统治的目的是非常成功的"。参见雒三桂《〈诗经〉祭祀诗与周代贵族政治思想》,载《北京师范大学学报》(社会科学版)1995年第3期。
[2] 王以欣:《神话与历史》,第440页。
[3] [法]让-皮埃尔·韦尔南:《希腊思想的起源》,秦海鹰译,北京:生活·读书·新知三联书店1996年版,第37—40页。

土耳其以弗所塞尔苏斯图书馆（摄于土耳其伊兹密尔，2015年）

图书作为语言的载体，在古代政治生活中发挥着极为重要的作用。这座图书馆是以弗所古城之内最精美的建筑之一，位于古罗马帝国亚细亚行省省长尤利乌斯·塞尔苏斯（Julius Celsus）的陵墓之上，由后者之子安奎拉（Aquila Celsus）在135年左右为纪念其父而建，鼎盛时藏书达1.2万卷，与土耳其贝加蒙图书馆和埃及亚历山大图书馆并称为古代世界三大图书馆。

性继续让步给功能性。这反映在"民族的印刷语言"的出现和发展上："资产阶级兴起之前的统治阶级的内聚力，就某个意义而言是在语言——或者至少是印刷语言——之外产生的"，但到了近代，"在一个（至少在起初）大致上未经事先计划的过程中，以方言为基础的国家语言取得了愈来愈高的权力和地位。"[1] 印刷语言既表现出西方资本主义社会对后进国家和地区在文化发

---

[1] ［美］本尼迪克特·安德森：《想象的共同体——民族主义的起源与散布》，吴叡人译，上海：上海人民出版社2005年版，第74—75页。

展上的先进性，又客观地对比了两者的仪式语言。18世纪以来的传教士、殖民官员、博物学家、地理学家和人类学家纷纷以各自的记述将这一点呈现出来。呓语和魔咒从政治仪式中消失了，取而代之的是少部分装饰性语言点缀或引领下的对仪式内容的具体描述。政治仪式语言从不可理解性向可理解性的发展意味着，语言本身所具有的权力意义和权力模式也更多地与具体的政治生活实践相联系，原始仪式中语言与整个自然或社会群落之间的对应性荡然无存，现代政治仪式即便是"表现出"一种整体性的建构，也依然在语言表达中更多地与具体的仪式内容相结合——政治生活的日趋复杂和庞大，以及后现代社会的日趋多元和破碎，加速了这种结合。

1.3 政治仪式语言的语用学分析

仪式语言的语义学研究是符号学和人类学当仁不让的职责，政治学主要关注仪式语言的语用学意义，研究政治仪式语言的具体政治功能。语言的政治功用在中国古代被拔高到极为显赫的位置上，如"鼓天下之动者存乎辞"（《周易·系辞上》）、"一言以兴邦"（《论语·子路》）等，对语言的把握和垄断是早期政治权力的主要手段之一。西方文化的滥觞古希腊和古罗马也都将修辞学及其派生出的政治演讲术视作执政能力教育的主课。在此背景中，辉煌壮丽、华美动人的语言既在内容上增强了政治仪式的感染力，也在形式上为政治仪式披上了以传统和神圣的想象力为质地的外衣。[1]

政治仪式语言所具有的权力主要来自语言自身具有的文字性力

---

[1] 如中国古代帝王的谥号及其变更，各种政治宣誓的固定格式。甚而言之，宣誓和祈祷等以语言为主的仪式被称为"口头仪式"，依靠其所属的类别力量（如宗教）发挥作用。参见[意]希普里阿尼《宗教社会学史》，第68页。

量，它们依靠仪式被转化为具体的政治权力。具有体系性的仪式语言作为特殊的文本发挥出权力效用。布尔迪厄将这种文本视作"集体权威的神圣文本，就像无文字社会里的格言、警句或箴言诗，故它们的职能如同一种支配社会世界的公认权力之工具，而人们可通过解释来占有此工具，从而占有该权力"[1]。大卫·格林（David Green）将之视作以"公共标签"为主旨的政治文本，于是"政治语言的历史就是一部为塑造对关键词汇的公认意义而战的历史"[2]。

以美国总统的就职典礼为例，200多年来的总统演讲被当作一种"发挥着通过仪式作用的政府管理手段"[3]。它们既在一定程度上反映出权力精英对政治世界的基本理解和运用方式，也历时性地呈现出美国政治生活的主要诉求和风格。我们从1789至2009年间的56次美国总统就职演说中选择几组关键词，对其词频进行对比就可以管窥这一点，参见表3.1。

表3.1 美国总统就职演说（1789—2009年）关键词词频对比表

	对比词组	词频	
理念	自由（free + freedom）	379	(186 + 193)
	民主（democracy + democratic）	77	(58 + 19)
	博爱（humanity）	31	
	平等（equality）	27	

---

1 [法]布迪厄：《实践感》，第27页。
2 Green, David (1987), *Shaping Political Consciousness: The Language of Politics in America from Mckinley to Reagan*, Ithaca, NY: Cornell University Press, p. ix. 转引自许静《浅论政治传播中的符号化过程》，载《国际政治研究》2004年第1期。
3 参见 Sigelman, L. (1996), "Presidential Inaugurals: The Modernization of a Genre," *Political Communication*, Vol. 13, No. 1, pp. 81–92。

续表

对比词组		词频	
主题	政治（politics + political）	122	（10 + 112）
	经济（economy + economic）	100	（54 + 46）
	社会（society + social）	73	（39 + 34）
	文化（culture + cultural）	10	（7 + 3）
对象	我们（we）	1666	
	他们（they）	488	
	上帝（God）	95	
组织	政府（government）	620	
	国家（Nation + State）	130	（67 + 63）

这些重要词汇的频率在一定程度上表明，美国总统"就职典礼演说的一项重要功能在于明确地表达出美国政治中的一些'永恒性'的文化特征，而不是政治学家或其他人所常提及的一些美国政治中的瞬态特征，如即将而来的总统的施政纲领"[1]。表中显示，"自由"遥遥领先于其他政治理念，"文化"并不是一个受到普遍关注的主题，"上帝"只是仪式性的"规定动作"，"我们"最重要，"国家"虽是崇高的共同体，但"政府"才是实际政治生活中首屈一指的政治组织。如果说这一政治仪式能够对政治生活产生影响，那么演说中的语言倾向就是最佳也最有效的引导词——语言以其本身的力量指导了政治生活。海伍德（Andrew Heywood）进一步扩展了语言的政治效用，他认为，"语言有助于构造这个世界本身"，它"不仅

---

[1] Erickson, David (1997), "Presidential Inaugural Addresses and American Political Culture," *Presidential Studies Quarterly*, Vol. 27, No. 4, pp. 727–744.

是传播的工具,而且是政治的武器"。[1] 政治仪式丰富的表达方式为语言发挥作用起到了遮蔽作用,唯有将其放在聚光灯下才能看出潜行的轨迹。现实生活中的政治仪式提供了大量案例,政治仪式语言的文字力量和政治权力之间的密切关系不仅明显,而且或许存在着更为深刻的政治意味,这一主题目前并没有得到深入有效的探讨,无疑是政治仪式中又一个有趣而重要的话题。

2. 聆听权力:政治仪式中的声音

2.1 力量之声

声音是仪式中的常见元素,格雷姆斯(Ronald Grimes)甚至将其列为仪式的基本组成部分。[2] 仪式声音的两大主体架构是"运用的乐器、法器和其他物件所发出的""器声",以及仪式的执行者和参与者"在语言性至歌唱性境域内的各种念诵和唱诵"所发出的"人声"。[3] 仪式声音在具体的表现形式上既有乐音也有噪音,甚至包括"无声之声"的心音——由仪式中的静默引发的心灵感受。学界普遍接受声音(尤其是乐声)"动之以情"的功用,但对其何以动情的机理则众说纷纭。仅就仪式声音而言,它作为力量的象征是其能够动人心魄的主要原因。

---

[1] 参见 Heywood, A. (1999), *Political Theory: An Introduction*. New York: St. Martin's Press, Inc. p.2. 转引自肖滨《知识分子与政治符号产品的质量》,载《学术研究》2003 年第 5 期。

[2] 格雷姆斯提出仪式包括六个部分,其中包括"仪式的声音和语言"。参见 Grimes, Ronald(1982), *Beginnings in Ritual Studies*, Washington, D. C.: University Press of America。

[3] 参见曹本冶《思想~行为:仪式中音声的研究》,上海:上海音乐学院出版社 2008 年版,第 34 页。

仪式声音的力量主要表现在"音量"和"音效"两个层面上。哈里森曾指出古希腊色雷斯山丘女神祭仪中的祭司会发出"牛嚎",其"声音就像一声炸雷,从大地深处隆隆地升上天空,闻者无不胆寒心惊"[1]。"音效"则注重声音的效果,集中表现在"音乐"这一最为重要的声音形式中,重视从纯粹的听觉体验向丰富的情感体验的转移。无论是"音量"还是"音效",实际上都是把声音当作一种富有韵味的符号与一些具有力量的事物相关联,从而塑造出强大的声音象征。例如"牛嚎"象征着天地的自然力量和女神的神圣力量,而在很多部落仪式中都有"神秘的发声器具",它们"都有图腾名字"[2],于是,这些器具发出的声音成为图腾(大多为动物)力量的象征。

潘诺波洛斯(Panayotis Panopoulos)认为,充满力量的仿动物声与社会再生产以及社会秩序的文化构造之间具有一定的象征性关系。[3] 以此言判之,在人类社会中显现出巨大力量的声音之所以令人动容,并非因其具有物理意义上的较高能量,而是因为这些力量之声蕴含着对社会秩序和文化规范的认知和跟从。

以音乐这种最具典型性的声音形式为例,音乐人类学家梅里亚姆(Alan P. Merriam)断言"音乐是文化",并创立了被称作"梅氏三角"的"声音—概念—行为"研究范式;蒂莫西·赖斯(Timothy Rice)拓展了"梅氏三角"中的一对一的单向关系,将历史建构、社会维持以及个人创造与体验三个维度间的关系修改为

---

[1] [英]哈里森:《古代艺术与仪式》,第26页。
[2] 参见[英]格雷戈里·贝特森《纳文——围绕一个新几内亚部落的一项仪式展开的民族志实验》,第189页。
[3] 参见 Panopoulos, Panayotis(2003),"Animal Bells as Symbols: Sound and Hearing in a Greek Island Village," *The Journal of The Royal Anthropological Institute*, Vol. 9, No. 4, pp. 639-656。

相互作用与相互反馈的双向关系。[1] 曹本冶强调仪式理论和仪式实践的结合，认为仪式声音"是仪式行为的过程和产物，信仰则是行为过程的核心动力"[2]。这些观点都凸显出声音的社会背景和历史情境，并在一定程度上将声音系统和文化规范置放在同一层面上，认为将两者连接起来的是包括仪式在内的各种社会行为。也就是说，即便仪式中的音乐或声音在"发声"上是一种物理现象，具有某种"纯粹的音乐特性"或"声学特性"，但由于仪式本身是人类社会中的一种实践系统，因此其中的声音定会携带着人类社会的特殊信息。

仪式声音贯穿于仪式的实践逻辑和义理逻辑之中，突破了仪式的阈限，并将社会生活中的基本规范带入仪式。因此，仪式声音既是在同一维度中理解社会和仪式的纽带，也是仪式实现其承负的社会职责的方式。在超越仪式、但对仪式亦可适用的普遍范畴中，具有某种表意功能的声音或绝大多数音乐形式的基本目标是："通过社会的文化活动和准则，在整个复杂的进程中产生理智的、象征性的、直觉的和富有情感的结构。"[3] 虽然仪式声音并不像仪式语言那样能够直接表达出相对准确的意义，但它也能依靠音量、节奏和声调成为一种独立的表意系统。尤其对自身意义尚不明确的声音而言，"它和整个文化之间的联系就更加隐晦，常常以非常曲折的隐喻方式体现出来"[4]。但是，由于这种隐晦关系带来的音乐在理解上的开放性和不确定性，为仪式中的情感控制和文化塑造提供了便利。戈尔（Lydia Goehr）就此认为，正是"因为音乐完全缺乏具象的

---

1 参见孟凡玉《音乐人类学的范畴、理论和方法》，载《民族艺术》2007 年第 3 期。
2 曹本冶：《思想～行为：仪式中音声的研究》，第 21 页。
3 ［智利］格雷贝：《音乐人类学》，载《中国音乐》1983 年第 3 期。
4 孟凡玉：《音乐人类学的范畴、理论和方法》，载《民族艺术》2007 年第 3 期。

或概念性的内容，所以在所有的艺术形式中，它可能（或至少在范式意义上）是服务于政治功能的最佳形式"[1]。解铃还须系铃人，要揭示隐晦关系就必须深入到关系中去，因此，要理解仪式声音就必须超越其声学特性，从其社会和文化结构即"仪式"出发探寻它具有的特殊意义。进而言之，要理解政治仪式中的声音，必须准确认知政治仪式的政治意义——主要是基于政治仪式声音的政治文化（及其社会化）背景进行考虑，同时顾及了政治仪式本身的政治意味，特别是其中潜藏着的权力机制。

2.2 政治音乐：政治仪式的声音政治学

仪式声音的政治意义在人类早期政治生活中已经得到普遍承认。具有完整仪式音乐系统的古代中国贡献了很多具有政治意义的声音理论，最为典型的表述莫过于"声音之道，与政通矣"（《乐记》）。在实践中，"汉武帝为了恢复因秦代焚书坑儒而遗失了的仪式，在公元前112年组建了第一个音乐机构，建制达800人。这些官员主要负责提供庆典音乐，以使宫廷仪式可以上达天听"[2]。近代以来，仪式音乐成为仪式声音的主体，时常出现在一些政治仪式中的具有深远影响的音乐作品往往在其诞生之初就具有政治意义，如李斯特（Franz Liszt）在《匈牙利狂想曲》中渲染民族情怀，贝多芬的《英雄交响曲》与拿破仑直接相关，利尔（Rouget de Lisle）的《马赛曲》和聂耳的《义勇军进行曲》甚至被定为国歌，成为国

---

[1] Goehr, Lydia(1994), "Political Music and the Politics of Music," *The Journal of Aesthetics and Art Criticism*, Vol. 52, No. 1, pp. 99 – 112.
[2] Kraus, C. Richard(1989), *Pianos and Politics in China : Middle-Class Ambitions and the Struggle over Western Music*, New York: Oxford University Press, p. 21；关于在宫廷仪式与上天之间建立某种关系是很多古代国家政体的通行做法，格尔茨对巴厘岛国家宫廷仪式的研究可作最为贴切的印证。

家生活中的重要政治符号。政治仪式通过对声音的特殊设计和控制,实现了诸多重要的政治功能,如宣扬政治价值、振奋政治情感、塑造政治文化以及实施政治教化等。

仪式与音乐之间具有非常密切的关系。一方面,两者相辅相成,如神灵的声音寄居于宗教仪式中,群众的声音掩藏在民间仪式中,而当权者的声音体现在国家仪式中;另一方面,音乐在某些情境中直接展现出一种"仪式性",即如阿达利(Jacques Attali)所言,音乐的使用价值或主要功能"依靠它和权力符码的神秘契合,以及它如何有秩序地参与社会组织的成型过程……这功能在先天上是仪式性的"[1]。准确地说,音乐不仅直接存在于各种仪式中,也存在于更为普遍的具有"仪式化"性质的社会实践之中——这些实践模糊了仪式系统和其他行为系统之间的界限,使得众多日常生活中的行为具有了仪式的特征。包括个体在日常交往中的声音表现(如音量),[2] 具有象征意义的音乐家或乐队,[3] 音乐会、演奏会和舞会等以声音为主要表现形式(或主要表现形式之一)的群体性集会,[4] 甚至连同整个音乐系统的生产、消费和调控,都被打上了仪式的烙

---

[1] [法]贾克・阿达利:《噪音:音乐的政治经济学》,宋素凤、翁桂堂译,上海:上海人民出版社2000年版,第33页。

[2] 参见 Gregory, Stanford(1994), "Sounds of Power and Deference: Acoustic Analysis of Macro Social Constraints on Micro Interaction," *Sociological Perspectives*, Vol. 37, pp. 497–526。

[3] 典型案例如杨汉伦对冼星海的研究,他认为音乐家冼星海作为一种音乐符号(musical icon)具有与一些服务于意识形态宣传的仪式和庆典——而这是政治学家大卫・伊斯顿对仪式的经典论断——相似的构建合法性的功能。参见 Yang, Hon-Lun, "The Making of a National Musical Icon: Xian Xinghai and His *Yellow River*," In Annie Randall(ed.) (2005), *Music, Power, and Politics*, New York: Routledge, pp. 87–111。

[4] 参见 Small, Christopher, "Performance as Ritual: Sketch for an Enquiry into the True Nature of a Symphony Concert," In L. A. White(ed.)(1987), *Lost in Music: Culture, Style and the Musical Event*, London: Routledge and Kegan Paul, pp. 6–32。

印。一旦这些行动介入政治生活并产生影响后，便发挥出明显的政治仪式功能。例如在英国大选中，各党派都选用不同的乐手和乐队的歌曲以争夺选民，而媒介对它们不同效果的评论则指出了这样一个事实："音乐品味是政治效用的标志之一。"[1] 事实上，随着后现代主义风潮的兴盛，学者们已经广泛地认识到了各种声音或音乐（尤其是流行音乐）形式在政治生活中的重要作用，它们兼而具有政治动员和政治参与的作用，而潜含的权力之争和合法性构建则是其实质性主旨。对此，江莉莉（Lily Kong）作了一个简单而精辟的两分："音乐被统治精英用来固化其意识形态以实现政治社会化，以及培养一种民间宗教以引导对国家的支持和热情。音乐同时也是一种文化抵抗的形式，用以反对国家政策和一些社会文化规范。"[2] 朝鲜的政治领袖金正日提出的"音乐政治"则践行了这一观点，他把音乐"作为号召人民投身于社会主义强盛大国建设的政治手段，通过音乐政治调动千百万人民的热情，推动时代和历史前进"[3]。

音乐在很多政治仪式中扮演着指挥官的重要角色，它作为"一种组织原则"[4] 控制着政治仪式的节奏，调节着政治仪式的气氛，甚至安排着政治仪式的全进程。对这些政治仪式来说，具有政治意

---

[1] Street, John (2003), "'Fight the Power': The Politics of Music and the Music of Politics," *Government and Opposition*, Vol. 38, No. 1, pp. 113 - 130.

[2] Kong, Lily (1995), "Music and Cultural Politics: Ideology and Resistance in Singapore," *Transactions of the Institute of British Geographers*, Vol. 20, No. 4, pp. 447 - 459.

[3] 高浩荣、夏宇：《朝鲜"音乐政治"鼓人心　不排斥外国音乐》，http://news.xinhuanet.com/herald/2007 - 01/05/content_5567642.htm。

[4] Futrell, Robert, P. Simi, and Simon, Gottschalk (2006), "Understanding Music in Movements: The White Power Music Scene," *The Sociological Quarterly*, Vol. 47, No. 2, pp. 275 - 304.

义的音乐是一项不可或缺的内容，它将参与者带入特殊的政治情感体验中，成功实现政治价值的构建和宣示——这种"政治定调"既展现出仪式的政治动机，又实现了仪式的政治功能。例如在中华人民共和国成立60周年阅兵式上，花车巡游环节所演奏的音乐曲目就和花车所展现的具体内容之间具有直观的对应性，这些曲目贴切地衬托出花车内容所蕴含着的政治意义，其核心旨趣是中国共产党的合法性构建和爱国主义的宣扬，参见表3.2。

表3.2　中华人民共和国成立60周年彩车游行与音乐对应表

序号	主题	彩车内容	主要音乐
1		国徽	《红旗颂》
2	思想篇	"浴血奋斗"	《红旗颂》
3		毛泽东画像	《东方红》
4		"艰苦创业"	《没有共产党就没有新中国》
5		邓小平画像	《春天的故事》
6		江泽民画像	《走进新时代》
7		胡锦涛画像	《江山》
8		"国花牡丹"	《今天是你的生日》
9—28	成就篇之辉煌成就	农业、工业、交通、能源、环境、政治、法律、科技、校阅、文化、体育、奥运、人口、抗灾以及爱国和世界和平等为主题的彩车	《在希望的田野上》《咱们工人有力量》《祝酒歌》《红旗飘飘》《我和你》《迎宾曲》《爱我中华》等
		团结奋进先导	《领航中国》

续表

序号	主题	彩车内容	主要音乐
29—61	成就篇之锦绣中华	34个省、自治区、直辖市和特别行政区	各省市代表性音乐
62	未来篇	航船造型彩车	《中国少年先锋队队歌》
63		星星火炬彩车	《中国少年先锋队队歌》
64		花篮彩车	《歌声与微笑》《歌唱祖国》

携带政治信息的音乐符号向特殊象征的转化，受制于政治仪式的基本逻辑。政治仪式如同一把弓，将音乐作为箭射向目标，箭的飞行轨迹和速度与射箭者对弓的控制意图和能力息息相关。布莱金（John Blacking）如此解释这一隐喻："音乐不是一种可时时理解的语言，而更多的是情感的隐喻表达。但是，倘若在特定背景中被赏听，音乐能够精确地传播它所携带的信息。"[1] 比如雷维尔（George Revill）曾立足于音乐的地理空间背景指出，1880—1940年间的英国音乐对该国的民族性和公民权的构建有着积极意义，他认为："音乐在社会、经济和政治空间的组织中所发挥的作用必须以声音的独特地理属性为出发点……这些属性有助于赋予音乐的文化地理形态一种非常特殊的文化政治，进而令其在社会中别具一格。"[2] 事实上，随着近代民族国家的产生和发展，当代世界上的各

---

[1] Blacking, John (1995), *Music, Culture, and Experience*, Chicago and London: University of Chicago Press, p.45. 转引自薛艺兵《仪式音乐的符号特征》，载《中国音乐学》2003年第2期。

[2] Revill, George (2000), "Music and the Politics of Sound: Nationalism, Citizenship, and Auditory Space," *Environment and Planning*, Vol.18, No.5, pp.597-613.

国或各民族之间普遍存在的政治文化边界对理解具体政治仪式中的声音和音乐作出了宏观的限制。洛马克斯（Allen Lomax）检测了世界上近400个社会的400首民歌，指出任何传统的歌唱都是按照听众期望的独特发声方法与协作方法进行演唱，这"说明歌唱首先是一种交流活动的行为，一种歌唱要达到它的社会目的，就必须遵循演出的文化标准"[1]。因此在政治仪式中，各类声音都具有不同国家或民族文化的深刻烙印，它们在声音所具有的匀质性之外显现出独特性。在一个全球化的盛大仪式如奥运会中，一个国家或地区的音乐奏响时，对复杂的聆听群体而言既具有构建和鼓舞的意味，又具有拆解和冲击的意味，甚至还会包含着一定的对抗和颠覆的意味。无国界的音乐在全球市场中的传播和消费是经济行为，也是文化行为和政治行为，有国界的音乐更是如此。

正如纳蒂埃（Jean-Jacques Nattiez）所言，应当"把音乐看作是被赋予意义的'迹象'，'迹象'的意义，要从意义赋予者和接受者那里去追寻解释"[2]。在政治仪式中，"音乐之声"总是无法摆脱其对社会关系尤其是政治关系的反映，政治仪式的控制者、操演者和所有聆听者都在这些声音的环绕中展开行动，而行动的主要意图便是通过权力的生产和再生产表达对合法性的判断、争夺或构建——无论是竞选活动中对特定音乐形式和乐手/乐队的借用，还是民族国家建设中通过对特殊音乐属性的强调维护、固化和呈现其合法性，抑或是市民社会中的群体或个体通过某些类型的音乐形式表达

---

[1] 萧梅：《面对文字的历史：仪式之"乐"与身体记忆》，载《上海音乐学院学报》2006年第1期。
[2] 薛艺兵：《仪式音乐的符号特征》，载《中国音乐学》2003年第2期。

反抗或抵制核心社会价值的文化运动,[1] 皆是如此。总之，政治仪式以及仪式化行为中的声音都与其来源和受众所存在的具体政治环境之间存在着直接关系，这种关系在政治文化意义中被理解为对某些价值、情感和态度的象征性表达，而表达的具体方式和方向则是政治权力及其合法性。

3."聆音察理"：隐秘的权力生产和再生产

政治仪式中的任何符号都可能具有丰富的象征意涵，只是在其向象征转换的过程中，有些符号简明直接，有些符号含混隐秘，声音属于后一类符号的代表。声音的"隐秘"准确而言包括两层含义：首先，声音符号与时间、空间、人员和器物等主要仪式符号相比，在政治仪式中居于从属地位，较少担纲主角（即便在具有政治意义的音乐会等仪式化活动中亦是如此）；其次，声音符号的作用方式是隐秘的，尤其在声音的形式和内容与具体的政治含义（主要是意识形态和政治文化）之间并不存在一道令人一眼明了的桥梁。两者关系的建立是一种编码过程，而对关系的解读则是一种解码过程。简而言之，声音符号所具有的力量在政治仪式中被编码为一种象征性的权力形态，它们的象征意义在日常政治生活中经过解码后才能被转换为政治权力。这种不断重复的从象征权力到政治权力的编码和解码过程，也就是政治仪式实现权力生产和再生产的过程。

再生产在原初意义上内含着扩大生产关系和拓展生产力两个基

---

[1] 如丹尼尔·马丁通过对锐舞（rave）的研究指出，"当锐舞的实践以及其舞者所赞赏的价值观蔚然成风时，就会对西方主导价值构成极大的挑战。"参见 Martin, Daniel(1999), "Power Play and Party Politics: The Significance of Raving," *Journal of Popular Culture*, Vol.32, pp.77-99。

本要求。我们主要结合两种理路使用这一概念。一是马克思意义上的强调过程、以生产关系为核心的解释，即："生产实践的社会关系性内涵及其不断变迁的再生产性历史特征"，"归根到底是以社会关系的生产与再生产为核心的。"[1] 二是布尔迪厄意义上的强调策略、以场域中的权力斗争为核心的解释，每一种场域都是一种特殊的权力空间。就权力的生产和再生产而言，两条理路分别强调的是权力资本的流变过程和权力斗争的社会空间。据此我们认为，政治仪式既包括不同性质的权力在仪式和社会之间的流通和变化，同时，政治仪式和政治社会只是规模不等的场域，都是有着强烈的合法性诉求的权力空间。于是，政治仪式中的声音符号作为政治权力的编码和解码的对象，必须参与到仪式内外以合法性构建为目标的权力之争中。在政治仪式中，声音符号实现权力生产和再生产的方式有很多，主要有替换、消除、依附和"独奏"（solo）等，不同的政治仪式可能会选用不同的生产方式，限于篇幅，我们在此仅简析它们的运行逻辑。

　　在政治仪式中，声音的替换是政治信息发生更变的重要表现，能够直接反映出政治生活在方向、节奏和规范上的变化。以海村哈节仪式为例，它作为一种传统的民间仪式在20世纪90年代恢复举行后逐渐添加了许多政治元素，包括国旗、革命歌曲和邀请政府官员参加等，从而具有了鲜明的政治意味。其中"红歌"这一声音符号是人民公社时期留给海村人的"文化遗产"，它以歌颂祖国和社会主义为主题，不仅贯穿于仪式的间隙中，而且是仪式结尾高潮部分的重头戏。"红歌"作为一组与国家建设和政府治理有关的歌曲，也会根据具体的政治社会发展情况作出调整。具有浓郁时代特征和

---

[1] 刘怀玉：《论马克思哲学的再生产实践概念》，载《天津社会科学》2007年第2期。

政治色彩的"红歌"广泛地替代了一些传统的民族歌曲，既反映出仪式的策划者对时代变迁和政治发展的基本认识，也在一定程度上维护和巩固了对国家权力所具有的合法性的认同，这实际上是民间仪式和国家权力相互征用的过程。在一个政治系统中（无论是具体的政治仪式还是整个政治生活），声音符号的替换虽然没有直接介入系统内部结构的塑造或重构中，但它在一定程度上反映出系统状态的变化，继而通过潜移默化的方式改变系统的运行逻辑，有可能会促成系统内部结构的重组。因此，声音符号的替换作为政治仪式中的一种权力生产和再生产模式，是对权力流水线基本运作逻辑的改造，与通过更换电子芯片重新设置流水线的生产机制类似。

"发声"意味着力量的宣示和传导，而"禁声"亦能表达出某种权力信息。在1978年12月伊朗的阿什拉节上，游行队伍高呼革命口号。"为了隐瞒这次公开而激进的政治反对信息和政治反对势力的示威，电视新闻广播从游行的实景中滤掉了声音。"[1] 在该仪式中，声音符号起着决定仪式性质的重要作用：有声的仪式已经是一种鲜明的政治仪式，而无声的仪式仅能体现其原初的宗教特性。于是，声音符号的消除成为一种有效的权力斗争方法，它将一场政治活动中的喧嚣人群"定制"为一群政治上的沉默者，有效切断了政治信息的通路。阿利达甚至将现代西方音乐的普遍复制也归入此类，视其为"权力的去除定位"：一方面，音乐丧失了阶级性，与资本主义工业生产模式相容（也就与资本主义权力结构相容）；另一方面，高雅音乐会中的严肃音乐隔离出一个精英阶层，成为"一

---

[1] ［美］玛莉·伊莱恩·赫戈兰德：《伊朗的仪式与革命》，载《青海民族研究》（社会科学版）2007年第2期。

种由技术人员为技术官僚所作的景观"。[1] 不断复制和重复的音乐犹如一种政治信息的持续性发送，它以覆盖的方式体现出文化霸权的形态，令其他信息丧失生存空间。如果将其视作权力的生产方式，则意味着权力流水线上的产品被标准化和规格化，通过为所有产品打上"标识码"而规约了符号和象征之间的多层通道——确切而言，消除了声音的多元化，将一种马尔库塞（Herbert Marcuse）所言的"单向度的"（one dimensional）权力认知，通过政治仪式灌输给丧失了选择权利的听众。在这场符号之战中，谁控制着模糊和暧昧的解释权，谁就握有制胜的砝码。

能够进行替换或消除的声音符号往往在政治仪式中处于比较重要的政治地位，而依附型的声音符号与之相比则大多处于从属地位，它们通常只能装点权力生产的流水线，在生产过程中是局部性的技术手段，在产品序列中则是获得少部分合法性利润的副产品。这些符号依附于特殊的政治规范，从而产生"政治借喻"的效果。《礼记·王制》中称："作淫声，异服，奇技，奇器以疑众，杀。"[2] "淫声"等符号在社会系统中是一种"反常"形态，它们无论在普泛性上还是在政治作用上都处于绝对的弱势地位中，但正是由于它们罕见的反常性体现出的是一种与正常社会秩序相左的规范，因此必须遏制它们。在此，"遏制"意味着维护正常的社会秩序、防范可能的颠覆。反之亦然，在有些政治仪式中即便一些声音并不是仪式的主要内容，由于其与仪式的策划者或主导者的意图之间具有正相关关系，因此往往能够得到特别呈现的机会。如许加彪将《新闻联

---

[1] 参见［法］阿达利《噪音：音乐的政治经济学》，第163—164页。
[2] 崔高维校点：《礼记》，沈阳：辽宁教育出版社1997年版，第46页。

播》视作中国社会中的一种"日常生活仪式",《新闻联播》在有限的时间内需要传达出非常丰富的内容,但当播放中国运动员获得金牌的情形时,总会"完整播出各次升国旗、奏国歌的场景",其目的便是"以期增强社会凝聚力和民族自豪感"。[1] 国歌在《新闻联播》的海量信息中至多只是一种依附型的声音符号,但它能够获得充分的展现时间正是因为它与《新闻联播》作为一种"国家声音"的核心意涵能够产生共振关系。事实上,依附型声音符号在政治仪式中是一种在隐微之处暗暗发力的"伴音",它们绝不是随意为之,而是有着特殊目的的刻意选择。

"独奏"并不是指声音符号的某种个体性的呈现方式,而是指声音符号作为一套信号或信号系统在发挥作用时,犹如独奏者的表演,采用的是单对多的信息传播方式。广播和电视等传播媒介是"独奏"型声音符号大显身手的阵地,因为它们的主要传播方式是"声音"的单对多式传播。这些传播媒介的主要工作模式是讲述具体事件中发生的行为,而"在为行为编程时,声音总是占据重要地位"[2]。这种声音在仪式中以一种独白的方式表达出准确的政治观点和政治立场,它们的隐匿性不是体现在作用的方式上,而是体现在作用的层面上——独奏型的声音符号在政治仪式中掌控着解释象征意义的主动权,能够将系统性的政治信息直接灌输到大众意识的最深层面中。

四、边缘:政治仪式中的弹性地带

政治仪式中的边缘是指处于政治仪式和日常政治生活之间的中

---

[1] 参见许加彪《国家声音与政治景观:〈新闻联播〉的结构和功能分析》,载《现代传播》2009年第4期。
[2] [俄]谢·卡拉-穆尔扎:《论意识操纵》,第131页。

间地带。这一地带极富弹性，它广泛存在于作为宏观环境存在的政治社会的外结构和政治仪式的内结构（包括基本结构和隐微结构）之间。政治仪式及其外部环境都对这一地带具有一定的话语权，它为两者多层面和多方位的交流提供了栖息地，并由此调节着两者之间的耦合度。弹性地带是一种充满权力斗争的产物，既为权力交换提供了一个自由市场，又为权力控制添置了一道商议性的阀门。这个充满弹性的边缘地带将政治仪式及其外部政治环境紧密地黏合在一起，并使得其中的权力关系成为整个政治系统权力生产和再生产的一个关键环节。

1. 边界的弹性与政治仪式的结构间性

1.1 政治仪式的边缘效应：结构间的信息共享和范式通约

"边缘"和"边界"之间存在着本质上的差异，前者包含可供双方相互接触的狭长地带，后者则是一种概念意义上的标线。边界两侧的距离即便是无限接近，也具有非此即彼的确定性。格尔茨有关"边陲"的解释可充当"边缘"的空间隐喻：边陲"'并非明确划定之界线，而是共同权益之地带'，亦并非将一个'国家'与另一个国家隔绝开来的'现代政治地理意义上精确的麦克马洪防线'，而是过渡区域、政治共生区（ecotone），它使得毗邻权力体系之间能够'机动灵活地相互渗透'"[1]。这类似于伯格（Peter Berger）和纽豪斯（Richard Neuhaus）的"中介结构"的概念，指的是"处于私人生活中的个人与公共生活中的大型机构之间的机构"[2]，

---

[1] ［美］格尔兹：《尼加拉：19世纪巴厘剧场国家》，第26页。
[2] Berger, P. and R. Neuhaus (1977), *To Empower People*, Washington: American Enterprise Institute for Public Policy Research, p.2. 转引自［英］布莱恩·特纳编《公民身份与社会理论》，郭忠华、将红军译，长春：吉林出版集团有限责任公司2007年版，第89页。

如邻居、家庭、教堂和自愿联合会等，在私人领域向公共领域传递意愿、价值与认同（即归属感）中起了至关重要的作用。"边缘"是一个具有弹性的地带，它模糊甚至否定了接触双方的明确界限，是一种存在着突破某种固定状态向他处延展的可能性地带，处于接触双方的共同辖制之下，并为两者提供了具有融通性的介质和场域。[1]

在以整体性面貌出现的社会系统中，政治仪式及其外在环境兼为子系统和内结构，两者在边缘地带获得的关系具有双重意义。首先是"结构间"关系，边缘地带的地理隐喻指出这种关系是一种"结构同治"的状态。具有整体性和整合性的社会结构对其子结构之间的关系施加着持续而强大的压力，在一个分化程度有限的社会中，这种压力迫使子结构之间的边缘地带被压缩至最低限度。要么合二为一，内结构之间的界分变得无足轻重，如原始社会的亲缘结构和泛宗教结构之间的关系；要么泾渭分明，结构之间可能导致参差状态的因素被碾成齑粉，如前近代社会中的不同等级结构之间的关系。这种压力在分化程度较高的现代社会中虽然存在，但强制性有所收敛，趋向分化的社会子结构之间既保持独立性，又具有黏合力。因此，与其说它们受制于社会的整体性压力，不如说受制于社会整体性约束中的"结构间性"，即子结构之间可以使用共同的社会语言进行无障碍沟通。据此推论，现代社会的政治仪式及其外部环境之间曾经的同化或冷漠都已经向增强沟通的方向上演变。在一

---

[1] 博厄斯派的"文化边界"概念对文化差异的强调弱化了界线所具有的障碍性特征，这种"文化差别具有无法消减的多样化、全景观点和穿透力"，并潜在地具有开放性的指向，与我们为"边缘"所作的解释具有一定的共性。参见 Bashkow, Ira (2004), "Neo-Boasian Conception of Cultural Boundaries," *American Anthropologist*, Vol. 106, No. 3, pp. 443 – 458。

个可预见的发展趋势中，政治仪式将不再因为神秘而有力，而是因为更加世俗化而有力。

其次，政治仪式与外部环境之间是"系统—环境"关系，在此强调的是这种关系的现代性面貌主要呈现为一种"互动关系"。如果社会中缺乏这种互动，那么任何子系统都无法生存，因为无法获得具有支撑性甚至生命力的环境资源。趋于分化的社会并不是趋于分裂，而是采用了更为有效的利用资源的生存方式。社会资源的生产和分配系统将子系统通过多层次的频繁互动关系连为一体。古典式的"链状社会"已经被淘汰出局，现代式的"网状社会"意味着系统及其环境之间的信息交换从"单向度"模式切换至"多向度"模式。无论以何种关系界定现代社会中的政治仪式及其外部环境之间的关系，"信息共享"都是一个典型而扼要的描述词，它是沟通和互动的精髓所在。诞生于一个允许甚至鼓励信息流动的边缘地带的共享模式，并不意味着社会冲突的消失，也不意味着它完全胜任促成共识的任务，只是展现出政治仪式及其外部环境之间的生存实践。

政治仪式及其政治环境拥有不同的政治范式，信息共享的结构间性表明不同范式在接触面上的通融性是存在的。政治仪式的边缘地带同样是一种范式边缘，虽然不同范式的本质结构具有异质性，但在范式接触之处存在着政治意义的可通约性。这种可通约性在实践意义上包括了政治仪式及其政治环境之间的信息共享、意义沟通和权力交换，我们立足于政治仪式对边缘地带的辖制，区分出四种通约途径。

首先是内向型通约，政治仪式被动承受着外在环境的信息输入。边缘地带采用的是应对性的反应机制，主要通过拓宽和糙化两种方式发挥作用。拓宽边缘地带可以保持政治仪式的稳定性，为环境信息的介入提供足够的纵深，以便吸收消化。糙化则意味着边缘地带的界限长度增加，随之形成的众多"毛细血管"增强了对外在环境的反应强度。文化人类学中提出了一些与这种通约类型相似的模式，如"指导变迁"（directed change）或"参与介入"（participant intervention）等。[1] 简单来说，政治仪式中的内向型通约是指因外在环境的信息输入而发生的变迁。如美国总统就职典礼上的相关活动随着社会的发展而逐渐增多，它们位于就职典礼边缘地带，既不影响宣誓和演讲等主要活动的核心地位，又加强了政治仪式的参与性，而这种参与性在民主制度中意味着民意合法性的供给，同时还反映出社会发展的细微脉络。

其次是外向型通约，政治仪式主动吸纳外在环境的各类信息，往往会紧缩边缘地带的宽度，并将接触面进行抛光，以保证外在信息的流量和流速得到最大限度的提升。外向型通约的程度便是政治仪式对外在环境的适应度，边缘的微薄和光滑体现出了较高程度的适应性。例如，杜赞奇认为中国华北农村的"村落政体"有"村庄、灌溉会社及庙会"三种组建方式，"它们的成员资格……交错且重叠"[2]。庙会是对农村民间仪式的集群性指称，它高度融入作为行政管理系统的村庄和作为民间社会系统的灌溉会社中。三者之间的间隔很小，融通度很高。在这种通约模式中，来自政治、社会和仪式的不同范式具有较高的同质性。

再次是吞吐型通约，是指边缘地带的某一区域不断提高内外交

---

[1] 指"个人或群体主动地和有目的地介入另一个民族的技术、社会和思想的习俗"。参见[美]克莱德·M.伍兹《文化变迁》，何瑞福译，石家庄：河北人民出版社1989年版，第65页。
[2] [美]杜赞奇：《文化、权力与国家：1900—1942年的华北农村》，第61页。

流的力度，使得这部分区域脱离了边缘而向中心进发；或者，中心区域被卷入到边缘地带中，形成边缘与中心之间的"指向性变动"。它这种通约主要反映的是政治仪式及其外部环境之间重大信息的交换，边缘地带成为两者集中互动的热点区域。

最后是膜透型通约，指边缘地带两侧政治范式的"价值浓度"的差异刺激了边缘地带的平衡机制，促使高浓度一侧的信息向低浓度一侧流动。这种流动对于政治仪式及其外部环境来说都不是主动性的，而是边缘地带所具有的自主调节的功能。在一些涉及权力征用的政治仪式中，组织者往往兼具政治身份和仪式身份，这种叠合的身份是政治仪式最重要的边缘地带之一。具有不可拆解的多元身份的组织者一旦判断出两侧的政治价值浓度有所差别，就会主动对政治仪式进行调节。

1.2 权力交换的自由市场和政治信息控制的商议性阀门

边缘地带能够采用各种途径进行信息交换，体现出它所具有的良好弹性。作为处理政治关系或权力关系的特殊场域，这种弹性源自对各类关系的较高接纳度和理解力。边缘地带的弹性以网络的形式表现出来，它由数量庞大的信息交换的管道构成。政治仪式的弹性网络是一种连接方式和传输方式，不会受到来自内外结构的决定性影响。这种结构特性使得弹性网络享受较高的自由度，能够在一定程度上实现权力交换和沟通的顺畅无阻。

边缘地带为政治仪式及其外部环境之间的权力交换提供了一座自由市场，它无意于界定具体的权力关系，其主要目的是将政治仪式纳入普遍的政治生活中，以凸显政治仪式在政治生活中的特殊功能和意义。政治仪式总会构建起一定的边缘地带以保持和日常政治世界之间的密切关联性，这是政治仪式区别于其他类型的仪式（如宗教仪式、生命仪式和体育仪式）的原因之一。政治仪式的场所在空间意义上往往是多元的，不如教堂之于宗教仪式、圣地之于祭祀仪式、运动场之于体育仪式那般单一。举行阅兵仪式的广场在日常生活中承担着城市广场的一般功能，举行授权仪式的会堂也是政治议事的日常场所等。这些场所成为政治仪式的边缘地带，它们将政治仪式中的权力和日常生活中的权力联系起来，无论是直接联系，还是通过象征间接联系，仪式内外的权力交换在此场景中都不会出现无法通兑的情形。

升国旗仪式前的天安门广场（摄于北京，2019年）

　　寒冷的冬日凌晨，在升国旗仪式之前，武警和警察等已经做好观众安检、场地和交通控制等各项准备工作。此时是这个世界上最大的广场一天中最为空旷和静谧的时刻。每天在日出和日落时分举行的国旗升降仪式既是城市居民生活中的日常景观，也是无数外地游客接受政治社会化的特殊情境。

不仅用于权力交换的边缘地带具有弹性，权力本身也具有一定的弹性。翁爱华（Aihwa Ong）将"权力理解为弥散性、流变及增殖性的力量，是在网络关系中被激活而不是被个体所拥有"[1]。权力作为富有弹性的政治信息，在边缘地带的网状信息处理系统中如鱼得水，它能够被迅疾地输送到内外结构间的信息交换管道中，并在互动中实现权力生产和再生产。

在权力交换的自由市场上，内外结构的一致性越高、自由度越高，从而市场中权力的流动性就越好、交易量也就越大。例如，中国国庆阅兵仪式与其外部环境之间的对应性很高，是国家生活的重要内容。在时间上，仪式时间与国庆节日结合在一起具有普遍性的意义；在空间上，天安门广场既蕴涵了国家的象征，也蕴涵着人民的象征（天安门广场在日常生活中是人民广场）；即便是仪式中最主要的人员，也保持着日常生活中的首要身份，如党和国家领导人是阅兵首长，在观众的认知中被普遍接受。因此，阅兵仪式与外部环境之间的边缘地带使得两者之间的权力流通极为顺畅，从政治仪式中获得的政治权力能够无碍地立刻投入到整个社会的权力再生产过程中去。由此可以推断，社会权力和仪式权力之间的质地越接近，则交换的成功率越高；反之，如果两者质地相异，则需要付出更多的交换成本。

安全阀机制在社会学理论中得到了充分讨论，它被视作解决社会冲突的一种反结构的方式，以具有破坏性的方案维持社会的稳定

---

[1] Aihwa, Ong(1995), "Women Out of China: Traveling Tales and Traveling Theories in Postcolonial Feminism," In Behar, Ruth, and Deborah Gordon (eds.), *Women Writing Culture*, Berkeley: University of California Press. 转引自胡玉坤《政治、身份认同与知识生产——嵌入权力之中的乡村田野研究》，载《清华大学学报》（哲学社会科学版）2007年第3期。

和完整。仪式便是一种安全阀机制，舒尔茨（H. Schurtz）将之称作"排气孔"，指的是原始社会中一些能够为解决敌意和冲突提供制度化出口的仪式。这样的机制自古至今一直存在，在人类学调查报告中随处可见。[1] 除了应对结构性的社会冲突之外，仪式也能"在政治紧张中充当重要的安全阀"，直接疏导政治敌意，以避免威胁政治系统。[2] 政治仪式中的安全阀机制实际上侧重于呈现其弹性的一端，即解决社会冲突、阻止文化断裂、克服政治紧张。在弹性的另一端，仪式也具有一定的破坏性和颠覆性，如转化为革命的罢工仪式、以对抗或消灭对手为主要目标的结盟仪式以及潜藏着难以消弭的对立感的报复性仪式，如示威游行和集会（虽然也被视作一种释放紧张的阀门）等。因此，政治仪式的弹性功能具有两个面向，作为一道阀门它既有保持安全的职责，同时也不能完全湮灭危险。政治仪式的边缘地带所具有的弹性也一样，它一方面为政治仪式提供保护，另一方面则可能"引狼入室"。如果将这一边缘地带视作政治仪式的阀门，那么这道阀门无疑是商议性的，以一种协商式的方式控制着政治信息的流量和流向。

边缘地带是政治仪式展现其弹性形变的主要场域，它的变动往往取决于政治仪式对外在环境变化所作的测度和反应。在新中国成立以来的国庆阅兵仪式中，举行的年份就是这样一个边缘地带。从1949至2019年一共举行了15次，其中1949至1959年连续举行11次，1984年是第12次，1999年、2009年和2019年是第13—15次。政治仪式的重复性规律在1959年之后停止了，原

---

[1] 参见［美］科塞《社会冲突的功能》，孙立平等译，北京：华夏出版社1989年版，第26—31页。
[2] 参见［美］大卫·科泽：《仪式、政治与权力》，第149—151页。

因是国家基于节约的理念规定此后国庆"逢十"阅兵，但是由于"文革"的出现，1969年和1979年都没有阅兵，却在1984年"逢五"时举行阅兵，此后又回归正常，在1999年、2009年和2019年阅兵。改革开放以来阅兵时间的变动体现了边缘地带弹性的两个端点：1984年释放了25年来的紧张政治气氛，同时也是基于政治、军事、经济和文化等各方面的现实考虑；1999年、2009年和2019年则恢复了十年大阅兵的传统，使得阅兵这一国家生活中极为重要的政治仪式有规律地举行，表明政治结构获得了稳定发展。在此，年度作为阅兵仪式的边缘地带如同一道阀门控制着来自外在政治环境的信息流，1984年流量巨大时被迫"不合规定"地开闸，此后又恢复正常。

从国庆阅兵的案例也可以看出，政治仪式的边缘地带作为一道阀门，其控制是商议性的，体现出了环境对仪式的要求，也同时意味着仪式对环境的回应，唯有两者达成协议时才能开启。同时需要注意的是，这道阀门的存在并不意味着边缘地带具有任何政治信息处理上的决断权，它提供的主要是一种缓冲。这道阀门不能完全解决冲突或释放紧张，在边缘地带达成的协议对内在结构的根本性质没有任何原则性约束力。回到阅兵仪式，如果不是1984年而是其他年代举行了阅兵，仪式本身的影响力和政治环境自身的特性就要重新评估。阀门的控制受制于内外结构的变化，而不是反之。

政治信息充斥在弹性网络之中，它们的作用和意义大多是潜在性的，在政治仪式的整个景观中，仅是一个附属景区。但是，如果它得到了有效开放利用，那么会对主景区有"加持"意义，反之则会伤害到整个景区的顺利运营。在充满商议的阀门使用中，它既能够通过恰当的调节，安排内外结构间的政治信息交换，以促成政治仪式的稳定和顺畅；又由于商议的弱约束力，对冲突和紧张的控制力较低，在某些情形下会被强大的具有破坏力的政治信息冲垮，从而令政治仪式失去原有的方向。如圣女贞德的身份成为各种具有政治意义的纪念仪式的边缘地带，这些仪式虽然都以贞德为共同的仪式主题，但在对其身份理解上各执一词。"她被神化为国家独立的战士，共和派和左派将其描绘成人民权力的象征，是反抗特权的斗士和大革命的先驱。对于右派来说，在梵蒂冈 1894 年决议的支持下，贞德被视作圣人，她是国家领土的卫护者，保全了法国王室的权威，同时也是法国爱国主义和宗教虔敬不离不弃的典范"，这种在边缘地带达不成一致意见的结果"使仪式成为新的战场"。[1]

2. 戍边：身份与阵营的政治弹性

人的因素在政治仪式的边缘地带中最具影响力，身份和阵营成为展现人之边缘性的主要范畴。政治仪式一方面是身份（包括以群体身份出现的阵营）认同的神圣化方式，如汉斯·莫尔（Hans Mol）所言："作为意义体系的连接与再现，其目标是阻止意义体系的丧失。"[2] 另一方面身处其中的戍边者依靠身份或阵营的多样性获得特殊资格，成为政治仪式内外的权力中介。身份和阵营分别是个体和群体的边缘地带，为两者提供了在内外结构间进行权力交换的关系场域。

身份对个体的社会位置的简单表述，按照社会生活的多重性，

---

[1] 参见[美]大卫·科泽《仪式、政治与权力》，第 81—83 页。
[2] [意]希普里阿尼：《宗教社会学史》，第 214 页。

可以有更为特指性的称谓，如政治身份、宗教身份和文化身份等。在现代意义上，公民身份是政治生活中的个体所具有的普遍资格，因此也是个体政治身份的主要代表。"公民身份（citizenship）"的概念和经验都是现代性的，直至20世纪中期，才由马歇尔（Thomas Humphrey Marshall）开启了公民身份的理论研究。他将18世纪以来公民身份的历史分成三个阶段，分别强调"公民的要素、政治的要素和社会的要素"："公民的要素由个人自由所必需的权利组成……与公民权利最直接相关的是法院"；政治要素"指的是公民作为政治权力实体的成员或这个实体的选举者，参与行使政治权力的权利。与其相对应的机构是国会和地方议会"；社会的要素"指的是从某种程度的经济福利与安全到充分享有社会遗产并依据社会通行标准享受文明生活的权利等一系列权利。与这一要素紧密相连的机构是教育体制和社会公共服务体系"。[1] 自马歇尔开始，公民身份的讨论日渐勃发，时至今日扩展至生态（环境）公民身份、全球公民身份以及文化公民身份等等。正如斯廷博根（Bart van Steenbergen）所言："公民身份的历史可以描述为一种包容性不断增强的历史。"[2]

身份标示出个体的社会位置，阵营则是对群体社会位置的强调。群体既可以被看作具有近似身份的个体的数学集合，也可以被看作共享相似生活经验的个体的社会集合。彼特·布劳（Peter M. Blau）在"社会结构"中考察群体，认为"社会结构可以被定义为

---

[1] 参见郭忠华、刘训练编《公民身份与社会阶级》，南京：江苏人民出版社2007年版，第7—8页。
[2]［英］巴特·范·斯廷博根编：《公民身份的条件》，长春：吉林出版集团有限责任公司2007年版，第164页。

由不同社会位置所组成的多维空间"[1]，群体的类分就是这些空间的类分。布劳设置了"类别参数"和"等级参数"两组用于分类的"结构参数"，前者包括性别、种族、宗教、职业、住地、国籍和语言等，是群体的成员资格；后者包括教育、收入、财富、声望、权力和智力等，是群体的成员地位。[2] 阵营彰显出群体的社会"质地"，关注具有"特色"的社会子结构之间的主客观界域。政治仪式中的群体如果不是同质性的，那么很可能具有（或者形成）多种阵营，而阵营之间的关系网络、阵营与外在社会结构之间的关系网络构成了政治仪式及其外在环境之间重要的边缘地带，这些关系的不同显现和处理方式会对政治仪式造成巨大的影响。总之，身份和阵营昭示出的政治关系的变化或交往状态的变化，表现为一种复杂的政治弹性，为政治仪式中的权力流通和交换提供了难以计数的可能性。

2.1 个体性的边缘地带：政治仪式中的公民身份

在公民身份的学术史中，现代社会对个体基本权利的承认是身份观念转变的临界点。在前现代社会中，虽然社会分层化的趋势日益明了，但个体身份受到各种类型的等级制的有效约束，在每一层级之中保持着高度的稳定性。首先，社会中的群体类型有限，处于等级制的完全控制之中；其次，个体存在于这些受到限制的群体中，彼此之间的同质性程度较高。因此，处于政治仪式及其外部环境之间的个体身份并没有较好的弹性。仪式人和政治人在身份上的同质性主导着政治仪式内外结构间的同质性。在这道薄弱的边缘地带，政治仪式与其外在政治生活之间的信息流通和交换不仅极为顺畅，而且相辅相成。无论是跨结构兼职的人员（如国王），还是以

---

[1] [美]彼特·布劳：《不平等和异质性》，王春光、谢圣赞译，北京：中国社会科学出版社1991年版，第9页。

[2] 参见[美]彼特·布劳《不平等和异质性》，第14页。

仪式身份出现的人员（如巫师），都不会因多重性身份引发危险，他们的身份属于一元化社会结构中的重要组成部分，身份和社会之间具有同生共死的依存关系。公民身份的出现和成熟导致了真正意义上的边缘地带的出现。布赖恩·特纳认为："公民身份承认世俗国家的存在和公民社会普遍参与标准的发展。宗教联系和共同体成员资格的传统模式为社会归属的自主、世俗、平等条件所取代。创造一种理性的社会秩序是公民身份演变的一个重要基础。"[1] 神圣传统的崩塌也意味着一元化社会结构的转型，在政治仪式中出现了传统与现代的界分，反映在个体身份上便是臣民与公民的界分。公民身份在现代甚至后现代社会中的分化不断侵蚀着政治仪式的传统性，身份多元化令政治仪式的神圣性向世俗性退步，甚至现代仪式对神圣情感的再造也是对世俗情感的新式神圣化，在本质上是消费社会的一种幻象。身份多元化意味着政治仪式及其外在环境之间可能具有某种异质性，而边缘地带则是这种异质性积聚和爆发的场所。据此，复杂的边缘地带和良好的政治弹性具有了相似的意义。

公民身份的多元化表明公民对政治生活的认知、理解和介入产生了种种分歧，由此造成的冲突或融合都可能聚集在个体之中。政治仪式中的个体基于多元政治观的不同判断会对政治仪式产生反作用力，其力度和方向取决于个体在多元身份中的抉择。公民身份的多元化意味着个体成为权力信息的多元存储器，虽然便于个体及时应对政治仪式及其外部环境的种种变化，但在其自发变化中也存在着很多危险，如重要的仪式角色随意变换自己的身份而引发的仪式危机。在传统政治仪式中难得一见的、具有致命性作用的反戈一击，在现代社会的政治仪式中并不罕见，这证明传统社会中能够解决社会冲突和

---

[1] ［英］巴特·范·斯廷博根编：《公民身份的条件》，第177页。

缓解社会紧张的政治仪式,在现代社会中很可能导致冲突的扩大和紧张的加剧,甚至它们本身就是冲突和紧张的原动力。

个体政治身份的复杂性使得个体在政治仪式的阈限期中能够保持一定的"清醒度",既令政治仪式中的世俗考虑更多更具体,又可能使政治仪式对外在世界的反应出现更大分歧。"种族大屠杀"或许是二战以来德国政治生活中最具影响力的仪式化事件,不同身份的德国人对此认知各异,即便在相似身份(如知识分子)的群体中也广存分歧。身份多元化以及与之相应的个体认知的自由度令边缘地带的网络更具复杂性或弹性。从积极的方面来看,这种弹性网络使得多种意见能够在有序的协商或争论中促成某种共识的达成;但从消极的方面来看,这些极具分歧的意见也常常具有不可通约性,它们在盲目性的自我捍卫中带来"极化"的危险,不仅无法形成共识,甚至有可能令已经达成的共识出现裂痕乃至崩塌。

个体身份的变化表现为政治仪式边缘地带的不同弹性。首先来看公民身份的政治范畴的变化。从生活在具有"自由空气"的城市里的自由民,到生活在民族国家中的现代公民,再到生活在区域性联盟中的泛价值共同体公民,直至随着环境、生态的全球化发展而出现的全球公民,以不同的政治空间来界定的公民身份对政治仪式带来了一定的影响。例如在一个不断吸引多民族(种族)移民的国家中,如何面对分化的文化就成为一个棘手的问题。"如果授予身份的时间过于慷慨,导致群体分化的结果,那么国家的公民统一性也会相应出现分裂。但如果不授予公民权,则种族、文化怨恨方面的因素又将导致疏离感,造成以反叛或分离的形式分裂国家。"[1] 有些多民族国家中的政治仪式之战明显地体现出了这种两难,如在塞

---

[1] [英]德里克·希特:《何谓公民身份》,郭忠华译,长春:吉林出版集团有限责任公司2007年版,第116页。

浦路斯,任何强调自己正统国家身份的种族的纪念仪式都被视作对其他种族的宣战行为。这场爆发在身份边缘的战斗往往因其激烈的不可通约性,成为直接关涉中心问题的争斗。当公民的国家身份向一个更大的空间延伸时,国家(民族)和泛价值共同体之间的紧张仍然难以避免。欧盟便是典型案例,"欧盟人"对国家和国家联盟的身份认同存在着内在张力。"环法"自行车比赛是一百年来法国最重要的体育比赛,这种盛大的仪式是法国人夏天生活中不可缺少的传统。当法国人面临成为欧盟人的结构性调整时,"环法"以国家为核心的诉求开始向边缘倾斜。1992年为纪念《马斯特里赫特条约》签订,"环法"几乎将与法国接壤的所有国家都纳入赛程,此后每次"环法"都不再是严格意义上"环绕法国"的比赛,而是巡视多国文化的比赛。但是,当所谓的"本土"车手获得某个国境中的分赛段的冠军时、当美国人兰斯·阿姆斯特朗创纪录地夺得七连冠时,国家和欧盟之间以及欧盟和其他政治共同体之间的难以消除的紧张感就立刻显现出来。正如哈贝马斯所言,欧盟在政治、经济上的成功并不能说明一种"欧洲的公民身份"的出现,"真实的公民权利仍然不可超越民族的边界"。[1]

不同政治空间中的公民身份总是受制于对其影响最大的空间,在现阶段就是民族国家。发生在政治空间中的身份之战,来自民族国家的考量对政治仪式的动向最具话语权。我们无法要求"环法"

---

[1] 参见[英]斯廷博根编《公民身份的条件》,第38页。有关体育与文化的欧洲化问题,可参阅[英]尼克·斯蒂文森编《文化与公民身份》,陈志杰译,长春:吉林出版集团有限责任公司,2007年版,第124—131页。关于体育仪式与身份认同的案例,还可参见 Sorke, Tamir (2003), "Arab Football in Israel as an 'Integrative Enclave'," *Ethnic and Race Studies*, Vol. 26, No. 3, pp. 422 - 450; Hartmann, Douglas(2003), "What can we learn from sport if we take sport seriously as a racial force? Lessons from C. L. R. James's Beyond a Boundary," *Ethnic and Race Studies*, Vol. 26, No. 3, pp. 451 - 483。

真正成为一个欧盟的节日,也不能要求一个新移民立刻对新国家的政治仪式产生高度认同感。但是,公民身份的分化毕竟在某种程度上造成了不同政治空间的文化断裂,或者带来一种可能性的重组。政治仪式在艰难地维系着自身传统的同时,也在某些时空中发生了程度不等的松动。消极公民和积极公民的身份界分为观察这种松动提供了新思路。消极公民把大多数人看作是消费者,而政治仪式能够为其提供某种抒发情感的舞台,其搭建理由是扩大文化自主政策、少数民族的文化保护、公民自由的仪式性呈现以及直接服务于地方的经济发展等。一些政治仪式之政治意味的衰弱或多或少地与仪式组织者或主持者属于消极公民有关。积极公民与之相反,他们将少数人看作所谓的成功人士,是政治架构的主要维系者。政治仪式保护政治结构的功能性意义就显得格外重要,授权仪式、检阅仪式或者重大国家节日的庆祝仪式成为宣传和巩固政治结构的重要实践。即便如布鲁姆菲尔德(Jude Bloomfield)和比安契尼(Franco Bianchini)所言:"消极公民和积极公民身份融合在一起就可以形成一道言辞上的盾牌","在这块盾牌后面,国家层面的权力前所未有地集中起来"。[1] 但是,来自消极公民集中的"公共领域"的诸多努力还是对国家集权形成巨大冲击。按照克罗斯利(Nick Crossley)的理解,"公共领域使官僚政治控制的自动合法化过程发生'短路',并回过头来把这个过程与生活世界的争论和讨论联系起来。公共领域能够有或者至少应该要求有集体意愿形成的过程,该过程能够而且也应该对政府产生压力。生活世界中,观点和意见的交流应该转变为有效的政治权力的有序流动。"[2] 一些从"民间仪式"转变而来的政治仪式体现出了这一要求和过程。

---

1 [英]斯蒂文森编:《文化与公民身份》,第166页。
2 同上书,第63页。

总而言之，个体身份的变化对政治仪式的维持和改革都会产生一定的影响，具体的结果是由在这一边缘地带进行战斗的各方中的优胜者决定的。强调这一点也有助于我们重新审视很多民族国家中的身份认同问题，而这一问题又对民族国家中的权力生产和再生产起着至关重要的作用。[1]

2.2 群体性的边缘地带：政治仪式中的权力阵营

阵营是群体在社会结构中的位置，强调作为某种类别的群体所具有的同质性。阵营先天地与权力范畴之间具有某种统一性，它是对"敌友之分"的政治原则的直观回答。按照布劳的观点，社会结构的参数可以分为类别和等级两个系统。阵营是一个跨系统的指称，它是两种参数内部的子结构。阵营是某种类别中的属别，是次生的或派生的小群体。阵营本身蕴涵着政治上的对抗性，因此由阵营划定的边缘地带就成为充满冲突和紧张的地带。对于政治仪式来说，既包括既定的不同阵营的区分，又存在现有阵营的变动，都是政治仪式中群体性的权力关系的不同呈现方式。这个边缘地带无疑也具有一定的弹性，其最大值是无主之地的乌合之众，阵营趋于一盘散沙；其最小值是事实王国的忠臣良将，阵营本身成为权力边界的标杆。事实上这两种情形都不常见，在现代社会中，当传统政治仪式所具有的神圣性和稳定性碎裂之后，还没有出现同样强有力的替代者时，反而会由于异质性的填充物介入这些碎裂后产生的缝隙之中，使得政治仪式更为迅速地溶解进世俗生活。在此过程中，阵营既是传统的保卫者，又是现代的构建者，大规模的权力流通和交

---

[1] 例如在夏威夷,良好的种族或民族关系通常被视作与具体的种族政策有关,但有学者认为更重要的是人的"文化"认同胜于种族或民族认同,即在身份选择上,基于文化的考虑超过对种族或民族的考虑。参见 Edles, Laura (2004), "Rethinking 'Race', 'Ethnicity' and 'Culture': Is Hawaii the 'Model Minority' State?" *Ethnic and Race Studies*, Vol. 27, No. 1, pp. 37–68。

换就发生在阵营的冲突和转化之中。

　　阵营是群体在社会结构中的位置发生分化后的产物，传统社会等级制中的权力群体并不以阵营的形式表现出来。政治仪式中的群体在类别意义上具有同质性，比如属于同一个宗教、同一个政治共同体或同一片居住空间，这也意味着政治仪式在传统社会中的政治性征较弱。同时，这些群体在等级意义上各安其位，不同等级群体之间缺乏流动性，参与政治仪式的不同群体之间的权力关系非常稳定。社会结构的现代性分化，主要是指类别群体的"异质性或水平分化"和等级群体的"不平等或垂直分化"，[1] 由此形成了各种阵营，它们所处的社会位置对应着不同的政治权力。

　　阵营所表现出的政治仪式中的群体分化，意味着原先铁板一块的人员结构出现了松动，由于中心并未崩裂，因此松动大多发生在边缘地带。政治仪式中的阵营集中群体权力的特性使之成为一种重要的象征资源，它的弹性显现在其所具有的包容性中：既包括仪式外部的权力介入，又包括仪式内生的权力占有。二战后意大利各政党纷纷用"抵抗"符号来消解与纳粹之间的关联，使用向抵抗运动的烈士献花或向盟军献歌等仪式，使自己与盟军的胜利联系起来。[2] 在这些仪式中，"烈士"和"盟军"所象征的胜利者阵营成为各方权力争夺的重要目标，因为谁能成功介入这一阵营，谁就能够握有纳粹消亡之后的权力真空。边缘地带靠近政治仪式一侧的弹性体现在仪式自身对外在结构的吸纳、反应和影响上，权力的流通方向是由内而外的。以国际劳动节为例，这一始于 1890 年的节日"来自下层"，它形成于工人群众的罢工，他们当年选择在 5 月 1 日"跨越

---

[1] 参见[美]彼特·布劳《不平等和异质性》，第 16 页。
[2] 参见[美]大卫·科泽《仪式、政治与权力》，第 82—83 页。

了职业、语言甚至是国籍的界限，而相互认同为一个阶级"[1]。也就是说，在节日处于形成阶段的初期，工人群众凝合为阶级这一最具权力特征的阵营，对普通的罢工转换为特殊的仪式具有重要的推动作用，从社会运动内部构建起来的阵营使得社会结构最终承认了罢工活动的仪式性地位。

前文指出的边缘地带四种类型的通约途径，基本上能够涵括群体性边缘中的权力流通的基本机制。在此需要指出的是，由于阵营是一种群体权力的集中体现，因此权力流的量能要比个体身份转换所形成的权力流量大得多，继而这种权力流对政治仪式及其外在环境造成的冲击力也更强。在现代社会中，不同政治阵营都非常重视对政治仪式的控制力，究其原因正是如此。不同阵营的边缘之战能够决定政治仪式中心的归属，并通过政治仪式自身所含有的各种力量壮大自身、排除异己，进一步深化阵营之间的冲突。当然也不排除有阵营通融或合作的情形，不同群体共享政治仪式的权力信息，在一定限度中求同存异。

在具体的政治仪式实践中，很难对变动中的阵营所具有的实际力量进行准确测度。布劳有关群体规模效应的分析提供了另一种观测路径，他认为不同规模的群体具有不同的"群际交往率"，并且是"小群体的群际交往率必然超过大群体"。[2] 假设此论断为真，那么我们可以给出两个推论。第一，在政治仪式的整体层面上，政治仪式规模的扩大意味着参与群体规模的扩大，而这会导致群际交往率的下降，由此令政治仪式的边缘地带变得相对狭窄。这一推论的案例是新中国成立以来的国庆阅兵，群体规模不断增大，使得阅兵

---

[1] [英]霍布斯鲍姆：《非凡的小人物：反抗、造反及爵士乐》，王翔译，北京：新华出版社2001年版，第193—194页。
[2] 参见[美]彼特·布劳《不平等和异质性》，第33页。

仪式自身的特性更加明显，它所内含的意义丛也渐趋独立和明显。第二，在政治仪式的内部层面上，不同阵营间的规模差距越大，两者在群际交往率上的不一致性就越大。因此，阵营规模的扩大既提高了在政治仪式中的人员比例，又能够保持相对于小规模阵营的稳定性（即相对的低群际交往率）。从这两个简单推论中可看出，某个阵营要在政治仪式的权力争夺战中胜出，可以选择扩大政治仪式的总人数规模，以及在此基础上提高己方阵营的规模。

这种数学意义上的阵营规模的分析是最为简单的一种，事实上由于阵营种类的增多以及阵营之间的融合或阵营内部的分化，使得政治仪式中的阵营还会发生"质"的变化。布尔迪厄早就指出了这一点："按照物理主义明证性，在连续分布情况下，在分布中位置越是接近，差别应越小；但事实上，与物理主义明证性相反，被感知的差别并不是客观的差别，且社会邻近，作为出现最后差别的地方，完全有可能是最大张力点。社会空间中的最小客观距离会与最大主观距离重合。"[1] 我们从很多政治仪式中存在着的"与民同乐"中可以直观地理解这个观点。精英阵营和大众阵营之间的空间距离被仪式性地拉近甚至颠覆（如羞辱国王仪式），但这种空间的接近更凸显出两者主观距离的差距，即以客观的"亲密无间"反衬出主观的"高下有别"。在这种情境中，虽然阵营作为一种边缘地带在空间上被拓宽了，但实质趋势是紧缩的，这道边缘对于权力交换而言是一张不通透的膜，两侧相互能够清晰地"看"到对方，但是无法发生交换、遑论转换。

阵营的形成意味着个体必须将自身多元而复杂的身份及其认知清晰化、简单化，以主动地将自身划归（介入）到某种群体中。阵

---

[1] ［法］布迪厄：《实践感》，第 221 页。

营虽然在群体意义上实现了同质性，但并没有从本质上否定或剔除个体之间的异质性。这也就导致了个体在群体之间的流动（其实也是群体之间的交互作用）会影响阵营的规模和质地。在缩小规模的政治仪式中，内在仪式群体与外在社会群体之间的群际交往率反而会上升，因为群体和社会接触面的变小导致群体中的个体与社会之间的交往可能性增大，这也就意味着仪式中的人员所要面对和处理的政治关系会更多、更复杂。所以，政治信息的流动性没有得到实质上的衰弱，在一些特定状态上甚至会得到加强。它弱化了政治仪式内部的阵营分化，但加大了仪式内外阵营的分化。在规模扩大的政治仪式中，虽然个体的社会交往率可能会降低，但由于接触边缘的扩大，使得整个仪式和社会进行政治信息交换的总量得到提升。与此同时，内部人员规模的扩大又促进了内部人际交往率的提高，从而增加了内部阵营分化的可能性。

阵营作为群体性的边缘地带，当政治仪式规模缩小时，会提高仪式内外结构间的阵营交往率；当政治仪式规模扩大时，会提高仪式内部的阵营分化率。因此，当政治仪式发生变化时，不同阵营间的沟通和交流都会在不同程度和层面上一同发生变化。如果同时考虑社会环境本身的变化，那么这道边缘地带所包容的权力网络将显得更为复杂，权力交换的频率和力度也会更高。法国大革命中处死国王的仪式呈现出了这种复杂性：一方面社会环境的巨变使得等级类别的群体分化出更多的子群体（即阵营）；另一方面国王作为行刑命令的最高签署者成为受刑人，颠覆了群体性的政治认知，这极大地冲击了社会内部的等级结构。行刑仪式将波及整个社会的革命运动仪式化，行刑仪式中认知分化的阵营成为社会中的阵营发生分化的诱因、指令甚至原则，而社会水平分化和垂直分化的加剧又催生了更多的阵营。

政治仪式的展布在多种层次上进行，包括外部的政治环境、内部的基本设置、细微的隐秘符号以及极富弹性的边缘地带。政治仪式作为一种权力生产和再生产的装置或方式，需要从这些层次上汲取各种政治信息，更准确说是权力信息，以作生产线的原材料。因此，外部环境、内部设置、隐秘符号和边缘地带在结构上是政治仪式的不同展布方式，在功能上则是不同的权力原料的生产和供应机制。当生产前的各项准备就绪后，自然应该进入实际的生产过程，即操演之中，这正是下一章的主题。

第四章

操演

政治仪式的作用对象及其过程

对政治仪式外部环境和内部结构的考察，在某种意义上是一种静态分析。但是，在行为特征上，政治仪式是一种鲜活的实践活动。因此，搭台布景之后就需要关注政治仪式的另一个重要方面——"操演"。保罗·康纳顿（Paul Connerton）断定："没有操演，就没有仪式。"[1] 尼哈姆（Rodney Needham）甚至认为，仪式操演与人的本性之间有着内在的共生关系："对人这种仪式性动物来说，表演是其天性所在。"[2] 根据行动策略和表现力度的差异，可以将政治仪式的操演行为区隔为三个层次。首先是表层性的针对身体的规训和控制。人是一种"庆典仪式的动物"[3]；而"身体是权力的记号"[4]。政治仪式将两者完美地结合起来，通过"把个人既视为操练对象又视为操练工具"[5]而实现"造就"个人的目的。其次是里层性的作用于心灵的忠诚和信仰的塑造。政治仪式主要在合法性意义上实现权力的生产和再生产。在政治仪式中，"对政治制度的忠诚本身被动员起来并显示出来"[6]；同时，"采用仪式界定政治现实，随后经过频繁的集中表达巩固我们的政治信仰"[7]。最后是内层性的作用于日常生活的仪式化行为。它将有关政治权力的价值理念和生产策略的"根本认识植入人们的身体之中、人们对现实的感受之中，以及人们对如何维持和限定复杂的权力微观关系的理解之中"[8]。

---

[1] ［美］康纳顿：《社会如何记忆》，第66页。
[2] Hicks, D. (ed.)(1999), p.175.
[3] ［意］佩尔尼奥拉：《仪式思维》，第37页。
[4] ［法］布莱恩·特纳：《身体问题：社会理论的新近发展》，载汪民安、陈永国编《后身体：文化、权力与生命政治》，长春：吉林人民出版社2003年版，第27—28页。
[5] ［法］福柯：《规训与惩罚》，第193页。
[6] ［英］亚历山大编：《迪尔凯姆社会学》，第159页。
[7] ［美］大卫·科泽《仪式、政治与权力》，第110页。
[8] Bell(1992), p.211.

"仪式化"扩展了政治仪式的活动范畴和指称边界，使得众多弱仪式性的社会行为在政治生活中具有了仪式的意义，同时强化了此类行为的"形式化"，其目标在于令其中的权力生产和再生产更直接有效地与合法性构建挂钩。

一、表层的身体及其规训

1. 政治身体：通往后现代之路

近半个世纪以来，"社会、文化和技术变化使身体成为现代政治的中心"，是"因为自然和社会的习惯性边界被不断地侵蚀和改变，结果政治立场也很快地显得陈旧过时"[1]。这意味着身体问题的政治关注度与社会的政治变革有着直接的关联。事实上，这种"政治身体"有着漫长的发展史，一度在隐喻意义上与整个社会的政治生活产生直接而广泛的映射关系，并成为现代社会中政治实践的重要载体。

"政治身体"的发展历程是一条脱离心灵宰制的独立之路，可分为三个历史阶段。古典政治学持身心从属二元论，身体以肉体的形式出现，接受心灵的宰制。在西方古希腊传统中，柏拉图的身心关系逻辑是身体无贵贱、灵魂（思想、智慧或德性）有高下。中国古代的政治观念与之相似，只是从属的具体性质和关联方式有所不同，这与东西方社会政治结构的差异性有关。古代中国的身心关系首先是相辅相成的，《尚书·益稷》有言："元首明哉，股肱良哉，庶事康哉"，从此言出自"益稷"可以看出，身体的良好状态直接喻指良善的社稷状态。其次，这种身心关系也主从有别，尤其体现

---

[1] ［法］布莱恩·特纳：《身体问题：社会理论的新近发展》，第33页。

在君民关系中:"民以君为心,君以民为体……心以体全,亦以体伤;君以民存,亦以民亡。"(《礼记·缁衣》)身心二元论虽然存在从属关系,但也强调和谐发展。如柏拉图和亚里士多德为理想的城邦生活构建公民德性时都强调智慧、勇敢、节制和正义等方面,孔子从相似的角度设立了一种理想的君子道德,即"礼、乐、射、御、书、数",合称"六艺",两种观念都力图追求肉体和心灵的健康与和谐,而这是实现良善政治生活的前提和基础。

现代意义上的政治身体发轫于文艺复兴时期对人本身的重视,启蒙时代将关注点从身体的从属问题转向身体的权利问题,真正锻造出具有独立政治意义的身体。就政治秩序的转变而言,"莫非王臣"的民众在肉体上与君主制告别,开始迈向社会或自我(由此发展出社群主义和自由主义两条路径)。19 世纪晚期尼采(Friedrich Nietzsche)"升华肉体"的呼声振聋发聩,[1] 指出"历史在某种意义上只能是身体的历史,历史将它的痕迹纷纷地铭写在身体上"[2]。海德格尔(Martin Heidegger)、德勒兹(Gilles Deleuze)和梅洛-庞蒂等人延续尼采的道路,为身体的主动性或独立性作出各自的辩护和阐发,他们的理论成为后现代情境中政治身体研究的滥觞。至此,曾经只是言说工具的身体拥有了专属的话语系统。在政治学视野中,身体不再是政治制度中一个无声的元素,而是有着特殊表意能力的主角,甚至"成为现代政治的中心"。[3]

福柯延续前人的脚步,创建了个体指向的微观权力学和群体指向的生物政治学,开辟出一条后现代的政治分析道路,从碎片式

---

1 参见[德]尼采《苏鲁支语录》,徐梵澄译,北京:商务印书馆 1992 年版,第 26—27 页。
2 汪民安:《身体、空间和后现代》,南京:江苏人民出版社 2006 年版,第 18 页。
3 参见[英]布莱恩·特纳《身体问题:社会理论的新近发展》,第 33 页。

的、多元化的和微观性的身体入手，切中了政治系统的肯綮。他以话语、谱系、身份和身体为经纬，以权力为核心，编织了一张精密而复杂的理论之网，规训便是织网的关键技术。在此视域中，人的肉体被当作可分割的整体，通过空间控制、时间控制、行为控制和力量控制等各种技术被分别处理，诸如"考试"、"检阅"和"阅兵"等活动都可被视作某种规训仪式。[1] 在福柯看来，"分割"身体显然不是让身体"破碎"，相反，通过作用于身体各部位或身体行为各步骤的微观技术，实现对身体所承载的完整心理的统一调度。在此意义上，哈维（David Harvey）明确指出："在福柯关于事物的体系中唯一不可化简的就是人的身体，因为那是一切压制的形式最终都被记住的'场所'。"[2] 既然在后现代社会中，身体仍然保持着一种完整性，那么身体的碎片化又是何意？哈维认为个体在现代和后现代有个重要的不同之处：现代社会的个体被设想为"异化"了，而异化就意味着个体是种一元性的整体；在后现代社会，个体不能被设想为被异化，而应是自我"分裂"了。[3] 因此，身体的碎片化简单来说是身体意识或自我观念的碎片化。这种分裂有其积极意义，例如能够帮助人们对抗资本的控制，在一个消费文化越发趋同的宏大空间中，"分裂的特质对于社会身份和行动来说就越是重要"[4]；或者如奥尼尔（John O'neill）给出的更为确切的意见：有着多重要求的身体能"对抗和反击那些支配我们的非人性因素的力

---

[1] 参见［法］福柯《规训与惩罚》，第211页。
[2] ［美］大卫·哈维：《后现代的状况：对文化变迁之缘起的探究》，阎嘉译，北京：商务印书馆2003年版，第65页。
[3] 参见［美］大卫·哈维《后现代的状况：对文化变迁之缘起的探究》，第75—76页。
[4] ［美］大卫·哈维：《后现代的状况：对文化变迁之缘起的探究》，第339页。

量……能极大地强化公民民主的交往性能力"[1]。但是,这种分裂并不总是满足于充当抵抗者,它内在的、无限的"解放"要求往往将自我推送到一个至高无上的位置上。这会在微观层面上造成一种危险的后果——个体在"信任"问题上不知所措,"不知道该信什么"和"我相信很多东西"都融合在同一种日常体验中。正如鲍曼(Zygmunt Bauman)所言:"后现代生活策略的轴心不是使认同维持不变,而是避免固定的认同。"[2] 如此一来,后现代社会中身体的分裂是必然的,也是吊诡的,无数碎片化的身体一方面在反对现代性物质力量和意识形态的控制中扮演着平民英雄的角色,另一方面又让整个人类社会的"精神分裂"症候越发严重,从20世纪70年代起就拉响了失控的警报。

在身体碎片化这种两难的后现代转向中,政治仪式显然不是解决问题的万全之策,它至多是缓解身体危机的一种重要手段。政治仪式为何能充当身体碎片化危机的缓解剂?最根本的原因在于它对身体的理解不同于其他任何社会行为系统。道格拉斯曾指出:"除非把身体看作一种社会的象征,〔否则〕我们就不可能……理解仪式。"[3] 克里安(Kate Cregan)在对道格拉斯的精辟评价中推衍出更为具体的认识:"社会和象征的仪式引导和控制着身体行为,两者都是特殊文化形式和离散文化状态的基本构成和表现,也是建构意义和理解世界的方式。"[4] 据此而言,在政治仪式中,身体承担着政

---

[1] [美]约翰·奥尼尔:《身体形态:现代社会的五种身体》,张旭春译,沈阳:春风文艺出版社1999年版,第61页。
[2] [英]齐格蒙·鲍曼:《后现代性及其缺憾》,郇建立等译,上海:学林出版社2002年版,第105页。
[3] [英]玛丽·道格拉斯:《洁净与危险》,第143页。
[4] Cregan, Kate (2006), *The Sociology of the Body: Mapping the Abstraction of Embodiment*, London: SAGE Publications, p.101.

治社会的意义和结构。我们认为,身体本身就是一种象征性的权力,通过仪式操演被转换成具体的日常生活中的政治权力。而身体的碎片化突出表现为身体所具有的象征意义的碎片化,或者更为准确地说,是身体所具有的分裂性的多重象征意义——它们之间并不能一贯保持和谐的共生和融通关系,而是以"无主化"和"去责化"为特征的彼此龃龉和割裂的关系——传统政治仪式中的那种言行一致、身行合一的身体已经非常罕见,取而代之的是后现代社会中常见的充满口是心非、身行悖谬的身体。这就是政治仪式在后现代社会中面对的身体境况。

在后现代社会中,虽然身体分裂后的各部分,如肢体语言、服饰、头发和文身等都可能是不同政治意识的象征,或者整体性的身体成为政治社会中的一个缺乏稳定立场和明确态度的碎片,但我们必须要认识到,仍然需在一种统合性的意义上理解碎片化的身体和身体的碎片化。通俗而言,哪怕身体自身的真切含义模糊甚至不可知,但它既然在一种政治仪式之中,那么两者至少已经确定了一种形式上的关系,而实质上的关系则要综合政治仪式和身体两方面的效果进行考量。一般而言,政治仪式本身是一套独立完整的表意系统,而担负操演职责的身体在表意的方式和向度上不会与政治仪式的根本意图背道而驰,如果出现了反常现象,那么可能意味着仪式的本来面目经受着巨大的挑战,甚或是发生了根本性的转变。这种挑战和颠覆显然不为政治仪式所能接受,事实上,它凭借有效的规训技术旨在达到两个基本目标:第一,塑造"听话的"身体以"说出"明确的意思;第二,将单个身体中所潜藏着的力量剥离、收集并转移出来。这两个目标的最佳效果是,在传统和现代社会中阻止政治共同体的分裂,在后现代社会中阻止公民个体的分裂。

第四章 操演：政治仪式的作用对象及其过程

TRYPTIC（**不锈钢雕塑**）(摄于奥地利萨尔茨堡，2012 年)

　　这座由字母构成的人像雕塑，由西班牙著名当代艺术家和雕塑家乔玛·帕兰萨（Jaume Plensa）创作于 2009 年。他经常使用各种语言中的字母构建人的身体，以显现他对人在多元化世界中的境况的理解："所有人都是相似的，但每个个体又是独一无二的。"

2. 连续性技术：身体的位置及其行动次序

"规训"是一种以身体实践为目标的权力机制。这意味着观察对象要从物理性的静态肉体转移至动态性的身体行为。这种转移对于政治仪式来说非常贴切，因为仪式的操演本就依赖于身体行为。身体权力无论是物理性的还是象征性的，都需要通过具体的行为实现生产和再生产。

政治仪式依靠一套规范系统对承载权力信息的身体作出严格安排，主要有两种具体策略：一是限定身体在政治仪式中所处的位置，从而保证作为权力符号的身体符合政治仪式这种权力话语系统的语义学和语用学目的；二是确定身体在仪式操演中的行动次序，保证权力信息的流通和交换不受阻滞，这正是权力生产的动态过程。对身体位置及其行动次序的控制维持着政治仪式的连续性，在周而复始的操演行为中，仪式中的权力获得了累进性的合法性资源。更为重要的是，这种连续性还意味着仪式的旨趣具有恒常不变的特征。具而言之，政治仪式能够将一种与日常生活相隔离的独立行为系统的自足和完善表达出来，它具有相对完整的意义体系，甚至这种意义体系在经年累月的连续操演中具有了不证自明性，从而能够为流淌于其中的权力赢得神圣权威的合法性支持。

身体位置在政治仪式中的呈现，可以通过时间和空间组成的网格来计算。在严格意义的政治仪式中，细微的时空分割并不比整体的安排更为常见。政治仪式虽然分解身体的行动，但更为重视身体在整体意义上的位置感和行为的融贯性。以阅兵仪式为例，士兵在阅兵前的训练中对身体及其行为进行苛刻的分解，令举手投足在每一个时空网格中都达到极高的准确性。但是在仪式过程中，身体及其行为的分解变得微不足道，甚至被刻意掩盖，因为姿态上的一致性、行动在时间上的分秒不差以及在空间上的毫厘不差才是表演、观看和检阅的重点。政治仪式的目的在于令检阅者和观众的视线集中在士兵身体的整体性上，而不是被分解了的肢体和动作上。个体的"饱满"表达和群体的整齐划一，是成功的阅兵仪式的重要标准，这也是阅兵的目的之一。

从符号信息的角度来评估位置感，可以认为有关身体位置的仪式规范实际上是要保证身体中的权力信息既完整又准确，任何分割或断裂都会令权力在流动中发生能量的损耗和信息的缺失。仅有位置感还不能保证权力流动的高效和顺畅，梅洛-庞蒂曾提醒我们除了观察身体的位置外，更为重要的是观察身体的"处境"。[1] 在政治仪式内部很难从环境角度来理解处境，或可将其视作一种以身体为重要节点展开的交流和沟通的网络结构，其形塑主要依赖身体行为连续的仪式性铺陈。对铺陈中所显现出来的身体的行动次序而言，主要的观察点是身体在仪式操演中所运用动作的连贯性和协调性。连贯性意味着身体能够主动获得位置感，在权力网络的变动中保持正确的（也就是规训机制所指定的）向度；协调性要求身体能够适应来自处境的不同要求和压力，既包括身体对行动的"调和"[2]，也

---

[1] 参见[法]梅洛-庞蒂《知觉现象学》，第137—138页。
[2] 科马洛夫(Jean Comaroff)提出的这一观点将身体视作社会价值的内化和再生产的媒介，也是其自身和社会关系的世界同构的媒介。参见 Bell(1992)，p.97。

包括身体在行动中的"调适"[1]。

政治仪式对身体位置及其行动次序所提出的诸多制约，目的是使权力的持有者按事先发放的地位牌对号登台，然后在设定好的线路上循序渐进。要实现这种宏大场景的准确再现，不能仅仅依靠仪式在内容上的规定，还需要位置和次序的普遍参照物和一般等价物的襄助。在此，普遍参照物是一种投射了自我认知在内的"他者的身体"。对普遍参照物的凝视是对个体身体的多点定位，为个体提供了受群体一致性约束和吸引的机制，令政治仪式将规训对象从个体层面提升到群体层面。如果普遍参照物是普遍性的身体，那么一般等价物就是标准性的身体。政治仪式通过塑造一种"标准人"[2]，令不同位置和处境中的身体与之进行权力交换。政治仪式对"标准人"的控制如同国家控制货币的购买力一样，通过各种标准身体的展示来管理权力的汇兑率。标准人虽然是一种仪式人，但已将仪式标准扩展至仪式之外、社会之中。如古今中外常见的阅兵仪式、对各类模范人物和机构的嘉奖仪式以及关于伟大历史人物或政治英雄的纪念仪式等皆属此类。它们的规训机制极大地扩展了政治仪式规训对象的规模，形成了一种社会规训。其要旨在于，作为普遍参照物和一般等价物的身体也都具有浓厚的象征意义，因此能够在现实

---

[1] 很多仪式都重视通过身体行动将人之内在与仪式中的超然力量或情感相联系，如有些宗教仪式"使人遭受磨难的同时，同样也会自然地使之获得力量和特权"（[法]涂尔干：《宗教生活的基本形式》，第295页）。这种"天将降大任于斯人"的仪式性反应通过身体经历"磨难"来"镀金"，也常见于政治仪式和仪式化的社会活动之中，包括阅兵中士兵对自我身体姿态的要求、游行中示威者对自己行动效果最大化的要求，以及宫廷礼仪中国王贵族对自身仪态持续性的自我观照等。

[2] 如在爪哇贵族的生活中，所谓"完美的人"充当着行动和话语的典范。参见罗曼·贝特朗《与福柯一道思考神秘的现代爪哇：可能写出"非意图论"的政治史吗》，载《国际社会科学杂志》（中文版）2008年第25卷第2期。

世界和抽象世界中提供社会规训所需要的行为规范。

虽然在一个日益多元化的世界中，个体行动与交往的空间不断扩大，社会规训的强势机制正在不断淡化其威权性，但针对个体和社会的规训仍在延续。个体"在现代晚期或后现代的阶段通过交换能获得更大的自由，只是一种流传颇广的虚假之词"[1]，威权机关为个体所设置的政治选择的方式和规则呈现出一种隐匿化的趋势，尤其是市场及其提供的消费功能实现了对个体的"抽象的支配"。[2] 因此，在政治社会通往后现代的道路上，规训一刻未停。政治仪式的连续性规训技术在一定程度上的确迎合了这种隐匿化的趋势。就此而言，政治仪式总像是戴着一层传统文化温情脉脉的面纱，就连其中的冲突和纷争都具有一种古老的、英雄主义的味道。不过，碎片化的身体就掩藏在宏大的政治叙事中，在不为人重视的私域中暗暗滋长其力量。

3. 稳定性技术：身体和身份的同质化

规训机制的连续性技术令权力通过身体及其行动不断地得到生产和再生产，身体成为提供动力的装置。规训机制的另一种针对身体的权力技术是稳定性技术，其要领是促使参与者的物理性身体与其仪式身份保持高度一致，以保证身体作为媒介传输权力时不会遗失附着在特定身份上的权力信息。这一技术主要获得的是基于有效性（绩效）的合法性资源，它最为简单的要求是：参与者的身体要符合仪式对其身份的设定。

---

1 ［英］齐格蒙·鲍曼：《寻找政治》，洪涛等译，上海：上海人民出版社 2006 年版，第 69 页。
2 参见［法］让·波德里亚《消费社会》，第 120 页。

如在前文所述的19世纪英国维多利亚女王的加冕典礼的例子中，大多数参与者的身体表现都与其仪式身份的要求不符，既表明当时对王族合法性的认同度很低，也表明这种政治仪式规训参与者的能力较差。在19世纪后期兴起的传统再建工程中，欧洲各国都加强了包括加冕典礼在内的一系列重大仪式的正规性建设，复杂繁琐的制度在相当部分上是对参与者身体的硬性要求，身体和身份的同质化成为各种政治仪式的基本目标。

实际上，身体和身份的同质化要求是仪式中的一种古老传统。部落社会中极为重要的成人仪式便是显例：仪式前后参与者的身体虽然在生理意义上几乎没有变化，但在社会意义上发生了根本性的变化。[1] 成人仪式为从少年到成年的过渡设置了一系列条规，其中最为重要的是要求少年的身体承受符合其身份的规制。这种规制在很多情形下是极为严苛甚至残酷的，包括长时间的苦行、禁食和各种形式的肉体羞辱和伤害。唯有在仪式中做到身体和身份的同质化，才能真正实现仪式的目的和效果，任何违背规制的行为都可能导致同质化的失败。

现代社会的政治仪式中仍然广泛存在着对同质化的要求，并且在权力欲望的推波助澜下上升为规训机制，其最终目标不再是身体，而是各种形式的权力。与传统身体规训方式比较接近的是一些具有过渡性质的政治仪式，如就职典礼和授勋仪式。以美国总统就职典礼为例，围绕总统的物理性身体，从饰品到服装、从姿容到仪态无一不是按照符合总统身份的标准悉心打造。在仪式之中，新总

---

[1] 参见[英]格雷戈里·贝特森《纳文——围绕一个新几内亚部落的一项仪式展开的民族志实验》，第109—111页。

统的肉体被身份彻底同化了，如果不能和身份契合，那么他们的肉体将是对身份的质疑甚至颠覆——仪容不整、魅力不足的身体对应的是缺乏资格的总统，相反，雄姿英发、踌躇满志的形象则是总统获得认同的关键。虽然总统处于国家行政权力的顶峰，但在公共场合举行的政治仪式中，他们的身体无疑是受到规训最多的身体。在这种同质化规训中，一次次总统就职典礼更是将身体和身份的对应性发挥到更高的程度：对个人而言，关系到总统权力的合法性；对国家而言，则关系到国家的形象和地位。一旦被升格到这种程度，总统的身体一方面因兹事体大而不敢随心所欲，另一方面又因这种关联的存在而"力大无穷"。

  政治仪式作为一种预设了某种权力目的的社会实践，唯有克服参与者身份多元化带来的权力分散的危险，才能在最大程度上实现其目的。以各国广泛举行的国庆民众巡游仪式为例，虽然民众的日常身份极为复杂、政治观念也有很大区别，但是这种仪式通过凝合多元身份的方式实现身体和身份的同质化，为所有的参与者身体设定了共同的国民身份，以此暂时遮蔽其他身份类别。身份的一元化或无差别化使得原本分散的权力得到了集中，它们的国家指向意味着所有参与者都将个人权力让渡给国家，而仪式的组织者成为这种集合权力当仁不让的接受者，即便是以想象的形式表现出来。[1] 身体和身份同质化的规训机制主要有两种实现路径，一是令身体向身份靠拢，二是制造无差别的身份以实现身体的匀质性。在政治仪式中这种规训机制的有效

---

[1] 如安德森曾指出，在国定假日中素不相识的人共同吟唱国歌等仪式性诗歌时，这种"想象的声音"能将"我们全体联结起来"。参见［美］安德森《想象的共同体：民族主义的起源和散布》，第 171—172 页。

性是在双重保障下取得的。

首先,同质化能够带来政治收益(也包括其他类型的收益),使得规训机制如同靡菲斯托的约定般令受规训者难以抗拒。例如,参加加冕的人唯有像个国王的样子才能真正获得国家权力及其合法性;[1] 虽然小布什(George Bush)常在各类仪式中举止轻浮或言谈不合时宜,但其"牛仔"做派被视作美国式的民主风格,而这种"国家风度"与总统身份之间可以产生无缝链接,尤其为其成功连任发挥了重要作用;[2] 国家庆典中成千上万的人的共同欢呼和游行将统一的国家身份所具有的共同情感贯彻到每个人的身体中,所付出的只是"和其他人一样",得到的却是"当上了国家的主人"。在这些案例中,来源于身体和身份相契合的保障性收益使得同质化规训机制成为一种弱约束力的或者具有隐匿性的规训机制——这正是后福柯时代规训技术发展的重要特征——政治仪式能够将碎片式的个体当作不可分割的符号投射到特定的意义簇中。

另一重保障是对身体和身份异质化的惩罚,即一种与收益相对的损失。在政治仪式中,身体如果做出与其政治身份不符的举动就会受到各种形式的惩罚,包括丧失权力的合法性、退出仪式身份共同体或者仪式失效等。规训机制越强有力,在惩罚力度上也就越大,既可能是想象性的报复,如切断其国族身份供应;也可能是实质性的惩处,如肉体的伤害或财物的处罚。举例而言,一些移民到加拿大的锡克教徒"很想加入加拿大皇家骑警队。但是,由于他们

---

[1] 法国1685—1688年的"雕像运动"创造出了一群壮观的路易十四的身体,以与其伟大的太阳王的身份相吻合。参见[英]彼得·伯克《制造路易十四》,第104—106页。

[2] 参见海阳编著《牛仔布什》,北京:时事出版社2005年版,第66页。

的宗教要求他们戴头巾,因此,如果他们不改变通常的服装礼仪的话,他们就不可能加入"[1]。这一案例潜伏着仪式身份和宗教的内在冲突:如果加入加拿大皇家骑警队(仪式化的身体),那么就要退出自己的宗教身份,他可能被视作"文化叛徒"而受到惩罚,包括被迫退出小群体交际圈,甚至是激进教众的人身伤害。正是因为皇家骑警队不愿通融自身对仪式身体的设定(不能戴头巾),使得想加入的锡克教徒面临身份上的两难选择:一方面是力图融入大社会的新移民所欲取得的国家身份,另一方面是文化传统所规定的难以撼动的宗教身份。两种类型的仪式身份各自提出了不同的身体规训的主张,这种紧张状态尤为广泛地存在于多民族国家中。

在目的上,政治仪式对参与者的身份有着明确的要求,但在结果上,参与者也通过政治仪式肯定、强调和巩固了自己的身份意识。这种身份上的两面性在传统社会和现代社会中没有被明显地区分出来,但在后现代社会中,这种两面性的意义则是极为重要的,因为它凸显出了参与者作为政治生活中的个体的主体意识和主体地位——来自外界强制和内在认知的合力是后现代社会中对抗个体碎片化的重要方式。

二、里层的忠诚与信仰

1. 政治仪式过程中的价值分层及其进阶

如果身体是人的表层,那么精神可称为人的里层。表里之间并

---

[1] 参见[加]威尔·金里卡《多元文化公民权》,杨立峰译,上海:上海译文出版社2009年版,第226页。

不存在截然的界分,政治仪式规训身体的技术也是以身体为媒介实现社会控制的技术。身体及其行动的连续性和稳定性构成政治仪式操演的基本单元,它们在经验世界里的特殊表现为政治仪式营造必需的超验感奠定了实践基础。仅仅停留在对身体层面的种种关涉上,政治仪式无法成为社会精神生活中最为璀璨的明珠之一。

政治仪式对人类精神的作用需要在整个操演过程中予以探视,行动本身所集中的身体意象难以在深度和广度上对精神世界的变化作出通盘考虑。在特纳看来,社会结构和仪式结构在过程意义上具有某种同质性,"与其说社会是一种事物,不如说社会是一种过程——一种辩证的过程,其中包含着结构和交融先后承继的各个阶段"[1],仪式亦然。政治仪式的过程涵括了精神层面的政治投入及其产出的具体情况。这种"政治精神"主要是"忠诚"和"信仰",作此论断的原因在于,政治仪式的结构性和功能性核心都是权力及其合法性,而忠诚和信仰分别是对权力和合法性(权威)的最为强烈的精神层面的认同和服从。

在绝大多数政治结构中,忠诚都是权力网络得以连接和成形的精神支柱。西塞罗(Marcus Tullius Cicero)将忠诚称作"起源于我们热爱同胞的自然倾向"的美德之一,充当着"正义的基础"。[2] 马基雅维里(Niccolò Machiavelli)在功能意义上将忠诚的民众和坚固的城防视作君主战无不胜的两种基础。[3] 作为一种精神服从的政治表达,政治忠诚维持和固化了不同权力主体之间的从属关系。

---

[1] [法]维克多·特纳:《仪式过程:结构与反结构》,第206页。
[2] 参见[古罗马]西塞罗《国家篇 法律篇》,沈叔平、苏力译,北京:商务印书馆2002年版,第171页。
[3] 参见[意]马基雅维里《君主论》,潘汉典译,北京:商务印书馆1985年版,第58页。

在等级制权力系统中，忠诚的语义形态是种自下而上式的表述；在平权观权力系统中，忠诚的语义形态则偏向于群体指向式的表述。传统社会的忠君忠国思想便是前一种表述方式的体现，其间的大多政治仪式都属于"效忠仪式"，君主和国家作为权力象征成为臣民效忠的对象。在现代社会中，政治忠诚的表述主要持后一种方式，但在本质上没有发生多大变化。例如美国总统就职典礼中的总统虽然身处高位，但需要向更有权力的、呈现为集体形态的人民效忠；中国国庆阅兵仪式中的士兵们的效忠对象是作为更大群体结构出现的国家。普泛而言，"包括现代社会在内的任何社会形态的成员，都通过共同参与仪式培养认同……仪式把人们聚集在一起，通过这些象征表明他们的忠诚一致，并使他们有种一体感。"[1] 无论是君主、人民还是国家，它们作为效忠对象能够提供系统性的权力结构，使效忠者感受到自身处于具有某种聚合性的群体中。

在表达效忠的政治仪式中，向忠诚对象作仪式性操演是主要环节，各种象征符号都被调配进去，比如跪拜的身体姿态、各种表明彼此身份的誓词、区分权力等级的礼器系统以及饰物系统和色彩系统等。更为重要的是贯穿在这一过程中的忠诚理念及其逻辑得到了培育、宣扬、维护以及奖赏，正如《圣经》所言："服从胜于祭献。"[2] 忠诚在政治仪式的权力逻辑中占据中心位置，自下而上的效忠仪式常常伴随着自上而下的奖励仪式。其主要目的是提供一种交换权力和忠诚的场所，等级制或者"阶层化社会的政治关系"成为

---

[1] ［美］大卫·科泽:《仪式、政治与权力》,第75页。
[2]《圣经·旧约·耶肋米亚7:21》。

交换双方遵守的基本条款。[1] 诸如就职仪式、授勋仪式和入会仪式等常见的政治仪式实现了个人在关于忠诚和角色的定位上以新替旧。[2] 这类政治仪式同时提高了效忠者的忠诚度和权力等级，成为社会阶层流动和权力流动的促进机制之一。

狮子纪念碑（摄于瑞士卢塞恩，2012年）

在15世纪以来的近代西欧战争中，瑞士雇佣军一直以其忠诚于金钱而为各国雇主所青睐。法国大革命期间，路易十六雇佣瑞士人充实皇家军队。在1792年8月，虽然国王已被捕，但瑞士雇佣军依然为守卫杜伊勒里宫与起义市民发生激战，上千名士兵中有约760人战死。一名在卢塞恩休假未参战的瑞士军官卡尔·费弗（Karl Pfyffer）为悼念其同袍于1818年募捐资金，丹麦著名新古典主义雕塑家巴特尔·托瓦尔森（Bertel Thorvaldsen）受委托设计了图稿：一只被长矛穿刺的垂死的狮子倒在法国王室的徽章（鸢尾花）上，上方的拉丁文为"忠诚、勇敢的瑞士人"。这座雕像被马克·吐温称为"世界上最令人伤心和动情的石像"。

---

1 参见 Huckfeldt, R.（1984），"Political Loyalties and Social-class Ties: The Mechanisms of Contextual Influence," *American Journal of Political Science*, Vol.28, No.2, pp.399-417。

2 参见［美］大卫·科泽《仪式、政治与权力》，第23页。

虽然忠诚在政治生活中作为必要的美德得到了广泛承认，也能够维护权力关系的稳定性，但无法提供更为广泛的、系统性的精神支持。这是因为权力自身还需要获得其他价值的支持，忠诚仅仅呈现出对权力的服从，不能为权力自身的存在提供足够的证明。信仰以其不证自明的特性填补了忠诚的先天缺陷，它作为一种"自给自足"的价值系统为包括忠诚在内的所有政治价值、观念乃至态度提供了至关重要的支撑，成为整个权力系统的价值源泉。正如罗素所言："社会的权力，不仅决定于它的人口、经济资源以及技术能力，而且也决定于它的信仰。"[1]

将效忠仪式上升为崇信仪式，不仅体现出对具体权力主体的服从，更是对权力来源即权威或合法性（legitimacy）的尊崇。一般而言，在政治仪式的操演过程中，表达出的主要政治价值具有内在的层次感：在现象层次上是对权力关系的具体呈现；在本质层次上则是对合法性构建的抽象呈现。如古代授勋仪式中的爵位既确定了不同的权力等级，也向所有人强调君主是这种权力的来源；加冕仪式中盛装出场的国王用各类符号装扮着自己的权力，而神职人员的在场和作用则提示所有人上帝权威的在场。在现代社会中，对个体的忠诚大幅转移到共同体层面上；同时，对传统神权体系的信仰也逐渐退出政治舞台——这是否表明忠诚比信仰具有更大的生命力，或者说忠诚依旧而信仰杳然？当然不是，这恰恰表明忠诚与信仰相比处于较低的价值位阶上。社会转型的一个重要特征便是价值系统的深层次转变要远远大于表层观念的更替。

简单来说，"信仰"在动词意义上指一种交付主体性后的"全身

---

[1] ［英］罗素：《权力论：新社会分析》，吴友三译，北京：商务印书馆1991年版，第103页。

心"的尊崇,在名词意义上是一种具有"完备性"的价值体系,在此将其视作内含重叠意义的动名结构,即"对信仰的信仰"。信仰对于政治生活来说至关重要,如果说稳定性对于一个社会而言具有生死攸关的意义,那么信仰的缺失将是对稳定性最大的威胁。因为稳定性的一个重要来源是拥有一种能够将群体在精神层面上聚拢在一起的价值系统。这也是诸多政治仪式对社会结构稳定性的重要贡献之一。信仰在制度化的政治生活中可以给予权力更多襄助。德·塞托(Michel de Certeau)明确宣称:"迄今为止,权力一直是通过其允许相信的事情来弥补其禁止做的事情。"[1] 政治仪式作为这一吊诡的制度化权力逻辑的重要执行者,用政治象征描绘出的信仰蓝图渲染、迷惑、牵制乃至规约个体和群体在政治世界中的权力地位。虽然这被普遍视作一种关于权力系统的意识形态控制的神话,但至少在一些政治仪式中,这一神话的确是以报告文学的面貌出现的。

政治仪式在对权力的忠诚之后展现出的是对其权力源泉的尊崇,这种尊崇既是生产意义上的,也是维持意义上的。因此,政治仪式中的权力主题就是"通过塑造各种信仰与愿望,通过在各种历史变革的环境中强制施加内在的约束来确保服从于支配的能力"[2]。合法性构建作为政治仪式的内在权力逻辑,从政治信仰中获得了最大份额的精神支持,而信仰作为"制度化教理和信条大全"[3] 也能够胜任此职。政治仪式构筑的信仰系统并非一成不变,至少在传统社会和现代社会这两种具有明显界分的社会形态中,出现了较大的

---

[1] [法]米歇尔·德·塞尔托:《多元文化素养》,李树芬译,天津:天津人民出版社2001年版,第79页。
[2] [美]史蒂文·卢克斯:《权力:一种激进的观点》,第143页。
[3] [法]布迪厄:《实践感》,第105页。

区别,这种区别正是政治权力运作方式发生根本转变的表现。

2. 封闭的信仰系统

传统社会中的政治仪式在很大程度上从属于或者受制于各种宗教或类宗教的因素,教义作为一种完善的信仰系统曾为宗教和社会提供了充分的权力支持。从历史角度来看,即使由于宗教不宽容带来的极端主义信仰模式曾对政治共同体的稳定产生过威胁和破坏,但也不能忽略宗教信仰对构建政治权力秩序所起到的重要作用。

没有仪式就没有信仰,这是人类学在传统社会研究中得到的基本共识。[1] 涂尔干通过定义"宗教"阐释了信仰和仪式之间的关系:"宗教是一种与既与众不同、又不可冒犯的神圣事物有关的信仰与仪轨所组成的统一体系,这些信仰与仪轨将所有信奉它们的人结合在一个被称为'教会'的道德共同体之中。"[2] 在涂尔干看来,并不是唯有宗教才由信仰和仪式结合而成,巫术甚或整个社会都是。只是在不同的社会结构中,信仰所具有的道德意义是以不同的方式呈现的。涂尔干为分析政治社会中的信仰和仪式至少作出了两点重要的理论贡献。首先,信仰的一个关键性特征是区分神圣和世俗。政治信仰有着类似的界分,主要体现在不同的权威层级中,并跟随社会结构的转型而发生变化,如传统式的"天地君亲师"和现代式的各类"民主意识形态"。信仰的区分既意味着权威的不同来源,又指出了权力流动的不同方式和方向。从涂尔干的观念中还可以作进一步阐发:信仰在本质意义上仍是属人的,也就是说,事物的神圣

---

[1] 参见[英]拉德克利夫-布朗《安达曼岛人》,第176页。
[2] [法]涂尔干:《宗教生活的基本形式》,第42页。

性从根本上来自人的指认。这正是沃尔夫的观点："人类强加意义的能力——为事物、行动和观念'命名'——是权力的源泉。"[1] 政治仪式是政治生活中最为重要的命名系统之一，在与日常政治状态相隔离的环境中，"上帝"和"凯撒"在信众的言行举止中各得其所、各司其职。其次，信仰是一种所有共同体成员都遵守的基本道德，而仪式则是这种道德的实践。信仰和仪式一同构成了这种道德共同体的基座。这在政治仪式中同样成立并尤为重要，虽然政治仪式之于政治社会远不如宗教仪式之于教会那般重要，但政治仪式仍然具有很强的社会性指向，它作为一种行为系统所践行的道德正是政治社会的根本秩序。

涂尔干从宗教的神圣性中推导出社会的神圣性，在他生活的时代，社会分工虽然已经引起了学者们的重视，但社会分层乃至分裂的趋势还在襁褓之中。不过，这一发展态势导致了各种意义上的神圣性不断受到质疑，政治信仰也在此过程中频频改换门庭以适应社会发展的新需要，政治仪式和政治信仰的结合的确产生了明显的参差不齐的状况。如果要清晰地分析出现这一状况的原因并对其未来走势作出预测和判断，还必须回到状况发生前的时刻，那时面对的难题将是传统社会的政治信仰究竟为政治仪式提供了何种内在动力，这种信仰和仪式并行的政治传承能在多大程度上、以何种方式抵御社会变迁带来的巨大压力。

自原始社会阶段起就一直存在的天地观、自然观或神鬼观，通过仪式操演传承和呈现社会（政治）信仰的做法相当普遍。任何成型的政治社会既可从其社会传统中吸纳构成政治价值的各种理念，

---

[1] ［美］埃里克·沃尔夫：《欧洲与没有历史的人民》，第454页。

又可令这些政治价值系统性地呈现出来。最为简单的理由是，政治社会自身也是一种系统，两者需要内在的对应性，否则社会发展的理论和实践会出现巨大的脱节，这种后天发育不良的社会可能会在历史竞争中被淘汰。现代社会已经对政治文化和民族国家的政治体系之间唇亡齿寒的关系达成了共识，在传统社会中亦然，政治价值是评估各种共同体文化的政治重要性的关键因素。在社会层面上，提供系统性的政治价值是稳定的政治共同体的一致诉求，虽然诉求的方式千差万别。总之，政治价值系统是政治社会的精神基础，政治仪式通过具体的操演过程将这种精神基础在整个社会中展布出来，两者联合的目标是政治社会的稳定。

构建封闭的仪式和信仰系统是传统社会维持政治稳定的重要手段，封闭意味着减少两者的能量逸失，在历史变迁中将传统的政治信息完整地传继下去。仪式本身具有封闭性，循环往复的操演保持或体现了仪式规则的恒定性。此外，保持仪式传统的奖励机制和破坏仪式传统的惩罚机制也保护着仪式的边界。"不违祖制"的仪式传统用来自历史的合法性不断"格式化"（format）着当下的社会，就此建立起的封闭系统虽然生硬刻板，但将其在时间长河中积累的所有合法性认知都添加到对社会的整体性阐释中。因此，这种封闭性既划定了社会的边界，同时也与社会一同发展，传统的封闭性与包容性之间没有必然的龃龉。透过仪式操演的规则和过程，政治信仰的明确性不断得到指认和消化。权力结构对社会统治的理解和实践决定着政治信仰的具体范畴，政治仪式以直观的方式显现出政治信仰和权力结构皆有的封闭性。从历史发展来看，政治信仰的封闭性传统的仪式呈现，对各种二元对立作了一种戏剧化的界分，往往直接或间接地对应着政治生活中的正确和谬误。作为颇具神秘色彩的实践系统，政治仪式围绕着政治信仰构建其核心叙事，通过操演过程将整个思想体系抛射至参与者的身体和心灵中。这正是传统社会政治教育最有效的范本之一。

不过，从社会结构的巨大转型来看，现代和传统之间出现的不可逆转的分裂，意味着政治信仰和政治仪式的传统封闭性遭受了重创。就对传统仪式的理解而言，"参与者对大多象征性行为并不清楚，或者他们对之在理解方式上迥然不同"[1]。换言之，无论是参与者还是观察者都无法继续在传统的意境中理解传统。仪式和信仰之间的脱节也意味着政治仪式这种政治价值系统的实现手段或许丧失了昔日的效果。面对传统封闭性的破损，卢梭以"启蒙"的名义提议：最好是建立一种拥有共同信仰的公民宗教，它的条款由主权者制定，"它虽然不能强迫任何人信仰它们，但是它可以把任何不信仰它们的人驱逐出境"[2]。事实上，历史发展的趋势近乎于此，格尔茨作了恰当的总结：包括各种仪式在内的传统文化手段"将最终被一组更为抽象、更具意愿、在正式意义上涉及政治性质和目的的更理性的观点所代替……这些观点，我根据词汇的恰当意义称之为意识形态……它们为政治行为提供了指导；依靠它去把握政治行为的形象，去解释政治行为的理论，以及去判断政治行为的标准"[3]。在我们看来，包括政治仪式在内的传统文化手段并没有完全消失，有些反而随着全球性的政治相对稳定、经济增长和文化多元化有缓慢加强的势头，但是，封闭的传统信仰系统败局已定。政治仪式欲在现代社会中站稳脚跟，拥有开放性的意识形态成为其最重要的，甚至

---

[1] Bell(1992)，p.183.
[2] ［法］卢梭：《社会契约论》，何兆武译，北京：商务印书馆 1980 年版，第 185 页。
[3] ［美］格尔茨：《文化的解释》，第 401 页。

是唯一的选择。

3. 开放的意识形态

意识形态的产生意味着在传统社会中出现了一种能够彻底摧毁旧有政治价值系统的力量,这种力量导致上层精英的权力运作和下层民众的日常生活发生了根本性的变化。自从"意识形态"一词在法国大革命时期出现后,自上而下的传统权力模式逐渐被反向而行的民主制度所替代,日常生活的被动模式向主动交往和积极参与的模式发展。意识形态便是为直观且准确地表述由各种替代所引发的价值冲突而创设的概念,即使它的众多解释本身也充满了冲突,但它依然可以被视作一条分析现代政治社会价值冲突的重要路径。

"意识形态是具有符号意义的信仰和观点的表达形式,它以表现、解释和评价现实世界的方法来形成、动员、指导、组织和证明一定的行为模式或方法,并否定其他一些行为模式和方法。"[1] 这一定义强调了意识形形态的两大组成部分:以价值为源头,以行动为目的。或者通俗地说,"意识形态既想使某些活动或安排合法化,又想使个人整合起来,使之能够为了一定的目标而团结一致。"[2] 我们将之进一步具体化:意识形态是一种具有操作性的价值输送系统,旨在通过塑造和改变民众的思维方式,获得他们对输送者合法性的自愿认同。意识形态概念的出现是因为宗教、习俗、法律和政制等系统相对独立的价值观的原子化无法满足政治统治在价值灌输上的迫切的统一要求。意识形态可以提供一种包容并整合这些理念的途

---

[1] [英]戴维·米勒、[英]韦农·波格丹诺主编:《布莱克维尔政治学百科全书》,第345页。
[2] [澳大利亚]安德鲁·文森特:《现代政治意识形态》,袁久红等译,南京:江苏人民出版社2005年版,第24页。

径，使得政治权力能够以全覆盖的方式对社会产生整体性影响。在此情形下，无论哪种单独的价值冲突都能够被视为意识形态冲突的一部分。

意识形态在其思想意义上足以成为现代社会中政治信仰的新母体，在其行动意义上则能够适应政治仪式这种传统的社会实践活动。虽然意识形态本身与价值冲突具有先天性的联系，但它也拥有政治信仰所应该具有的包容性。从社会实践来看，任何一种意识形态的首要目的都是创造具有包容性的政治解释系统——但与此同时，任何一种包容性也必然有其边界。无论是马克思主义者对意识形态内在对立性的强调，还是持反对意见的学者所主张的意识形态便是整个社会的意识共量，意识形态在政治社会的价值系统中都占据着绝对的主导地位。即便是后现代社会的来临，也没有阻断意识形态对政治生活价值系统的巨大影响。

现代社会中的政治仪式并不是意识形态的忠仆，它也有相对的独立性。政治仪式操演过程中信仰模式的转变与其说是一种替代，不如说是一种混合。虽然这种混合存在着主次之分，但处于较低地位的传统信仰系统并非一无是处。政治仪式的现代作用在很大程度上作用于传统的人与人之间的心理关系和情感基础之上，是对程序化的现代政治生活的一种补充，因为它能够从古老的传统中汲取团结性力量。同时，政治仪式的复杂过程对政治信仰的重塑具有强大的抵抗力，从仪式基因上来看或许是一种免疫力。或而言之，政治仪式所具有的图解意识形态的能力并不能帮助意识形态顺利入主，反而可能形成阻碍。正因如此，政治仪式才能够成为各种意识形态之争的角斗场，而参与者既是观众也是角斗士。

从意识形态身处现代社会中处理传统关系的方式来看，它是一种开放性的政治信仰。一方面，意识形态站在现代和后现代的立场上向传统开放，政治仪式在这种开放中发挥着不可忽视的作用。另一方面，政治仪式所容忍的价值之争意味着各种理念间具有一定的共通之处，否则就无法在政治仪式的规范性过程中并存。此外，从政治仪式和意识形态之间的关系来看，价值之争的一个可能性结果是对政治仪式的转变产生巨大的影响，这意味着我们可以在政治仪式的转变中反观意识形态的转变。

在现代社会中，政治仪式构筑意识形态的目的在于塑造一种具有普遍性的信仰，如保持社会团结和稳定以及实现有效的政治控制。这直接来自意识形态自身的目的。拉斯维尔（Harold Dwight Lasswell）早就指出，在资本主义出现及发展的过程中，"少数派"的每次胜利都与对"多数派"所怀有的理想的诱导、掌握及转变联系在一起。[1] 萨托利（Giovanni Sartori）的表述更为直白："意识形态是精英们操纵的一种关键性的杠杆，用以实现政治动员和最大可能的对群众的控制。在我看来，这就是意识形态对我们如此重要的主要原因。"[2] 简言之，意识形态旨在创造对权力的普遍信仰，即塑造一种整体性的合法性认同。

意识形态作为现代性的政治信仰，虽然两个世纪以来遭受频繁的质疑和否定，但仍是现代社会实现有效统治的重要方式："意识操纵一经变成统治技巧，民主概念本身便成为纯象征性的东西了，只把它作为一种意识形态的印记来使用。"[3] 哈贝马斯（Jürgen

---

[1] 参见［美］哈罗德·拉斯韦尔《政治学：谁得到什么？何时和如何得到？》，杨昌裕译，北京：商务印书馆1992年版，第92页。
[2] Sartori, G.（1969），"Politics Ideology and Belief Systems," *American Political Science Review*, Vol. 63, No. 2, pp. 398–411.
[3] ［俄］谢·卡拉-穆尔扎：《论意识操纵》，第45页。

Habermas)中肯地指出,现代社会的政治治理方式发生了变化,专家治国体制中的意识形态也发生了相应变化,但它依然存在并且有效。"这种专家治国思想论与其前辈相比,在某种意义上是较少意识形态的,因为它并不主张一种与'现实'生活相背离的理想化事物或幻象,这种专家治国论同时又是更加意识形态的:它与其前辈相比,更具渗透性,更加牢固,难以动摇,因为它用经济和效率的名义压制了所有的选择,只允许对从属于一个既定目的的不同方式展开争论。"[1] 所以,现代社会中的政治仪式在信仰塑造的选择上几乎是唯一的,意识形态表现出舍我其谁的姿态。意识形态的介入在某种程度上左右着政治仪式的目的。虽然传统性的文化或历史的意义还存在着,但政治意义显然更具统摄力。政治仪式是如何成功地将意识形态发射至人们的思想中的呢?阿尔都塞(Louis Pierre Althusser)有关"意识形态国家机器"的观点对此具有一定的指导意义,国家权力机关是塑造、维护和散布意识形态的主要组织,意识形态作为权力系统的理论内核与这些权力机关具有先天的联系性。[2] 不过,在政治仪式中,这种论点并不能毫无保留地得到移植,否则政治仪式只能被界定为权力机关举行的重复性政治活动。

意识形态与国家权力机关的密切联系,引发了我们对这些权力组织和政治仪式之间关系的思考。权力组织的卷入对于政治仪式而言具有意识形态控制的可能性,分析政治仪式过程中权力机构所扮演的角色及其具体的行动,是分析政治仪式构建信仰系统的主要途

---

[1] [美]大卫·麦克里兰:《意识形态》,孔兆政、蒋龙翔译,长春:吉林人民出版社2005年版,第100页。
[2] 参见[法]阿尔都塞《哲学与政治:阿尔都塞读本》,陈越编译,长春:吉林人民出版社2003年版,第334—339页。

径。征用国家权力的民间仪式和附着民间（传统）权力的国家仪式都验证了这一点。在政治仪式构筑意识形态的过程中，"意识形态最好被理解为一种权力策略，借此过程，特定的社会实践或机构被描述为'自然的'和'正当的'"[1]。政治仪式的整个过程都围绕或直接参与了这种策略的实施。从历史上来看，这类政治仪式占据着所有政治仪式类型的主体，只是以前的策略目的是推行传统的政治信仰，而现在推行的是意识形态。需要注意的是，权力机构的意识形态输送有时是曲线轨迹，如当权者有意识地举行一些仪式以取得合法性，但这种指向合法性的有意识的动机（即意识形态）并不会在仪式中直接体现出来，而是举行仪式的当权者和普通大众都可能会相信这种意识形态，它笼罩着仪式中的所有参与者。

在一些权力机构并没有直接出场的政治仪式中，塑造意识形态的方式更为隐蔽。政治系统嵌合在整个社会结构中，其他系统以环境的方式存在着，因此非权力机构主导的政治仪式塑造意识形态的策略，主要通过环境对系统的影响而呈现出来。在社会和政治的结构性关联中，意识形态本就具有渗透性和跨越性，所以来自社会环境的影响依然部分地包容了意识形态的观念，同时也意味着意识形态处于开放的变化中，它在一定程度上受环境和系统间信息交换的影响。另外，政治仪式也具有独立性，它不但执行权力各方制定的策略，其操演过程本身就是一种意识形态构建。举行仪式和参与仪式等行为既不强调国家权力机关的价值灌输，也不强调外在政治环境的价值影响，而是自成一体地塑造出某种政治价值感受。

现代社会的政治系统虽然首重制度设计，但它既无法彻底忽视

---

[1] Bell(1992), p.192.

前现代社会政治传统的广泛影响,也无法完全实现政治制度与碎片化、多元化的后现代政治风格之间的无缝对接。事实上,政治仪式携带着的来自传统时代的忠诚观念和封闭信仰系统,依然对现代政治生活产生着巨大的影响力,而在一种开放的意识形态中,政治仪式更能够游刃有余地参与意识形态的塑造。作为观念和策略的政治仪式不仅是人类社会信仰系统的重要组件,而且其历史演变也勾勒出政治社会发展和变革中的重要轨迹。植根于权力观念及其运作模式的传统信仰系统和现代意识形态是政治仪式不可或缺的"软件",它们跟随政治社会变迁的步伐不断"升级"。因此,把握政治仪式中权力意志更迭的过程和原因,既有助于在一个重要的层面上完善对政治权力这种政治社会核心要素的"深描(thick discription)"[1],亦有助于通过政治仪式这种凝合了共时性和历时性的特殊政治活动观察和评估政治观念发展的方式、方向和效果。

三、内层的生成与渲染

1. 仪式化的概念分析及其内在生成策略

政治仪式通过规训机制和信仰构筑实现了对表层身体和里层思想的双重控制,似乎基本完成了任务。不过,如果止步于此,那我们会遗漏最为关键的问题。不可否认,政治仪式以其"高龄"和"保守",已经在抵御现代世界的斗转星移中捉襟见肘。诚然一些重要的政治仪式在政治生活中的耀眼表现为其保留了部分颜面,但必

---

[1] 这是格尔茨借用自吉尔伯特·赖尔(Gilbert Ryle)的一个概念,具体阐释参见[美]格尔茨《文化的解释》,第3—39页。

须承认，以权力生产和再生产以及合法性构建为主的现实政治生活，对政治仪式的依赖越发稀少。而"仪式化"概念的出现，迅速挽回了这一颓势。仪式化将一切具有仪式性特征的社会活动都纳入仪式研究的框架中，在理论意义上极大地拓展了仪式研究的领域，也为专门性的仪式研究在理论上的适用性寻找到了新的试验田。进而言之，仪式化意味着仪式的模式和规范具有映射社会实践的重大意义，虽然仪式的荣光不再，但它已经弥漫在整个社会生活之中。因此，仪式实践是社会实践最为稳定而古老的基因，它携带着具有本源性意义的丰富信息。

仪式化的威力自然也提升了政治仪式的理论及实践意义，这既得益于仪式化所具有的从仪式到社会的"泛化"（generalization）的力量，更得益于仪式化所内含的权力策略的本质。仪式化是社会生活中的一种权力实践，而政治仪式的仪式化显然比其他类型的仪式更具"权力感"。之所以称仪式化的作用方向属于"内层"，主要基于两个原因。第一，仪式化是仪式由内而外散发其魅力的表现，它是仪式的一种内在生成，携带着仪式最为本质的核心要素。第二，与政治仪式作用于表层的身体和里层的思想或精神相比，仪式化的作用层次更深，它能够作用于政治权力的本质之中，因此凡是政治权力所到之处的政治生活，都潜在地在其势力范围之内。正是基于这种仪式化过程，政治仪式得以完成对社会生活的"渲染"。

赫胥黎（Thomas Henry Huxley）最先将仪式化的概念用于延展传统的仪式观念，他影响了两种思路，包括认为人类学仪式研究和动物行为学有关的一方以及认为两者无关的一方，另有一些学者认为仪式化就是对仪式作为一种行动的强调。到20世纪80年代，仪式化成为研究仪式的首选术语，霍布斯鲍姆用其描述现代社会发明传统的过程,通常还有赋予仪式化社会控制和(或)社会交往的目的,即有意无意地将仪式部署视作一种社会策略类型。贝尔指出:"在大多数使用该术语的研究中,仪式化被看作和重要关系的正式的'模式化'有关,以便为这些关系及其价值提供合法性和适应性。"[1] 她总结道:"仪式化是一种经过设计和特别安排的行为方式,以展现出它较之于其他通常更加日常化的行为的区别和特殊权力。换而言之,仪式化和各种特殊的文化策略有关,它们将种种行为彼此区别开来,在'神圣'和'世俗'之间制造了一种本质区别,并给予其特殊权力,以及将这些区别归因于基于现实考量的、对于人类行为者之权力的超越。"[2] 贝尔的仪式化概念和分析尤其受布尔迪厄对策略和身体等对象的研究的影响,本研究则吸收了前者,但对后者持保留态度。在贝尔看来,"仪式化的潜在动力和'终结',或许可以说是'仪式化身体'的产生。"[3] 具体地说,"仪式化的最终目的既不是共同体或官方所宣称的即时性的目标,也不是更加抽象的稳定社会或解决冲突的功能;而是产生仪式化的行为人,这些人将有关谋划(指仪式化行为的策略——笔者注)的根本认识植入他们的身体和对现实的感受之中,以及他们对如何维持和限定复杂的权力微观关系的理解之中。这种实践认识并非是一套不变的假设、信仰或身体形态,而是使用、操作和操纵各种基本谋划的能力,这种能力有效地占有和支配经验。"[4]

贝尔对仪式化概念的梳理和总结重要而精辟,但存在着一定的

---

[1] Bell(1992), p.89.
[2] Bell(1992), p.74.
[3] Bell(1992), p.98.
[4] Bell(1992), p.221.

局限性。例如过于强调仪式化作为实践策略的意义，忽视了策略内在的动因及生命力；过于强调身体在行为模式中的根本性作用，忽视了人类社会生活的群体性特征所具有的强大持续性和影响力；注意到了仪式化策略与权力之间的映射关系以及权力的运作，但并没有对权力作进一步考察；同时，传统仪式，尤其是传统的宗教和习俗性质的仪式虽然能够部分地证实这种观点，但在政治仪式中，身份远非仪式化的最深层次的动力和最终的结局，至少合法性就在这两点上都远胜身体，并且作为权力的力量源泉处于政治仪式的核心地带。

仪式化是对仪式内涵严谨的规定、忠诚的守护以及在此基础上积极的外扩。它的职责主要包括三个方面：一是在理论和实践两个层面上隔绝仪式与其他社会活动，以彰显仪式的特殊性；[1] 二是通过这种具有强烈自我指涉的方式进行反思，以解释自身的内在结构和生成过程；[2] 三是如病毒般通过各种接触方式将仪式的特性渗透进其他行为中，从而将其纳入仪式范畴。这三种职责对应于仪式内生变相的两种基本模式，前两者组成了地核层，最后者是地幔层，它们都存在于地表之下。

---

[1] 贝尔指出，"大多有影响力的仪式理论属于两大阵营：一些强调仪式的差异，它如何与其他行为区别开来；另一些强调仪式和其他人类行为的一致性，通常将其视为行为的'表达的、象征性的或交流性的方面'"。实际上这两个方面都是通过不同的路径展现出仪式之于其他行动的特殊性。从"仪式化"的角度而言，这两个方面都发展了各自的仪式化倾向。参见 Bell(1992)，p.70。

[2] "自我指涉"在此并不是一种自圆其说、蛇衔其尾的循环逻辑结构，而是格外强调内向性的意义构建。贝尔和德里达都认同仪式与语言(language)之间的相似性，并不因为两者都是有象征意义的文本，而是仪式能够在其他行动和话语系统的特殊语境中生成意义，并且所依靠的方式更多的是符号在仪式内部的"符号意义链"或"意指链"(signifying chain)中的相互指涉，而非符号对外在现实的某种反映。参见 Hollywood, Amy(2002)，"Performativity, Citationality, Ritualization," *History of Religions*, Vol.42, No.2, pp.93-115。

"内生变相"一词是指仪式内在的、变化了的情状。更为准确地来说,"内生"的意义远非"内在的"这一形容词所能承载,它既包括"内在"的意思,还特别关切内在的"生成"。"生成结构"是仪式内涵的重心所在,与仪式的策略具有某种等同性。内生变相所关注的"生成策略"意味着"生成结构"之结构或"策略"之策略,在此特指仪式自身的本质特征和构建路径。围绕这一术语来界定仪式的内在变化模式,可以将"地核层"的变化视作生成策略在策略内涵上的变化,而"地幔层"的变化则是生成策略在生成方式上的变化。前者关注仪式的基本组织原则,主要为仪式的建构提供意义系统;后者关注仪式的基本行为特征,主要为仪式的建构提供行动系统。仪式化的出现实际上表明仪式本身已经不能轻松面对日趋复杂的社会背景:越来越多的行为模式正加速地相互试探对方的边界,这使得仪式两面受敌,一方面固有领地被不断侵犯,另一方面又被不同的行为模式拉向自己的地界,核心区域的不断缩小和自身特质的日益破碎直接对仪式的生存境况造成了威胁——大众习惯于抛弃那些面容枯槁、古旧破败的概念。因此,仪式化的首要任务就是加强仪式自有领地的藩篱,将之差异性清晰标示出来。其次是加入领土争夺战中去,但是要以更加隐蔽的方式进行。对于"前仪式化"阶段的仪式而言,"后仪式化"阶段的仪式在生成策略上也就发生了相应的变化。

仪式内在的变化过程实际上也就是仪式如何取得特殊地位,并将这一特殊地位普遍化的过程。那么仪式化是如何为仪式赋予特殊性和普遍性?或者说仪式是如何通过仪式化获得特殊的和普遍的生成策略呢?

2. 习俗与习性：作为特殊性生成策略的仪式化

2.1 习俗：政治视野中对同主题仪式的初步分离

习俗可以被理解为一种风俗习惯，具有一定的持存性。与习俗相关联的仪式也是如此，它们作为习俗的重要组成部分，成为外人观察和理解社会的最为便捷的观察窗。我们主要分析三种不同的仪式。一是楚克奇（Chukchi）人的"感恩仪典"，这种相互交换礼物的仪式在冬季每家每户轮流举行，剩余的祭品被丢入大海或散落风中，象征它们回到了发源地并会带着今年所捕杀的猎物再度归来。二是俄罗斯的"koliada"习俗，孩子们戴着面具挨家挨户要鸡蛋和面粉，谁也不敢拒绝，这也是欧洲普遍的习俗。[1] 三是海村哈节仪式，人们每年在固定的日子里通过向镇海大王和其他神仙献祭来表示感谢、换取平安。从习俗的角度来看，它们是三种最为普通的民间仪式，虽然存在于不同的时空环境中，但在社会结构中的位置非常接近，主题都是"交换"（索取和给予）。它们所表现出来的形态和意义上的变化都非常有限，似乎除背景、规模和程序之外无甚可比。也就是说，它们虽然各具特色，但作为反映交换关系的风俗仪式都具有非常保守的边界，其中的所有行动都能够非常清晰地被辨认为整个仪式过程的一部分。不过，如果我们将之置放在特殊的政治架构中予以比较，就会发现三种仪式之间呈现出一些非常不同的变化。

第一种仪式中楚克奇人的生活空间是政治性相对较弱的部落社会，在该仪式中每家每户的轮流参与看似是纯粹的交换，实际上是

---

[1] 关于这两种仪式的描述和评论，参见[法]莫斯《礼物：古式社会中交换的形式与理由》，第 26 页。第二种仪式在中国也有，如有些地区存在的"拜年"仪式，孩子们在春节那天挨家挨户说吉利话，并讨要糖果。

一种"夸富宴"形式，人与人之间的交换践行着人与神之间的契约关系，在交换或给予的背后是"更多"的、"持续"的回报。仪式的政治性在于，其中反映出的早期人类社会的自然观正是部落社会中所有政治关系的最高规范。

第二种仪式存在于近现代欧洲，戴着面具的孩子象征着"神"或原始社会的萨满，人们与之交换也就是与神交换，与前者相比，它所订立的契约是在人与"神的化身"之间。这一阶段的政治空间已经发生了巨大的变化，在部落社会具有最高约束力的交换契约已经大大淡化，人们在回报孩子上的"不敢"并不完全受部落社会自然观念的牵制，在神圣性上已经大为减弱。也就说，这种类型的仪式在部落社会中占据中心位置，但在国家的政治空间中已经降低为没有强制力和神圣惩罚的普通风俗。

第三种仪式发生在 21 世纪初的中国南方沿海地区。虽然该仪式在整体程序上与传统情形没有太大差异，但已有大量国家符号介入，如仪式行进队伍以国旗打头，在仪式后程的歌唱部分以唱革命歌曲收尾。其中还隐藏着另一种交换：这些国家符号象征着向国家或政府赠予"信任"或"服从"；而当地政府机构的领导会受邀出席，并向举办哈节的村庄送来一定数额的货币贺礼。在这种仪式中，国家权力和民间力量互相征用了对方，"构成同一仪式过程两个相互依存的方面"[1]。

在这三种仪式中，风俗日益从神圣走向世俗，从弱政治走向强政治，从稳定边界走向开放边界。仪式的空间转换和策略转换都变

---

[1] 吕俊彪：《民间仪式与国家权力的征用——以海村哈节仪式为例》，载《广西民族学院学报》（哲学社会科学版）2005 年第 5 期。

得清晰可见，它们的差异性也益发明显。如果将它们视作严格意义上的风俗仪式，那么这种扩展就意味着仪式的特殊性和普遍性都受到了伤害，它们变得更加"庸俗化"，如在"实用主义"的观念下处理原本神圣的交换行为和索求关系，仪式的传统性、历史性或文化性表征变得无足轻重，可以随时随地地按需改动。于是，这自然也就不能从仪式中提炼出一种具有普适性的解释（当然这种观念本身也有问题），也无法将仪式置放在具有普遍性的意义框架中予以解释。

以这种方式来观察同一主题的仪式，能够捕捉到它们在外在的空间和策略选择上的变化痕迹，对于不同主题的仪式当然更容易把握。但仅此而已，这并不能让我们察觉到作为仪式主题的"交换"概念在三种仪式中有何不同意义，或者说并不能帮助我们判断这些仪式在其内在结构的生成上是否存在变化。也就是说，交换的本质没有变化（索求），交换的方式也没有变化。果真如此吗？为回答这一疑问，我们必须对习俗的意义作进一步推衍，因为风俗习惯的理解过于松散含混，无法观察到仪式深藏在地下的内生状态。

2.2 习性：仪式与其他社会行为的特殊性分离

风俗习惯作为普遍的习俗现象，在其抽象范畴中应该具有一种限定性较强的内在规范，以将这些现象从其他现象中彻底分离出来。布尔迪厄使用"习性"（habitus）的概念，[1] 在某种意义上正是对习俗的内在规范的表述。他认为"习性"是一种"有结构的和

---

[1] 莫斯首先使用了这一概念以描述"集体和个人之实践理性的技术和工作"形构了具体经验。参见 Mauss, Marcel（1979），*Sociology and Psychology: Essays*, trans. B. Brewster, London: Routledge & Kegan Paul, p.101。

促结构化的行为倾向系统"[1],它根据之前的经验作出实践假设,以指导当前与未来的实践活动。习性就是习俗的"结构性范式",也是习俗内在的生成模式之核心。时间是习性的基本轨道,布尔迪厄从此角度出发指出:"习性是历史的产物,按照历史产生的图式,产生个人和集体的、因而是历史的实践活动;它确保既往经验的有效存在,这种既往经验以感知、思维和行为图式的形式储存于每个人身上,与各种形式规则和明确的规范相比,能更加可靠地保证实践活动的一致性和它们历时而不变的特性。"[2] 如果将仪式置放在习俗的天平上进行衡量,从风俗习惯的层面上可以轻易地看出仪式是一种随着时间流逝而不断变动的实践活动,所谓"移风易俗"正体现出其中存在的种种变化。而如果将衡器换成习性,就可以测出在历史变迁中仪式所具有的一致性和稳定性。但仅限于此,我们只是确定了仪式的内在结构与时间的变化之间并不存在必然的联动性。要分析其内在结构的具体变化情况,还必须依靠习性这一概念所提供的其他理解路径。

既然习性必然要依靠历史经验,也就意味着习性一方面会根据历史经验的变动而发生变动,另一方面鉴于现在和未来都是某种历史结构,所以习性的变动具有现实性,并影响着未来。布尔迪厄继而提出"习得"的概念,认为习性是一种"习得的生成图式系统"[3]。仪式也来自不断的习得经验,这种生成图式表明仪式中蕴含着"生成能力"。也就是说,无论是习性还是仪式,都有着变化的能力和动因。事实上两者的确都处于发展过程中,生成"图式"的变化会导致其中的原则作出相应调整,只是这些原则并不会偏离

---

[1] [法]布迪厄:《实践感》,第79页。
[2] 同上书,第82—83页。
[3] 同上书,第83页。

"生成所处的历史和社会条件"[1]。习性意义上的生成图式对于仪式而言就是其内生模式,从结构的角度来看,它提供了内在的生成结构,也促成了此结构的生成,并不断通过生成本身具有的变动性以及习得环境所具有的变动性为仪式的变动提供根本性的动力。从而,习得使得习性(风俗)在变动中延续,仪式亦是如此,不管是其内生模式还是实践表现。

"拜伦到此一游" (摄于瑞士蒙特勒,2012年)

　　在旅途中留下自己的姓名以示本尊"到此一游"是一个古老的习俗,在今天已被视作"不文明"的行为。1816年英国著名诗人拜伦(George Byron)参观始建于11世纪的西庸城堡(Chillon Castle)时,在地下室的石柱上刻下了自己的姓,其著名诗篇《西庸的囚徒》的灵感便来自1530—1536年间被囚禁于此的日内瓦独立主义者弗朗索瓦·博尼瓦(François Bonivard)的经历。

---

1 [法]布迪厄:《实践感》,第84页。

将习性或习得从习俗中分离出来加以特别分析，并不是要说明风俗怎样维持稳定以及怎样发生变动。其最大的意义在于，习性（习得）是习俗的"反思"，它提供一种思维的路径和思想的力量，使我们这些观察者和评价者在面对任何仪式实践时都能将"思考"当作第一反应能力，去把握其中的变与不变。

仪式的内在生成模式并不是结构主义意义上的具体结构，它只是关于仪式之内在规范的抽象表达。在抽象的范畴中，仪式的本质被风俗的实践活动所包括。继而，在具体的范畴中，作为实践活动的主体组成，所有的行为或行动在时间——空间结构中呈现出有待解释的象征意义。在这种抽象和具体的流转背后充当指挥官的，是仪式的内在生成模式。这一由内而外的过程便具有了"仪式化效应"[1]。图式或模式在概念意义上具有某种"普遍化"的倾向性。但是对于此处所分析的仪式化所表达出的某种属性而言，习性或习得所提供的图式系统的主要功能或任务还是集中在将仪式与其他行为区别开来，即便它使仪式本身成为一种普遍现象，但也是一种普遍的特殊现象。在宽泛的风俗意义上去理解仪式，其普遍性仍然被拘束在一个可以大致划出的范畴中。更直白地说，即使在上述第三个案例中，仪式的举办者具有浓厚的"现实目的"，但它首先仍是一种民间风俗，这种"身份定位"也是它赖以交换一切资源（尤其是作为经济资源的钱财支持和政治资源的地位肯定）的根本。

也许人们会认为一种风过无痕的普遍性是种理想状态，但事实并非如此，诸如意识形态或民族主义的巨大影响已经向我们展示出了这一状态的客观存在。实现此状态的"仪式并不控制，而是建构了一种

---

[1] [法]布迪厄:《实践感》,第117页。

社会授权（social empowerment）的特殊动力学机制"，"这和信仰、意识形态和合法性有关——这些是我们如何构想信仰的基本问题"。[1] 在这样一种将信仰普遍化的仪式中，仪式本身、仪式中人，甚至仪式的观察者都会被"卷入"其中，共同完成一出精彩的戏。要想准确地分辨出戏里戏外或台上台下的区别是极为困难的。权力（尤其是政治权力）与象征的特殊关系或许是观察仪式化之普遍性的分辨率最高的显微镜。

3. 作为普遍性生成策略的仪式化

3.1 仪式化原理：象征多义性的转换机制

"权力和象征是弥漫于所有社会中的两个主要变量"[2]，在仪式中尤为如此，"仪式的力量在很大程度上建基于其象征和社会环境的影响力"[3]。象征之所以能够为仪式提供可靠的权力支持，与"象征使事物合法化，起导向作用的特性"[4] 有关。杜赞奇认为，象征"之所以具有权威性，正是由于人们为控制这些象征和符号而不断地互相争斗"[5]。也就是说，象征的权威性来自外部环境的特殊设置或给予。科泽认为应该从象征本身中寻找其权威性的根由，他总结了象征的三种特质：意义的凝聚性（condensation of meaning），指"单个的象征代表和整合了丰富的多重意义"；多变性（multivocality），指"同一种象征具有多种不同的意义"；模糊性（ambiguity），指"象征缺乏确切的意义"。这三种特质表明"象征

---

[1] 参见 Bell(1992)，p. 181。
[2] Cohen，A. (1979)，"Political Symbolism," *Annual Review of Anthropology*，Vol. 8，pp. 87-113.
[3] ［美］大卫·科泽：《仪式、政治与权力》，第 209 页。
[4] ［俄］谢·卡拉-穆尔扎：《论意识操纵》，第 632 页。
[5] ［美］杜赞奇：《文化、权力与国家：1900—1942 年的华北农村》，中文版序。

意义的复杂性和不确定性正是其力量的源泉"。[1] 我们将这种"复杂性和不确定性"统称为"多义性"。

政治仪式中的象征因其与权力的特殊关系而成为一种权威性资源,政治仪式的本质是象征的权威性构建,或者在过程意义上是权力的生产和再生产。仪式化的内涵输出或主要职责的完成,主要表现为权力的内在生成。其基本工作原理是将政治象征的复杂含义,通过各种方式转换为权力或权威(视不同的转换能力而定)。政治仪式追求的核心目标便是对象征含义复杂性的控制,即从象征的不同含义中择取出能够与行动主体和具体环境相匹配的确定性意义,使模糊的象征及其依托的符号具有指向上的一致性,从而使得符号所具有的象征意义在实践活动中吻合政治仪式的潜在安排。政治仪式的这种内在的象征和符号之间的复杂运动直接与政治仪式本质的生成相关联。[2] 仪式化的普遍性在这个层面上与单独的权力分析有很大的不同。首先,象征是所有仪式内生性的、与其本质相联系的范畴,因为象征和仪式的关系是普遍的,只要是仪式中的象征触手可及之处,便可成为仪式的势力范围。其次,象征和符号之间的从模糊性向确定性的转化是仪式内部的关键性运动,它提供了政治仪式得以构建和存在的原动力,是政治仪式及其仪式化的内在生成的核心方式,所有的内在生成策略都围绕它而进行。最后,"政治象征是权力精英建构权力结构和秩序的一套技术策略,而对它们的运

---

[1] 参见[美]大卫·科泽《仪式、政治与权力》,第15页。
[2] 这种关联性由于权力在政治仪式中的卓然地位而变得尤为突出,比宗教仪式、人生仪式或一般意义上的体育、教育等社会仪式中所内含的象征—符号关联性更加紧密。

用，则构成一种普遍性的权力实践。"[1] 这种普遍性虽然是外在性的，但它是政治仪式内在生成策略的由内而外发挥作用的表现。如果缺乏对象征含义复杂性的确切把握，政治仪式中用于权力生产的流水线就没有了电能，遑论达成权威或合法性的权力目的了。

"象征和仪式对于政治生活来说至关重要"，不仅为政府的政治秩序提供必要的支持，同时在不同的政治系统对其的颠覆和替代中具有重要作用。[2] "一个没有新的仪式和象征的政治实体是不可想象的"[3]。仪式的历时性变动会引发一系列问题，包括："新的象征系统来源于何处？如果我们只是占统治地位的象征系统的囚徒，假如象征系统决定着我们的世界观，那么我们有关政治生活的理解又从何改变？"[4] 通过对仪式化内在生成策略的分析，围绕政治生活，这些问题能够被转换为另一些问题，如政治仪式为何以及如何跟随政治生活的变动而变动？仪式化中的稳定性结构如何应对政治制度的变革？科泽的回答是："我们的象征系统不是把我们锁在某种政治世界观中的牢房，而是一个象征知识的大杂烩，我们通过持续不断的一系列协商来争夺赋予各种事件意义的权力。"[5] 贝尔的解答与之有异曲同工之意：仪式化的行为并不简单的是既有意识形态的反复表达，同时是一个"赞同、抵抗和议价而获"的持续过程。[6]

---

[1] 政治象征主要的工具性价值表现在四个方面：政治身份的确定与区分；政治沟通；确立、演示与强化权力和权威；政策决策的合法化。参见马敏《政治象征：作为权力技术和权力实践的功能》，载《探索与争鸣》2004 年第 2 期。
[2] 参见[美]大卫·科泽《仪式、政治与权力》，第 203 页。
[3] Thompson, Leonard(1985), *The Political Mythology of Apartheid*, New Haven: Yale University Press, p.40.
[4] [美]大卫·科泽：《仪式、政治与权力》，第 203 页。
[5] 同上书，第 203 页。
[6] 参见 Bell(1992)，p.207。

3.2 从"政治社会化"出发对仪式化的补充理解

政治社会化为观察仪式象征含义的复杂性提供了一条补充路径。一方面,政治社会化对解释仪式具有一定的优越性,因为仪式的行动策略和实践活动身处其中;另一方面,政治社会化与政治文化具有内在的特殊关系,即政治社会化是政治文化的一种维持。[1] 阿尔蒙德从一开始就将政治社会化视作政治文化的理论接力者,他认为,"政治社会化也就是一代人把政治标准和信仰传给下一代,这个过程叫作文化传送";政治社会化具有两种基本性质,即社会化既是持续人之一生的过程,也包括各种直接和间接的社会化方式,[2] 阿尔蒙德奠定了政治文化和政治社会化的基本关系。按照奇尔科特（Ronald Chicote）的理解,政治文化在规范意义上与人们"对政治系统的'心理取向'以及'认识,感受和评估'相关联";在应用意义上,则体现在"交流研究"和"社会化"研究中。[3] 也就是说政治社会化是政治文化的实践形式,正如仪式化与仪式的关系一样。政治社会化能够维持政治文化的稳定性,比如通过其传送行为完成在不同历史阶段的文化交接问题。但更重要的是,政治社会化同时具有各种可以导致政治文化发生变化的方式,比如引导人们对政治生活的认知,在政治文化传送中输入新元素,或者直接摧毁旧文化系统并以新的文化系统取而代之等。

回到仪式内在的生成策略问题上。仪式化作为一种特殊的实践策略,的确具有令仪式系统中的文化延续下去的功能,但它本身也

---

[1] 参见毛寿龙《政治社会学》,北京:中国社会科学出版社 2001 年版,第 108—109 页。
[2] 参见[美]阿尔蒙德、[美]小鲍威尔《当代比较政治学——世界展望》,第 41—42 页。
[3] 参见[美]奇尔科特《比较政治学理论——新范式的探索》,高铦、潘世强译,北京:社会科学文献出版社 1997 年版,第 245—250 页。

不停地对仪式产生新的判断,从而在映射、引导、维持以及固化等常规策略中夹杂着新的策略。这些新策略在政治生活发生变动时出现的概率最高,同时受其影响也会令这些新策略成为具有变革性甚至是颠覆性的策略。于是,仪式化的普遍性又有了新的内容,一方面,仪式作为政治文化的子系统之一,同样拥有政治文化所具有的描述世界普遍性的能力;另一方面,政治文化并不是一个停滞的系统,政治社会化能够引发、至少是反映出它的变化过程,而仪式化对于仪式而言也承载了相同的功能。仪式化作为仪式的特殊实践策略在使仪式的抽象要求具体化的同时,也会通过具有一定自主性的解释能力对仪式进行新的诠释,从而改变仪式的面貌和内在。仪式化与仪式这一内在的互动模式显现出仪式内在生成策略的必然性,而这正是普遍性的另一种表述方式。

政治仪式的仪式化作为一种权力的内在生成策略,实际上就是以政治仪式为中心,将所影响到的政治生活都卷入其中,处于旋涡中的象征之争夺、塑造、呈现和阐释成为权力生产和再生产以及合法性构建的主要方式。这使得政治仪式在一个远离部落社会和宗教社会的现代社会中,仍然能够将政治生活的规范和秩序隐于其中。这种隐蔽性主要是"因为我们自己的仪式和象征是最难被观察到的。它们看上去就像是自然而然的行为和不证自明地表现世界的方式,它们的象征本质被深深地隐藏了起来。这实际上就是仪式和象征的权力的源泉,因为就它们所具有的支配地位而言,它们创造了一个令人信服的世界;它们还使我们不去关注它们的偶然性,而是相信我们所见到的世界就是其真正的样子。"[1]。

---

[1] [美]大卫·科泽:《仪式、政治与权力》,第214页。

在政治生活中，政治仪式为我们提供了各种具有深层次影响力的认知理由，甚至常常越俎代庖地为我们做出选择。无论我们是主持者、参与者、袖手旁观者还是允执其中的观察者，稍不留心就会深陷其中无法自拔。当然，这种普遍性主要是一种对仪式抽象范畴和具体实践的存在意义上的描述，并不是无所不包的确然性。正如斗争是普遍的但总存于一定限度中，仪式的普遍性同样具有其自限性。"仪式化是一种构建受限的、有限的权力关系的策略"，"不是一个社会群体对其他群体的完全控制，而是同时包含着同意和抵制、误解和接受"，其普遍性体现为其中的"行为都再生产和操纵其自身的语境背景（contextual ground）"。[1]

---

[1] 参见 Bell(1992)，p.8。

第五章

改编

政治仪式中的变革者

政治仪式比戏剧更具稳定性,但同样对改编充满热望。在世事沉浮、江山代换中,各色人等汇聚在一起,前赴后继地搭台唱戏,变化的不仅是布景、剧情、细节、风格或演技,亦有他们自身。什么因素导致了这些变化?谁担负着改编政治仪式的职责?他们又是如何思考和如何行动的?在考察过政治仪式的系统结构和操演过程之后,这一系列问题就接踵而至,成了进一步研究的重点。[1] 沃尔夫曾指出:"在社会互动的混乱状态中,群体必须利用传统形式的含混性,强加给它们以新的价值或效用,借用更符合自身利益的形式,或者创造全新的形式,以应对当前已经变化了的环境。"[2] 如果将这段话移植过来,用于政治仪式变革问题的分析,似可做出如下判断:(1)政治仪式自身具有多重解释性,即其象征意义的暧昧与模糊为变革提供了基本场所;(2)新的政治信息的介入会导致变革;(3)操演方式的改变或创新会导致变革;(4)环境变化会导致变革。因前文已考察过政治仪式的外部环境,在这里,我们重点关切的是:谁掌握着象征多义性解释的话语权?谁会携带新的政治信息介入政治仪式?谁会导致政治仪式操演方式的改变?谁在环境变化中起着主导作用?依据这些设问,我们择取三类角色来分析政治仪式的改编:

第一类角色是审查官。他们喻指"政治传统",一方面通过制定和执行各类"通过标准",裁决政治仪式是否能够上演或在何种情形下才能上演;另一方面依靠传统自身发生的种种变化对政治仪

---

[1] 需要强调的是,在本章有关政治仪式理论和实践的讨论中,"变化"一直都是最为关键的词汇,以其为核心构成了本章的"文本背景"。这并不是刻意忽略了"不变",只是因为前文已经对政治仪式的稳定性进行了详细分析。
[2] [美]沃尔夫:《欧洲与没有历史的人民》,第453页。

式的变革施加各种影响。两方面的影响力反映出传统在政治仪式变革中的两面性：带着保守面具的审查官恪尽职守地通过稳定和维持等手段，将政治仪式的变革拘囿在有限范围内；带着激进面具的审查官则信奉不破不立的治理法则，通过变更乃至颠覆等手段迫使政治仪式作出相应调整。第二类角色是主创者。他们作为编剧和导演主宰着政治仪式的设计和执行。这一角色从表面来看主要是权力精英，是仪式实践中的主事人，实际上喻指政治制度，作为一种权力群体，他们在结构上反映出政治制度的设计思路。第三类角色是演员。戏剧的精彩与否，演员发挥着至关重要的作用。政治仪式中的演员们并不是缺乏能动性和自由度的玩偶，他们往往对政治仪式有着自己的理解，并会依据时空环境、导演和观众所发出的各类信息进行临场发挥。我们将重要的演员简单分成两种，一是偶像派，一是实力派，他们代表了政治仪式变革的两个不同路径。

一、审查官的保守与激进

1. 以退为进的审查官：政治传统的不变之变

传统以标准和秩序的形式将政治仪式的变革置放于可控范围内，通过设定目标及施加压力笼络政治仪式所有的可变因素，使政治仪式的变迁成为巩固和维系政治传统的方式。这种传统和仪式的两相宜是各种社会结构中传统影响政治仪式变革一直沿用的主要策略。在此过程中，传统担负着审查官的职责，既维护了其固有的合法性，又将审查标准提高到"仪式法律"中最高的宪法地位上。

传统为何能够充当政治仪式审查官的角色？涂尔干认为："仪

式权威与传统权威是相互混同的，而传统则是首要的社会事务。"[1]传统不仅对仪式的合法性具有渗透性（在很大程度上是决定性）的影响力，而且对整个社会的发展起着至关重要的作用。这一点在以传统为核心构建合法性体系的前现代社会中尤为如此。传统一词本身蕴涵着拒斥变化的意义，对"革故鼎新"的防范是传统在社会发展中的天职，也是传统在充当政治仪式审查官时的基本职责。

传统最为重要的特征是具有高度的"内旋性"，在直面"继往开来"时保持着坚定的自我指向和强大的回复力。传统体现为一种以往昔为鉴的社会发展模式，无论是其乌托邦理想，还是现实的执政经验，都在很大程度上依赖对"曾经的黄金时代"的向往和模仿。对于政治仪式而言，传统的内旋力具有两个向度，表现为内向旋臂（往昔指向）和外向旋臂（未来指向）。列维-斯特劳斯在讨论部落神话如何消亡时指出了理解传统的双重路径：神话在"从一个部落到另一个部落的传播中……筋疲力尽——但还没有完全消失。有两条道路仍然敞开着：虚构加工的道路和重新用来证明历史的合理性这个目的服务的道路。这个历史可能有两种类型：回溯型，以发现古昔的传统秩序；或展望型，以使往昔成为开始明确起来的未来的开端"，这两种变化实质上都强调了"在神话、传奇传统和我们必须将之称为政治的东西中间显而易见的有机接近"。[2] 政治仪式和神话的发展变化在某种意义上具有一致性，因为神话本身就是古代仪式（也包括相当数量的现代仪式）最为重要的主题或源头之一。因此，无论是回溯还是展望，政治仪式都无法回避传统的

---

[1] [法]涂尔干：《宗教生活的基本形式》，第355页。
[2] 参见[法]列维-斯特劳斯《结构人类学》，第272页。

存在。

　　政治仪式受控于传统的内旋力，传统不仅影响其根本性的前进方向，更使政治生活的持续经验（传统的内容形态）成为政治仪式赖以为生的沃土。传统的所有经验事实被凝合为一种抽象的"秩序"，神话、宗教和政治记忆等因素的内容和规则组合成了它的基本形貌，不断对政治仪式发布各种命令。传统秩序是政治仪式必须遵守的"祖制"，这一点在中国古代的政治生活中表现得非常明显。儒家传统包裹着的王朝政治将"周制"或"古礼"视作具有现实意义的完美传统世界，它们是政治仪式所遵循的伦理体系的源头，对它们的再现能够吸纳历史传统所积累下来的庞大权威。在历史演变过程中，这种政治仪式的"血统论"其实是种"传统论"，有着古远历史的血缘关系逐渐弱化，聚合多种权力关系（包括血缘关系、地缘关系或者契约关系）的"大传统"最终占据了上风。

　　政治仪式本身就是继承和展现传统的一种重要方式，它的重复性和稳定性保证了传统得以连续不断运行在历史长河中。这意味着审查官存在于政治仪式内部，从表象上来看是政治仪式的一种自我审查，从实质上来看则是传统在政治仪式中的特派员发挥着审查官的作用。拉德克里夫-布朗认为："在任何一个时代，在一个所发生的事情需要一种强制性的社会行为来支持的社会中，都会建立起一种仪式关系，这种关系包含着尊重并且呈现出传统的、不断发展的特征。"[1] 政治仪式对政治传统也有此种承负，它记录并表达了传统及其秩序的具体内容，同时又和传统之间具有伴生关系。因为传统不仅是一系列具体或抽象的条款，同时还是以时空形态表现出来的

---

1 ［意］希普里阿尼:《宗教社会学史》，第59页。

历史以及以人际关系形态表现出来的社会。传统政治生活中的政治仪式俯拾皆是，现代社会中的政治仪式数量相对减少。人们认为这是传统消亡的一种现象或原因，但这一判断是以误认传统只是个阶段性的时间概念为前提的。事实上，传统从来都在，现代和后现代从来没有和传统脱离干系，并且迟早也会成为传统。政治仪式及其仪式化在可预见的未来中仍是政治生活中的亮丽风景，从中能够读出政治传统变化的痕迹，上面记录着人类政治生活变化着的过去、现在和将来。

审查官以一种"最高标准"的形式先在且内在地对政治仪式进行规约。政治仪式从筹划到结束都必须自觉地比照这些标准行事，否则无法顺利进行。在现实生活中，谁是这些标准的解释者和执行者？在狭隘的意义上，各种类型的"仪式专家"[1] 扮演着这种角色，他们可能是祭祀巫师、帝王大臣或头人能人——谁能更"传统"谁就更有力，控制了时间便控制了传统，控制了传统也就控制了现在。这些仪式专家通常在日常政治生活和政治仪式中都承担着重要的具体任务，他们一方面从传统中借得力量巩固现有地位，另一方面也寻求更为强有力的控制仪式以巩固"传统"自身的形象。

"周虽旧邦，其命惟新"（《诗经·大雅·文王》），并非指新旧更迭的革命性变化，因为无论怎样的"新"都不能变动周之"本"，所以此言强调的是"传统处于发展之中"。更为精准的说法是"一张一弛，文武之道"（《礼记·杂记下》），直接指出了传统具有伸缩有致的弹性。信奉"稳定压倒一切"的传统秩序对发展所引起的

---

[1] Schilderman, H., "Ministry as a Ritual Profession," in Schilderman, H. (ed.)(2007), *Discourse in Ritual Studies*, Leiden, Boston: Brill, p. 230; Hicks, D. (ed.)(1999), chapter 4.

种种新状况和紧张、冲突等结构性威胁，都有着成熟有效的应对机制。

政治传统的弹性主要体现在两个方面，一是保持政治关系的稳定，二是遏制政治紧张的加剧。政治传统的弹性依靠一套有效处理政治变化的机制得以维持。作为政治仪式的审查官，政治传统有资格调整审查规则的叙述模式。政治生活中发生的新情况或威胁对政治仪式维持稳定的功能形成压力，迫使政治仪式反抗政治传统所制定的规则系统。如果反抗成功，便意味着政治仪式成为一种不可控的特殊社会结构，将会放弃对传统的忠诚，并产生破坏传统的威力。这种情况下，政治传统既不能改变规则的本质，否则就等于传统承认失败；也不能只依靠高压政策直接与政治仪式中蕴藏的"危险分子"直接对抗，因其可能会导致社会分裂。所以，政治传统改变规则系统的叙述模式是一种具有迷惑性的、处理剧烈变化的危机应对机制，在保持规则系统宗旨不变的前提下，为政治仪式的变动提供足够的缓冲空间，甚至令政治仪式中的颠覆性力量相信政治传统已应其要求而妥协。

布尔迪厄将仪式的这种不割断固有连续性的变化称为"转调"（modulation）："许许多多仪式延续都可以理解为转调，而此类转调反复出现，因为仪式行为的特有原则是利用一切可能性，这导致借助以重复为背景的变奏来展开的逻辑关系。"[1] 他指出了仪式中意义丰富的象征之间存在着诸多关联。但对受规则叙述模式发生变化的传统所影响的政治仪式来说，从中可以引申出政治仪式的"转调"只是改变了程序性或模式性的旋律和节奏，并未撼动政治生活

---

[1] ［法］布迪厄:《实践感》，第137页。

的根基。这种转调实际上是由政治传统和政治仪式共同实现的，前者是指挥，后者是乐队。不过这种情形也会发生变化，传统和仪式之间的指挥和乐队关系甚至会产生逆转：在"标准化"影响下的"仪式之所以在政治变革中发挥重要作用，正是因为它的保守性。新的政治制度通过对旧的仪式形式改辕易辙，从旧的政治制度中借得合法性"[1]。

政治传统和政治仪式之间的联动性十分复杂，必须根据具体的情况分析两者谁是真正的先行者。政治传统作为审查官制定了规则，并在一定弹性限度中执行这种规则。政治仪式既从遵守规则中达成目的，也能够通过对政治生活的反映来向审查官申请变动规则，以共同面对各种变化——尤其是那些会导致传统和社会都陷入危险之境的变化。当稳定难以为继或紧张不可调节时，政治传统的弹性形变就会到达"临界状态"，往往意味着转折性的变革，如革命的出现。[2] 这一状态来临时，审查官将不得不加大变化的力度，以更为激烈的策略更换规则叙述模式，直至更换规则本身，促成社会结构和政治制度的整体性变革。

2. 破釜沉舟的审查官：政治传统的不破不立

具有弹性的传统能够控制其"自新"的程度，这种以回复性为主的保守态度使传统制定的规则很难应对政治社会和政治仪式两个

---

1 [美]大卫·科泽：《仪式、政治与权力》，第52页。
2 值得注意的是，这种传统既是文化意义上的（静态的文化接触论），也是社会和经济意义上的（动态的内外压力论）。因此，革命的成因需要结合这两类因素予以考察。参见[美]米格代尔《农民、政治与革命：第三世界政治与社会变革的压力》，北京：中央编译出版社1996年版，导论。

方面的根本性变革。贝尔认为:"传统存在着是因为它被不断地生产和再生产着——被修剪出新的形象,或被柔化以吸收新生的元素。"[1] 正如与流水线的技术改造相比,生产关系的变化无疑要激进得多,对于政治仪式而言,传统的重大变革意味着它作为审查官在价值判断上转变了方向,这种激进既是态度意义上的,也是实践意义上的。传统的弹性和韧性都受到了极大的破坏,冲突、对立和断裂在社会发展中屡见不鲜,而政治仪式不可能面对如此剧变无动于衷。

霍布斯鲍姆向我们揭示出如今的英国传统在很大程度上只不过是一两个世纪前的"新"发明,人类对自己的慕古之风应该作出与时代和洽的评价。在某种意义上,"传统的发明"并不是对传统本质的颠覆,它重形式而轻实质。阿贝勒斯(Marc Abeles)认为,传统社会和现代社会的政治仪式在唤起主要公共价值以及在其架构中"产生合法性的象征"等方面具有一致性,如果要寻找两者的区别,就必须从仪式中的主要人物和道具的变化上寻找传统仪式中的新"发明",以及和它们自身风格联系在一起的特殊"讯息"。[2] 也就是说,形式层面上的"传统的发明"并不能囊括"风格"所隐含的实质性"讯息"。穆尔(Edward Muir)也回到"传统的发明"的年代,但得到了另一些认识:"现代仪式的困惑源自16世纪的仪式革命,它将对仪式情感力量的关注转移到对其意义的探问上。这种现代态度导致了一种误解,即当仪式所做(do)的不如其情感表达

---

[1] Bell(1992),p.123.
[2] 参见 Abeles, M.(1988),"Modern Political Ritual: Ethnography of an Inauguration and a Pilgrimage by President Mitterrand," *Current Anthropology*, No.3, pp.391-404。

(emote)的意义丰富时,就必须要去解释它以及搜寻其隐义。"[1] 从这种论断可以推出,传统的稳定性和一元化特征在向现代发展时遭到了破坏,它被分层、分裂甚至分解。传统的统一面貌在冲击下变成无数碎片,它们不是对传统保持敬意和亲情的后裔,而是自立门户各有主张的新支系。一言概之,传统在加速变化中变质,而仪式亦然。

无论发生多么重大的变化,传统依然存在,只是以一种激进的姿态应对内外交混的急速变革。这种"激进"是对"在加速变化中变质"的主动适应,而非瞻前不顾后的态度。与之相比,"保守"意味着无法、不愿也无力迅速适应,即便必须作出调整也是被动的。政治传统的激进审查规则的核心内容是:敦促政治仪式以同样迅疾的方式应对变革。政治仪式的首要目的不是维持某种古远宏大的价值系统,而是服务于现实的、当下的政治生活,令"从一而终"的内在约束转为"见异思迁"的内在要求。

这种审查规则的理论思维如何在具体实践中体现出来?产生了怎样的作用?杰弗里·亚历山大(Jeffrey Alexander)对"水门事件"的社会学分析为此问题的回答作了理论联系实际的解答。水门事件在发生之初并不显眼,两年后才成为"美国历史上和平时期最为严重的政治危机",这"正是因为水门事件的背景发生了变化,而不是经验原始材料的本身发生了变化"。[2] 这指出了传统("背景")掌控着审查规则,并且对政治仪式的变化程度具有决定性的影响。亚历山大总结出令社会"经历根本性的危机和仪式更新"的

---

[1] Muir(1997),p.274.
[2] 参见[英]杰弗里·亚历山大编《迪尔凯姆社会学》,第264页。

五个条件：（1）必须有足够的社会一致性；（2）参与一致性的重要社会群体认识到该事件的威胁；（3）要消除危机，制度化的社会调控必须发挥作用；（4）调控机制必须有分化的和相对独立于社会结构中心的精英和公众的动员和斗争的配合；（5）必须有象征性阐释的有效过程即仪式过程和净化过程。[1] 我们从三个层面来阐释这些条件：第一，政治传统的根本性转折不是来自整体性的碎片化或多元化（形式意义），而是来自整体性的改弦更张（本质意义），它是对社会关系的主动性重组——并不是因威胁来临而调整，而是提前认识到威胁的可能性后果而主动调整，这是激进审查规则的精髓所在。第二，按照该规则"就事论事"的要求，政治仪式虽然首先对事情本身负责，但仍然需要维持其传统的完整功能，它表现为一种完整的政治性的通过仪式，借助整个仪式过程将威胁根除。第三，政治传统的根本性变化和政治仪式对重大调整的适应性一直处于联动之中，保守传统阶段如此，激进传统阶段亦如此。这意味着审查官和被审查者具有一种相辅相成的对位关系，任何一者的缺位都会导致意义的解除。

政治传统发生根本性变革的原因几乎都与依靠传统的方式无法解决新问题和新威胁有关。激进的传统破釜沉舟般采用新的价值系统以应对这些问题和威胁，这种不破不立的尝试并非总是成功的，在一些民族国家的社会变革中曾经导致了巨大的灾难。[2] 社会或传统的整体性转变是一种激进的表现，政治仪式随之进入现实主义的多元化状态也是一种激进的表现。无论保守还是激进，唯一没有发

---

[1] 参见［英］杰弗里·亚历山大编《迪尔凯姆社会学》，第266—267页。
[2] 参见［法］维克托·勒·维内《国家建设与非正式政治》，载《国际社会科学杂志》（中文版）2008年9月，第25卷第3期。

生变化的或许是政治传统和政治仪式总是存在着、共生着,并且依然对世界产生着重要的影响。

革命作为一种颠覆性的社会变革,为考察政治传统的转变提供了最佳的分析背景。"革命"在中国古代的《易经》中已经成词:"天地革而四时成,汤、武革命,顺乎天而应乎人。"其中包含的天地循环的意涵,和革命的英译 revolution 的拉丁词源 revolvere 所具有天体循环运动之意颇为接近,[1] 但现在我们所使用的这一术语植根于西方语境之中。有关革命的讨论浩如烟海,一般来说,革命具有三个基本内容:"国家崩溃"、"对中央权力的争夺"和"建立新制度",这三者是相互影响的。[2] 卡尔佛特(Peter Calvert)也总结了革命模型所具有的一些共同特征,即革命是"突发的"、"暴力性质的""政治演替"和"变革"。[3] 这两种定义在政治学意义上极具代表性,它们都认为革命是通过暴风骤雨般的暴力实现政治权力和政治制度的更迭。

与革命相比,民族国家同样是一个穷源溯流也难解其意的概念。两者在历史实践中结下了不解之缘,大多数学者都倾向于认为革命对于近代西方民族国家的诞生有着极为关键的推动力,法国大革命和美国大革命基本重塑了欧美世界的社会结构,界分了西方历史的传统和现代。[4] 根据安东尼·史密斯(Anthony D. Smith)的

---

[1] 参见孙建华《"革命"的现代性:中国革命话语考论》,上海:上海古籍出版社 2000 年版,第 5—7 页。
[2] 参见[英]戴维·米勒、[英]韦农·波格丹诺主编《布莱克维尔政治学百科全书》,第 657 页。
[3] 参见[英]彼得·卡尔佛特《革命与反革命》,张长东等译,长春:吉林人民出版社 2005 年版,第 19—20 页。
[4] 阿伦特认为这美国大革命才是真正意义上的"现代革命"。参见[美]汉娜·阿伦特《论革命》,陈周旺译,南京:译林出版社 2007 年版。

定义,"民族国家"是"以民族主义原则确立合法性的国家,它的成员拥有很大程度民族的团结和整合(但不是文化上的同质性)。"[1] 我们将民族国家视作一种以国家为不容置疑的核心、以民族为可调整的外延和保护带的政治共同体,它熔铸了有关血(文化)和土(地理)的共同想象,通过集合形态的主权形式表现出来。

在民族国家的诞生中,革命既不是一个彻头彻尾的传统终结者,也不是颠覆性的政治仪式惯常借用的崇高名义。革命中的政治传统具有仪式性的阈限和融合的性质,既有保守的一面(面向民族),又有激进的一面(面向国家)。政治仪式同样具有双重意义,一方面从传统中择取可堪利用的价值观,另一方面直接将传统价值观作为完整的反面范式,颠覆它则意味着重建和新生。[2]

民族和国家这两种共同体形态的融合是催生民族国家的最为重要的步骤。创造新民族国家的革命运动必须依赖于民族符号的国家化。需要强调的是,民族国家是国家的现代形式,并不是重塑了民族,只是将民族和国家挂钩。"一个民族的文化需要公众的感情并且产生出一种政治的象征。向真实历史和本土文化的回归必须采用公共的形式并且需要政治化。文化民族必须变为拥有公共文化土壤和社会及政体本质的政治民族。由此,政治文化运用其明显的政治地位和制度以及独特的象征——旗帜、赞美诗、节日、典礼等刻画

---

[1] [英]安东尼·史密斯:《民族主义:理论,意识形态,历史》,于江译,上海:上海人民出版社2006年版,第17页。
[2] 在时间意义上,笔者曾将革命的基本性质区分为传统属性和现代属性,传统属性的出发点是暴力和更替,现代属性的出发点是开创性和自由,这种区分实际上也指出了革命的"保守"形式(指向过去)和"激进"形式(指向未来)。参见王海洲《合法性的争夺:政治记忆的多重刻写》,第112—117页。

出民族的特点。"[1] 仅仅借用民族的各种文化象征远远不够,而且沃尔夫提醒人们需要审慎看待"文化的统一性为欧洲国家建设和民族形成扫清了道路"[2] 的说法,这意味着需要关注国家建设中的非文化因素。革命在添加"民族原料"的同时,还必须添加(在很大程度上是制造)"国家原料",主要是合法性的法律基础和民意基础。美国大革命通过《独立宣言》为《美国宪法》的订立提供了基本的理念基础,国家在传统中模糊的法律位置首次变得清晰起来,"成为自由独立的合众国"作为主要目标被提出。法国大革命通过《人权宣言》宣称"国民是一切主权之源",将人民推上法理范畴的最高层。这种从臣民向人民的转变与传统相悖,也无法从民族传统中取得支持,具有相对独立的国家意义。因此,革命不以一种具有创造性的姿态面向国家,民族国家的诞生就无从说起。

当革命需要借靠传统之力时,政治仪式会将这种借靠吸纳进去并通过操演呈现出来。在民族国家的诞生中,具有传统指向的革命仪式作为一种象征系统,来自民族的各类符号占据了重要地位。由于革命双方具有同一传统,所以革命仪式对民族象征的利用成为一个战场。例如斯里兰卡的神庙里有个"神牙",在古代它能够给予政治领导人最高的合法性。当该国的政治制度彻底改头换面实行选举制后,新政府的领导人在掌权后的第一件事情就是去神庙中参拜神牙,该仪式会通过大众传媒向全国播放。[3] 与斯里兰卡传统相关的仪式历史地体现出争夺的广泛性,这些仪式在赋予政治精英合法性的同时,常被一些失去公民权的群体用来反对政治精英及其政治

---

[1] [英]安东尼·史密斯:《民族主义:理论,意识形态,历史》,第35页。
[2] [美]埃里克·沃尔夫:《欧洲与没有历史的人民》,第444页。
[3] 参见[美]大卫·科泽《仪式、政治与权力》,第53页。

体制。[1] 革命仪式借用传统力量的案例在中国也广泛存在着，在导致古代王朝更替的革命（在此将起义视作一种传统模式的革命）中，革命群体及其领导人必须为其争取来自传统的合法性支持，诸如领导人出生时的异象或遇到的神迹就成为一种神圣合法性的象征。在近代革命运动中，这种策略也存在着，如孙中山领导的革命团体以"驱除鞑虏，恢复中华"为革命口号，回溯民族传统以建立独立的民族国家。[2]

革命仪式对传统的借用表明"民族"能够提供切实的政治支持，它不仅激发出具有团结和整合功能的想象力，其本身就是一种合法性资源，是权力生产和再生产的主要目标。所以，革命中的权力之争也理所当然地会在传统合法性上有着共同诉求。那么革命仪式为何具有颠覆传统的意义呢？这就需要分辨出两种传统，一是作为合法性资源的传统，在民族国家的诞生中，"民族"作为一种系统性的象征，文化和历史是扮演此传统的主要角色；二是作为旧秩序或落后制度的传统政权，它们是传统国家的代言人，而革命颠覆此传统就意味着颠覆传统国家，为建立新国家而斗争。政治仪式伴随着整个革命过程，"仪式满足了重要的组织需求，它在神秘化现实权力关系的同时，还为这种关系提供了合法性，即便在明显缺乏共识的地方它也能够促成公众团结，它还帮助人们以某种方式构想他们

---

[1] 参见 Fleisher, Seth(1996), "Rethinking Historical Change in Sri Lankan Ritual: Deities, Demons, Sorcery, and the Ritualization of Resistance in the Sinhala Traditions of Suniyam," *Journal of Anthropological Research*, Vol. 52, No. 1, pp. 29–59.

[2] 事实上，孙中山的"反满"主义策略是复合型的，不仅借用了"天时"的传统力量（汉民族主义），还具有"地利"（保护国土完整）和"人和"（同时示好学生民族主义者和外国势力）的多重意义。参见史扶邻《孙中山与中国革命的起源》，北京：中国社会科学出版社1981年版，第256—257页。

的政治世界","比起建立已久的政治组织或政权,仪式对于革命运动和革命政权更加重要。激进的政治变革如果最终要建立起一个制度化的政权,就必须得到强有力的支持,这就需要人们放弃陈规旧俗和先前的世界观"。[1] 构建新价值系统的政治仪式通常也会变更传统的仪式主题或方式,以适应革命对社会结构和政治制度的冲击,即一方面与民族想象相联系,另一方面与当下的政治发展相联系。于是,很容易理解为何"革命运动"会"漠视各种仪式或制度上的程序(或许这些已被掌权者所漠视)",并"可能伴随着超乎寻常的暴力行为"。[2] 这种漠视体现为革命对传统政治的巨大冲击,其抹平或鄙视等级制度的目的是令社会系统重新洗牌,在权力资源的分配体系中消除上下流动的法则,换以平均分配的方式。因为在平均模式中能量与资源都无法持续正常流动,所以这一方式虽然激发了革命力量,但不能保证革命的持久性,也无法维持新社会系统对资源分配的要求,这使得更新和创新仪式和制度成为后革命阶段的常规要求。

在民族国家已经成为全球普遍的国家标签的后革命时代,以革命的形式建立新型国家的风潮已经大幅减弱,但这并不意味着具有革命性的冲突或对抗的消失。由民族这一传统因素引起的民族国家内部或之间的剧烈冲突仍然常见,政治仪式在其中发挥着重要作用。

虽然政治传统扮演着政治仪式的审查官的角色,但政治仪式并不总是被动的和盲从的,它内含着多方力量的角逐。科恩通过对工

---

[1] 参见[美]大卫·科泽《仪式、政治与权力》,第175页。
[2] 参见[英]杰弗里·亚历山大编《迪尔凯姆社会学》,第70页。

业社会中的一个嘉年华仪式十几年的考察指出，有关领导权的争夺是一个多种力量共同参与的过程："群体通过动员、复兴、更变、创造和整合源自不同文化和艺术传统的各种文化象征形式，以处理变动中的经济—政治环境。同时，努力展示出政治策略是如何融进文化运动，凝合人们的行动和情感，以生产出存在于他们的地位之中、不可约减的有效的文化符号。"[1] 因此，我们需对政治仪式中的一些重要角色进行考察，以分析他们能够对政治仪式的变革产生何种关键性的影响。

二、主创者的理智与情感

1. 仪式精英

1.1 主创者的身份属性

政治传统作为审查官对政治仪式进行规则限定时，往往通过一些仪式专家的具体操作得以实现。但在角色扮演上，仪式专家只是兼任此职，在大多数时间内他们是政治仪式的主创者。仪式专家的范围非常广泛，如部落仪式中的巫师、口传历史者或主要担负祭祀之职的部落首领（如萨摩亚人的象征酋长）、宗教仪式中的祭司、教士或牧师等等。他们作为特殊社会结构中担负着知识控制和知识继承的群体，对仪式的整个过程拥有很高的话语权。在这些仪式类型中，仪式专家的身份较为单一，一般是承担特殊仪式任务的专职人员。与他们相比，政治仪式中的仪式专家在身份属性上具有两重

---

[1] Cohen, A. (1980), "Drama and Politics in the Development of a London Carnival," *Man*, *New Series*, Vol. 15, No. 1, pp. 65 – 87.

性，既是政治仪式的组织者和主持者，也是政治生活中政治制度的实际控制者。如果说"精英"一词能够指具有"统治其他人的权利"的人，[1] 那么这些仪式专家拥有政治精英和仪式精英的双重身份，他们既能够在政治仪式中指挥他人，又可以在政治生活中行使统治权力。[2]

政治仪式主创者（以下简称主创者）的身份统合并不是天然的，它与社会发展的成熟度具有一定的相关性，仪式专家本身就是社会发展到一定阶段的产物。贝尔认为，在"等级森严的社会中，通常都会有仪式专家的出席，而等级较弱的社会中，仪式通常没有受过正式训练或设计的专家"[3]。这或许是初民社会中个体仪式和群体仪式数量比值较高的原因之一；也可为巫术的个体倾向和宗教的集体倾向提供一种解释。部落仪式和早期宗教仪式中的仪式专家生活在一种弱政治性的社会之中，既不受政治因素的影响，也不会承担专门的政治职责，所以能够保持着单一的身份属性。在社会结构中的政治关系逐渐丰富起来后，从其他类型的仪式中派生出的政治仪式，或在政治社会中被创立出来的政治仪式就具有了明确的政治功能，而这些功能和现实的政治权力直接相关。这种发展趋势导致了仪式精英对政治精英的依靠或两者的紧密配合。如在19世纪的巴厘，"婆罗门需要君主的政治支持和保护以保障其特殊地位；君主需要婆罗门的仪礼技能以便搬演戏剧国家的仪式狂剧（extravaganza）"，"统

---

[1] 参见［美］格尔茨《文化的解释》，第375页。
[2] 乔伊斯和温特在对公元前800—前500年的早期美洲城市社会的研究中指出，统治权掌握在政治精英手中，对仪式知识和权威的控制是其实现意识形态控制的基本手段。参见 Arthur Joyce, and Marcus Winter(1996), "Ideology, Power, and Urban Society in Pre-Hispanic Oaxaca," *Current Anthropology*, Vol.37, No.1, pp.33-86。
[3] Bell(1992), p.130.

治者与祭司之间的关系就如同航船与舵手一样。若没有对方,谁都无法到达共同终点——即,创造一个尼加拉,一个宇宙论基础的典范国家。"[1] 当政治权力与其他类型的权力在力量上产生更大差距后,政治制度的系统化取得优胜,政治仪式为该系统服务的内在要求也上升为基本原则,政治仪式被纳入政治制度的管辖范畴,一种关于人员的制度安排顺理成章,即政治精英直接接管了传统仪式精英的职权。例如,在古代国家中广泛存在的"礼官"和现代国家中作为政府部门的礼宾司官员,[2] 既是政府公务人员也是专门性的仪式专家,来自政治制度的要求而非社会性的宗教或其他因素的要求通过礼官对仪式的管理得到彰显。

关于谁是政治精英的理论争论很激烈,最具影响力的主要有三种:一是莫斯卡(Gaetano Mosca)的统治阶级观,认为控制人类社会的政治权力"总是由特殊的阶级、或被有组织的少数人行使"[3],他按照社会权力等级的不同区分出两个阶级:统治阶级和被统治者阶级。二是米尔斯(Charles Wright Mills)的权力精英观,认为不能用传统而僵硬的阶级思维来界定精英,而应根据其所具有的不同权力进行划分:"精英就是具有某种高等地位能够影响大多

---

[1] [美]格尔兹:《尼加拉:19世纪巴厘剧场国家》,第41页。
[2] 中国周代即设置了专门的礼官,据《周礼·春官·序官》记载:"春官宗伯"的职责是"掌邦礼","礼官之属,大宗伯卿一人,小宗伯中大夫二人"。后代以"宗伯"代指"礼部尚书"。在当代中国的政府建制中,外交部中设置的礼宾司主要职责是"承担国家对外礼仪和典礼事务;组织协调国家重要外事活动礼宾事宜;管理驻华外交机构和相关人员在华礼遇、外交特权和豁免等事宜;拟订涉外活动礼仪规则。"参见外交部网站:http://www.fmprc.gov.cn/chn/pds/wjb/zzjg/lbs/。
[3] [意]加塔诺·莫斯卡:《统治阶级》,贾鹤鹏译,南京:译林出版社2002年版,第400页。

人的人群。"[1] 这种精英群体并不一定对社会行使着政治统治权,他们是社会各个方面最有权势的少数派,权力精英的概念及其整体性的认识,建立在和经济、政治与军事组织有关的各种利益的一致上。[2] 三是帕累托(Vilfredo Pareto)的群体精英观,他认为:"并不存在一个精英阶层,而是有各种层次,它们共同组成了精英。"[3] 精英第一次从某个单一的权力阶层中脱离出来,为统治精英或权力精英和民众的长久对立乃至冲突提供了缓冲的可能。群体精英理论并不否认高高在上的权力拥有者的精英地位,但同时也肯定了社会群体结构中的优秀者的精英地位。于是出现了"行行出状元"的现象,精英群体被急剧扩大甚至泛化,而相对的非精英群体进一步缩小,相对缺少治理权和影响力的普通大众构成了非精英群体的主体。这三种观点都有一定的合理性。我们认为,现代社会中的政治精英和统治阶级、权力精英以及群体精英都有交集,并且有着特殊的意义。首先,他们通过选举制度获取权力和各种政治资源,依照法律履行职责;其次,他们具有鲜明的政治道德诉求和政治价值观,并将之引入政治制度的维护和变革进程中;第三,政治精英作为一种特殊的利益集团,是一个相对独立的半封闭组织,其内部流动以及与集团外部的交流都被特殊的政治制度或者政治秩序所约束。政治精英在主体上是一个政治共同体中占有并行使统治权力的政治集团,在一个主权国家中,它的集体人格以"政府"的面目

---

[1] [美]查尔斯·赖特·米尔斯:《权力精英》,王崑、许荣译,南京:南京大学出版社2004年版,第2页。
[2] 参见[美]米尔斯《权力精英》,第371页。
[3] [意]维尔弗雷多·帕累托:《精英的兴衰》,刘北成译,上海:上海人民出版社2003年版,第64页。

出现。

政治精英如果担当政治仪式的主创者，那么产生的影响主要积聚在其固有的政治身份中：第一，政治仪式以权力和各种政治资源为主要目标，这是政治精英保护和维持其身份的根本，它与权力的生产和再生产过程相关；第二，政治仪式中蕴含着对主流价值系统的推行，这与合法性的构建相关，而忠诚和信仰则是其具体的形象；第三，政治制度对政治精英的流动控制，意味着政治仪式也是一种半封闭系统，其封闭性体现为政治精英对政治仪式的专门性知识的保护和阐释。这三点实际上就是兼具政治精英和仪式精英身份的主创者在政治仪式中的主要职责或影响。

1.2 主创者的阶段职责：制片、导演和片商

在政治仪式的不同阶段，主创者的具体职责有着一定的区别。一方面，他们组合在一起呈现出主创者在政治仪式中所起的完整作用；另一方面，这些区别也显示出政治仪式在不同阶段基于主创者职责差异的不同考量，有助于从多个方面观察政治仪式的过程和体系。政治仪式不同阶段的主创者与电影工业中不同阶段的控制者有着一定的相似性：仪式举行前，主创者如制片人一般，担负着仪式的各项准备工作，包括物质的和精神的；在仪式操演中，主创者则与导演的形象相似，对所有人物场景负责，并按照仪式程序规定（剧本）指挥拍摄；在此过程中以及仪式完成之后，主创者还扮演了片商的角色，负责仪式的宣传推广，并通过"销售"获利，只不过在政治仪式中，销售的产品是政治意识，利润则是权力认同即合法性。

政治仪式举行前主创者在物质和精神两个层面做好了准备工作，前者包括仪式所需要的各种物质资料，如礼器、仪仗和布景

等；后者包括一整套价值系统，集中表现为主创者所持有的政治观念。作为仪式物资的提供者，主创者并非只是为政治仪式的举行做一些搭台布景工作，而是通过物资供应来实现政治仪式的真正意图。在17世纪的法国，皇家财政委员会委员和营造总监科尔贝尔作为路易十四的顾问和助手，是国家政治生活中极为重要的政治仪式主创者。他通过制定一系列文艺和建筑资助政策"为确保国王的事业永放光辉"[1]。来自国库的大量经费被用来招聘文学家、艺术家和雕塑家创作赞颂国王的作品，并举行一些盛大的仪式打造和提升国王的崇高形象。这种通过物资（包括财物和荣誉）控制服务于主创者政治目的的手法，在欧洲有着悠久而丰富的先例。[2] 在新中国成立以来的国庆阅兵仪式中，我们也能够发现这一点，如1959年新中国成立10周年前夕，按照毛泽东提出的"百万人广场"的规模施工扩建了阅兵使用的天安门广场，其目的在于通过提供更为宏大的物理空间来提升人民的力量。物质层面的准备尚能够有助于实现政治意图，精神层面的准备更是如此。在政治仪式举行之前发布的各种文件中，清楚地显露出了这种意图。如2009年新中国成立60周年国庆阅兵举行前，中国人民解放军总政治部明确指出了举办阅兵仪式的重要意义："第一，这次阅兵是我们党执政能力和综合国力的充分展示，对于进一步坚信党的领导、坚定中国特色社会主义信念具有重大政治意义"；"第二，这次阅兵是对我军现代化建设伟大成就的全面检阅，对于彰显我军有效履行历史使命能力具有重要军事意义"；"第三，这次阅兵是振奋民族精神、激发爱国热情

---

[1] ［英］彼得·伯克：《制造路易十四》，第56—57页。
[2] 参见［英］彼得·伯克《制造路易十四》，第206—218页。

的重大举措,对于鼓舞和激励全国各族人民团结奋斗、开创美好未来具有深远历史意义"。[1]

在不同的时代和不同的政治仪式中,各种类型的仪式专家决定着仪式展呈的各个环节。在一种稳定有序的政治环境中,政治制度为政治仪式的操演提供了基本的规则。因此,导演们自由发挥的余地并不大,只能按部就班地完成任务。例如,在美国总统的就职典礼中,由三个导演各司其职共同完成一系列仪式:国会就职庆典联合委员会(The Joint Congressional Committee on Inaugural Ceremonies)负责国会的所有庆祝活动;总统就职委员会(The Presidential Inauguration Committee)负责国会以外的所有庆祝事项;武装部队就职委员会(Armed Forces Inaugural Committee)负责提供军事仪仗服务,如奏军队进行曲以及安全警戒等。他们仅能在职权范围之内作出一些无伤大雅的形式上的调整。唯有当政治制度发生重大变革时,主创者才会通过对政治仪式的改编来进行抵御或攻击。路易十六被送上断头台便是一种具有重要意义的改编:传统公共行刑仪式中发布处决命令的最高统治者被处决,这意味着君权至上的政治制度遭到了质疑甚至颠覆。作为革命者的导演通过对传统政治仪式的改编和重演,塑造和传达了新的权力关系,并开始构建新的合法性系统。

早在公共舆论的力量得到普遍承认之前,人们就已经认识到,作为塑造政治信仰方式之一的政治仪式,其影响力可以通过宣传得到极大的增强。不同时代各具其特殊的媒介传播方式,很难分出传

---

[1] 参见《向共和国60华诞献礼,为八一军旗增光添彩——庆祝新中国成立60周年首都阅兵宣传教育提纲》,载《解放军报》2009年2月10日,第2版。

统和现代的传播方式之间的高下。举例而言,巴厘的宫廷礼仪通过自下而上的模仿建立了一个高度有序的剧场国家,在一些仍然保留了宫廷仪式的国家中,无论多么强大的宣传力度和手段,也无法实现这一点。可以说,时代的变迁令不同的传播方式之间无法直接比较其效力,因此,它们对政治仪式所产生的影响都应该得到足够的重视。事实上,主创者对这一点心知肚明,且不遗余力地予以推行。重大政治仪式的纪念品是最好的纪录和证明,它们是主创者宣传政治仪式的重要方式,也是政治仪式实施政治意图的重要组成部分。此外,科泽认为,一个新的国家可以"透过符号展现出它比前任更具优越性,或通过复兴更为古老的政治象征建立自身的认同和合法性"[1]。作为片商的主创者,在其销售的政治仪式中,既包括"古老的政治象征"或往昔政治仪式所具有的权力和合法性信息,也包括其创设的自有品牌——"新瓶旧酒"和"旧瓶新酒",甚至还有"新瓶新酒"和"旧瓶旧酒"的多重组合造成了复杂的销售策略和售后反应。这也意味着,虽然主创者作为政治精英和仪式精英在政治仪式的控制中占据着优势位置,但未必总能如愿以偿。姑且不论其他因素的影响,"改编"本身就具有很大的不可预测性,甚至会造成巨大的威胁,对此必须在具体的仪式实践中予以考量,而不能依靠某种确定性的理论解释一劳永逸地作出判断。

2. 主创者与政治仪式的改编

2.1 改编的外压模式、内展模式和偶发模式

作为由传统保护的神圣剧本,政治仪式几乎只需一成不变的重

---

[1] [美]大卫·科泽:《仪式、政治与权力》,第53页。

复就能够带给主创者一切荣耀和权威。从主创者的角度来看，促使主创者决意改编政治仪式的原因不外乎三种：外部因素、内部因素和偶然因素，我们将之称作外压、内展和偶发三种模式。外压模式是指来自外部的压力改变了主创者和政治仪式的生存背景，在此模式中，政治仪式改编的主要目的是化解外部压力，迎合政治变迁。内展模式是指政治仪式内生的发展要求已经超出了主创者的控制能力，主创者为维护其对政治仪式的控制而作出的改编。偶发模式是指政治仪式的外部或内部出现的一些突发性事件，影响了主创者和政治仪式之间的关系，为消弭或引导这种突如其来的冲击，主创者对政治仪式进行改编。

政治仪式的外部环境在很多情形中都会造成政治仪式的变化，这些变化中的一部分是由主创者主导的。如果将改编前后的不同状态视作是旧与新的对立，那么改编的两种外部压力分别由新主创者与旧环境，或旧主创者与新环境之间的差距造成。这种差距产生的压力一旦威胁稳定的政治生活，改编就难以避免。殖民时代的西方传教士在亚非拉各地传道时几乎都遇到了如何应对当地社会旧有仪式的难题，作为新介入的主创者，他们既要通过仪式来有效整合和控制当地社会，又不能彻底更新或通盘承继这些仪式，因此常常依靠各种具有妥协性质的手段进行改编以融入当地社会。当然，这些妥协手段并不总是由主创者发起，有时也会遇到极为尴尬甚至令其无法接受的情况。[1] 景军在对中国西北农村的研究中也提及了相似的情形，由于移民和持续的政治运动所导致的政治和社会环境的变化，村干部们的行政权力被削弱。为保住影响力，他们作为主创者

---

[1] 参见［美］大卫·科泽《仪式、政治与权力》，第134—135页。

在后毛泽东时代恢复建立了祖先神龛，通过祖先崇拜仪式获得了"道德权威"，其中包含的领导权成为他们赢得尊敬、名誉和信任的重要步骤。[1] 实际上，在改革开放以来中国民间仪式的改编中，作为地方政治权力控制者的基层权力精英广泛地成为对旧仪式进行恢复和重塑的主创者，并由此保持甚至扩大了他们的权威。

内展模式并不忽视外部压力的存在，因为外在变因的影响在任何政治仪式的改变中都是持续存在的，它只是强调在一个阶段性的过程中，仪式本身的发展趋势使得主创者作出改编的决定。如四年一度的美国总统就职典礼和新中国成立以来举行的 15 次国庆阅兵，历次仪式的改编既有外因作用，也受内因影响。这些广受瞩目的政治仪式既要维持其稳定性以获得一种历史积累的传统权威，又要不断创新以体现或迎合新领袖和新时代的要求和特征，即来自政治仪式内部的发展趋势促使主创者实施了改编。如同导演在电影工业的发展中不断采用新技术、新手段和新理念来使自己的影片引人入胜，政治仪式的主创者不仅要胜竞争者（他国政治领导人就职典礼或阅兵仪式），也要胜历史（前任总统就职典礼或往昔阅兵仪式）。更好地顺应或利用政治仪式发展趋势的主创者才能更全、更多地获得来自历史和现实两个维度中的权威。

内展模式在很大程度上是常规性的内部变化，偶发模式强调一些突发性的内外因素构成了主创者对政治仪式进行改编的重要原因。这些突发因素可能出现在政治仪式的外部背景、操演过程甚至效果之中，只有那些缺乏先例的和极具震撼力的、让主创者无法依照历史来对待或不能在现实意义上轻率视之的偶发因素才能促成改

---

[1] 参见景军《神堂记忆》，吴飞译，福州：福建教育出版社 2013 年版。

编。毛泽东的葬礼就是一个引人注目的案例。对于葬礼的主创者来说，这是社会主义中国的第一任最高政治领袖去世，既无惯例可依又极为重大。最终，他们依照苏联国家领导人的葬礼格式，对之进行了改编，主要是吸纳了一些中国传统的葬礼元素。由此，既保持了社会主义国家和毛泽东时代的意识形态体系的重要特征；同时，也潜在地通过传统符号的操控为激发中国传统文化的持续性提供了强大的力量。[1]

2.2 新思想、新风尚：制度规范和制度文化的变革

政治制度在政治仪式中的重要性体现了主创者的政治精英身份。而政治仪式是以文化的形态和结构发挥政治功能的特殊活动，制度具有的规范性要求视乎具体的仪式主题时隐时现。政治仪式反映政治制度的同时，也以不同方式存在于规范和文化两种维度中。在政治仪式中，我们认为制度的规范性硬核是一种政治思想的集成，其外围是具有保护意义和缓冲意义的政治文化，两者分别对应着主创者在改编政治仪式时的理智考量和情感宣达。

主创者大多拥有政治精英的身份，这使之能够与政治制度产生关联。如果在宽泛的层面上将所有的自然法传统都置放在制度的传统形式中，那么韦伯所言的传统型权威可以说是政治精英的权力获得制度支持的表现。而在现代政治生活中，尤其是民主制度成为一种共识和实践后，政治精英更在一定程度上成为政治制度的产物。现代社会中政治精英的角色定位过程正是一种获得政治合法性的过

---

[1] 参见 Cheater, A. P. (1991), "Death Ritual as Political Trickster in the People's Republic of China," *The Australian Journal of Chinese Affairs*, Iss. 26, pp. 67-97.

程，所以政治精英必须将自身定位为一种民主精英和法制精英，在此前提之下，辅以个人禀赋和优势方能胜任其角色。政治制度在为政治精英的选拔和存继提供标准和保护的同时，也为各种形式的政治精英的共存提供了具有包容性的空间。

政治制度对于主创者来说具有规范意义，主创者以政治精英的身份领受制度规范规定的职责，并以仪式精英的身份在政治仪式中予以贯彻。规范是一种特定政治场域中的行动标准，无论是外在地将之视作具有强制力的法则，还是内在地将之视作具有自我控制的要求，都在本质意涵中指向主体的实践理性。因此，政治制度的规范本身就能够提供一种和合法性等同的作用，以政治制度为出发点和目标的所有行动都需要主创者在判断中秉持政治理性。制度规范的变革对主创者的思维模式具有影响力，这一点可以从他们对政治仪式的改编中看出。法国大革命对政治社会的基本结构产生了根本性的逆转，可"革命宗教之所以是神圣的"却是因其"起源于'政治制度'本身"。[1] 所以，在革命中及革命后举行和创立的一系列政治仪式中，主创者所作的一切改编，与其说是为所谓的"革命宗教"教义服务，不如说是为其政治制度服务。在"新仪式"中，每一处更新都表达着革命者或政治仪式主创者的"新思想"。在现实政治中，这些思想直接与政治制度的基本规范挂钩，同时也附加了对政治制度的想象——它们既是一种从历史到现在的总结，也是一种从现在到未来的憧憬。

想象或憧憬处于思想的边缘地带，与情感接壤，或者说部分地属于情感。制度文化为主创者的政治情感提供了基本框架，价值、

---

[1] 参见［英］亚历山大编《迪尔凯姆的社会学》，第39页。

态度或情绪杂糅在一起,为一种弱责任性的实践感提供了重要动机。制度文化可以为政治精英在日常政治生活中创塑个人魅力型权威提供具有宽容度和保护性的空间。在此空间中,政治精英可以为其冲撞、破坏甚至违背规范寻找到借口。仪式精英可以在制度文化许可的范围内,以情感攻击理智,用态度影响规范。在宗教仪式中,神灵附体的萨满可以无视日常社会的秩序;在政治仪式中,主创者也能够设计出相似的附体状态,促使情感动员取代理性思考,政治制度的日常规范在此间便被削弱或者遮蔽了。在1943年,希特勒为了鼓舞士气"下令拍摄一部同拿破仑作战的影片。在全面战争条件下,资源严重匮乏,为了拍摄需要,从前线调回20万士兵和6000匹战马,运来好多车皮的盐,以便造成冬景,在柏林城郊建起了一整座城,以便'拿破仑的炮火'将它摧毁"[1]。这场壮观的"政治秀"在仪式意义上体现出制度文化影响下的情感动机,主创者希特勒作为纳粹制度规范和制度文化的双重合体能够自由在两者之间穿梭转换,这种制度文化成为德国纳粹时代的政治风尚。希特勒不仅拍摄了最为壮观的纪录片来展现和宣传纳粹的力量,同时还通过建筑物来凸显纳粹的政治风格,以营造出帝国的空间形式和政治实质之间的对应性。对此,他发迹前在慕尼黑的啤酒馆中曾说过:"建筑是一个国家权力和实力的重要象征,伟大的德国必须要有伟大的建筑与之相应。我们拥有新的意识形态和对权力的不懈追求,我们必将创造我们自己的建筑史书。"[2]

---

[1] [俄]谢·卡拉-穆尔扎:《论意识操纵》,第129页。
[2] [英]迪耶·萨迪奇:《建筑与权力》,王晓刚、张秀芳译,重庆:重庆出版社2007年版,第29—30页。

游客云集的皇家啤酒馆（摄于德国慕尼黑，2012年）

  始建于1589年的慕尼黑皇家啤酒馆实际上并不是1923年"啤酒馆暴动"发生地（后者早已被拆除），但它的确是1920年希特勒发表"25点纲领"的地方。如今它已经变成一个"民众的建筑"：各国游客因其与希特勒相关而来，但又因厌恶希特勒而闭口不谈；在观赏表演、享用啤酒美食之余，还可以在厚厚的木板桌上留刻下属于自己的印记。

  在大多数状态中，新思想和新风尚密不可分，政治制度在规范和文化两个层面上的变革共同决定了主创者在改编政治仪式时的思想和情感状态。可以通过关帝祭祀的历史变革看出这一点。在中国古代，祭祀关帝的规格逐渐提高，从宋到明末一直在"神化关羽"，但"没有垄断关羽神力的企图"，清代则将"关帝的祀典提高到与孔子并列"；与此同时，民间对关帝的崇拜则原因繁多，如有赞其英勇忠义，有视其为财神甚或"万能之神"。[1] 杜赞奇站在乡村社会

---

[1] 参见［美］杜赞奇《文化、权力和国家》，第129—133页。

的研究角度上将之视作乡村与国家在"教义"和"组织"两个方面的联合，我们则从中看到政治制度在规范和文化两个方向上的分化和统合。在规范意义上，国家对关帝日趋重视是因为关帝祭祀等仪式能够体现出一种清楚的国家思想，有利于展现和强化政治制度。在文化意义上，民间赋予关帝多种功能和意义，并且得到国家层面的默许，这表明在一定的政治制度中，关帝祭祀作为民间仪式能够表达出民众的多样性要求，如寻求保护、发财致富或万事大吉等，体现出一种复杂的民间文化。无论主创者是国家还是民间的集体或个体，他们的思想和情感都交织在一起，既反映了现实的政治生活，也是对政治生活的不尽想象。这或许就是主创者的应然面目，在政治仪式这种横跨日常和非常两种政治状态的特殊政治实践中，主创者需要在理智与情感间作出合适的抉择。

三、政治仪式中的"实力派"与"偶像派"

1. 仪式英雄与政治权力

1.1 仪式英雄的角色定位

政治仪式对程序的严格要求限制了表演者的言谈举止，因此，其中的表演者的自由度或独立度比较低。一般而言，在程序完备而严苛的政治仪式中，表演者总是循规蹈矩地完成自己的仪式职责，他们的任何"违规"或"失范"行为将被视作"不合时宜"，既会影响自身的仪式地位，也会影响整个仪式产生的效力。

遵守规范的表演者对维持和巩固政治仪式的稳定性具有极为重要的意义，"违规"的表演者则传达出一种强烈的变革信息，如政治生活的剧烈变化、政治仪式的内在变化，甚或表演者自身的变化要求等。一般而言，政治仪式中的主角比配角更具影响力，因此，我们主要考察主角与政治仪式改编之间的关系。

政治仪式中的主角如同影视戏剧中的英雄人物，兼具较高的聚焦度和影响力，例如加冕典礼中的国王，国庆阅兵中的领袖和士兵，或者示威游行中的群众等。无论是个体还是群体，都可以作为仪式英雄而存在，他们是政治仪式的重心所在，包含着政治仪式的大部分信息。从实践上来讲，分辨出谁是政治仪式中的主角并不困难，他们的仪式位置和具体表演产生了巨大的吸引力。关键在于如何对这种实践表现进行规范性的描述。从主角与政治仪式的对应性来看，主要有两种区分途径。第一类主角与政治仪式的目的相关联，是呈现仪式主题的最为重要的仪式人，如加冕典礼中的国王和宣誓仪式中的宣誓者。第二类主角与政治仪式的过程相关联，承担着贯穿仪式主线的重任，如阅兵仪式中的士兵、示威活动中的民众。在第二种情形中，主角往往是一种群体，他们也是政治仪式中最为重要的参与者主体；往往还"伴生"着其他类型的主角，如阅兵仪式中的领袖或领袖群体和示威活动中的领导者。之所以将政治仪式中的一些群体置放在主角的位置上，是因为他们在实践中能够以一种具有同质性的"单一人格"发挥出巨大力量。他们内在的力量一旦出现"违规性"宣泄，将会导致政治仪式的整个过程及其结果发生改变。

与政治仪式目的关联的主题式主角在角色塑造上具有某种先验性，政治仪式是以其为核心构建出的特殊行动框架。此类主角的成长性几乎不是问题，他们的通往主角之路是前仪式状态的，与政治仪式本身并无任何必然性的关系。例如，加冕典礼预设了国王的在场，仪式的举行表明成为国王的"人"与"国王"这一称谓已经完成了对接，加冕典礼的主要目的在于为这种对接构建或提供某种（可能是单一的，也可能是复杂的）合法性。但是，与政治仪式过程关联的主线式主角则需要依赖仪式完成其角色塑造。这是因为，首先他们并非仪式中的唯一主角，需要与其他类型的主角共同完成政治仪式的操演；有时候他们只是配角，需要通过超越常规的表现手段为自己争取主角的位置。其次在于他们需要"证明"自己的力量和地位，而主题式主角的力量和地位具有不证自明性。这意味着两类主角所惯常借用的合法性资源是不同的，同时展现这些合法性资源的方式也有所不同。简单来说，主题式主角具有的合法性资源主要来自政治传统和仪式传统；而主线式主角需要借用、争夺或重塑各种合法性资源，在此过程中所导致的失控就成为政治仪式改编的表现之一。

与仪式精英或仪式专家相比，仪式英雄的独立性表现得更为突出。作为一种可能拥有多重身份的仪式人，仪式英雄的身份成分较为简单。最为重要的原因在于，政治仪式与其他实践活动的界分在很大程度上依赖于这些仪式英雄的表演。政治仪式中的主角们的意义与政治仪式本身所具有的意义在大多情形下是可以等价代换的。这也对仪式英雄在政治仪式中处理自身身份时提出了严格要求：仪式身份具有凌驾一切其他身份的特性。主角们依靠自身及其行动阐释政治仪式这一象征系统中的"身份/符号—象征"关系，如果不能实现这一点，那么从主角们脚下的基石开始，政治仪式就会逐渐破损乃至崩塌。

1.2　仪式英雄的权力图谱

政治仪式是一种权力生产和再生产的装置，在其系统、过程和功能的不同部分中，处理权力信息的方式和目的也不尽相同。在政治仪式所有重要的结构、阶段和作用中，都针对权力生产和再生产的总体性指向设计了不同的子方案，它们一同拼成了政治仪式中权力关系的全貌。仪式英雄是政治仪式权力拼图中的一个环节，有其特殊的设计原则，按此原则绘制的权力图谱则是仪式英雄在表演中所使用的主要脚本。这意味着仪式英雄既服从于整体性的权力生产和再生产的安排，又需要在表演中将这种安排呈现出来。其中最为关键性的隐义在于，仪式英雄能够通过"修改"表演脚本来影响整个政治仪式进行权力生产和再生产的过程。修改的方式多种多样，主要包括擅自篡改"台词"和自由发挥等——仪式英雄的这些"反常"之举成为政治仪式变革的典型表现之一。

仪式英雄的"自主性"是其权力图谱的最为重要的特性。在这图谱中，仪式英雄是权力流通主线路上的重要节点之一，虽然不是决定权力信息流通和流量的总阀门，但担负着权力信息是否能够顺利流通的重大职责。仪式英雄不遵循脚本的表演是其背离政治仪式的权力总体规划的表现。回到政治仪式之中作进一步的具体分析，仪式英雄权力图谱的绘制主要依从两条基本逻辑。

首先，在结构功能意义上，仪式英雄是政治仪式中权力网络的核心节点之一，是以其形貌和活动将各种权力信息转换为"可见"的权力宣示。例如在政治仪式的"展布"中，各种外部环境和内部结构的设置大多直接或间接地与仪式英雄的表演有关；当然，"操演"过程也显示出仪式英雄在表演上的感染力。通过这些设置和行动，仪式英雄能够汇聚各种权力资源，这使得仪式英雄在政治仪式中发挥出某种权力源泉的作用——在一种与日常生活有所隔绝的特殊状态中，成为政治权力的储蓄所，并得到政治仪式的结构性保障。例如在古代欧洲的加冕仪式中，国王作为最为引人注目的仪式英雄既拥有世俗权力，又吸纳了来自宗教的神圣权力。整个仪式为这种权力的集合和展示提供了规范性的结构，国王在其支持下得以通过表演将神授君权显露在所有观众面前。在权力的给予、自我肯定和转换中，围绕国王的表演建立起一套政治权力的认知系统，而这正是政治仪式中权力再生产的表现。

其次，仪式英雄是引导政治符号指向特定政治象征的重要推动力之一。政治仪式中的权力关系在很大程度上表现为各类政治符号与权力象征之间的关系。如果符号本身无法提供有关政治权力的想象，那么符号就失去了在政治仪式中的政治意义。在政治仪式的众多符号中，仪式英雄具有超然地位和显著作用，这一点在"展布"一章关于仪式人员的分析中已经指出过。在此需要强调的是，仪式英雄的权力图谱的基本逻辑之一是其自身作为一种符号，在本质上总是、也必须指向权力象征。因此，考察任何政治仪式时，不管仪式英雄如何表演，总应追问其作为一种权力象征，象征的是谁之权力以及何种权力。对仪式英雄的权力图谱的基本逻辑进行分析的根本目的在于，探讨仪式英雄能够以何种方式影响政治仪式的改编。从这两条基本逻辑中我们可以推论，仪式英雄发挥其影响力的主要方式是"渎职"（未完成作为权力节点的责任）和"误导"（未将符号指向适宜的象征意义）。

仪式英雄的影响力大小，反映出其权力图谱内在张力的大小。仪式英雄从其权力图谱的基本逻辑出发，对政治仪式的改编所产生的影响力存在于一个可观察的限度之中。无论是先天性的仪式英雄，还是在政治仪式中通过不受控制的即兴表演登上主角之位的仪式英雄，都依赖于其在政治仪式中的表现力。这种表现力也决定了仪式英雄作为核心节点处理权力信息和控制符号导向特定权力象征的能力。仪式英雄的表现力（也即影响力）存在着一个力量阈值，其高点是仪式英雄的"天然"的力量，即一种先于仪式就已经存在的权力，低点是仪式英雄通过各种仪式活动所"生成"的力量，即在仪式中才得以产生的权力。仪式英雄的表现力如果高于"天然"力量则是对最高合法性的僭越，会造成合法性危机。例如，国王在加冕仪式中如果表现出"人定胜天"的意图，就会威胁"天"所象征的神圣权力在合法性系统中的崇高位置。[1] 同时，仪式英雄的表现力如果低于"生成"力量则会直接动摇其自身的合法性，因为这意味着他/他们在政治仪式中失去了主角的位置，无法胜任处理权力信息和引导权力象征的基本任务。站在仪式英雄的角度上，政治仪式中权力生产和再生产的产能与仪式英雄对其力量的表现呈正相关关系。或者说，政治仪式的权力和合法性的强弱度，与仪式英雄对其权力图谱的表现力呈正相关关系。"英雄"一词本身就蕴涵着对政治仪式中主角们的表现力的肯定，表明他/他们能够将其所具

---

[1] 在拿破仑的加冕仪式中，"教皇给皇帝和皇后额上涂上圣油；然后在做弥撒的适当时刻，他给他们的皇冠、戒指和披风祝福，关于每件物品所象征的美德与力量都念了传统的祷词。但是，当他正要给皇帝加冕的时候，拿破仑对他轻轻作了手势要他走开，然后用自己的双手给自己戴上了皇冠"。其背景是，"当教皇得知拿破仑要他前往巴黎主持加冕典礼的消息时，极为惊恐和气愤，到9月15日仍未接受。拿破仑先是好言相劝，继而威胁：如果教皇不听召唤，'我要将他贬为一个普通的罗马主教'。经过几番推延，考虑到拿破仑对恢复法国教堂的新的作用做出了承诺（他对大部分这些承诺没有遵守），教皇庇护七世才勉强动身翻越白雪皑皑的阿尔卑斯山前往致使他的前任教皇庇护六世不久前死于牢中的国家，同时也是他自己有朝一日将作为阶下囚再次回来的地方"。这意味着当时教皇的神圣合法性依然有效，但拿破仑的反常之举已经表明他已经有效建立起了个人魅力型的合法性基础，并在权力的现实意义上压过了教权。引文分别参见艾德尼编译《拿破仑全传》，北京：中国言实出版社1997年版，第601页；[美]艾伦·肖姆《拿破仑大传》，贺天同译，上海：上海社会科学院出版社2005年版，第232页。

有或生成的各种力量都真真切切地展示出来，无论是依靠对权力关系的处理，还是依靠对权力象征的控制，经过仪式英雄的表演，权力资源被加工成权力和合法性回售给日常政治生活。

仪式英雄的正常表演保证了政治仪式按照既定规范完成，而其即兴表演则可能导致政治仪式的改编。仪式英雄的表演有两种不同的方式，这也影响了改编时的思路和方向。我们在此区分出实力派和偶像派两类仪式英雄，前者具有良好的演技，能够在行动中将角色所具有的各种力量充分表达出来，其要点是游刃有余地处理各种权力信息并不露痕迹地完成符号和特定权力象征的匹配；后者则主要通过对自身形貌的加强来展现力量，其要点是尽可能地将其"蕴藏"、"代表"或"象征"的权力融入其容颜风度之中，强化每一举手投足的权力"分量"。需要注意的是，有些仪式英雄既在演技上出神入化，又在形象上颠倒众生——这种仪式英雄的表现力能够将其天然力量和生成力量完美结合起来；而有些则与之相反，不仅相貌平平而且演技蹩脚，只能靠后台和运气登上主角的位置——这种仪式英雄的表现力则往往不尽如人意，至少在政治仪式中所生产出来的权力以及所获得的合法性认同都少之又少。

由于实力派比较重视政治仪式中的权力呈现，因此其即兴表演往往具有一种即时性目的，主要着眼于仪式实践本身而提出较为具体而直接的要求。偶像派则比较重视政治仪式之外的权力效益，其即兴表演大多具有延时性目的。对偶像派来说，仪式中的权力固然重要，但仪式完成之后的权力关系更值得追求。这种界分主要适用于非偶像派的实力派或非实力派的偶像派的权力呈现，而对集实力派和偶像派于一身，或在两种角色上都有所欠缺的仪式英雄而言则需要从两个方面综合考虑，其目的或涵括了仪式内外的权力要求，或在仪式内外的权力生产中低效无能。鉴于非偶像派的实力派和非实力派的偶像派的即兴表演在政治仪式的改编中所起的影响力更为明显,而且在政治仪式的操演中更容易被观察到,我们在下一小节主要围绕这两种仪式英雄进行分析。

2. 即兴表演中的权力呈现

2.1 变革中的实力派及其权力之路

主要借助演技达到权力目的的仪式英雄,理所当然地对政治仪式过程中的权力生成更感兴趣。对政治仪式传统规范的严格遵循和重演,无法满足怀有此目标的实力派的所有要求,因为传统规范本身已经预设了一种关于权力关系的标准,循规蹈矩的实力派难以从中索取更多权力。具有变革性作用的演技主要在两种不同的范畴内展开,一是在仪式规范允许的弹性限度内,这可以被视作仪式英雄锦上添花式的表演;第二种则超越了仪式规范的常规范畴,通常被视作仪式英雄的具有反常意义的即兴表演。在历史过程中,这两种演技的应用都屡见不鲜。以第一种演技为例,从不同的加冕仪式中国王们在表现上的差异可以看出,也可以从美国总统就职典礼中每一位总统在仪式中的与众不同之处可以看出。第二种演技则与政治仪式中的一些偶然状态具有密切关系,或者更确切地来说,与政治仪式之稳定状态的转变相关。此方面的案例也不胜枚举,如从和平游行演变为暴力运动,从示威演变为革命,从因经济原因举行的罢工演变为具有政治诉求的运动等。在这些政治仪式或仪式化的政治实践中,伴随着大量的仪式英雄的即兴表演,以及随之而来的程度不等的权力关系的变化。

实力派的即兴表演并非充斥着不可测的偶然性,权力生成的主要目的为即兴表演指出了基本方向。从更为细微的角度来看,即兴表演作为一种"反常"行为,其"所反之常"便是实力派改编政治仪式的重要落脚点,同时也是权力关系发生更变之处。实力派在政治仪式中的即兴表演是否有某种预设目的并不重要,而且对此也难以作出清晰判断。重要的是,这些表演的结果或效果在客观上为政治仪式的权力关系带来了变革性的影响。革命仪式是实力派即兴表演的主要场所,因为还原至历史现场之后,往往难以寻觅到革命活动自身的变革性中是否有"预设"的痕迹。在大规模的社会运动演变成革命运动的过程中,一些群体在仪式性的操演中增强了力量,以至于最终主导运动的进程,改变运动性质,最终重塑了前仪式状态中的权力关系和合法性基础。例如,从历史事实来看,路易十六之死是法国大革命的高潮。事实上在革命导致国王下台之后,国王之死并不是一个急迫的要求。这一点从国民大会召开到审判路易十六之间有两个多月时间便可以看出。在国民大会中占据重要席位和力量的吉伦特派以及大会之外的众多政治力量也一直在阻止审判和处死国王。最终国民大会通过处死国王的决定,与两大仪式主角的即兴表演有关。首先是路易十六本人,他自视仍属于"实力派",但在国民大会审讯中的强硬表现使其丧失了对他有利的同情,并最终使吉伦特派也放弃了拯救国王的计划。其次是民众,在革命中成长为真正的实力派:"巴黎的人民,自从国民大会时起,就已经形成一个实在的力量;这个力量使巴黎民众之革命趋向得以表现,到末了,甚至能左右国民大会。"[1] 路易十六之死促成了这场历史性的

---

[1] [俄]克鲁泡特金:《法国大革命史》,杨人译,上海:华东师范大学出版社2006年版,第295页。

革命仪式中最为关键的权力关系的转变，人民的权力在革命中逐渐强大起来，国王之死在象征和实际两种意义上，逆转了国王和人民之间权力强弱的对比。

实力派在政治仪式中的即兴表演通过反常性的仪式操演改变了自身的权力能量，并依靠这种新的权力状态重新定义了政治仪式中的权力关系。但是，实力派的权力之路由于存在着反常性，因此与政治仪式内在的稳定和承继机制存在着紧张关系，实力派之即兴表演的有效性在很大程度上都得仰仗于对政治仪式之基本规范的遵守。否则，新形成的权力关系以及对合法性的重构就会在仪式之中和仪式之后遭到破坏甚至否定。仍以革命仪式为例，这就是为何在革命之后新的当权者总是会重新梳理旧有的权力象征和合法性资源的主要原因，通过这种行为，实力派才能维持和增长其在政治仪式中生成和获得的权力。由于权力关系在政治仪式中处于核心地位，并且容易受到各种因素的影响，这使得政治仪式并不总是对仪式的基本属性恪尽职守。最为明显之处在于，政治仪式对权力的关注使其很容易突破仪式固有的维持和稳定社会的基本功能。[1]

前文已经指出，政治仪式作为一种存在于社会环境中的特殊实践活动，必然受到来自各种环境的影响，这种影响同样也会对实力派的即兴表演产生巨大影响。法国大革命的案例相当直观地体现出

---

[1] 罗腾比勒通过对 1912 年劳伦斯城纺织工人罢工的分析，补足了特纳关于"阈限期"和"结构/反结构"的理论，即"阈限"并不是脱离于正常社会秩序的一种在限期之后使社会秩序重获稳定的状态，它有其反一致性的维度，构成了对社会秩序的挑战。由此，仪式不单具有传统意义上加强整合、维系稳定的功能，在另一些时刻，它确然地会令已有秩序难堪，甚至以更为剧烈的方式诱发颠覆性的社会运动，导致政权更迭，制度更新。参见埃里克·W. 罗腾比勒《阈限的斗争：作为仪式和阐释的大罢工》，载［英］亚历山大编《迪尔凯姆社会学》，第 90—124 页。

了这一点，实力派更多的不是政治仪式的选择，而是历史的选择。霍布斯鲍姆对在19世纪各种群众运动中充当最为瞩目的实力派的"鞋匠"群体进行了分析，指出他们最终风光不再是因为"鞋匠政治"是一种时代的景观。作为实力派，鞋匠在19世纪的"活动背景是面对面的政治，是礼俗社会而不是法理社会"[1]，当时代及其政治制度或风格发生变化之后，鞋匠的实力派地位也自然无法维系下去。实力派的变化并不总是对象意义上的，也可能是对象的行动或目的发生了变化。谢勒（Scott Schnell）分析了日本农村中的"抵抗性仪式"的变革，指出了这些仪式表演本身具有参与社会、政治和经济变迁的工具性目的，这一点尤其通过把这些仪式作为一种大众抗议的方式表达出来。但是，当社会发展削弱了大众抗议的动机之后，这些仪式的工具性功能也会发生变化。这些仪式中的实力派所发生的变化不是对象意义上的，而是行动意义上的，他们从表达抗议转而在此仪式结构中表达某种勇敢或好斗情绪的释放——而这正体现了仪式中最为关键性的改编：从抵抗性的仪式变成一种宣泄性的仪式，直至变为一种纯粹表演性的仪式（即旅游项目）。[2]

在这些变革中，一方面凸显出政治仪式与社会之间的一种紧张关系，实力派通过即兴表演把握住各种机会，在权力关系的处理上占据主动；另一方面，实力派的反常举动也是政治仪式应对历史发展和社会变革的重要方式，并以此提高他们在社会生活中的持续的政治生命力。最后，即便实力派并不总是带着某种深邃的思考进行即兴表演，但总是值得或需要以最为深邃的思想去分析他们的即兴表演。

1　［英］霍布斯鲍姆：《非凡的小人物：反抗、造反及爵士乐》，第61页。
2　参见 Schnell, S. (1995), "Ritual as an Instrument of Political Resistance in Rural Japan," *Journal of Anthropological Research*, No.4, pp.301–328。

2.2 偶像派的权力包装术

实力派在政治仪式中的地位与其在前仪式状态中的地位相比，在很大程度上是可疑的，因此他们期待变化，并努力为变化的可能性而表演。偶像派几乎不存在这些问题，他们通常在政治仪式之外的政治生活中也充当着主角。非实力派的偶像派对演技的依赖性不大，但并不表明他们对演技没有要求，只是与其表演能力相比，对外在形貌的重视更为突出而已；或者在他们的即兴表演中，更多的是通过外在形貌的塑造来生产权力和构建合法性。在政治仪式中的偶像派与政治生活中强调禀赋的政治精英之间可作某种对照。此类政治精英与政治体制之间的关联度较弱，无论是在集权制中还是民主制中，禀赋型政治精英的特征和条件都没有太大差别。需要注意的是，这并不是说禀赋型政治精英无须制度支持，只是说他们对制度的类型没有特殊的好恶。事实上，此类政治精英的成型也离不开制度为其作出的特殊安排。他们的禀赋具有两重性，既包括个人天赋、人格魅力、道德素质、人际关系处理能力和动员能力等自然优势，也包括在身份地位的获取和知识技能的获得中存在的制度意义上的区位和机会等方面社会优势。政治仪式中的偶像派同样兼具这两种优势，他们"先天性"（在此时指"先于仪式"）的非凡品质以及仪式程序为其设定的优势地位共同打造出了一种"超凡魅力"：他们"与生俱来"地处于权力关系的中心，并通过政治仪式的整个过程源源不断地吸纳着周围和其中的权力资源。

政治仪式结构中的不同组成以及过程中的不同阶段，几乎都能够为偶像派提供实用而有效的权力加成方式。偶像派的主要做法是将这些方式与其禀赋合二为一，使其能够在政治仪式中真正地立稳脚跟、以执牛耳。在古希腊和古罗马时期，政治修辞术是政治仪式中的偶像派惯常使用的工具。它是公民政治教育的基本课程之一，所以在重要的政治场合或盛大的政治聚会中，仪式主角都会娴熟地运用此项技术来操控局面。修辞术作为政治表演的基本技术能够最为直观地表达出偶像派的自然禀赋，同时也为其社会优势提供了一种令人信服的证明。修辞术在政治仪式中与权力及合法性紧密相关，偶像派需要依靠言语说服大众以赢得信任和忠诚。涂尔干更进一步地描述了这种言语力量的施展：演说者的渲染力来自其面对的群体，他所煽动起的情绪反诸其身，得到了强化，最后"不再是一个简单的个体在讲话，而是一个具体化、人格化的群体在演说了"[1]。反映言语使用能力的修辞术只是偶像派在政治仪式中惯用的权力生成技术之一，与偶像派的外在形貌相关的还有妆容、服饰和用具等。在政治仪式中，这些方面是"仪礼"的重要组成部分，也是偶像派打造其"面子工程"的重要手段。但是，这些方面的安排都具有较强的规制，唯有那些真正具有"偶像气质"的仪式主角才能撼动它们，并且通过这些方面的即兴表演改编政治仪式，以致变革政治生活。寻找证据的最为简便之法便是从那些与时代特征结合在一起的名字入手："太阳王"（路易十四）、"中山装"（孙文）和"牛仔总统"（小布什）都属此类。这些称谓在表面上只是偶像派的形象描绘，其实在仪式化的意义上展现出他们对政治生活的不同影响方式，当然也表现出他们在处理权力关系以及构建权威时运用的不同手法。伯克就政治领袖的形象和社会之间的关系做了鞭辟入里又妙趣横生的研究，在他看来，帝王们的形象是被"制造"出来的，而这又可以被纳入"政治戏剧"的视野中进行观察：他们"个

---

[1] ［法］涂尔干:《宗教生活的基本形式》,第202—203页。

人的表演方式"构成了不同的"剧情"——建立王朝、实行开明政治、倡导幸福生活,以及进行政治改革等。[1] 虽然帝王们已经大多被雨打风吹去,但现当代政治领袖们依然热衷于这种"剧情展示"或"神话表演"。

历史地看,很难按照集权或民主的标签对政治仪式进行分类;同样,政治仪式中一些行为的基本形制也对古今之分或君权民权之分并不敏感。因此,在此意义上讨论"偶像的黄昏"几乎是多余的。在任何时代或任何政治体制中,政治仪式与权力生产和再生产之间的关系一直火热,冷漠和断裂是不可想象的。这意味着偶像派不可能在政治仪式中放弃对权力的要求,因此也就不可能放弃提高权力生产和再产生的产能和效率,而即兴表演便是他们用于提高产能和效率的重要方式。从严格的政治仪式到宽泛的仪式化生活,偶像派的即兴表演在引领某种政治风格的同时,在政治仪式和政治生活之间构建了一条权力通路,即便政治生活对政治仪式的种种"映射"(如典型性的"剧场国家")不甚明显,也无法拒斥来自政治仪式中所透露出的众多关于权力关系的政治信息。再者,偶像派的即兴表演一旦形成了鲜明的风格,也就预示着某种新元素进入了政治生活,由于政治仪式是一种兼具历时性和共时性的实践活动,经由即兴表演所倡导和确定的政治元素成为政治权威的新来源,如偶像派特殊的形象设计所昭示出的个人魅力型权威,以及个人权威在社会中稳定后转化成的传统权威资源等。简而言之,偶像派的即兴表演如果大获成功,那么一种偶像模仿秀也就顺势而来,模仿者既期望通过同样或相似的表演方式来有效增强自身的魅力,同时也希

---

[1] 参见[英]伯克《制造路易十四》,中文版前言,第5—6页。

望能够借助这种模仿将偶像这种权威资源一并继承下来。因此，单单从"传统跟随"的角度去理解偶像派的权力技术在一种跨历史语境中的应用远远不够，还需要还原历史语境以观察当时的偶像派主要基于何种考量进行即兴表演，以及超越历史语境追寻偶像派的即兴表演与权力生产和再生产之间的固定连接，而权威（合法性）是其中最为关键性的铰链。

在某些特殊的情形下，政治仪式中的偶像派也会如同实力派通常的做法那样，在实践中生成自身的权力。此类偶像派往往需要经历一种身份上的重大转变，通常与进出仪式的时机保持一致。此类仪式角色是一种结构功能主义意义上的偶像派。选举之夜的新闻报道便是这样一种政治仪式，电视播报员超越了他们平时的新闻人员的身份，他们的政治身份并不具有额外的政治权力，但是通过他们的即兴表演，能够暂时性地掩盖公民之间的真正差别，令观众的注意力远离这些分歧，并实现共同的、共享的感情，从而成为选举中不容忽视的重要政治角色。[1] 从政治传播学角度来看，这种电视仪式中的偶像派极为擅长"空手套白狼"的权力生产把戏，几乎仅仅通过富有魅力的言谈举止完成权力资源的汇聚、处理和输送。总之，政治精英和普罗大众一方面希望成为偶像派，另一方面总是需要偶像派。因为偶像派既能够在权力关系中充当中继器，也能够在权力生产中充当发生器，还能充当权力资源的转换器，直接促成权力的再生产。

无论是仪式英雄还是仪式偶像，都隐含着人类在政治生活中对

---

[1] 参见 Ross, H. M., and R. Joslyn(1988), "Election Night News Coverage as Political Ritual," *Polity*, No.2, pp.301-319。

某种具有超越个体和人性的"神圣的他者"的渴望和慕恋。这种情感贯穿在从古至今的每一个历史阶段之中,包括政治仪式在内的绝大多数仪式行为一直力图将之呈现出来。约瑟夫·坎贝尔(Joseph Campbell)对此有着精彩的描述:在原始社会中,"部落中的出生、成年、婚嫁、瘗葬、就职等等仪式,旨在把个人生活中的关键时刻和重大事件转变为不朽的、非个人的形式。这些仪式使个人所看到的自己,不是这样或那样的有个性的人,而是战士、新娘、寡妇、祭司、酋长;这些仪式同时为社区的其他成员排演这些典型阶段所包含的古老训诲。"这种对"英雄的呼喊"跨越前近代西方社会的宗教生活,一直延续至今。唯一有些令人悲观的更变是英雄曾经光辉崇高的形象已被商业社会碾落成泥,尤其与民族国家的政治观念结合在一起,成为"地方性的阈限守护神"。[1] 我们不得不承认,在现代政治生活中,得到权力阶层力推的各类"英雄"和"模范"是最为典型的实力派和偶像派,他们的生活在媒介的塑形器和放大镜中变成了一种具有典范性的仪式化了的生活方式,无论是自上而下式的推广,还是自下而上式的模仿,都是一种权力再生产的重要方式。

---

[1] 参见[美]约瑟夫·坎贝尔《千面英雄》,张成谟译,上海:上海文艺出版社 2000 年版,第 393、398 页。

第六章

刻写

政治记忆与权力再生产

在人类悠久的政治生活中，记忆一直是最重要的权力源泉之一。政治仪式是一种保存、展示、重塑和解释记忆的实践活动，尤其是它的重复性"对于塑造社群记忆，是一个极其重要的特质"[1]。作为一种政治权力再生产的重要方式，政治仪式将自身的仪式原则和仪式经验通过操演过程，转换为日常生活中的政治记忆，发挥出政治范式和政治常识的作用。政治记忆的完整流程包含了唤起、重构、固化和刻写四个重要阶段。在政治仪式与政治记忆的交互中，唤起、重构和固化主要发挥出权力生产的作用，刻写则由于与合法性构建之间的密切关联，以及它站在政治仪式之流程的终点，尤其对权力再生产有着重要意义。

一、政治记忆中的政治仪式

1. 政治记忆的概念和过程[2]

记忆并非私人或个体所独有，学界已经将其引入广泛的群体范畴中，其中具有较大影响的有集体记忆、历史记忆和社会记忆等。其中，社会记忆的概念具有较广的包容性。[3] 记忆是"对现在之所谓先前在场的引证"[4]，其中的"引"和"证"可以分别被视为对习得知识的重复和"对过去知识的创造性认识活动"[5]，具有保存经验

---

1 [美]保罗·康纳顿：《社会如何记忆》，第70页。
2 部分内容来自王海洲《合法性的争夺：政治记忆的多重刻写》，第19—26页。有较多修改。
3 参见王明珂《历史事实、历史记忆与历史心性》，载《历史研究》2001年第5期。
4 [法]雅克·德里达：《多义的记忆：为保罗·德曼而作》，蒋梓骅译，北京：中央编译出版社1999年版，第69页。
5 [法]恺撒·弗洛雷：《记忆》，姜志辉译，北京：商务印书馆1995年版，第122页。

并持续地注入实践的特殊功能。社会记忆则是"一个社会群体——无论是家庭、某种社会阶层、职业群体,或是民族国家——如何选择、组织、重述'过去',以创造一个群体的共同传统,来诠释该群体的本质及维系群体的凝聚"[1]。这种群体性指向同样为合法性所拥有,使某种稳定秩序获得承认是其暗含着的重要追求。确切地说,社会记忆"由社会、经济、政治环境以及信仰、价值、对立、抵抗所决定,其中也包括文化基准、真正性、认同以及权力的问题"[2]。

虽然各种群体性记忆概念(如历史记忆、集体记忆和社会记忆等)之间的边界争端不断,但在政治见解上达成了一种低度共识,即记忆活动中的主体——尤其是具有一定政治权力诉求的组织、团体或实体等——在政治生活中通过对历史经验的集合和筛选,彰显出一定的政治价值和政治意图,并作用于政治权力的生产和再生产以及合法性构建。我们将这种具有政治意义的群体性记忆称作政治记忆,它是往昔政治生活的实践经验与价值理念的总和。政治记忆与其他类型的记忆相似,基本包括唤起、重构、固化和刻写四个阶段。这些阶段在程序上具有一定的逻辑次序,首先唤起对某些特定时空的回忆;继而对记忆内容进行重构,为过去包裹具有新特征的外壳甚至注入全新的内涵;然后对新的记忆进行固化,用各种方式将之保存并给予其存在的认同感;最后将这些保存起来并得到固化的记忆传继下去,这一切主要通过在个人、群体和各种社会政治环

---

[1] 王明珂,《华夏边缘:历史记忆与族群认同》,台北:允晨文化实业股份有限公司1997年版,第51页。

[2] Climo and Cattell(2002), *Social Memory and History*, Altamira Press. 转引自孙江主编《事件·记忆·叙述》,杭州:浙江人民出版社2004年版,第188页。

境中的刻写得以实现。

政治记忆唤起的是针对同一时空政治经验的大规模趋同回忆,在此过程中政治记忆对记忆内容和记忆对象进行有目的的抉择。这种回忆并不仅仅着眼于过去,更为集中地关切现在并关注未来。康纳顿在分析个体记忆中的唤起作用时使用了"记忆申述"(memory claims)一词,他提出了三种申述方式:一是个人记忆申述,指把个人生活史当作对象的记忆行为;二是认知记忆申述,这类记忆不要求记忆对象是过去的历史,而要求记忆者对记忆对象的在场认知;三是"再现某种操演的能力",这是一种习惯性记忆,通过现场的操演向他人展现记忆的存在。鉴于此,政治记忆的唤起也大致可以分为类似的三个层面,首先是群体性政治生活的回溯,把群体的政治史当作记忆的对象;其次是群体性的政治认知,对过往历史在现阶段的政治意义进行挖掘,并结合当前和未来的需要有目的地唤起具有影响力的特殊记忆内容;最后是群体性的记忆再现,在政治生活中以某种方式(并不仅限于操演)将"唤起"这一行为及其内容一同表达出来。

"在一个社会中,社会记忆不断地被集体创造、修正与遗忘。"[1] 政治记忆通过剔除意欲忘却的过去,加入并不存在或者经过加工处理的内容,以在某种现实意义上重构往日的政治生活,使政治传统或政治历史在变迁中维持和发展。除却政治角色在重构中所充当的主观因素外,群体记忆本身的残缺性和延展性是政治记忆重构的客观原因。由于记忆本身的不完整以及记忆主体对记忆内容的选择性保留一同造成了记忆的残缺性,因此,过去在当下的记忆唤起很难

---

[1] 王明珂:《华夏边缘:历史记忆与族群认同》,第418页。

做到完全浮现。对于政治记忆而言，必然要对唤起的残缺记忆进行修补或者重塑，以实现某一方面记忆的完整化和体系化。记忆的延展性来源于社会对传统的保持，一些过去的记忆虽然在现在的框架中仍然得到运作，但是框架本身发生了变化，于是这部分传统性记忆也必须接受重构以适应新的社会框架，这一点在政治仪式的历史变迁中表现得尤其普遍。

固化并不单纯是对重构后的政治记忆进行保持和巩固，更重要的作用在于构建合法性或者强化认同感。在此过程中，社会秩序中的参与者"必须具有一个共同的记忆"[1]。无论是政治权力主导下的法律政规，还是民间力量主导下的风俗习惯，抑或是表达民意的公共舆论都是政治记忆合法化的重要实现形式。政治记忆的合法化在广泛的领域内实现了历史记忆和当下经验的共享，并且以这种共享来对抗或者替代其他立场的记忆。共享程度也决定了政治记忆的分歧程度，共享程度越低，则政治记忆再生产的内耗越大、纷争越多。政治记忆的合法化不仅从政治权力的妥协和认同感培养中得到，也会通过压制等强力手段得到。占据支配地位的政治力量能够通过对异己政治记忆的摧毁和替代，巩固其政治记忆的合法性，并经由政治制度和法律确立为公共社会的主要记忆框架。固化还表现在社会群体对异见的"同化"上，这种在流动中对政治记忆的保护，积极主动地通过占领或消解另一些政治记忆而实现。异见的被融合不仅体现出政治记忆的稳定性，同时也体现出政治记忆的变动性。政治记忆的固化从表面上看是强势社会文化的自我保存，其更深层次的意涵是集体无意识的表达，通过具有遗传性质的社会功能

---

[1] ［美］保罗·康纳顿：《社会如何记忆》，导论，第3页。

和社会内容的承继和持有,凝结成荣格所言的"集体精神"。由此,"合法性"就成为政治记忆固化的本质特征,表现为政治权力和社会权力通过对社会记忆进行唤起、保存和巩固,实现政治权力的自我辩护,并争取民众对政治权力的信任、认同和拥护。

刻写是政治记忆流程的终点,唤起、重构和固化都必须依靠刻写行为完成其再生产目的。在唤起、重构和固化三个阶段中,政治记忆完成了其"常规性"的权力处理程序,即在最为基本的层面上保证了政治权力的生产活动。再生产意味着生产过程的持续、延续和延展,或可解释为生产的重复、连贯和扩大。刻写的关键意义便在于保持政治记忆能够促成政治权力的再生产。那么刻写是以何种方式完成这一任务的?作为最为明显和重要的记忆"刻体"之一,身体是刻写的首选对象。康纳顿总结了记忆在身体中的两种积淀方式:体化实践和刻写实践。前者强调身体的在场性,用在场的动作和语言来表达记忆,后者则强调身体在非在场环境下对记忆的摹写,可以表达为一种习惯,而"习惯是一种知识,是手和身体的记忆;在培养习惯的时候,恰恰是我们的身体在'理解'"[1]。我们将之理解为刻写并不会停留在一种肉身的生理记录层次上,而是依靠身体所具有的社会意义——如由行为构成的普遍社会实践——达成关于社会生活的"知识"的累进及其表现。回到政治权力的道路上来,政治记忆的刻写吸收、综合和发展了之前几个阶段处理权力关系的方式和认知,将权力的生产活动进一步深化和升华。简而言之,依靠政治记忆的刻写,政治生活中被生产出来的权力能够在持续下去的同时得到扩展,包括更新和变革。在刻写大张旗鼓令权力

---

[1] [美]保罗·康纳顿:《社会如何记忆》,第117页。

生产和再生产高歌猛进的同时，政治生活中也一直存在着诸多"反刻写"的力量，后文会做相关讨论。仅就政治记忆的刻写对权力生产的积极作用而论，康纳顿所言甚是："控制一个社会的记忆，在很大程度上决定了权力等级。"[1]

2. 再生产：政治仪式与政治记忆的基本关系

政治记忆的刻写为观察和理解政治仪式以何种方式表达或实现权力生产和再生产提供了直观而便捷的道路。从具体的政治实践来看，政治仪式要完成权力生产和再生产以及合法性构建的核心任务，的确在很大程度上倚仗政治记忆在此方面所能提供的特殊功效。同时，政治仪式和政治记忆之间的关系远非"借道"这般简单。我们认为，在某种意义上，政治仪式和政治记忆混合成了一种溶液，权力关系决定、也促成了两者之间产生关系，合法性则成为这些关系的结果和效果。我们既不能将政治仪式和政治记忆彻底分开，也不能从政治仪式的权力生产和再生产中排除政治记忆的影响作用，更无法在政治仪式的合法性构建中否认政治记忆的存在。可以说，政治仪式内含着政治记忆的基本结构和作用机制，其权力生产和再生产的过程始终与政治记忆的权力处理方式有着相近和共通之处。刻写则通过对权力生产的总结和权力再生产的彰显，成为值得关注的焦点。

政治记忆的涵括范围极为广泛，甚至是超越时空的，因为它能以往昔政治生活的集合形式对当下乃至未来发挥巨大的影响力。政治仪式只是政治生活中一个微小的组成部分，由于"仪式"一词在

---

[1] ［美］保罗·康纳顿：《社会如何记忆》，导论。

内涵上对"往昔"的强调，使得政治仪式与政治记忆产生共性。从"现在"的时间立场来看，政治记忆是依靠一种"标准"对往昔政治生活进行择取的结果。政治仪式也符合这一判断，作为一种象征系统和重复的实践行为，其象征系统所执守的规范正是"标准"，而重复则是政治记忆诸多择取方式之一，并且在工具意义上成为政治仪式的本质属性。从政治记忆的角度来看，这种内容关系的表述是政治记忆完全包裹着政治仪式。政治记忆是政治仪式的主人，缺乏了政治记忆的指导和供应，政治仪式将无法存在，因为"重复"将不复可能。从政治仪式的角度来看，这种内容关系则会出现一些差异，政治仪式虽然必须从政治记忆中吸收必要的信息，但是政治仪式具有一定的独立性或主动性，能够通过自身的存继"成为"政治记忆的内容。于是，如果政治仪式消失或改变了，那么也就意味着这部分政治记忆消失或改变了。在政治仪式的具体实践中，这种高度依存、互有主动的内容关系一同体现为：政治仪式尊重传统，从传统中继承规范以及汲取力量；同时，政治仪式依靠重演使得自身作为政治记忆的内容保留在时间长河中。至少在此方面，政治生活的超时间性质成为权力和合法性之战中各方的共同前提。

既然在内容上政治仪式与政治记忆建立了共同区域，那么这一区域是如何呈现出来的？又呈现为何种形貌？由于政治仪式是政治记忆的内容真子集，那么这种呈现在逻辑上只能是政治仪式对政治记忆而言的，即政治仪式是一种呈现政治记忆的重要方式。这种呈现关系在形式上具有两重意义。在浅表意义上，政治仪式是一种政治记忆的表现方式；在深层意义上，政治仪式能够塑造这些表现方式。政治仪式与政治记忆在表现形式上具有某些共通性，这样才能

第六章 刻写：政治记忆与权力再生产

保证"表现"的顺畅。作为一种表现方式的塑造，则意味着政治仪式在一种系统性的层面上提供表现政治记忆的路径。也就是说，政治仪式是一种能够处理政治记忆的独立模式，自身具有构建表达方式的能力。这两层意义奠定了政治仪式和政治记忆在形式上的基本关系，政治仪式一方面是政治记忆的一种呈现方式，另一方面政治仪式也是一种独立的政治记忆呈现系统，在将政治记忆呈现为何种形貌的选择上具有一定的主动性和自主性。

作为一种表现方式，政治仪式具有怎样的特殊性？更为具体地说，与文字、图片和影像等政治记忆的表现方式相比，政治仪式具有何种优越性？记忆代码主要有三种：语义代码、口头代码和视觉代码，[1] 分别发挥着感知、表达和体现的作用。在政治仪式中存在着三种代码的综合运用，但起着主导作用的是视觉代码，即政治仪式之所以"令人难忘"的关键因素在于它是一种可视的操演。这种操演并不只是指肢体等方面的"动作"，而是指一种能够为视觉所感知的"存在"。科赫（Gertrud Koch）通过对以录像形式记录的回忆叙述和口头证词材料的分析，讨论了一种"视觉回忆观念"："把可视之物变成对真实之物的比喻，让可视之物证明确实发生了某些事件，并且让它充当这种发生的形态学证据。"[2] 与图片或录像相比，政治仪式所能携带的视觉因素更为庞大复杂，同时，记录回忆只是它的一种附属项目，重现回忆才是更为明显和重要的功能。以视觉为主、对人的各项感官系统都能够产生影响的政治仪式集合了多种回忆的形式或载体，与其他记忆形式相

---

[1] 参见［美］保罗·康纳顿《社会如何记忆》，第25页。
[2] 格特鲁德·科赫：《感情或效果：图片有哪些文字所没有的东西？》，载［德］哈拉尔德·韦尔策编《社会记忆：历史、回忆、传承》，季斌等译，北京：北京大学出版社2007年版，第78页。

比，其优越性主要体现在更为强大的视觉影响力和更为系统的感官刺激上。

在形式意义上，政治仪式与政治记忆之间还具有更为普遍的关系。政治仪式不单是令政治记忆赖以为继的重要形式，还将这种形式意义提升到模式的层面中。郝韦尔-列格（Hervieu-Léger）指出，宗教记忆作为一种集体记忆形式之所以能够比世俗记忆更好地保持传统和信仰，是因为在宗教经验中，"记忆的活动以仪式的形式发展了自身。与社会仪式的所有其他形式相比较，宗教仪式的特征在于这样一个事实，即，姿态和话语有规律的重复、旨在将自身嵌入记忆的当下时间序列中……传递的序列能够构成自身，并且证明这种传递序列有能力超越任何带来危险的经历而使自身永久化。"[1] 其用意在于凸显出宗教生活在日益破碎的社会记忆中能够发挥传承记忆的作用，我们由之引申为，政治仪式与政治记忆在主题（即"政治"）上的相关性，保证了政治仪式能够在政治生活中为政治记忆的存继提供某种有效协助。宗教仪式在保持宗教记忆上的有效性已经得到了证明，而政治仪式与政治记忆之间是否也具有如此关联度则尚需要证明。事实上，我们在前文所论述的权力和合法性因素在政治仪式和政治生活之间的纵横捭阖，已经为这种关联度提供了证明——只需要指出政治生活是政治记忆的母体，并且在一般范畴中具有共通性即可。回到涂尔干，这一切在一个世纪前已初露端倪："一个群体的神话乃是这个群体共同的信仰体系……仪式必须保证信仰不能从记忆中抹去，必须使集体意识最本质的要素得到复

---

[1] ［意］希普里阿尼：《宗教社会学史》，第246页。

苏",仪式的目的在于"把现在归为过去,把个体归为群体"。[1] 毋庸置疑,涂尔干强调了仪式通过塑造共同记忆以保护社会的观点,或许这种观点有些偏颇,但绝非陈词滥调。任何政治仪式在其权力生产和再生产中都无法忽视与政治记忆之间的关系,这种关系体现在两者在内容和形式上的种种相互作用中。

二、雕琢权力

1. 规范性刻写:从政治仪式的原则到政治生活的范式

规范性刻写是指政治仪式将其基本原则镌刻在政治记忆之中。在此,政治仪式的基本原则并不是其操演过程中遵守的行动规范,而是对日常政治生活中具有范式意义和作用的政治价值系统的特殊编码,描述的是本质性的政治权力关系。例如,中国古代的阅兵仪式和新中国的国庆阅兵仪式在行动规范上有着一些相似之处,但反映出的政治价值完全不同,所描述的权力关系也殊为相异。政治仪式的基本原则超越了仪式实践的具体特征,表现为一套整体性和象征性的认知和理解标准。如果不掌握编码的规则或缺乏正确的解码程序,这套编码就是一团难以直接阅读和理解的杂乱符号。我们认为,政治仪式对政治生活的编码规则以合法性构建为旨归,而解读这些编码则需要政治权力的生产和再生产机制充当解码器,它将充满象征意义的仪式原则转译为能够在政治生活中被直接理解的政治价值或秩序。

规范性刻写是一种循环往复的编码解码过程。首先,政治仪式

---

[1] 参见[法]涂尔干《宗教生活的基本形式》,第358、361页。

的基本原则以指向合法性构建为前提，对政治生活范式进行编码；其次，政治记忆的刻写作为一种权力生产和再生产机制，对政治仪式的基本原则进行解码，又将解码所得作用于政治生活的范式层面；最后，受到影响的政治范式继续成为新的编码对象。

以美国总统就职典礼为例，绝大多数总统在宣誓时都会将手放在一本《圣经》上，这种行为体现出的仪式原则对应的是美国日常政治生活中的一种宗教范式，旨在获得宗教虔诚所赋予的神圣合法性和以基督徒为主体的民众信任所赋予的世俗合法性。在历次就职典礼向政治记忆的转化中，手扶《圣经》这一行为的合法性原则不断被重新解读，比如它在合法性范畴上逐渐超越了基督徒受众（总统自身的宗教虔诚本身成为所有教徒和非教徒信任的理由），也超越了《圣经》自身（有些总统所使用的《圣经》具有特殊性，如小布什使用了华盛顿和老布什宣誓时使用的《圣经》，从特定对象中吸取了额外的合法性资源）。这种解读丰富了总统就职典礼中获取合法性资源的途径，甚至塑造了新的合法性认知，并继续影响着新的总统就职典礼——奥巴马不仅与林肯使用同一本《圣经》，而且就职演说的题目也取自林肯名句，成功地利用其肤色"优势"从美国最伟大的总统之一林肯那里汲取了大量合法性资源。

政治仪式自身的行动特征为理解这种循环过程提供了另一条思路：政治仪式的操演有规律地周而复始，既是一种共时性实践，也是一种历时性实践，能够反映出它与政治生活之间在两个时间维度上的复杂关联。这意味着政治仪式的基本原则在编码时所汲取的符号资源既来自现在，也来自历史。总之，政治仪式的基本原则所对应的政治价值或秩序具有泛的和超时空的性质，能够在范式意义上规约政治生活。

第六章 刻写：政治记忆与权力再生产

国会山游览中心展示的自由女神像（摄于美国华盛顿，2014年）

这是国会山顶自由女神（Freedom/纽约自由女神名为Liberty）铜雕的复制品，可以近距离观察其全貌。设计师托马斯·克劳福德（Thomas Crawford）在此前设计了两个版本的自由女神像：第一个头戴由麦穗和月桂编成的花环；第二个改为头戴在古罗马象征被解放的奴隶和在法国大革命中象征自由的自由帽（liberty cap）。当时负责国会大厦重建工作的战争部长、后来美国内战时的邦联总统、奴隶主杰斐逊·戴维斯（Jefferson Davis, 1808—1889）以该象征"不适合一个生而自由的民族"为由，建议其更换为头盔。克劳福德听从了雇主的建议，只是又在头盔上加了一个鹰冠，并将原先的罗马式长袍改为颇有印第安风格的流苏披风。戴维斯去世后，美国南方举办了一场最大规模的葬礼；其纪念雕像在2020年的乔治·弗洛伊德之死引发的游行中被推到。

这种规范性刻写在宗教仪式和宗教记忆中表现得尤为明显，教义在宗教仪式中充当着基本原则，两者的结合在宗教记忆中的刻写表现为对宗教观念的塑造和维护，在价值和秩序层面体现为一种系统化的信仰，它既保持了宗教本身的稳定性和整体性，同时也成功地显现出它的独立性，尤其是与世俗社会区分开来——这意味着一种宗教范式的生成。哈布瓦赫（Maurice Halbwachs）肯定了宗教记忆在塑造一种封闭性观念系统上的成功，但也指出它"和每一种集体记忆一样，遵循着同样的法则"[1]，即借助仪式等活动重构过去。政治记忆作为集体记忆的一个重要类型，虽然在封闭性上不如宗教记忆，但在一些记忆的表征上与之有着高度的相似性，如拥有与教会相对应的政治共同体，与教义相对应的政治价值系统，以及与宗教信仰相对应的政治忠诚等。在宗教领域中，教会、教义和宗教信仰能够在宗教生活和宗教仪式之间无碍通约，但在政治领域中，政治共同体、政治价值和政治忠诚，由于存在政治形态和政治体制等方面的差异，所以在政治生活和政治仪式之间无法自由通行，于是，指向合法性构建的编码规则以及由权力生产和再生产机制充当的解码器在此充当了不可或缺的中介。

在宗教、政治或社会等具有不同特征的实践范畴中，各类仪式都展现出一种"行为的元历史秩序"。[2] 在此意义上，政治仪式不但是一种行为系统，而且在这些行为中还携带着对政治生活的根本性理解和描述。政治仪式作为一种象征系统，利用意义丰富的符号对政治生活的经验和理念进行编码。细察这一过程，政治仪式所创设

---

[1] [法]莫里斯·哈布瓦赫：《论集体记忆》，毕然、郭金华译，上海：上海人民出版社2002年版，第200页。

[2] 参见[意]希普里阿尼《宗教社会学史》，第151页。

和处理的大量符号,一方面是出于对政治生活表象的呈现,另一方面,更为重要的是出于对政治生活核心内涵即合法性构建的提炼。在规范性刻写中包含了两种合法性转换,一是政治仪式对政治生活中合法性构建的象征化(奥巴马对林肯象征的广泛借用),二是政治生活对政治仪式所象征的合法性秩序的解读(民众对奥巴马借用林肯象征的扩展性认知和解释)。它们合成在政治记忆中,表明政治仪式和政治生活的相互关系是一个由记忆表达的历史境况和历史过程。政治仪式的规范性刻写内含着"一而再"的循环意义,作为一种互动且复合的合法性转译过程,向政治生活注入了复杂的、综合性的和历久弥新的合法性观念。

2. 事实性刻写:从政治仪式的经验到政治生活的常识

事实性刻写关注的是政治生活的经验层面,从行动意义上而言,是对规范性刻写内容的践行。政治仪式在遴选刻写进政治记忆的经验时,执行着规范性刻写所设定的标准。在时间性质上,规范性刻写倾向于提供历时性的内容,包括一个相当长时间中的政治价值、文化传统或风俗习惯等;事实性刻写倾向于提供共时性的内容,主要是较短历史情境中或者即时性的政治价值或政治文化。

在事实性刻写中,政治仪式通过向政治生活输出丰富而复杂的经验性内容,影响政治权力的生产和再生产与合法性构建。在某些情形下,这些经验性内容本身直接表现为政治生活中的某种权力关系。仍以总统就职典礼为例,它是总统候选人从参与竞选到正式施政过程中的一个重要组成部分,在庆典的意义之外,这一活动是总统政治权力的生产过程中不可或缺的重要环节。政治仪式的经验年复一年地沉淀在政治记忆中,逐渐成为政治生活中的一种权力常识。如果缺乏这种经验，人们就会对权力秩序的合法性表达质疑或不满，因为由此产生的情境与政治记忆所留存、宣示的政治常识不符。

在一些阈限性较强的政治仪式（如存在于一些非洲部落的羞辱国王仪式）或所处理的权力关系模糊不清的政治仪式（如涉及国家权力借用和征用的民间仪式、宗教仪式等）中，它们所输出的经验性内容往往与日常政治生活之间存在着一定的隔阂，不经过某种转化过程，很难从这些经验中直接获得关于权力和合法性的有效政治信息。这些政治仪式的实践经验与政治常识之间的连接是隐秘的、有条件的，而政治记忆便是一种供这些连接投影的幕布——它回避了仪式经验的真假问题，只是呈现出这些经验经过重演而得到深化或清晰化的政治情景或境况。简言之，政治仪式中的经验性内容能够经过时间的洗刷在政治记忆中获得稳定性，成为日常生活中政治常识的重要源泉。以弗雷泽阐释的争夺"金枝"的仪式为例：古罗马有个神庙，逃到神庙中的奴隶不仅可以尽释前罪，而且还可以当祭祀，条件是要守护庙中的一株圣树。不过，任何逃到庙中的奴隶只要折下圣树的一枝便可与其作战，杀死他便可取而代之。这一仪式本身的经验性内容虽然简单，但很难与政治生活直接产生对应性。但是弗雷泽经过历史梳理发现了其中的一些重要的政治信息，如古代社会中祭祀为王的习俗和最高权力的更替规则等——这些实际上就是从政治记忆提取而来，涤清了仪式中的神秘色彩，展现出具体的政治情境以及其中的政治常识。

政治常识是政治生活中的普遍性认识，也是政治文化的核心内容。就其性质而言，政治常识可以分为边界严明的政治制度和富有弹性的政治风尚两类。据此，我们将事实性刻写分为与常识分类相

第六章 刻写：政治记忆与权力再生产

对应的常态刻写和偶态刻写两类。常态刻写强调了两种常规性：第一，政治仪式输入政治记忆的经验性内容具有常规性，是政治仪式的外在形态和基本结构的相关信息；第二，政治仪式的刻写内容被政治生活解读为一种日常规范，而不是从仪式经验到生活经验的无变更的、毫无保留的转化。偶态刻写主要关注的则是一些具有偶然性的仪式经验在政治记忆中的留痕对政治生活所造成的影响。这种刻写模式偏重对政治仪式具体情境的描述，虽然它在政治仪式中的影响是一个持续性的积淀，但分析这些积淀时应该回归到历史现场中。偶态刻写将一些非常规性的经验带入政治生活之中，通过政治记忆各种掩饰性的协助成为一种政治常识或政治常识的背景资料。对同一政治仪式在不同时代的操演进行比较，很容易发现偶态刻写在其中的痕迹。

拉帕波特曾指出仪式行为涉及两类资讯的转化，即"索引式的资讯"（indexical messages）和"规则式的资讯"（canonical messages），两者分别经由仪式中行动者的"表"（身体、情感或角色）和"里"（内含权力编码的操演）表达出来。[1] 这在某种程度上与我们所言的事实性刻写所提供的内容相似，但并没有表达、更无法涵括规范性刻写的所涉范畴。在政治记忆的刻写背后，政治仪式为刻写的行动和意图都做了充分的准备，在这些准备中，我们尤其关注与权力相

---

[1] 参见 Rappaport, Roy (1999), *Ritual and Religion in the Making of Humanity*, Cambridge, U.K., New York: Cambridge University Press, p.179。转引自杨美慧《礼物、关系学与国家：中国人际关系与主体性建构》，赵旭东、孙珉译，南京：江苏人民出版社2009年版，第195页。在拉帕波特后来的著作中，"索引式的资讯"被更加明确地表述为"自我指涉的资讯"（self-referential messages），主要与"资讯传送者所处的当下情景（current state）相关"，"以一种索引式的形式呈现出来"。参见 Rappaport, A. Roy (1999), *Ritual and Religion in the Making of Humanity*, New York: Cambridge University Press, p.54。

关的各种"资源"。它们在此是最为主要的"刻资"。从语义学的角度来看,正如"谈资"对话语的作用一样,"刻资"是政治仪式在政治记忆的话语结构中的基础性元素。贝尔在行动的意义上揭示出这种分析路径的主题:"必须在一种语义结构中对仪式进行理解,在其中行动的意义依赖于行动在所有其他形式的行动背景中的位置和关系:它模仿了什么,颠覆了什么,影射了什么,以及否定了什么。"[1] 这也为我们对刻写模式进行检测和评估提供了方法和目标,即应该寻找"刻资"这种政治仪式中的权力信息在政治记忆和政治生活中的逐层递进的行动路径。这些刻资除拉帕波特意义上的"索引"和"规则"之外,还包括同样(如果不是"更"的话)重要的行动者的政治价值、权力意图和合法性认知等。

"刻资"是刻写的前提之一,"刻体"则是刻写的主要对象。刻写的直接意义是令政治记忆成为经久不衰、历久弥新的历史,因此,这些历史对谁具有意义,谁就是刻写的材质。那么,谁是政治记忆的承受者?首先,记忆是人类最为基本的思维活动,所以人属于刻体。其次,记忆的表达并不只限于个体的脑海,同时也能够以各种形式的公共传媒为群体所共享,因此作为刻体的人应该包括个体和群体。再者,无论是个体记忆还是集体记忆,一旦进入公共空间,那就意味着属于社会生活的范畴,由此社会也是刻体。最后,我们所关注的是政治仪式、政治信息和政治记忆,因此具有政治意义的个体、群体和社会才是我们要分析的刻写的主要刻体。概而言之,政治仪式的规范性和经验性内容沉淀在政治记忆之中,被刻写在一切行动体所演绎的政治生活(或者简练地称为"政治语境")之中。

---

[1] Bell(1992), p.220.

刻写行为意味着存在刻写的主客体之分，在一定程度上政治仪式和政治生活分别承担着这两种角色。但是，这种角色区分并不会造成双方的激烈对峙，即刻写所包含的转换并不仅仅依靠政治仪式向政治生活的强制性输入。在大多数情况中，这种输入不具有强制性，并且竭力避免任何强制色彩，以免引发信息接收方的警惕、不满或反抗。同时，这种输入从政治生活一方来看，往往表现为信息接收方的主动吸纳行为。与"锋芒毕露"的政治仪式相比，政治记忆的"重剑无锋"很容易削去输入者所意图输送的信息中的棱角——这些棱角存在着引发被输入者不快的可能。政治仪式所表达出的规范性和经验性内容一旦进入政治记忆的框架中，就立刻成为被选择的对象，它们必须经受政治记忆的雕琢和打磨之后才能成为令政治生活所接受的政治权力和合法性信息。因此，政治记忆的刻写对于政治仪式和政治生活来说是一个混合了双向流动的行为，并且这种行为存在着一种能够产生循环性影响的"再生机制"：从政治仪式到政治记忆再到政治生活，然后再回到政治仪式，并且，所有的政治信息在流动或转化的同时不断地反馈或反哺前者。

三、日常生活中的刻写与反刻写[1]

1. 日常生活中的政治仪式

1.1 日常生活的基本结构

毫无疑问，政治精英在政治记忆中发挥着重要的作用，他们英

---

[1] 部分内容参见王海洲《合法性的争夺：政治记忆的多重刻写》，第187—204页，有较多改动。

雄般的、史诗性的行为不仅勾勒出了历史长河的基本形貌，而且还引导着普罗大众的集体记忆。但是，这并不意味着日常生活在政治记忆中毫无建树，相反，日常生活的"常态性表现"是政治精英们的"异常性表现"的唯一背景，甚至不止于此，日常生活在政治记忆的刻写中是最主要的接纳者和反馈者，并对政治仪式的刻写行为产生了巨大的影响力。这一判断基于三个原因：第一，所有政治记忆刻体的行为都离不开日常生活的范畴，他们的异常性表现也是以日常生活为基本背景和最终导向的。[1] 第二，政治仪式与日常生活相辅相成，前者在政治记忆的刻写中扮演的角色离不开后者的映衬——在后文我们将发现，两者甚至在现代社会行为体的新型交往关系中出现了更为频繁的互动和更为深入的渗透现象。第三，政治仪式发挥出的政治记忆刻写作用的主要目的是权力的生产和再生产以及合法性构建，而权力和合法性是两个"日常性"概念——它们需要有日常的系统性组织和程序，并与普罗大众的日常状态息息相关。

由此而言，"日常生活"这个概念的基本含义就显得尤为重要。从行为角度来看，日常生活具有高频、琐碎和单调等特性。这些特性并没有削弱日常生活的影响力，因为它们具有一些非常有力的隐藏属性。高频意味着重复性，诸如习俗甚至法律这样的强力规范，也都在一定程度上源于不断重复的日常行为。琐碎暗含着多元性，多元化的日常生活不仅极大地促进了各种行为体之间的互动，而且为社会结构的变动提供了重要的动机、资源和环境。单调则是日常

---

[1] 按照结构功能主义的观点，社会结构的稳定是社会行为体的根本目标，结构性的调整必须以此为旨归。虽然静态和动态的社会理论对此有着截然不同的判断，但"恢复正常"要么是起点，要么是终点，这种导向性作用适用于绝大多数社会行为。

生活具有稳定性的表现,仅从其对于社会变革的影响来说,它既是变革的阻力,也是有助于巩固变革的成果。学界有关"日常生活"的解释众说纷纭,有"胡塞尔和哈贝马斯各自的生活世界范畴、海德格尔的日常共在世界范畴、勒菲弗和赫勒各自的日常生活范畴、许茨的日常生活世界范畴等"[1]。在此我们不拟采用任何一个学说,也不对它们作杂糅式的合并,而是借用一种叙事结构,即时间、空间、角色和事件这四种元素来探讨日常生活的基本含义。

"日常"一词本身是关于时间的界定。有学者认为:"在时间的意义上,日常生活既涉及个体持久性的行为,也包括占据个体日常时间的一切有关活动。以此而论,则通常列入工作之域的活动,如生产劳动、公共管理、市场经营、政治谋划等等,以及文化领域的科学研究、艺术创作等,也与日常生活难以分离。"[2] 我们认为,这种观点未能清楚地描述出"日常"所修饰的生活所具有的多重含义。首先,它是指单数格式的"每一天",强调常态的生活内容,与战争、灾难、立法和选举等偶然性的事件有所区别。其次,它是指复数格式的"天天",强调生活的持久性,正是这个特点使日常生活与宗教信仰、民族风俗和社会习惯等一样,具有了"高贵的必然性"。再者,"日常"具有形容词词性,即"平常的",在此意义上,日常生活就是平常人的平常状态,它成为精英们所思考和处理的"大事"的潜在对立面和存在背景。

从日常生活的时间结构出发,不难看出其空间结构主要立足于私人生活领域,私人领域中的日常生活包括物质生活和精神生活两

---

[1] 衣俊卿:《中国日常生活批判的理论视野》,载《求是学刊》2005年6期。
[2] 杨国荣:《日常生活的本体论意义》,载《华东师范大学学报》(哲学社会科学版)2003年第2期。

个方面，其对立面是"政治、经济、技术操作、经营管理、公共事务等有组织的或大规模的社会活动等非日常的社会活动领域"和"非日常的精神生产领域"[1]。日常生活空间不是一个静态的、封闭的体系。一方面，日常生活中的种种行为以"随时随事的"[2] 人际交往和交换为主要内容，由此形成的关系网络存在着很大的变动性，并且这种关系网络为公共生活的形成提供了重要的资源。另一方面，日常生活中的行为体本身也是公共生活的行为体，他们的行为方式和思维方式都受到公共生活的影响，仅就其结成的关系网而言，存在着与公共生活网络进行交流和交换的必要性，政治社会化便是一个再好不过的例子。

日常生活中的个人表现出了两种特性。一种可称作既定性。许茨（Alfred Schutz）指出："日常生活的世界指的是这样一个主体间际的世界，它在我们出生很久以前就存在，被其他他人，被我们的前辈们当作一个有组织的世界来经验的解释。现在，它对于我们的经验和解释来说是给定的。"[3] 这种给定的世界也约束了个人行为的可能性，至少在文化意义上形塑了个人的基本特征。在日常生活本身的生产和再生产中，个人是"生而被知"的，所谓的特立独行或者自由，典型地表现为对固有行为和思维模式的修正。但是，日常生活中如同基因般的既定经验并不能完全束缚个人的选择，在"修正"中一直暗含着颠覆的可能。落到个人特性上，主要变现为一种与既定性相对的自主性。个人能够通过解释、抵制或反抗等行

---

[1] 衣俊卿：《中国日常生活批判的理论视野》，载《求是学刊》2005年第6期。
[2] 此语出自山田贤《中国明清时代史研究中"地域社会论"的现状与课题》，载《历史评论》580号，第41页。转引自岸本美绪《场、常识与秩序》，罗冬阳译，载黄东兰主编《身体·心性·权力》，杭州：浙江人民出版社2005年版，第319页。
[3] ［德］许茨：《社会实在问题》，霍桂恒、索昕译，北京：华夏出版社2001年版，第284页。

为实现对日常生活的主动把握，甚至控制。比如，对于"养生"这种活动来说，它作为一种"健康的实践"，"构成了日常生活的永久框架，让人可以在任何时候知道做什么和怎么做"[1]。当"养生"表现为一种卫生和医疗活动，通过官僚机构对身体履行某种预设和诊治功能时，就会出现对个人的控制和规训；而当"养生"表现为个人对自己身心健康的锻炼和良好状态的追求时，他势必会理性和认真地对待外在环境中与其身体相关的各种信息，抵制和反抗也成为可能的行动选择。从人的解放角度来看，它包含着社会生产层面和个体生产层面的双重解放，而日常生活的主要任务就是后者，个人通过其内在的既定性和自主性之间的不断冲突和验证实现这一任务。

日常生活事件指的是其主要内容，由时间、空间和角色所构成的坐标轴已经将这种内容呈现了出来。我们在此主要关注日常生活内容中的规则和过程。日常生活的具体活动往往是琐碎的、缺乏深意的，而其规则和过程则能够从更深的层次上对这些具体活动进行再现和反思，从而揭示其隐藏着的对于非日常生活领域的重要意义。在赫勒（Agnes Heller）关于日常生活的定义中，有着对其规则和过程的基本考量。他指出，日常生活是"指同时使社会再生产成为可能的个体再生产要素的集合"[2]。这意味着个体通过再生产构成个人存在和社会存在的基础。由此可以认为日常生活以个人再生产为根本规则，违反了这条规则就不能将其视为有意义的日常生活内容；其过程的最简单描述则是从个人再生产指向社会再生产，只

---

[1] [法]米歇尔·福柯：《性经验史》，佘碧平译，上海：上海人民出版社2000年版，第422页。
[2] [匈]赫勒：《日常生活》，衣俊卿译，重庆：重庆出版社1990年版，第3页。

停留在前一阶段的日常生活内容最多算是一种无社会意义的个人活动。这种规则和过程上的限定并不是用于区分日常生活诸多内容的真伪问题，而是以理论研究的旨趣寻找日常生活中更具深意的范畴。实际上，大多数关于日常生活的研究都已经预设了一种价值判断，尤为关注日常生活与宏大的非日常生活叙事之间的紧密关系。

1.2 政治仪式日常化中的权力再生产

在理论和实践两个层面上，日常生活都以个体生活为起点。日常生活并不排斥整体性的社会生活，只是从方法论和观察角度上选取了一条有别于宏观社会学和中观社会学的微观社会学路径。在韦伯和涂尔干所开拓的社会学研究领域中，对日常生活的关注是一个补充性的研究路径，侧重于由小见大的分析。这种学术史的流变几乎与社会史的发展同步：从 1959 年欧文·戈夫曼出版《日常生活中的自我呈现》，到 2004 年兰德尔·柯林斯出版《互动仪式链》的 40 余年尤为重要。学者们发现，个体的再生产也是政治权力再生产的一个方面，同时，日常生活中的个体再生产往往以一种仪式化的形式得以呈现。戈夫曼强调了对互动仪式中所蕴含的个体关系的关注，[1] 而柯林斯用一种人际关系的链状结构将存在于个体之间的仪式化行动推衍至整个社会网络之中。此前我们有关仪式化的分析实际上也涵括了这一点：仪式化既区别于一般性的社会生活，又具有将一般性社会生活"同质化"的趋向和力量。在柯林斯的研究之中，这条极具侵略性的路径被无限放大，以至于成为社会生活中的

---

[1] 雪伦·博尔顿(Sharon C. Bolton)认为，在戈夫曼所言的个体间的"仪式关心"(ritual care)中，实际上已经隐含着"生产和再生产一种道德秩序"。参见 Fineman, Stephen (ed.)（2008）, *The Emotional Organization: Passions and Power*, Cambridge: Blackwell Publishing Ltd, p.18。

基础性结构之一。对于日常生活和仪式化的关系,我们认为:第一,日常生活包含着个体生活和群体生活,只是以个体生活为起点,并在研究和实践中侧重于这一点;第二,仪式化即便具有强传染性,但也不能够将之泛滥到一个接近绝对主义的普遍化状态中,否则就无从把握政治仪式的特殊性。

在政治学中,日常生活研究通过观察日常生活中的细微现象,对政治结构、政治制度和政治原则进行反思,例如福柯对身体微观权力的研究和斯科特(James Scott)对农民反抗模式的研究皆属此类。日常生活的政治学分析其实就是探讨日常境遇中的现象所具有的政治意涵。日常生活初步界定了个体在政治生活中所具有的政治身份、所处的政治位置以及所发挥的政治作用,其主要内容包括:个体的日常生活模式关系着他是合法性构建的对象,还是以政治参与的方式构建合法性的"个体户";个体在日常生活中的多重身份是会对其认同多元政治价值观念有积极作用,还是会削弱其在政治生活中的积极性;对日常生活产生影响的消费模式和技术发展,是内嵌了意识形态的诉求,还是为诸如平等、自由等政治原则提供了新的支持等。

日常生活是政治合法性的重要源泉。"它既表现为一种支配力量,同时又构成行为逻辑,从而使得行动主体的服从关系获得了一种伦理正当性,即源于生活秩序并与之兼容的才是合乎理性的……因此,所有欲求自我合法化的权力秩序,无论它是神圣的还是世俗的,它都要在日常生活当中去寻求立足之地。也就是说,日常生活是所有权力秩序的来源和作用对象,权力秩序的主客一体性是由日常生活本身提供场域的。"[1] 对于追求高度合法性的政权而言,既然

---

[1] 潘自勉:《论日常生活中的权力秩序》,载《学术研究》2004年第1期。

日常生活能够为其提供空间和基础，那么对日常生活的控制就显得格外重要，例如福柯对个体规训和社会规训的研究展现了现代社会的各种微观权力技术，它们的终极目标就是巩固和提供政权的合法性。由此，成为权力目标和对象的日常生活具有了仪式的特征，对肉体的时间、空间和行为方式等方面的控制与仪式具有很大的相似性。"人们自觉或不自觉地将仪式化的生活作为维系或证明这种先验性信仰的日常实践形式。无论是宗教性的特殊生活仪式，还是生活习俗本身构成的仪式活动，或是社会价值规范内含的仪式要求，它们在实质上都是对某种符号秩序和权力关系的论证和辩护，以其将某种合法性依据嵌入人们的元价值标准之中。"[1] 仪式进入日常生活，或者日常生活呈现出仪式化的特征反映出了两者之间的密切关联。

不同于有组织的政治行为体的活动特征，日常政治生活中不存在"谋定而后动"的策略安排，仪式化是以一种缺乏方向性和连续性的方式渗透其中的。也就是说，日常生活对政治记忆刻写内容的接受具有很大的随意性，它在政治仪式实现其权力生产和再生产的过程中制造出了一些乱流。"日常生活的世界既是我们的各种运行和互动的舞台，也是这些行动和互动的客体。为了在其中、在我们的同伴之中实现我们所追求的意图，我们必须支配它，必须改变它。我们不仅在这个世界中工作和操作，而且也影响这个世界。可以说，我们的各种身体运行——动觉的、运动性的、操作性的——都连接着这个世界，限制或者改变它的各种客体及其相互关系。另一方面，这些客体抵抗我们的活动，我们要么必须克服这种抵抗，

---

[1] 潘自勉:《论日常生活中的权力秩序》，载《学术研究》2004年第1期。

要么必须向它屈服。因此，我们可以正确地说，实用动机支配我们关于日常生活世界的自然态度。在这种意义上，世界是某种我们必须通过我们的行动加以修正的东西，或者是修正我们的行动的东西。"[1] 这种实践意义上的日常生活的自然态度向我们展现了个体面向日常生活的另一面：当任何权力结构以令我们顺服和迷失的方式构建和维护其合法性时，我们也可以通过反规训的抵抗行为和反异化的还原日常生活要求，表达我们对一个关切个体权利的政治合法性的理解和要求，并迫使权力结构在合法性问题上作出适应性的调整。

2. 日常生活的反击与独立

2.1 抵抗与还原：个体的呐喊

日常生活中具备政治意义的抵抗行为主要有两种：一是被迫的抵制和反抗行为，二是消极的政治不参与。德·塞托认为："在日常生活的舞台上，既存在支配性的力量，又存在着对这种支配力量的反制；压制者和被压制者及反压制者都在这个场所中出现；日常生活在很大程度上就是一场持续的、变动的、围绕权力对比的实践运作。"[2] 对于被压制者和反压制者而言，"抵制"（resistance）是一种有效的反支配的方式，其基本特征是"既不离开其势力范围，却又得以逃避其规训"[3]。抵制在日常生活的生产和消费两个环节中展

---

[1] [德]许茨：《社会实在问题》，第285页。
[2] 练玉春：《开启可能性——米歇尔·德塞都的日常生活实践理论》，载《浙江大学学报》（人文社会科学版）2003年第6期。
[3] Ward, Graham(2000), *The Certeau Reader*, Blackwell Publishers, p.105. 转引自练玉春《开启可能性——米歇尔·德塞都的日常生活实践理论》，载《浙江大学学报》（人文社会科学版）2003年第6期。

开。例如"假发"（la perruque）战术便是一种典型的抵制方式，它指的是在社会生产领域中普遍存在的、并不会受到严格打压和制止的干私活行为。这种行为在一定程度上破坏了工业社会中将人打造成一个机器零件的功能，如同在铁板一块的社会分工和大生产中撕开了一道不规则的裂缝，透出几丝日常生活微弱的光芒。消费环节的抵制被德·塞托称为"消费者的生产"，即"消费者如何使用支配性的经济秩序提供给他的那些产品"，由此，消费者重新控制了消费的方式，他无须接受消费品暗含的使用方式，而是将其变成他手中的某种生产资料，"消费者有充分的权力对产品进行改装、改制、组合，来达到自己的使用目的和消费意图"。他认为，"居住、晃悠、说话、阅读、采购，以及烹饪，都是制造出这种战术诡计和惊奇效果的活动"[1]。德·塞托的"日常生活实践理论，开启了认识上的一种新的可能性，它鼓动人们去重新认识和理解那些习以为常的日常生活和日常生活中的普通人；它发掘出日常生活实践中那些无处不在的权力斗争的战略和战术，呈现出看似平淡的日常生活所蕴含的丰富、复杂和多元"[2]。在生产和消费领域的抵制行为将日常生活的个体自主性注入社会再生产中，这种孤军奋战式的抵抗一旦形成群体意义上的行为范式，具有了相对统一的价值诉求，就能够在破坏压制的同时进一步提高个体的抵抗兴趣和抵抗能力，从而以水滴石穿的微观方式在规则、法律和民意各个层面上冲击合法性的结构。

---

[1] de Certeau, Michel(1984), *The Practice of Everyday Life*, Berkeley: University of California Press, p.xii. 转引自练玉春《开启可能性》，载《浙江大学学报》（人文社会科学版）2003 年第 6 期。
[2] 练玉春：《开启可能性》，载《浙江大学学报》（人文社会科学版）2003 年第 6 期。

第六章　刻写：政治记忆与权力再生产

在民主制度本身的困境以及随之而来的对民主制度的怀疑中，日常生活对政治参与的淡漠，便是对民主制度的淡漠。民众不参与政治，从政治生活的根本理念上来讲，是不利于合法性的构建的，在实际效果中它或许对政治权力的归属没有显著的影响，却令政治记忆的刻写痕迹日益浅显。比如在美国总统的选举中，相当规模的民众不参与选举对于总统人选的确定没有影响，但潜在的构成了对总统合法性的质疑。这正如艾伦·沃尔夫（Allen Woolf）所言："夹在民主派的政治化诉求和自由派的非政治化倾向之间，晚期资本主义的公民患上了一种政治精神分裂症。其性格的一方面为非政治化过程所害，变得保守、沉闷，而且乏味。而性格的另一方面则充满愤怒之情，一有机会就要通过政治狂飙运动来表达。"[1] 个体角色的身份和文化多元化是产生这种分裂的主要原因，虽然"许多个体公民都积极参与政治，但也有许多人扮演着消极的从属角色。更为重要的是，即使在那些扮演着积极政治角色的公民之中，从属的文化和地方文化也没有被完全取代。政治参与是在附庸角色与地方角色基础上新增的一种角色。这意味着，积极的公民既保留着他们传统的非政治性的纽带，也保留着他们更为消极的从属角色"[2]。政治不参与作为日常生活中的一种消极政治态度，在抵制政治权力的规训上发挥着重要的作用，而日益壮大的市民社会正为这种行为提供了理论辩护和实践空间。

日常生活中的人们纵然能够以个体的方式抵抗规训，或者以对政治生活表现出的冷漠在数字意义上降低权力机构的合法性，但日

---

[1] ［美］艾伦·沃尔夫：《合法性的限度》，第 422 页。
[2] 同上书，第 430 页。

常生活的异化使得这一切更多的是策略意义上的，它阻止了个体真正自由地选择在日常生活和政治生活中的行为方式。那么什么是异化？"最简单地讲，异化指分离或疏远的状态。这一术语来源于拉丁语动词疏离，意即分离、转移或拿走。"[1] 它从原初的"放弃一种天赋权利"逐渐衍生出多种意义，发生重要影响的、也是我们所重点关注的是一种"失真"的异化，以马克思为主要代表。马克思指出，异化是属于资本主义社会特有的阶段性产物，意指劳动者在特殊的制度中与其劳动、劳动产品以及其他劳动者等产生了分离，从而丧失了真正的自我。马克思认为，异化是可以被克服的，只要颠覆资本主义制度——确切地来说，是资本主义以劳动分工为基础的经济制度——就能够实现人的解放，将属于劳动者所有之物完璧归赵。勒菲弗对这种异化观念提出了一点修改，他"认为日常生活的琐碎性、重复性和规定性是导致异化的重要原因；他反对把日常生活看成一个位于经济基础与上层建筑之间的领域，而是视其为独立于经济与政治两个'平台'之外的一个新'平台'；并且已经处于比生产更重要的主导性位置，取代了马克思的工厂车间而成为社会的核心；扮演了过去'经济'的角色，成为资本主义社会组织化的一个重要部分、一个压迫的核心地区；是新革命的源泉"[2]。这些指向"失真"的异化体现在日常生活之中意味着主体真实性的消解："日常生活的过程往往以跟从大众，效法常人为特点；在这种随波逐流的存在方式中，自我常常淹没于共同的生活时尚、相似的欣赏趣味、一致的价值取向之中。"进而，如海德格尔所言："在日常存

---

1 [英]戴维·米勒、[英]韦农·波格丹诺主编：《布莱克维尔政治学百科全书》，第 17 页。
2 吴宁：《列斐伏尔日常生活批判理论探析》，载《哲学研究》2007 年第 2 期。

在中，任何人都不是他自己。"[1]

有些学者并不认为异化具有彻底的毁灭性。黑格尔认为，异化是社会结构中的一种必然性的发展过程，每一次历史的进步就意味着对之前历史的异化。萨特和加缪等存在主义者则将这种观念引入个体与他人甚至与他自己的疏离之中，这种令个人面对孤独的异化是必然的和永恒的。继承了马克思异化观的勒菲弗也认为日常生活的异化之中隐含着反异化的可能性，比如宏大的压迫性社会结构之中存在着众多碎片和裂痕，为个体突破异化提供了狭窄的空间；都市生活所提供的公共生活空间大大提高了节日性日常生活的可能性，而节日属于人类呈现本真性的时刻。波德里亚则更进一步地认为，用马克思的生产和劳动理论分析原始社会和传统社会，是一种欧洲中心主义，同时也是"对资本主义形态的理论的、政治的和策略的无知"[2]。姑且不论波德里亚对马克思生产理论的批判是否过火，至少他为我们思考日常生活的还原问题提供了新的启发。我们认为，轻使用价值、重交换价值的物品的"呈现"（基本等同于马克思意义上的生产和消费的完整环节），在一定程度上避免了日常生活陷入波德里亚所言的"生产之镜"式的幻象（或者说能够逃避马克思式的异化），它不仅是指向原始社会人类生活状态的还原，也是现代社会中人们寻找和守住一个相对本真的内在自我的还原。举例而言，它们包括各种没有营利目的、不在社会化大生产过程中的各种交往行为，如基于兴趣爱好的艺术创作、交流和交

---

[1] 杨国荣：《日常生活的本体论意义》，载《华东师范大学学报》（哲学社会科学版）2003年第2期。
[2] ［法］波德里亚（鲍德里亚）：《生产之镜》，仰海峰译，北京：中央编译出版社2005年版，第92页。

换行为，或者基于纯粹利他性目的支持、捐赠和援助行为等，在消极的和更为广泛的层面上，这种行为还能扩展至日常生活的公共领域和私人领域中的所有不产生任何有价值（无论是使用价值还是交换价值）物品的活动（包括个体性的制作和群体性的交换）。

但是必须承认，异化作为一种日常生活状态，完全将其逆转的还原观念在本质上是一种目标，而不是一种策略。我们需要坚持追求实现日常生活本真性的批判态度，时刻提醒我们生活在一种异化的实在状态之中，由此来敦促我们持续反思我们的本身性存在何处，并努力将其重现。"在某种意义上，反抗规训很容易，因为你意识到了它。"[1] 反抗异化的困难就在于我们不仅难以意识到它，甚至我们的意识已经为其所控制。反抗和还原不可离弃，各种抵制规训的具体策略和行动是我们在日常生活中所使用的主要武器，而还原是这具武器上的瞄准镜，它让我们清楚而精确地看到目标，并帮助我们尽可能地击中它。

2.2 日常生活的记忆模式

仪式和日常生活是一组重要的、可对比的概念，因为两者以不同的记忆方式在政治合法性的构建中发挥出了关键作用。涂尔干和格尔茨等学者重视一种具有价值倾向和高度统摄力的集体文化观念，它常常出现在宗教性和仪式性的领域中，为政治合法性提供基础性的支持。哈布瓦赫曾探讨在那些缺失仪式的日常生活中，有何种记忆模式能够替代仪式发挥同样的作用，结论是从个体记忆和家

---

[1] ［斯洛文尼亚］斯拉沃热·齐泽克等：《图绘意识形态》，方杰译，南京：南京大学出版社2006年版，第257页。

庭记忆出发的集体记忆。日常生活通过何种记忆方式与仪式性的政治记忆争夺合法性？这种日常生活的记忆模式又是如何作用于身体之上的？在我们对记忆的讨论中，以民间记忆为主的记忆模式堪当此任，在其中夹杂着个体记忆、家庭记忆和族群记忆等，在日常生活狭小而普遍的空间中深刻影响着政治合法性的构建。正如日常生活会受到压制和异化，日常生活中的记忆也存在这种现象，在日常生活中发挥对抗和还原作用的是民间记忆中的反抗性记忆和独立性记忆。

斯科特指出，弱者的反抗形式中就包括反抗性记忆，它通过刻意地保留或修改对历史的回忆，直接用于表达对现在生活状态的不满，从而否定导致此种生活状态的社会秩序和经济模式。反抗性记忆是一种批判性记忆，它隐含的否定结构意味着其中存在着明晰的对立面。批判性记忆实际上是民间记忆使用自身权力向政府权力索要和争夺权利的记忆方式，这种努力实际上不仅表现在民间记忆对政府记忆的反动上，还表现在政府记忆自身的变革中，这很大程度上取决于作为记忆者的政府对社会持有怎样的治理理念——而自由、民主或者正义等政治哲学概念由此成为社会的目标。批判性记忆作为一种结合了防御性和进攻性的民间记忆，要保持其生命力就必须提高民间记忆者的能力并扩大其记忆的权利。在一些历史阶段中，民间记忆者不能表达出自己的政治不满，被迫接受政治权力对其不想保持的集体记忆的篡改或抹杀，甚至连最为私人的记忆表达方式（如家谱、自传和非正式出版物）都被严厉禁止。这种遏制方式有效地改变了民间记忆的内容和倾向，在另一个层面上，政治权力努力或者显现地反对某些记忆使得这些记忆引起了一些民间记忆的注意，反而在民间的一些隐蔽的角落里得到了保留，并在另一个历史时刻得到大幅的释放。比如中国"文革"中的一些文学手抄本反映了特殊环境下的一种"人们对人性、情感的渴求和反思"[1]，在当时不可能进入正常的集体记忆中，而在"文革"后，这些记忆从个人手中流传出来，并得到社会记忆的认可，成为社会记忆的一部分。在这个过程中，政府扮演的角色显而易见，而记忆者所拥有的记忆权利和这些记忆的内容具有正比关系。由此可见，批判性记忆可以被看作一种反抗文化霸权的重要手段，而这一手段是否能够实现其目的，主要依赖于作为实行人的民间群体是否有足够的能力争取到足够的权利，来维护自己的记忆需要。

"独立性记忆"是我创造出的概念，用于指当代社会民间记忆中的各种主体以相对独立的姿态留存的记忆，它们没有明显的记忆意义上的敌人和对手，也不一定具有特殊或者明确的政治目的，无论在表面上还是在希望具有的特质上，独立性记忆应该具有相当程度的"诚意"和"普遍性"。"诚意"意味着这种个体记忆有着自我认知的要求和能力，在面对一个多元文化并存的社会时，能够在价值立场的选择上既不盲目封闭，又不盲目妥协。但是这种"诚意"只是一种态度，它还需要有能够将其融入实践的策略，这就是"普遍性"的主要任务：普遍性"并不意味着要扼杀文化化合或强制实现文化一致"，而是"意味着跨种类的交流并达致相互理解的能力"，其意义在于"懂得如何做下去"，并且"还懂得在面对他人的不同做法（他有权利这样做）时，自己如何做下去"。[2] 独立性记忆实质上是一种在现代社会中，体现自身存在以及和他人交流合作的

---

1 李彦：《张宝瑞："文革"手抄本是种反抗》，载《北京青年报》2004年1月29日。
2 参见［英］齐格蒙·鲍曼《寻找政治》，洪涛等译，上海：上海人民出版社2006年版，第190页。

策略，它能够较好地应对当今世界的发展状态：一方面是个体自由的扩展、全球经济一体化和国家政治民主化；另一方面是个体本性的失真、全球贫富差距的扩大和此起彼伏的战争和冲突。

具有一定规模和研究意义的独立性记忆包括个人日记、家庭和家族史、口述史以及 Web 2.0 的各种形态如博客（Blog）、维基（Wiki）和推特（Twitter）等。它们在很大程度上是日常生活中具有独立性或者中立性的个体以及由其汇聚而成的群体的重要记忆方式。[1] 如口述史是一种古老而广泛的历史记载模式，虽然作为一种历史研究方式才有六七十年的历史，但一直广受瞩目。它能够将日常生活中的个体记忆提升到更高的地位上，不仅可以与宏大叙事比照印证，而且以微观历史的方式冲击了来自宏大叙事的意识形态意义上的规训和控制。互联网技术的发展提供了更为庞大的类口述史群体，如博客贡献了海量内容，它们中的一部分能够经过简单的转换获得口述史的意义。博客既成就了"庶民的自我推销术"[2]，展现出一种"庶民的精神"[3]，推动了网站和名人博客"结成了利益上的神圣同盟"[4]，也以"政治博客"的形式充当着"公共领域和公民社会的桥梁和纽带，从不同层面上冲击着公共政治生活"[5]。书写博客

---

[1] 需要指出的是，我们在此只是突出日常生活中独立性记忆在反抗和还原意义上的作用，并没有否认其中存在着规训的成分。例如福柯认为随笔、书信等"自我书写"的方式能够通过自我注视或者他人的注视来自我反省，实现一定的自我教导意义。参见吴兰香《注视：规训化权力的一种技巧》，载《山西高等学校社会科学学报》2004 年第 10 期。

[2] 洪治纲：《平民话语的权力修辞——论博客》，载《花城》2006 年第 2 期。

[3] Doostdar, Alireza (2004), "'The Vulgar Spirit of Blogging': On Language, Culture, and Power in Persian Weblogestan," *American Anthropologist*, Vol. 106, No. 4, pp. 651–662.

[4] 赵勇：《博客写作与展示价值——以名人博客为例》，载《天津社会科学》2009 年第 4 期。

[5] 陈潭、倪明胜：《政治博客现象及其公共治理》，载《政治学研究》2007 年第 3 期。

不仅是一种个体的网络行为,也是一种特殊的政治参与方式,尤其在博客网站所提供的交流环境下发挥出群体性的力量。[1] 这种力量也吸引着各类政治行为体或权利组织将其视作"政治沟通的新方式"[2],成为这些个人和组织的日常政治行动的重要组成部分。与有着明显价值倾向的博客相比,被称为维客的维基爱好者们更崇尚中立的姿态,他们宣称书写的不是历史,而是一种无政治偏好和任何歧视性偏好的"知识"。但是这种群体性的百科全书本身就反映着特定时代和特定地域中对不同概念的理解,每个词条不断地被众多维客修改,而且每次修改都会被记录,这形成了知识的历史、维基的历史甚至是所谓中立的价值观本身的变化史。在另一方面,维基百科的编撰原则也无法避免政治性的对抗,例如关于纳粹的词条就产生了对抗性编写,最后内容投票决定,相信此后的改写依然会存在着不同价值观的维客的冲突。[3]

民间记忆虽然总是面临着被操控的现实性危险,但经常以具有创造性的思路不断增强日常生活反政治控制的"免疫力"。政治仪式的日常化或政治仪式之仪式化的日常呈现,为政治记忆的刻写和反刻写提供了一个庞大的、但关切个体的战场。政治仪式要实现其权力生产和再生产的过程以及合法性的构建,就必须进入这个战场与所有可能的盟友和敌手展开混战。从历史角度来看,当战争的硝

---

[1] 如博客社区的讨论对民族身份的影响。参见 Kvasny, L., and C. Igwe(2008), "An African American Weblog Community's Reading of AIDS in Black America," *Journal of Computer-Mediated Communication*, Vol. 13, No. 3, pp. 569–592。

[2] Albrecht, S., M. Lubcke, and R. Hartig-Perschke(2007), "Weblog Campaigning in the German Bundestag Election 2005," *Social Science Computer Review*, Vol. 25, No. 4, pp. 504–520。

[3] 参见王志仁《维基在线百科推动知识民主》,载《数位时代》2006年第128期。

烟散去、尘埃落定之后,有关权力生产和再生产以及合法性构建的评估工作才能够正式开始,而考察政治仪式的相关信息在日常生活中的刻痕,是此项评估工作的关键性步骤。政治学的不同领域以不同的方式执行此步骤,如政治哲学关注对评估对象的属性和行为的理论鉴定,政治史研究侧重比对不同时空中的记忆留痕,政治社会学的定量分析可对刻痕的深浅长短等物理指标进行测量。总之,对政治仪式在政治记忆中刻写痕迹的研究,是一个在理论和实践两方面都要进行跨学科研究的课题,这实际上也与"政治""仪式化""记忆"和"日常生活"等重要概念的广泛适用性有关。据此进一步推论:政治仪式中的权力生产和再生产远不能停留在对政治仪式本身的分析中,"刻写"陈述了权力在政治仪式和政治生活之间流通的事实,而对这一事实的准确描述需要对刻写的前因后果和过程作通盘分析。因此,本章对刻写的分析与此前对政治仪式各部分的分析构成了一个不可分割的整体,研究中的任何"脱嵌"都可能导致理解上的偏颇和缺失。

第七章

检阅

政治仪式的理论观照与个案分析

第七章 检阅：政治仪式的理论观照与个案分析

在考察了政治仪式的结构功能和作用方式后，需要从理论和实践两个方面对这些内容进行简单的"检阅"。在理论方面，我们选择表象（representation）或表征理论为主要观察路径，[1] 为政治仪式的运作提供一种扼要的理论描述。表象是个极为复杂的概念，在不同学科背景中有着不同的解释。我们立足于文化研究和人类学语境，将表象视作一种反映和践行政治社会的知识结构和行动逻辑的基本方式，它是象征的名词意义和动词意义的理论浓缩。因此，政治仪式作为一种象征系统，也是一种表象系统，它不仅"体现和反映着社会"，"也在独立地发挥作用，创造并再生产着社会"。[2] 就此而言，厘清表象的本质，对于理解政治仪式这一文化现象有着极大的助益。

在实践方面，我们以新中国 70 年（1949—2019）间的国庆阅兵仪式为具体案例，呈现政治权力生产和再生产以及合法性构建的全过程。案例分析主要集中于两个方面：一是通过国庆阅兵在政治传播学意义上的发展，观察作为被检阅者的政治仪式的变迁；二是通过国庆阅兵中权力关系的具体运作和呈现，检验政治仪式理论的解释力和准确性，包括一个完整的权力生产和再生产以及合法性构建的设置、策略和过程。

---

[1] 此间讨论的"表象"对应于英文 representation，而非心理学中所指的 imagery。关于 representation 的翻译，在心理学中通常翻译为"表征"，在文化研究和社会学等领域中的翻译有"表象"、"表征"和"表现"等，我们在此主要则用"表象"，与之相关的词语有"表象论"或"表象主义"（representationalism）等。对于心理学意义上的"表征"（representation），则在"余论"的心理模型构建中有所针对性的分析，请读者注意区别。此外，此节来自国内外学术作品的引文中若有"representation"，一般译为"表象"，因此可能会与一些原（译）作有所区别，在文中不再专门指出。
[2] 参见李宏图《表象的历史——当代西方新社会文化史概述》，载李宏图、王加丰选编《表象的叙述：新社会文化史》，上海：上海三联书店 2003 年版，第 1—9 页。

一、政治仪式的表象：剧场、观众和票房

1. 表象与政治仪式的文化观照

"表象"并不是一个新颖的概念，在 19 世纪 80 年代已经作为重要的心理学术语得到了比较深入的研究。[1] 直至一百多年后，才由法国历史学家罗杰·沙蒂埃（Roger Chartier）在社会科学领域中举起表象研究的旗帜，其标志是于 1989 年发表的《作为表象的世界》（*Le Monde Comme Represéntation*）一文。[2] 近十年后，斯图尔特·霍尔（Stuart Hall）于 1997 年编选出版的《表征：文化表象与意指实践》（*Representation：Cultural Representations and Signifying Practices*）集中呈现了文化研究领域对此观念的关注。[3] 托比·米勒（Toby Miller）编的《文化研究指南》（*A Companion to Cultural Studies*）及其所附参考文献在很多方面展现出文化研究对表象问题的理解和应用。[4] 之所以选择"表象"作为"检阅"政治仪式的视角，主要原因有二：首先，"表象"在文化研究中具有极大的包容性，与社会文化的表现、特征和本质都具有重要的关联

---

[1] 参见赵为华《表象表征的若干问题》，载《北京师范大学学报》、社会科学版 1994 年第 1 期。

[2] 中文版摘译参见沙蒂埃《作为表象的世界》，水金译，载《国外社会科学》1990 年第 7 期。

[3] 从该书中文名的翻译可以在某种意义上看出"representation"一词在文化研究中的复杂性。中文版参见［英］斯图尔特·霍尔编《表征：文化表象与意指实践》，徐亮、陆兴华译，北京：商务印书馆 2003 年版。虽然与霍尔同属伯明翰学派的雷蒙·威廉斯在 1970 年代已经注意到该词，并撰写了"representative"词条，但对"表象"的理解和研究还相当模糊。参见［英］雷蒙·威廉斯《关键词：文化与社会的词汇》，刘建基译，北京：生活·读书·新知三联书店 2005 年版，第 406—410 页。

[4] 参见［美］托比·米勒编《文化研究指南》，王晓路等译，南京：南京大学出版社 2009 年版。

性，而政治仪式与社会文化之间有着极为密切的关系，这一点前文已经给出了大量论述。其次，"表象"观念并不是一种单纯的文化观念，而是从诞生之初就隐含着深刻的政治意味和权力倾向，按照霍尔的分析，这种表象研究的"政治学"路径关心的是特殊的话语体系（如政治仪式）"所生产的知识如何与权力联结"[1]。

霍尔指出："表象是某一文化的众成员间意义产生和交换过程中的一个必要组成部分。它的确包括语言的、各种记号的及代表和表述事物的诸形象的使用。"[2] 缺乏了意义的文化是不存在的，而表象正是依靠对意义的作用进入文化的深层范畴和生成结构。在早期的和传统的文化研究领域中，对表象的应用和理解有着很强的倾向性，虽然能够集中在一些政治议题上，但指向性比较单一，大多将表象研究与对政治霸权的文化反抗相联系。[3] 这在某种程度上契合文化研究本身所着力开拓的领域，从一种对传统社会生活方式的"另类"思考散发开来，重视那些边缘的、碎片的和抵抗的社会文化现象，以及这些现象中的批判性资源。文化研究的反思性成果之一便是将抵抗向构建乃至生产推衍，文化现象并不总是体现出不同于主流社会生活的异质性，相反，它普遍嵌入了社会生活之中，并且对社会生活的建构起着重要的作用——文化研究重回涂尔干和韦伯传统彰显出了这种认识。但是，更为重要的不是建构，而是生

---

1 ［英］斯图尔特·霍尔编：《表征：文化表象与意指实践》，第6页。
2 同上书，第15页。
3 参见［美］道格拉斯·凯尔纳《文化研究与哲学：一种介入》，载［美］托比·米勒编《文化研究指南》，第119页。

产。[1] 因为建构无法包容抵抗,唯有生产能够同时体现辩证法和实践经验的统一性。正如兰迪·马丁(Randy Martin)在讨论文化生产的意义时所指出:"生产已经表明了比建构更为积极地参与制造的东西、被当作固定的或给定的东西,典型地与本质或性质形成对照……生产,若恰当地分析,乃一力图实现令人不安地汇集在一起的各种力量之能力的过程。"[2] 在这种文化生产的意义上,表象的社会意义就在于它跨越并连接着人类对社会的认知和实践。因此,表象不仅仅是一种分析和解释社会生活的路径,同时也是社会得以构建、维持和发展的根本性动力之一。[3]

表象的政治学意义在某种意义上就是文化研究的政治学意义,后者一直潜伏在文化研究的传统视角中,只是近十几年来才被统合到一个前所未有的高度上,这至少显示出文化研究与政治世界之间的联系是绝对不容忽视的。心理学家们普遍认为:"表象是人类最

---

[1] 也有学者认为在文化研究中,建构和生产具有同一性,我们认为应该有所区别,尤其是生产本身还包含着再生产的部分,这是建构不太容易吸纳的元素。从学术史来看,文化研究和法兰克福学派的交叉越发密切后,建构和生产的区分也变得不那么含混了。

[2] 兰迪·马丁:《社会学研究中文化的复兴》,载[美]托比·米勒编《文化研究指南》,第59页。

[3] 莫斯科维奇(Serge Moscovici)的社会表象(social representation)理论给出了一种社会心理学的阐释:"对社会表征[在心理学意义上翻译为表征更为贴切——引者注]的最佳理解应为:特定时空范围内的特定群体共享其功能的局部或具体的类别。当然作为意义复合体,社会表征也可以被理解为认知系统运行于其中的一种环境或一个社会文化元系统。常识理论、信仰范式、观念互动网络这些意义复合体存在于文化遗产或传统与日常的互动需要之间的紧张地带中。它们既存在于公共领域之中也作为个体的心理现实而存在。表征位于心理与外部这两种现实交互影响的交界,也就是想象与情感区域与居于群体之中并服从群体规则区域的结合。所以表征的力量不仅来源于这样一种事实,即它们作为心理理念存在于个体内部,而且由于它们是被一群人所拥有、共享及接受。因此社会心理学的任务是通过从社会到个体以及从个体到社会的嬗变理解共享的社会知识复合体的内容、结构与功能。"参见张敏、聂长久《"思考社会"的心理学理论——论莫斯科维奇的社会表征理论》,载《学术论坛》2007年第4期。

重要的认知和学习方式,正因为有了表象,人类发展了一个独立的、内在的、想象的世界。"[1] 安德森提出的"想象的共同体"可算作一种政治学领域中对此观念的回应和证明。事实上,两者的紧密关系远超于此。理查德·马克斯维尔(Richard Maxwell)对此作了明确而扼要的综述:"文化研究学者广泛认为他们属于理论马克思主义政治经济学家族。文化研究与马克思主义政治经济学之间的明显联系一直在于对意识形态、国家、阶级、公民社会以及权力级差的研究。明显的话语联系是,二者均是从政治角度来理解文化并进行有关写作,而不是专业经济学和自由人文化主义文化探索的狭隘的非政治角度。"[2] 事实上,这些"明显联系"在我们对政治仪式的研究中时常提及,甚至大多数案例都是围绕这些联系而选择的,只是对"权力级差"的偏好更多一些。这种偏好在文化研究角度上也能够寻得合适的支持,正如米勒所言:"文化研究由于主体性和权力而赋予生命力——人类主体是如何形成的,他们又是如何体验文化和社会空间的。"[3] 简而言之,人、权力和体验(表象的名词和动词格式)构成了文化研究的主脉。我们在政治文化视角下对政治仪式所作的权力生产和再生产分析也没有偏离这一主脉。

涂尔干的集体表象(collective representation)论被很多文化或社会表象论者视作真正的理论源头,它对于从表象角度验证政治仪式也有着积极的理论意义。罗兰·巴特直言不讳地指出,如果当初了解到集体表象的概念并将之视作一种符号系统,就能超越他过

---

[1] 李恒威、黄华新:《表征与认知发展》,载《中国社会科学》2006年第2期。原文中"表象"为"表征"。
[2] 理查德·马克斯维尔:《文化研究里的政治经济学》,载[美]托比·米勒编《文化研究指南》,第100—101页。
[3] [美]托比·米勒编:《文化研究指南》,第1页。

去的想法，对文化现象进行更为详细和到位的解释。[1] 集体表象论的理论出发点是结构功能主义式的，个体和群体关系是结构的基本组件，其基本功能则依赖符号和象征（意义）的作用。在涂尔干看来，社会虽然是由无数个体构成的，但如果个体是放任自由的，那么只能意味着个体是封闭的，无法有效组织成社会。因此，在物质作用的帮助下，个体才能在相互作用中真正地将自己释放出来，由此形成一种集体意识。简而言之，集体表象就是同质性的集体行动，它依赖于各种交互性的符号的帮助体现出整体性的社会意义。[2] 在表象的意义上，符号是表象得以可能和呈现的形式，或而言之，是"表述带有意义的语词、声音或形象的总的术语"，"在创造我们文化的意义系统的同时，这些符号代表或表征了我们头脑中拥有的诸概念以及它们之间的概念关系，它们共同创造了我们文化的意义系统"。[3] 沙蒂埃中肯地将涂尔干的"集体表象"理解为"建设社会世界本身的实践活动的原动力"，因为这些表象在普遍意义上主导着行动和意义的转换。更重要的是，沙蒂埃之所以关注表象问题，不仅因为涂尔干的集体表象论提供了一种新的了解社会的方式，也不仅是"表象关系孕育了传统思想的各种符号理论"，而是源自他对于历史学研究的不满。就此而言，他指出：必须"赋予政治以首要地位，因为政治被看作是构成社会组织的'最包罗万象的层次'的因素，从而能提供'解开总体建筑的新钥匙'。"所以，表象观的落脚点被放在了政治关系之中，表象作为文化研究中的一种具有批

---

[1] 参见［法］罗兰·巴特《神话——大众文化诠释》，许蔷蔷、徐绮玲译，上海：上海人民出版社1999年版，再版序。
[2] 参见［法］涂尔干《宗教生活的基本形式》，第218—219页。
[3] 参见［英］霍尔编《表征：文化表象与意指实践》，第18页。

判性的甚至是反叛性的角色,具有浓厚的政治意味:"表象斗争的目的"是"社会结构本身的有序排列即层次化"。[1] 无论是权力生产和再生产,还是合法性建构,这些实践活动都可以在"斗争"意义上进行理解,政治仪式在正负两个方向上都能够对社会结构的有序化和层次化产生巨大影响——简单地说,政治仪式是政治生活中的一种重要的表象。

政治仪式的戏剧隐喻在此可以更深入地转化为政治仪式的剧场表象。剧场表象并不是指政治仪式和剧场在"表面现象"上有所相似,它有三重基本意义。首先,剧场是政治仪式在理解和认知上的整体性隐喻。这涉及表象的"原教旨"意义,即表象涉及两类事物之间的类比。剧场作为政治仪式的表象进入人们的思维过程中,或者说,剧场能够被当作一种政治仪式的"想象",而两者之间产生想象链接的所有同一性被置入对政治仪式的理解和认知中。其次,表象的作用不是瞬时性的,它表现为一种从行动到意义的转换过程,在心理学中可以解释为表征的作用过程。在政治仪式的剧场表象中,这一表征过程包括了心理活动和社会活动两个层面的交互:最为明显的体现是剧场中的观众和上演的戏剧之间的复杂关系。最后,剧场表象和政治仪式都契合于对表象概念的几项基本理解:两者在"代表"的意义上都依赖于符号系统的象征作用,在"再现"的意义上都依赖于时空的变化和组合,在阈限性的行动上都依赖于"表演"来实现。总之,剧场表象的视角基本上涵括了政治仪式的重要特征,从表象出发能够对政治仪式进行通盘检阅,主要包括其结构、功能和目的(本质)等方面。

---

[1] 参见[法]沙蒂埃《作为表象的世界》,水金译,载《国外社会科学》1990年第7期。

2. 作为检阅者的观众

在对政治仪式这种表象系统的有效性评估中，最具有资格的莫过于政治仪式的广大受众。在涂尔干传统中，表象的终极意义是提供社会性的集体认同，而认同意味着一种针对对象而存在的主体的存在——我们将这种主体归为"观众"的范畴，因为缺乏了他们的理解和认知，认同就无法实现。观众最突出的能力是"看"（see），这被布尔迪厄视作"知识或概念的功能"，通过"看"的不同（我们已经熟悉了布尔迪厄式的教育与"看"法的关系——如知识分子和普罗大众的差异），表象世界产生了区隔。[1] 在反思涂尔干传统的理论家看来，观众甚至更加重要。他们认为个人并不完全从属于社会，"文化唯有在其作为对个人行为产生有限的影响因素，或者作为个人行为的产物时才引人关注。"所以，"重点在于个体是文化规范的携带者。社会是隐而不见的。"[2] 所以，唯有充分认识和理解政治仪式的观众，才能相对完整和合理地理解作为一种文化现象的政治仪式。

观众与观看对象之间的关系并不是静态的。在宽泛意义的文化研究中，理论的批判性要求存在对立者，他们虽然是以抵抗者的姿态存在，但他们的身份是复合的，同时也是所谓的主流文化或文化霸权的观众。如果对这种批判性进行反思的话，就会发现抵抗性的

---

[1] 参见 Bourdieu, Pierre(1984), *Distinction: A Social Critique of the Judgement of Taste*, Trans. Richard Nice, Cambridge, Massachusetts: Harvard University Press, pp. 2, 7。

[2] Varenne, Herve(1984), "Collective Representation in American Anthropological Conversations: Individual and Culture," *Current Anthropology*, Vol. 25, No. 3, pp. 281 - 291。

文化范畴同样存在着"他者"——一切他者都是观众。除却这些，文化研究的后现代转向中的一个重要特征便是对"受众"的关注。[1] 受众是谁？他们如何生产意义？他们与特殊的文化文本之间具有何种关系？落到政治仪式中，便是对作为一种政治文化文本的政治仪式的受众的研究。包括受众在内的观众是政治文化的承负者，他们能够站在政治仪式和政治生活的叠合背景中，既反映事实，也观察事实。这实际上关切的是剧场表象的生成：如果没有观众，戏剧的上演就变得非常怪异，充其量只能算是排演，而"依赖于观众的存在而存在"这一戏剧的重要意义就会彻底丧失。只有演员的剧场，作为一种文化文本缺乏基本的意义框架，而意义作为表象之源对表象的生成起着决定性的意义。同时，观众的心理状态及其实践行动既是政治仪式的目标，也是政治仪式评估（认知）的途径。这关切的则是剧场表象的作用：与观众的情感和反应相挂钩，戏剧意义在得到充分表达的同时也促成了对其自身的批判和反思，戏剧的生命周期就存在于其中——无论是表象的万变不离其宗，还是表象以虚像、幻象或假象的形貌出现，观众都能够站在这一表象的世界之外审视它，而研究者甚至能够借助观众的眼睛看得更多、更深。

看客常被视作一群无足轻重甚至缺心少肺的人，在事情发生时作壁上观，在事情结束时如鸟兽散。但他们又是不可或缺的"局外人"，政治仪式所设诸"局"的目标正是这些"外人"。观众如此重要，如果将其从政治仪式中抽离，结果几乎不可想象：就职典礼上的总统们面对空无一人的广场宣读誓词，阅兵仪式中的士兵只能听

---

[1] 参见［美］道格拉斯·凯尔纳《文化研究与哲学：一种介入》，载［美］托比·米勒编《文化研究指南》，第117页。

着自己的脚步声走过长街，春耕仪式上卷起裤管、下田开犁的中国皇帝只是个身着龙袍的农民，加冕典礼中的欧洲国王或许只有上帝在看他了——前提是上帝不是观众。观众作为必要的组成部分，是仪式中的"多数人"。观众是目标，也是组件，是政治仪式所生产出的权力和合法性信息得以流动和接纳的重要载体。与古代社会相比，现代社会中的政治仪式用于"教化"观众的意义逐渐削弱，但观众的重要性更甚，因为他们能够提供更多的政治资源。观众的参与和认同本身就是权力的源泉，或而言之，民意成为合法性最为关键的基础之一。如果说君权神授制中的国王需要上帝的话，那么民主制度中的政治领袖及其精英群体需要的是观众。观众既是公众的象征，也是公众的代表，他们用眼光参选，用言行投票，政治仪式成为一种眼球政治，赢得更多、更深的关注，是在政治生活中获得成功的关键。

政治仪式的观众有两个主要组成部分，一是内在于仪式之中的非功能性的参与者，他们在仪式中不承担直接的仪式操演行为，如同仪式的现场见证者，我称之为"直接视觉受众"；二是仪式之外非在场的观察者，接受的是以文字、声音、图像或影像等载体的仪式信息，无论是读、听还是看，都没有真正的"身临其境"，因此我称之为"间接视觉受众"[1]。当我们阅读《圣经》中记载的盛大的所罗门王加冕典礼时、在收看中国国庆50周年大阅兵的现场直播时，或者通过网络收看奥巴马在就职典礼上慷慨陈词时，我们便属于此类观众。

---

[1] 读和听虽然不是视觉，但形成的想象可以被看作视觉意义上的，它们在我们的脑海中通过神经信号的作用被转换为一种虚幻的图像。

第七章 检阅：政治仪式的理论观照与个案分析

小城夏夜（摄于日本高山市，2018年）

岐阜县高山市的夏日花火大会即将开场，街道上除了喧嚣的乐队和游戏的人群，还有十余位安安静静的弈者，也吸引了一些游客的观战。节日、仪式和日常生活在同一片时空中展开，其中的参与者或旁观者，视角与心境不尽相同。

"观众是上帝"并不是来自"顾客至上"的经济学逻辑,而是有其政治学意义。"在任何一种仪式中,尤其是在一种打算作为群众性的仪式中,公众的缺席,从定义上表明了仪式的失败。"[1] 因此,没有观众就没有仪式,虽然观众没有创设仪式。为何公众对于政治仪式如此重要?我们在前文已经指出,政治仪式的实质是权力的生产和再生产,合法性建构是其核心旨趣。无论是政治权力还是合法性,都无法依赖于个体而获得,或而言之,权力和合法性是社会性的产物,它们作为一种公共品是由群体供给的。所以缺乏公众,政治仪式就无法生产出具有公共性的权力,遑论进行再生产了。虽然也存在几乎不需要太多观众的个体性或私密性的仪式,但它们皆无法作为政治仪式发挥作用——即便有也是间接的,并且一定是需要各种形式的观众的。如圣雄甘地在私人领域做出的仪式性行为,必须依赖一种大众传播才能将个体从仪式中展现出的魅力兑换为公共权力。他在自传中也承认,如果没有媒介的帮助,"非暴力抵抗运动说不定就发动不起来"[2]。

政治仪式依靠观众实现公共权力的生产和再生产,在此意义上"观众是上帝"。那么,政治仪式是如何表现出对"上帝"的虔诚的?规模和感染力是两种重要的方式。政治仪式通过扩大自身的规模,或者直接扩大观众的规模以提升观众的数量,因为参与广度的提高既可以在一个整体的意义上提供更为强大的权力,同时也是提高参与强度的基础。政治仪式着意于提升自身感染力的直接目的是

---

[1] [美]丹尼尔·达扬、[美]伊莱休·卡茨:《明确表达的一致性:媒体活动的仪式和修辞》,载[英]亚历山大编《迪尔凯姆的社会学》,第235页。
[2] [印度]姆·克·甘地:《博爱圣雄——姆·克·甘地自传》,吉力译,长春:时代文艺出版社2003年版,第188页。

"感动上帝",获得观众的认同。这种认同能够打通政治仪式和外在日常生活之间的隔阂,保证权力信息在仪式内外自由无碍流通;同时也能够建立精英与大众两个权力阶层之间的权力流通渠道,如自上而下的规训与控制、自下而上的接纳和让渡,在流量、流速和效率上都得到了提升。

当不同政治体制中的观众发生变化时,政治仪式往往也会作出相应调整,或者说,观众的性质和政治社会的联动性印刻在政治仪式中。另一方面,传播技术的创新和社会观念的演变,同样能够塑造不同的观众群体,也会对政治仪式产生影响。[1] 在这些过程中,政治仪式必须时刻洞悉观众的意图,唯有准确地了解民意所指,才能真正把握住民心所向。与此同时,也不可忽视政治仪式主动选择甚至塑造观众的能力。涂尔干认为:"仪式在道德上重新塑造了个体和群体,而且人民坚信仪式拥有着支配各种事物的力量。"[2] 在变革中,此类观众既是政治仪式得以正常存继和维持稳定的重要力量,同时也是政治仪式在历史性的重复中持续性地发挥作用的重要保障。

3. 票房收益与票房策略

如果要研究电影或戏剧观众的参与度和认同度,票房是一个关键性的指标。票房收益完整地反映出了观众的品位,高票房收益意味着表演在很大程度上成功迎合了观众的品位,虽然另外在一定程

---

[1] 德里达从艺术作品的机械化再生产(复制)中捕捉到了技术变革对观众(读者)的一种根本性影响,并敏锐地指出自此"艺术不再以仪式为基础,而是为政治实践的基础所替代"。参见 Derrida, Jacques(1987), *The Truth in Painting*, Trans. Geoff Bennington and Ian McLeod, Chicago and London: The University of Chicago Press, p.176。
[2] [法]涂尔干:《宗教生活的基本形式》,第 354 页。

度上也来自我们之前所指出的主创者作为片商在宣传上的功劳。票房收益集合了观众的参与和认同。票房收益主要取决于观众的上座率，上座率越高意味着观众参与度越高，同时，观众数目越多也意味着观众认同的基数也就越大。虽然叫座并不一定叫好，但在院线有限、以获利为目的的表演市场中，不叫座就意味着可能连叫好的机会都没有。对于政治仪式这种争夺眼球的政治活动而言，票房收益既是可让渡的权力总量，也是以民意为基础的合法性的认同度。与电影和戏剧不同，政治仪式中并不存在一个现实的营利性场所，它的票房主要是指各种大众媒介，因为是大众媒介一方面将直接视觉受众的观感表达出来，另一方面又为数量更为庞大的间接视觉受众提供了"观景平台"。

从印刷文化到电子文化，文字、声音、图片和影像作为信息传播的介质通过一系列技术手段组成了一个多方位立体型的大众媒介结构，它作为一种社会组织形式，是现代社会公共舆论的母体，在政治生活中扮演着重要的角色。哈贝马斯认为公共舆论是公共领域的策源地和大本营，"公共领域的主体是作为公众舆论之中坚力量的公众"[1]。公共舆论在政治生活中既具有宣传功能，又具有批判功能，它对于维护一种具有独立和民主精神的政治公共领域具有殊为关键性的意义，所以大众媒介是公众表达和发挥其政治责任或政治义务的重要阵地，在此意义上大众媒介和政治传播具有同质性。大众媒介以公共舆论的形式，既建构民意，又表达民意。这条路径虽然伴随着意识形态机构自上而下的意识宣展和价值控制，但在民主

---

[1] ［德］哈贝马斯：《公共领域的结构转型》，曹卫东等译，上海：学林出版社1999年版，第4页。

化进程中仍然不断获得或保持着相当大的独立性。也正因如此，民意方能成为现代政治社会中的合法性的重要基础之一。

形式多样的现代大众媒介为观众收看政治仪式提供了多种观景平台。同时，由于这一平台并不是一个简单的观看场所，还是一个讨论场所，因此不仅能够扩大观众的数量，还影响到观众的"质量"，即观众的认知和表达能力。对政治仪式来说，大众媒介中的好评如潮将对其持存和发展提供积极襄助，而恶评不断则会导致政治仪式效果不佳甚至适得其反。与大众媒介依靠内容影响政治仪式的改编相比，大众媒介自身的技术性变革对政治仪式的改编产生的影响更大。从纸质传媒到声音传媒，再到光电传媒和网络传媒，大众媒介的技术变革深刻地改变了公共舆论的政治效用。政治仪式如果要有效提供其票房收益，就必须得心应手地利用各种大众媒介技术和传播模式。这一点在美国总统就职典礼的变迁中可以看出：1845年詹姆斯·波尔克的就职典礼第一次进行电讯报道，并第一次由报刊提供图片报道；1925年卡尔文·柯立芝的就职典礼首次通过电台广播；1949年哈里·杜鲁门的就职典礼首次尝试电视转播；1997年比尔·克林顿的就职典礼首次进行网络直播；在2009年巴拉克·奥巴马的就职典礼上，整个传媒系统的多种新旧技术都得到了应用。[1]

随着社会秩序的历史演变和传播技术的重大发展，"多媒介"和"新媒介"成为现代社会大众传播的鲜亮标识。在此背景中出现的"媒介景观"有两大社会基础：一是现代意义上的"景观社会"的

---

[1] 参见《美国总统就职仪式和游行》，新华网，http://news.xinhuanet.com/ziliao/2007-04/18/content_5993730.htm。

建立；二是"媒介时代"的根本性变革。德波发现了"景观社会"的来临："在现代生产条件无所不在的社会，生活本身展现为景观的庞大堆聚"，"景观不能被理解为一种由大众传播技术制造的视觉欺骗，事实上，它是已经物化了的世界观。"[1] 媒介景观是现代景观社会的产物，随着媒介体系的发展，散发出愈发浓烈的后现代韵味。尤其是网络媒介的高速扩展，清晰地勾勒出"现代/后现代"之间的差别，波斯特（Mark Poster）将之视作"第一媒介时代"和"第二媒介时代"，前者的特征是"具有为数甚少的制作者与人数甚众的消费者"，而后者的特征是"双向的去中心化的交流"[2]。媒介景观的出现，以及媒介时代的划分，都对政治仪式的改编提出了具体的要求。前者将政治仪式塑造为大众媒介关注的焦点，成为聚合政治资源，尤其是民意资源的重要手段；后者则要求政治仪式改变传统的自上而下的展布和操演方式，为自下而上的政治信息流动开放充分的渠道。

尽可能地利用大众媒介呈现政治仪式，就是扩大多重院线的上座率，而更多的观众参与、积极正面的展示，有助于政治仪式创造出良好的"绩效"。这种绩效对于传统政治权力的合法性具有特殊意义，虽然在民主社会中权力合法性基础并不完全来自此，但大众媒介作为第四种权力，仍然对任何意欲维持或争夺权力的个体或组织而言具有不可替代的重要性。从历史来看，政治仪式与大众媒介的发展和变革具有很强的联动性，在对媒介技术的适应和调整中，政治仪式也努力更为有效地将自身携带的各种政治信息提供给观

---

[1] ［法］居伊·德波：《景观社会》，第3页。
[2] ［美］马克·波斯特：《第二媒介时代》，范静哗译，南京：南京大学出版社2005年版，第16—19页。

众。由此，政治仪式、大众媒介、政治生活和作为观众的公众在发展和变革中联系在一起。

任何对票房收益有所依赖的戏剧都会考虑其票房策略，这种效益分析在政治仪式研究中意味着政治仪式在何种情形下能够更为有效地生产和再生产政治权力，并使其合法性构建扩展到更深程度上和更大范围中。票房策略从最为基础的层面上与票房所处的具体环境相关，不同的票房环境或者说不同的策略背景对策略的选择有着首要性的影响。所以，我们在重视政治仪式的信息传输渠道的普遍性特征的同时，还必须考虑这些渠道在具体政治生活中的位置和关系如何。对于同样一种类型的政治仪式，不同的国家和民族很可能会有不同的接受度。例如中国和美国的节庆文化存在很大不同："我国节日没有明显承载历史脉络，而美国节日较清晰地记录了历史轨迹；我国节日以全民和国家为对象，高度抽象化，体现了大一统精神，颇具象征意义，而美国节日铭记个别事件和人物，可概括为谢恩文化。"[1] 这便要求因地制宜地选择合适的策略以使票房收益最大化。从我们所分析过的案例来看，策略背景的差异主要存在于政治制度和政治文化两个方面。但是，我们并不倾向于以政治制度和政治文化为坐标轴，将政治仪式置于其中进行分析。[2] 这不仅是因为需要相当数量的案例来证明，还担忧这会伤害政治仪式进行政治权力生产和再生产的普遍性意义。我们认为，不同的策略背景虽然值得重视，但策略的选择需要进入政治制度或政治文化的具体情境中进行分析。政治仪式和

---

[1] 甘世安、魏水利：《中美节庆文化的表征与内涵分析及其启示》，载《西北大学学报》（哲学社会科学版）2007年第1期。
[2] 关于这种分析路径，可参见马敏《和谐社会与冲突政治中仪式功能的多样性阐释》，载《理论与改革》2005年第3期。

政治制度、政治文化之间的硬性对应关系至今看来还没有得到具有说服力的证明。因此，笼统地进行集权或民主、西方或东方、宗教或世俗的区分，对于观察政治仪式的票房策略没有太大意义，而是应该反过来看待这个问题，从具体的政治仪式在具体的情境中的表现来分析票房本身的差异，以及根据这种差异所作出的调整或选择。

政治仪式作为一种特殊的表象系统，包含着极为复杂和丰富的知识结构和行动结构，这两种嵌合在一起的结构是日常政治生活中的权力生产和再生产过程的投射。观众和大众媒介是"检阅"这种投射有效性的重要角色，由于它们在某种程度上既参与到政治仪式之中又独立于政治仪式之外，从而可以同时从主观角度和客观角度观察政治仪式。当然，在评估政治仪式服务于合法性构建时，这两种角度之间的相互影响，或者说观众和大众媒介内在的角色冲突也是必须考虑的重要因素。

二、阅兵仪式的政治传播学[1]

1. 沙场秋点兵：历史和外部环境的变化

"国庆阅兵、检阅三军仪仗队等阅兵行为，直接体现为一种国家行为。"[2] 国庆阅兵通过军队的操演和军力的展示，将国家的综合实力、民族的精神面貌和社会的文化理念汇集成一种声音，在本国国民和整个世界面前奏响。规模不一的阅兵仪式至今仍广泛地存在着，尤其作为国际交流的基本礼仪和一些重大庆祝活动的基本仪轨

---

[1] 本节中对国庆阅兵的研究，未改动初版的内容，对截止到2009年的14次相关仪式进行了分析；下一节则将时间延续至2019年，并新增两场非国庆期间举办的大型阅兵仪式。
[2] 胡滨：《关于阅兵权的立法规制》，载《法商论丛》2008年第3期。

而备受瞩目。[1] 不过，虽然古往今来众多的阅兵仪式在历史中留下了深刻痕迹，但该主题并不受关注。阅兵长久以来被视作一种意指单一、内涵明确的庆典性仪式，本身并不具有某种多义性或复杂性。同时，在现代社会中，世界范围内的经常性的、国家性的阅兵仪式并不多见，大国中仅有中国、俄罗斯和法国等国家有此传统，英美虽然也会在特殊的纪念日举行阅兵仪式，但规模很小，并且游行庆典的性质较浓，军事和政治意味淡薄。国内零星的阅兵研究，则大都属于历史学范畴中较为基础的文献整理和史实描述。我们认为，国庆阅兵作为一种盛大而重要的政治仪式，其"排兵布阵"经过精心设计，潜藏着诸多复杂而有效的权力安排方式，通过士兵的肉体之躯和武器的"钢铁之躯"得到协同呈现，将复合的国家意志和民族情感有力地表达出来。简而言之，阅兵仪式是一种通过权力的生产和再生产实现合法性构建的政治活动，它汇集了重要事件所处的特殊时空所含有的庞大能量，将国家、社会和个人以及历史、现在和未来整合为一个政治意义上的统一体，通过富有渗透性和感染力的"仪式化"行为，构筑了日常生活的时空结构和实践方式，并用政治权力的河水浇灌社会土壤，催发出具有普适性的合法性之花。

中国古代有着悠久的阅兵传统。据司马迁的《史记·五帝本纪》所载，黄帝曾汇集诸侯之力，"修德振兵……教熊罴貔貅貙虎，以与炎帝战于阪泉之野"。有学者将之视作"黄帝部落联盟大阅兵的略影"[2]，也有学者认为中国最早的阅兵是夏禹的涂山会盟，士兵

---

[1] 目前，除中国不定期举行国庆阅兵外，俄罗斯、法国、朝鲜、古巴和新加坡等国家经常在国庆、建军节或其他重大纪念日举行阅兵仪式。
[2] 田义祥：《中国阅兵史话》，载《军事历史》1999年第4期。

们的盛装集会同时也是一种祭天仪式和欢庆仪式。[1] 虽然夏商时期广泛存在着"以田狩习战阵"的军队训练模式,但并未形成有严格建制的常备军。[2] 因此,狩猎或会盟等聚集军队的行为在严格意义上还不足以称作阅兵仪式。独立而完整的阅兵仪式出现在西周,传统的"春振旅以搜……冬大阅以狩"被定为重要的国家礼仪。[3] 随着常备军制度的建立,"田猎治兵向单纯的军事校阅转变"[4]。至汉代,检阅士兵和战车的基本条例已相当成熟,阅兵仪式被称作"为国立武足兵之大略"(《汉书·刑法志》)。随着战事频繁以及军事训练正规化的发展,唐宋年间"沙场秋点兵"成为一种定制,在立国、征伐或凯旋时常常举行大型的阅兵仪式。到了明代,每年举行的皇帝出席的阅兵成为一种"定仪"(《明史·礼志·军礼·大阅条》)。清代延续了这种制度,在立国之初,"太宗始举大阅之典,八旗护军、汉军马步、满洲步军咸集……步伐止齐,军容整肃"(《清史稿·志第一一四·兵志十·训练条》)。直至晚清仍保留此传统,如光绪二十四年七月"诏定于九月十五日奉皇太后幸天津阅兵"(《清史稿·本纪二十四·德宗本纪》),后因百日维新失败而作罢。

中国古代阅兵仪式的历史变迁反映出政治社会的重大变化,如在宗教意义上逐渐与祭祀分离,在生产意义上逐渐与狩猎分离;随着常备军制度的建立,练兵振旅的军事意义愈发强烈;而随着国家

---

1 参见刘开生《古时候的阅兵》,载《大公报》2009年4月13日。
2 参见《中国军事史》编写组《中国军事史·第三卷 兵制》,北京:解放军出版社1987年版,第15—16页。
3 "春搜之礼,著自周令。"(《宋书·本纪第六·孝武帝纪》)
4 赫治清、王晓卫:《中国兵制史》,台北:台北文津出版社1997年版,第38页。

政治制度的完善，则越发倾向于宣示国威和推行教化的政治意义。就后者而言，如春秋时晋文公的重臣子范认为，"民未知礼，未生其共（恭）"，因此应"大搜以示之礼"（《左传·僖公二十七年》）；清代康熙皇帝通过在番邦王侯前举行阅兵获得统治权威；[1] 袁世凯在光绪三十二年（1906）秋的彰德阅兵是中国古代王朝阅兵仪式的绝响，得到"西人来观者"的称赞。[2]

1949 年前，中国人民解放军有过五次规模较大的阅兵。[3] 1949 年后，截至 2009 年中国一共举行了 14 次国庆阅兵，可以分为四个阶段：1949 至 1959 年的连续 11 次国庆阅兵是第一阶段，新中国成立伊始百废待兴，在内忧外患不断的环境中，盛大的阅兵仪式鼓舞了全国人民维护和巩固新生政权的信心和勇气。1984 年国庆阅兵是第二阶段，这是 25 年来的首次阅兵，展现出改革开放初期国家政治、经济、文化和军事等方面的建设成就。1999 年新中国成立 50 年国庆阅兵是第三阶段，改革开放 20 年来取得了阶段性成果，举世瞩目的国庆阅兵表现出国家实力在各个方面都得到了显著提升。2009 年国庆阅兵是第四个阶段，庆祝改革开放 30 年，奥运圣火熄灭不久，以及世博会举行在即，成为这一阶段的社会背景。为直观反映不同历史阶段国庆阅兵之间的外在差别，下表选择了 1949、1959、1984、1999 和 2009 五个年份的一些基本数据以作

---

[1] "帝大阅玉泉山，达什巴图尔等扈驾往观，战栗失色，奏：'天朝兵威若此，何敌不克？'"（《清史稿·列传第三〇九·藩部传四·喀尔喀扎萨克图汗部传》）
[2] 参见《清史纪事本末·卷六十二·创设海军及改练陆军》。
[3] 1931 年 11 月 7 日在庆祝中华苏维埃共和国临时中央政府成立所举行的"开国大典"上的阅兵仪式；1933 年中央苏区庆"五一"的红军大阅兵；1933 年在瑞金举行的庆祝"八一"阅兵；1944 年 11 月 1 日八路军第 359 旅远征湘粤边前在延安机场举行的阅兵仪式，以及 1949 年 3 月 25 日在北京西苑机场举行的阅兵仪式。参见陈宇《建国前我军 5 次大阅兵》，载《中国国防报》2009 年 2 月 17 日。

比较:

表 7.1 五次国庆阅兵主要数据对比表[1]

年份	纪念日	受阅人数	步兵方队/兵种	装备编队	飞机编队/架次
1949	开国大典	约 16400	41/2	5	6/17
1959	10 周年	11018	15/3	14	6/155
1984	35 周年	10370	18/7	24	4/117
1999	50 周年	约 11000	17/16	25	10/132
2009	60 周年	8000 余	14/10	30	12/151

从上表中可看出,历次参与阅兵仪式的兵员和方队的数量相差不大,这主要是因为受到了时间（队列行进速度）和空间（天安门广场大小）的基本限制。徒步方队的变化主要在兵种数量上,新兵种的不断加入显示出军队建设的发展情况。步兵方队的数量呈下降趋势,而装备方队数量呈上升趋势,是因为机械化是军队现代化建设的重点方向,同时各类战车尤其是导弹部队的视觉冲击力和实际震撼力更大。[2] 参与阅兵的飞机在数量上显著上升,2009 年是 1949 年的近 9 倍。更为重要的是,飞机的种类和性能得到了极大的改观,从完全是别国生产的、较为落后的战机到 2009 年以国产机型为主,多达 12 种各类机型参加阅兵。

新中国成立 60 年期间（1949—2009）,国庆阅兵作为记录仪和晴雨表,记载和反映了中国政治社会自身的变动情况,以及这些变

---

[1] 除 2009 年外,基本数据来自许农合编著《1949—1999 国庆阅兵》,北京:中国青年出版社 1999 年版。2009 年数据来自新华社《首都举行盛大阅兵仪式和群众游行》,载《人民日报》2009 年 10 月 2 日。

[2] 装备方队数量的上升在时间上限制了步兵方队的数量,再加上"节约"等因素使得 2009 年的受阅人数不及开国大典的一半。

动所产生的不同影响，这一点特别体现在这些阅兵仪式的外部环境的变化中，参见表7.2。

表7.2　国庆阅兵的环境变化简表

	新中国成立	10周年	35周年	50周年	60周年
文化	型构不稳的混合型文化	"左"的思想，阶级斗争	改革伊始，精神文明建设	"三个代表"，与时俱进	科学发展观，和谐社会
政制	中国共产党领导下的政治协商制度	民主集中制度被削弱	党政分开，权力下放，精简机构	依法治国	服务型政府
事件	开国大典，解放全国	反右派斗争扩大化，"大跃进"	整顿军队，稳定改革	改革开放20年，香港回归	改革开放30年，举办奥运会

1949年国庆阅兵作为开国大典的重要组成部分，其事件环境呼应着苏联1918年以来多次庆祝十月革命的阅兵仪式，以及中国共产党在1931年庆祝中华苏维埃共和国临时中央政府成立举行的阅兵仪式。开国大典在形式上的完整，既是一个新生国家获得程序合法性的需要，也是初获政权的中国共产党获取政治传统意义上的重要合法性资源的需要。1949年10月1日站在天安门城楼上检阅军队的7位最高国家领导人（国家主席和副主席）中有3位党外人士；而同年2月3日在西郊机场举行的阅兵仪式上，检阅者是毛泽东等中共中央"五大书记"，受阅者除3万余人的军队外，还包括"北平工商学各界代表和各民主党派、人民团体、无党派民主人士"[1]。两次阅兵中领袖和受阅者的政治身份反

---

[1] 咏慷：《13次新中国三军大阅兵》，济南：黄河出版社2008年版，第7页。

映出当时中国政制环境的基本特征：新中国成立时限于国情，以"全国人民政治协商会议代行全国人民代表大会的职权"，非共产党人在其中的较高比例体现出"共产党人建立民主联合政府的思想"，[1] 但中国共产党具有绝对的最高领导权。在文化环境方面，建国伊始缺乏较为稳定和统摄力的文化系统，毛泽东指出需要三年时间才能建立必要的政治控制和组织力量，以进行社会主义建设和改造。[2] 因此，塑造具有高度冲击力和象征意义的政治符号成为一项急迫的工作，轰轰烈烈的国庆阅兵仪式则正是这些符号的制造厂和展览馆。

新中国成立十周年前夕，天安门广场按毛泽东建"百万人广场"的批示，最终建成为一个 40 万平方米，比新中国成立 5 周年时大 2.5 倍的广场。这体现出新中国成立以来的经济建设的成绩，也彰显出 20 世纪 50 年代后期人民公社和"大跃进"等经济建设模式的风格。同时，阅兵首长是三个月前刚接替彭德怀出任国防部长的林彪，"反右"、"双反"和庐山会议等一系列事件最终导致"以阶级斗争为纲"成为塑造文化和政制环境的指导方针。此次阅兵作为毛泽东时代的最后一次阅兵，"党的权力国家化和权力高度集中于党和党的主要领导人手中的现象就开始发生……"[3]

1960 年中共中央和国务院改革国庆活动制度，决定逢十年大庆才举行阅兵仪式。此后由于"文化大革命"的影响及其他方面的

---

[1] 参见包玉娥等《20 世纪中国政治发展》，南京：南京大学出版社 2002 年版，第 240 页。
[2] 参见[美]麦克法夸尔、[美]费正清编《剑桥中华人民共和国史(1949—1965)》，谢亮生等译，北京：中国社会科学出版社 1990 年版，第 70 页。
[3] 包玉娥等：《20 世纪中国政治发展》，第 258 页。

原因，连续 24 年没有举行国庆阅兵，军队内部的阅兵也被当作形式主义取消了。[1] 1984 年显然不属于"十年"之列，因此当年举行国庆阅兵有其特殊环境和背景。首先是军队治理的背景，邓小平在 1975 年就指出了当时军队"肿、散、骄、奢、惰"的缺点，[2] 加强军队的教育训练和提高战斗力成为亟待解决的问题。1981 年 3 月邓小平提出："不能说阅兵式、分列式是形式主义，这些东西对部队的作风培养是很有作用的。现在的部队懒散得不像个样子，我想适当的时间要搞一次阅兵。阅兵对军队在人民中的观瞻有好处……加强了军民关系，对加强军队训练也有作用。"[3] 1981 年 9 月 19 日，邓小平在华北某地观看了演习和盛大的阅兵仪式，这为三年后的国庆阅兵提供了基本经验。其次是政治经济策略转变的背景，1978 年以来的改革开放通过这场国庆阅兵释放出一个强烈的、具有双重意义的信号。一方面展示出"国防现代化"的成绩，体现了"党和军队领导人在继续推进军民合作上达成的一致共识"[4]，稳定的党军关系和军民关系表明改革并未触动中国的根本政治性质；另一方面通过阅兵所展示出的军队新风，肯定并稳定了政治和经济体制改革的方向。

经过 20 年的改革开放，1999 年举行"世纪大阅兵"时的文化、政制和事件环境发生了巨大变化。在社会经济飞速发展和香港顺利回归的助推下，社会主义精神文明建设取得了阶段性的成果，逐步

---

1 参见涂学能《中国国庆阅兵(1949—1999)》，北京：东方出版社 1999 年版，第 121 页。
2 参见《邓小平文选》第 2 卷，北京：人民出版社 1994 年版，第 19 页。
3 涂学能：《中国国庆阅兵(1949—1999)》，第 123 页。
4 Joffe, Ellis(1981), "Defense Modernization and Civil-military Relations in China," *International Political Science Review*, Vol. 2, No. 3, pp. 317–325.

形成了日益开放而自信的政治文化。政制改革也产生了新的要求和方向,在保持中国共产党的"基本理论、基本路径和基本纲领"不变的前提下,"依法治国"成为"党领导人民治理国家的基本方略"。[1] 在事件环境中不能忽视的是李登辉在香港回归不久后抛出所谓"两国论"。这些环境变化在阅兵仪式中得到了体现,"阅兵主要是展示出信心和力量,特别是在国内,它给人民一种感觉,即我们有一个新中国,并让人们为此而感到自豪,而不是仅仅着眼于当前的困难","让台湾感受到某种压力则属无心插柳之举。"[2]

2009 年国庆阅兵的基本要求是既隆重热烈又勤俭节约,这与"和谐社会"理论的基本精神直接相关。"和谐社会"理论旨在保证改革开放的持续性,同时解决如何更好地改革开放的问题。胡锦涛指出:"我们所要建设的社会主义和谐社会,应该是民主法治、公平正义、诚信友爱、充满活力、安定有序、人与自然和谐相处的社会。"[3] 这些目标几乎涵盖了政治文化的所有范畴,也是这一阶段中国构建政治文化环境的基本要求。与其相呼应的是"构建服务型政府"的政制改革目标,因为"一个和谐社会是否能够落实,完全要看这个服务型政府的服务准则在哪里"[4]。对民族团结的强调成为这

---

[1] 参见《江泽民论有中国特色社会主义》(专题摘编),北京:中央文献出版社 2002 年版,第 327 页。

[2] 时任中国社会科学院亚洲太平洋研究所所长张蕴岭接受《纽约时报》采访时所言。参见 Eckholm, Erik(1999), "Beijing Shows Off Military Weapons to Impress the Chinese and Others," *The New York Times*, October 2.

[3] 胡锦涛:《深刻认识构建社会主义和谐社会的重大意义,扎扎实实做好工作大力促进社会和谐团结》,载《人民日报》2005 年 2 月 20 日第 1 版。

[4] 曹俊汉:《从治理的观念谈服务型政府与和谐社会建构之关联》,载《服务型政府与和谐社会》,北京:北京大学出版社 2006 年版,第 149—160 页。

次国庆阅兵表达"和谐社会"的最强音,此次阅兵共有 56 个方队象征着 56 个民族,广场上的 56 根红柱亦是用来强调 56 个民族的团结。[1]

新中国成立以来至 2009 年的 14 次国庆阅兵记录了 60 年来中国社会变革与政治发展的基本情况,它们勾勒出不同历史时期文化、政制和事件环境的诸多变化。内含浓厚的冲突和对抗意味的国庆活动逐渐变成"温和"而"健康"的政治符号系统。同时,国庆活动也越发重视"国家"和"人民"的"在场",因为这两者在任何一种民主制度中都居于核心地位,对它们的重视有利于构建具有普遍性的政治共识,从而赋予和提高中国在全球政治民主化进程中的话语权。不同层面的政治环境携带着各种权力信息,这些信息随着环境的影响作用被注入和留刻在政治仪式中。新中国成立以来,国庆阅兵成为中国社会变革与政治发展中一种特殊而有趣的象征力量(包括军事力量、国家实力和政治权力等)的宣展方式。同时,在环境的历史变迁中,不同时期对权力的合法性源泉的理解也发生了变化。国庆阅兵集合了韦伯所指出的传统型、魅力型和法理型三种合法性来源,并且在不同的时代应用不同的分配原则。

2. 政治仪式的多维传播及其对社会环境的适应性

国庆阅兵是一种重要的媒介景观,媒体对其政治意义的塑造和

---

[1] Macartney, Jane (2009 October 1), "How It Happened: China 60th Anniversary Celebrations," *Times* Online, http://www.timesonline.co.uk/tol/news/world/asia/article6856441.ece#cid=OTC-RSS&attr=797093.

散布起到了至关重要的作用。新中国成立60年（1949—2009）来国庆阅兵及其媒介呈现的双重变化，既勾勒出中国社会变革和政治发展中每一重大阶段的主要特征，也凸显出中国现代政治传播技术和文化的发展历程。国庆阅兵作为一种盛大庄严的政治仪式，通过仪式性操演实现权力的生产和再生产，将国家信念、民族情感和社会文化汇聚成一种极具影响力的宏大政治秩序，并在变动着的复杂传播过程中，为政治合法性的多重构建提供了广泛而高效的认同。同时，在经济全球化和文化多元化成为普遍共识、政治意识形态又纷争四起的时代背景下，盛大而庄严的阅兵活动作为一种国家性的政治仪式，为考察和反思中国面对由"市场驱动的多频道（multi-channel）世界"时所持有的政治策略、政治态度和政治传播理念，[1] 提供了一种意义丰富、影响深刻的典型性案例。

在实践意义上，仪式与传播之间有着古老而密切的联系，两者在信息流通和关系构建等方面具有形式和内容上的共通性。这种"异质同构"一方面使得具有戏剧性和多元表达方式的媒介成为一种"日常生活的仪式"，[2] 另一方面也使得政治仪式作为承载和表现丰富政治信息的重要载体，被视作政治传播的一种非常规的、但极为有效的方式。[3] 在理论研究中，随着近半个世纪以来符号学和文

---

[1] 参见[英]史蒂文森《认识媒介文化：社会理论与大众传播》，王文斌译，北京：商务印书馆2001年版，第317页。

[2] 参见胡志毅《现代传播艺术——一种日常生活的仪式》，杭州：浙江大学出版社1997年版，第75页。

[3] 中国的传播学者对古代祭祀仪式进行了相关研究。参见张卫中《春秋时期的祭祀与政治传播》，载《浙江大学学报》（人文社会科学版）2003年第5期；蒋建国《祭祀消费：仪式传承与文化传播——以晚清广州为例》，载《广东社会科学》2006年第6期。

化研究的兴起，以及两者对社会学和新闻传播学的巨大冲击，原为人类学核心主题的仪式进入了传播学的视野。传播学者凯瑞（James W. Carey）指出："研究传播就是为了考察各种有意义的符号形态被创造、理解和使用这一实实在在的社会过程。"[1] 戴扬（Daniel Dayan）和卡茨（Elihu Katz）曾立足于电视传播学的研究，将通过电视播放的盛大仪式称作"电视仪式"，并用"仪式人类学的理论来阐释大众传播过程"[2]。这一理论尝试对传播学中的仪式研究产生了巨大的影响力。柯尔迪（Nick Couldry）则直接提出了"媒介仪式"的概念，认为"媒介仪式包括三种主要的类型，分别是媒介所报道的仪式性内容，媒介报道该内容时的仪式化方式，以及媒介本身成了一种仪式或集体庆典"[3]。从这种划分中可以看出，国庆阅兵综合了三种类型，属于典型的媒介仪式。

1949—2009年，中国的社会政治状况发生了翻天覆地的变化，每一次国庆阅兵都在媒体的高度关注中成为一道展示国力、振奋民意的媒介景观。随着历史的变迁，这一景观60年来的规模和呈现方式也都产生了显著的差别，如表7.3所示。

---

[1] [美]詹姆斯·W.凯瑞：《作为文化的传播》，丁未译，北京：华夏出版社2005年版，第16页。
[2] [美]丹尼尔·戴扬、[美]伊莱休·卡茨：《媒介事件:历史的现场直播》，麻争旗译，北京：北京广播电影学院出版社2000年版，第2页。
[3] Couldry, N.（2003）, *Rituals: A Critical Approach*, London and New York: Routledge, p.57.转引自石义彬、熊慧《媒介仪式,空间与文化认同:符号权力的批判性观照与诠释》，载《湖北社会科学》2008年第2期。

表 7.3　国庆阅兵简要传播状况表

			第一阶段 (第 1—11 次)	第二阶段 (第 12 次)	第三阶段 (第 13 次)	第四阶段 (第 14 次)
时间			1949—1959	1984	1999	2009
主要媒介形式			报刊/广播	报刊/广播/电视	报刊/广播/电视/(极少网络)	报刊/广播/电视/网络
现场视觉受众[1]			30 万人	70 万人	50 万人	约 50 万人
时间			1949—1959	1984	1999	2009
其他直接视觉受众	电视直播	国内	无[2]	电视人口覆盖率：64.7%[3]	同前：90.5%[4]	同前：96.58%[5]
		国外	无	无	全球 137 个国家和地区[6]	全球逾 12 亿[7]
	网络直播		无	无	无	中国：1.02 亿[8]

1　1949—1999 年资料来自许农合编著《1949—1999 国庆阅兵》，北京：中国青年出版社 1999 年版。

2　1959 年刚成立一周年的北京电视台（中央电视台前身）尝试对北京地区做电视实况转播，当时电视机数量极少。

3　参见闵大洪《传播科技纵横》，北京：警官教育出版社 1998 年版，第 99 页。

4　参见国家统计局《2000 年中国统计年鉴》，http://www.stats.gov.cn/ndsj/zgnj/2000/T62c.htm。

5　参见国家统计局《2008 年中国统计年鉴》，http://www.stats.gov.cn/tjsj/ndsj/2008/indexch.htm。

6　参见凤凰卫视《国庆游行、阅兵电视直播规模庞大》，http://news.sina.com.cn/china/1999-9-24/17440.html。

7　仅就开幕式直播而言，整个北京奥运会过程的直播受众约 45 亿。参见李文明、吕福玉《论竞技体育电视直播——以北京奥运会决赛实况为例》，载《现代视听》2008 年第 10 期。

8　参见友亚《互联网普及助北京奥运会创下收视率新高》，http://www.ciddata.com/portal/hyzx/hydt/hyyw/webinfo/2008/08/1218797728126402.htm。

续表

	第一阶段 （第1—11次）	第二阶段 （第12次）	第三阶段 （第13次）	第四阶段 （第14次）
时间	1949—1959	1984	1999	2009
媒体组织	社会主义国家的国家级主要媒体	各国国家级主要媒体	国家媒体 地方媒体	公共媒体 民间传播
媒介时代	第一媒介时代		第二媒介时代	

从表7.3可以直观看出，国庆阅兵作为媒体制造出的社会景观，其"制造者"的身份越发多元化和广泛化，这就意味着它们所主导的"政治传播"必然也会发生相应的变化。国庆阅兵作为政治传播的重大事件和重要时机，既反映了社会受众（大众传播的受众主体）对国家发布的政治信息的获取和接受，同时，也在一定程度上对这些信息作出了回应和反馈。尤其进入21世纪以来，"互动多元"的政治传播模式在国家、媒介和受众之间构建起了更为复杂和密切的信息交流方式。进而，中国国庆阅兵的政治传播模式的历史变迁，与中国的社会进步和政治发展以何种方式、在何种意义上产生了怎样的关联，就成为一个值得关注的重要问题。

媒介景观的政治意义体现在其影响力中，这实际上反映出的是各种媒介在政治传播中的表现力。国庆阅兵作为政治信息的集散地，为多种媒介的传播活动搭建了发布平台。按照介质的不同，政治传播主要在三种不同的维度中进行：一是仪式内部的人际传播，二是仪式本身作为媒介的组织传播，三是以各类媒体为主的大众传播。在这些不同方式的政治传播中，阅兵的整个操演过程成为政治信息制造和供给的流水线。在此，我们主要关注大众传播维度。

大众媒体是国庆阅兵的主要传播者，它们以各自的传播方式将政治信息向公众发布。在第一阶段的 11 次国庆阅兵中，纸质媒体（报刊为主、书籍极少）和声音媒体（广播）成为政治信息发布的主要平台（还有少量的阅兵纪录片等影像资料）。报刊具有"展示和操纵的力量"的传播方式，[1] 为中国共产党和政府赢得民众的忠诚和信仰发挥了巨大的作用。[2] 广播媒体的传播方式主要是"声音"，"在为行为编程时，声音总是占据重要地位"。[3] "音位学"的发展更将声音与语义结合在一起，以挟文字之威的听觉冲击，塑造出一种具有感染力和渗透性的政治想象。在 1949 年国庆阅兵的广播直播中，播音员的充满感染力的声音将所有受众（听众）带入一种能够直接而深切地体验建国壮举的政治空间内，同时，广播稿以一种语词之力激起了人民有关国家和民族的政治想象。

　　从新中国成立 35 周年庆典开始，电视成为阅兵仪式的重要宣传方式。壮观的媒介景观通过屏幕锁住了观众的屏幕遥控器，从而在那一时刻"遥控"着对整个社会空间的政治文化教育。随着拍摄技术的发展，电视传播的政治信息含量得到了显著提高。1999 年国庆阅兵前后，相关电视节目的录制量远超 1984 年，不再是单纯通过现场直播营造观众的在场感，而是以一种具有持续性和全方位的仪式过程进行呈现，将与政治生活有关的一切内容有系统地输送至全国乃至全世界。

　　虽然在 1999 年国庆阅兵时，中国的互联网发展还处于起步阶段，但经过短短十年时间，中国网民规模从不到 1000 万人剧升至

1　参见［德］哈贝马斯：《公共领域的结构转型》，第 283 页。
2　参见［美］哈罗德·D.拉斯韦尔《政治学：谁得到什么？何时和如何得到？》，第 92 页。
3　参见［俄］谢·卡拉-穆尔扎《论意识操纵》，第 131 页。

2.98亿人,在各项网络应用中,网络新闻的使用率最高,达到78.5%,覆盖网民2.34亿人。对重大事件,例如奥运会的报道,使网络媒体站到了主流媒体行列。[1] 从2009年4月开始,有关新中国成立60周年国庆阅兵的网络报道就一直呈现高速发展的态势。网络传播的诞生和发展在一定程度上改变了媒介景观的呈现方式,但并没有动摇这一景观所具有的深刻内含。正如麦克卢汉(Marshall McLuhan)所言,"技术是人的肢体和感官的延伸"[2],"新"技术面对的仍然是保持着一定稳定性的"旧"人。因此,互联网的发展在阅兵仪式的媒介景观塑造上并没有起到任何颠覆性影响。这与60年来有关国庆阅兵的良好历史记忆,以及阅兵仪式背后的政治价值观念主要建基于国家和民族情感之上有着最为紧密的关联,使其人际传播、组织传播和大众传播保持了相当一致的向心力。简单来说,这种向心力便是媒介景观的呈现技术和社会环境变动之间的适应性。

在国庆阅兵这种媒介景观的历史呈现过程中,大众媒介自身的发展也一直迎合社会环境的变化趋势。简要来说,国庆阅兵仪式的文化环境、政制环境和事件环境的变化趋势特征分别是从封闭到开放、从集权到民主,以及从二元对立到多元和谐,大众媒介在其发展中也具有同样的趋势。

首先来看从封闭到开放的趋势特征。新中国成立伊始缺乏较为稳定和统摄力的文化系统,经过近三十年的频繁政治运动,初步构

---

[1] 参见《第23次中国互联网络发展状况统计报告(2009年1月)》,中国互联网络信息中心(CNNIC),http://www.cnnic.cn/uploadfiles/pdf/2009/1/13/92458.pdf.

[2] [加拿大]马歇尔·麦克卢汉:《人的延伸——媒介通论》,何道宽译,成都:四川人民出版社1992年版,第77页。

造出了一种与传统文化截然不同的社会主义文化环境，中国共产党的意识形态在其中占据着绝对的主导地位。这种意识形态控制也使得整个文化环境相对封闭。改革开放以后，邓小平提出建设社会主义精神文明的方针，文化环境得到了极大的拓展，一种开放、多元而自信的中国特色的社会主义文化环境基本成型。在阅兵仪式中，中国人民解放军展示出"促进世界和平与发展的坚强决心和强大力量"[1]，既是国家和民族的力量和信心的表现，也是一个国家政治文化中的最强音。简而言之，文化环境从封闭走向开放，在此大势中，政治文化从纯粹的意识形态走向世俗化，从从属型走向参与型，从依附型走向自主型。[2]

这种"从封闭走向开放"的趋势也体现在大众媒介的发展之中。新中国成立至"文革"前夕，中国大众媒介的主要任务是"利用报纸、广播，面对社会大众，向他们灌输社会主义的理想"[3]。在改革开放将国家建设的重心放到经济发展上之后，大众媒介的重要任务就转变为"加速经济发展所需的社会转变，使这个长期、缓慢的过程变得容易些、特别是加速和顺利进行全国人力资源的动员"[4]。就此而言，中国大众媒介的发展顺利完成了这种转变，在文化环境的变动中反作用于一个良好文化环境的建设，与社会发展的趋势保持了高度的一体化。最后，也要警惕传媒发展将开放性演变

---

[1]《中央军委主席江泽民发布嘉奖令　通令嘉奖国庆受阅部队和民兵》，载解放军报社编《世纪大阅兵》，北京：长征出版社1999年版，第4—5页。

[2] 参见王振亚等《政治文明与当代中国政治发展》，北京：人民出版社2006年版，第384—388页。

[3] 张昆：《大众媒介的政治社会化功能》，武汉：武汉大学出版社2003年版，第415页。

[4] [美]维尔伯·施拉姆：《大众传播媒介与社会发展》，金燕宁等译，北京：华夏出版社1990年版，第28页。

为一种"无责漫谈"[1],甚至在"传媒消费主义"的盛行中沦丧,"消解了受众的质疑和批判精神","导致交往方式的异化"。[2]

其次来看从集权到民主的趋势特征。60年来中国政制环境的主要变化是不断完善中国共产党领导的社会主义民主制度。1949年建立起具有联合政府性质的政治协商会议制度,当时站在天安门城楼上观看阅兵仪式的7位正副国家主席中,有3位是民主人士。"文革"后在邓小平的主持下大力改革政治体制,通过"党政分开"、"权力下放"和"精简机构"等政策全面弥补新中国成立以来"没有自觉地、系统地建立保障人民民主权利的各项制度"[3] 的缺陷,1984年新中国成立35周年阅兵后立即实行裁军100万的政策在军队建设层面上体现了这一政制变革的主要动向。江泽民在任内主要为中国式民主建立法律精神和法制体系。胡锦涛则指出政治体制改革必须随着经济社会发展而不断深化,要与民众不断提高的政治参与积极性相适应。

政制发展过程中的法制化和民主化对政治传播产生了重要影响,"新闻自由"的民主意义在中国得到了适度关注,主要表现为"媒体的宪政化",它"与保护新闻自由的民主之间互为前提、相得益彰"[4]。但是,正如巴特勒所言:"国家和媒介之间的种种关系是随着时间和地点变化的……实际上没有一个政府——无论它是民主

---

[1] 王海洲:《政治共识的话语藩篱:从霸权独白到无责漫谈》,载《江海学刊》2009年第2期。
[2] 参见蒋建国《符号景观、传媒消费主义和媒介文化向度》,载《新闻传播研究》2008年第4期。
[3] 《邓小平文选》第2卷,北京:人民出版社1993年版,第332页。
[4] 谢岳:《大众传媒与民主政治:政治传播的个案研究》,上海:上海交通大学出版社2005年版,第21页。

的还是专制的,能允许大众媒介免受某种形式的规定或限制而自由发展。"[1] 在国庆阅兵中,在中国共产党和政府的组织传播的引领作用下,大众政治传播的方式和内容都积极服务于阅兵仪式所力图呈现出来的"兵强马壮"和"国富民安"的主旋律。在国庆阅兵这一媒介景观的塑造中,表现出了中国政治传播的民主化方式和方向,即一种符合中国国情的、具有中国特色的社会主义民主形式和道路。

最后来看从二元对立到多元和谐的趋势特征。建国初期的阅兵仪式受国际环境影响,具有浓厚的冲突和对抗意味,如开国大典上部分受阅飞机是携带实弹飞行,抗美援朝时期一些受阅士兵在仪式结束后即开赴前线。改革开放以后,国庆活动中的紧张气氛逐渐淡薄,即便不断展示出大威力武器,但同期领导人的讲话中更多地阐发了和平和发展的理念,既宣扬了中国的国威军威和大国风范,又呈现出中国维护世界和平与发展的国际政治战略。同时,国庆活动的形式也越发多样化,从多个方面全面呈现国家建设的成就,以及展现出多元化的社会价值观念。

作为备受瞩目的"媒介事件",国庆阅兵在第一阶段中相对纯粹的政治性质,在改革开放后不断地削弱。这并不意味着国庆阅兵不再是"政治事件",相反,它成为一种意涵更加丰富的"泛政治事件",在一个宽广的范畴中程度不等地表现出各种政治意义。国庆阅兵提供了益发多元化的政治信息,与"多元化"相关的"政治共识"也就成为各种政治传播渠道所共同遵守的一项基本原则。

---

1 [英]戴维·巴勒特:《媒介社会学》,赵伯英、孟春译,北京:社会科学文献出版社 1989 年版,第 67 页。

"政治独白"基本上从传播方式中消失,取而代之的是国内/国外、中央/地方、政府/民间以及群体/个体等各种类型的媒介的普遍参与,一种多元化的政治传播蔚然成风。

国庆阅兵一直都是各类媒介的宠儿。盛大的国庆阅兵仪式通过多维度的政治传播,被塑造成一种极为壮观的媒介景观,矗立在中国的政治生活之中。它既呈现出60年来中国社会发展与政治变革的基本脉络,也是60年来中国政治传播途径不断变迁的重要路标。在此背景中,亦不可忽视国庆阅兵作为一种综合性的政治传播方式,对于中国共产党和中央政府的合法性构建所具有的重要意义。

合法性资源主要来自传统、法律和民意三个方面,在现代中国政治社会中,国庆阅兵所能够提供的主体合法性资源是民意。公共舆论担当着合法性民意资源的生产、供给和消费功能。这种合法性供应模式受到了后现代媒介理论的剧烈冲击,该理论认为,双向多元的媒介社会模糊了政治动员和政治参与的基本界限和方向感,民意作为合法性资源产生弥散化倾向,权威认同度急剧下降。但在具体的政治实践中,任何"新闻媒介都无法超脱政治"[1],哪怕在后现代媒介传播所型构出的"虚拟政治"中,其"深层核心"仍"与权力相关"。[2] 因此,政治权力主体能够通过调整媒介景观的操控方式,在新时空环境中维系并提高媒介景观"吸收"象征着认同感的视觉资源的能力。

国庆阅兵作为盛大的媒介景观,聚集了多种具有高度吸引力的

---

[1] [美]J.赫伯特·阿特休尔:《权力的媒介——新闻媒介在人类事务中的作用》,黄煜、裘志康译,北京:华夏出版社1989年版,第321页。
[2] 参见[美]马克·斯劳卡《大冲突:赛博空间和高科技对现实的威胁》,黄锫坚译,南昌:江西教育出版社1999年版,第152页。

情感和价值观,一方面通过促使大众信念中的感情流向一个共同的目标,[1] 以提高积聚民意的效率;另一方面如同一块巨大而干燥的海绵,能够最大限度地吸收民意之泉中流淌出的政治认同,从而提高获取民意的效率。除此之外,国庆阅兵通过将政治信息转化为政治记忆,为合法性提供了传统意义上的规则基础。对国庆阅兵的政治传播学研究而言,这些重要主题具有实践和理论的双重政治意义。

三、阅兵仪式的政治现象学[2]

在古代社会各种类型的共同体中,由兼具宗教领袖和政治领袖之权责的主祭者所主持的祭祀仪式,在神圣和世俗两个方面确保了共同体的凝聚和持存。数百年来,民族国家这种新型的政治共同体通过政治民主化建设一再确证了"世俗的胜利",其本身替代了神灵和先祖,成为共同体之神圣性的至高且唯一的载体。以现代法制和理性为基础的政治合法性体系也替代了"神王一体"的古代领袖及其统治系统,主要依靠家庭、学校和媒体等政治社会化渠道,培育、塑造和强化公民对国家神圣性的认识。在此转变过程中,一些以国家本身为对象的传统祭祀形式得以创设,但时常在不同程度上被视作不合时宜之举。如法国等西欧国家在革命年代建造的"祖国祭坛",业已成为供游客观览的历史遗迹。[3] 或如二战之后的日本在

---

1 [美]沃尔特·李普曼:《舆论学》,林珊译,北京:华夏出版社1989年版,第156页。
2 此节内容为修订版所增设,主要内容来自2021年的一篇拙作,较之原文略有删节。参见王海洲《从"戎中增祀"到"戎祀一体"——当代中国阅兵仪式的变迁与政治记忆的铸型》,载《南京大学学报(哲学·人文科学·社会科学)》2021年第6期。
3 参见于京东《法国大革命中的祖国崇拜——一项关于现代爱国主义的政治现象学考察》,载《探索与争鸣》2019年第10期。

靖国神社开展的"国家的祭祀",引发了人们对其消极意义的深切忧思。[1] 当然,这些现象并不意味着传统祭祀的仪式无法与作为仪式对象的现代国家相适配。正如保罗·利科所言,任何时代的政治共同体都需要民众服膺其神圣性。[2] 这种服膺不能只依赖于教导和传授,还必须依赖能够激发其强烈"体验感"的情境——在此方面,相对其他类型的人类活动而言,将个体经验与象征意义充分联结的祭祀活动具有巨大的竞争优势。[3] 实际上,"祖国祭坛"不可持续,因其形式单一,且缺乏充分有效的行为与意义系统的支持;"国家的祭祀"不得人心,是由于极端政治势力在其中通过控制祭祀以"劫持"国家的神圣性。二者通向的是同一个致命的终点:与"现代国家"相并置的现代"人民"或"公民",无法在这些祭祀活动中真切而充分地体验、理解并承认至为崇高的国家神圣性。时至今日,直接以现代国家自身为主要对象的祭祀着实罕见,而与现代国家间接关联的祭祀常常披着其他仪式类型的外衣,向民众供给国家神圣性的能力自然也大打折扣。总之,对于以现代国家为直接或间接对象的祭祀活动而言,如何有效地避免其中存在的致命陷阱,以及如何精准地把握和解析其凝塑国家之神圣性的方式和过程,都具有极为重要的现实价值,也迫切需要在理论上予以集中而深入的探讨。

---

[1] 参见子安宣邦《国家与祭祀》,董炳月译,北京:生活·读书·新知三联书店 2007 年版。
[2] 参见[法]保罗·利科《从文本到行动》,夏小燕译,上海:华东师范大学出版社 2015 年版,第 449 页。
[3] 参见 Anthony P. Cohen, *Symbolic Construction of Community*, London and New York: Routledge, 1985, p.14;[英]维克多·特纳《仪式过程:结构与反结构》,第 41 页。

本节聚焦于1949年以来当代中国的17场大型陆上阅兵仪式[1]，基于政治现象学的方法发现，它们不仅是富含军事色彩的"戎之礼"，还在70年来的重复操演中，通过纪念功能的不断添附和强化，逐渐成了一种直接与国家之神圣性紧密相关的"祀之礼"。在经由"戎中增祀"达至"戎祀一体"的进程中，这些阅兵仪式通过唤起和刻写关于国家建构的政治记忆，适时地为国民体验和认知国家之神圣性提供基础素材和核心规范。揭示并解释当代中国国家阅兵仪式的变化过程和关键特征，既旨在强调"国之大事，在祀与戎"这一古典事实依然有其辽阔的想象空间和被重视的必要性，也是试图从新的角度重现和重申一些基本"常识"：国家依然重要、国家认同依然重要、国家仪式依然重要。

1. 戎焉祀焉：阅兵仪式的政治现象学体验与索问

中国是举世公认的"礼仪之邦"，拥有历史悠久的仪式体系及其配套的意义系统。共同体层面的祭祀则是这一体系的重心和核心所在，在数千年的王朝体制中从未中断，通过掌控政治时间的节奏，为权力秩序的维系提供必要的保证。近百年来，在现代国家的建构和发展过程中，具有祭祀功能的国家仪式日趋衰微。新中国成立以来，此类活动大致有两种：一是为逝世的国家领导人或重大灾难死难者举办的全国哀悼日仪式，具有偶发性；二是在直到2014

---

[1] 分别是1949年开国大典阅兵，1950年到1959年、1984年、1999年、2009年和2019年14次国庆阅兵；2015年9月3日纪念中国人民抗日战争暨反法西斯战争胜利70周年阅兵；2017年7月30日庆祝中国人民解放军建军90周年阅兵。阅兵地点除2017年在内蒙古自治区的朱日和联合训练基地外，都在天安门广场。下文具体提到某次阅兵时，皆简称为"某年阅兵"；对于10月1日举行的阅兵，在整体上统称为"国庆阅兵"（有时会将开国大典阅兵包括在内）。

年才正式确立的三个常设全国性祭祀节日[1]上举行的相应仪式,具有重复性。但是,这两类仪式在一定程度上缺乏传统祭祀所具有的两个基本要素。第一,它们的主祭者并非总是拥有国家最高象征权力的政治领袖;第二,它们祭奠或纪念的对象并不是国家本身或国家神圣性最主要的承载者。既然这些仪式主要供应的并不是国家的神圣性,它们也就很难直接激发参与者的相关体验,遑论呈现乃至建构更为完整的国家价值体系或信念系统。那么,这是否意味着,当前中国似乎没有直接以国家本身为对象的常设性祭祀仪式?进而,国民是否只能依靠散布于政治社会化空间中的各类碎片化活动体验国家的神圣性?

如果依据传统祭祀仪式的两个基本要素对当代中国的各种国家仪式进行"评估",我们可以发现有一种仪式虽然从表面上看与祭祀无关,但实际上又直接与国家之神圣性紧密相关,那就是在国庆等重要国家节日举行的阅兵仪式。我们依靠政治现象学方法"找到"阅兵仪式并"确认"其国家祭祀属性。在运用该方法的过程中,有两个发挥着定位作用的关键性步骤。

第一个步骤是借用政治现象学的思维从政治仪式定位到阅兵仪式。现代学术界通行的一种理论推导原则是,在对具有从属关系的不同对象进行分析时,关于上位类(superordinate class)概念的理论通常能够适用于下位类(subordinate class)概念。据此原则,关于政治仪式的诸多研究成果对于理解和分析阅兵仪式具有重要的借鉴意义。不过,依据现象学的基本观念,任何"存在"只能首当

---

[1] 即中国人民抗日战争胜利纪念日(9月3日)、烈士纪念日(9月30日)和南京大屠杀死难者国家公祭日(12月13日)。

其冲地"是其所是"且"别无他是"。俗白而言,一切事物都有其仅属于其自身的、与众不同的,甚至与其所属上位类范畴也不同的本质特征。同时,由于政治生活实践相较于其他领域的对象和活动往往具有更高的复杂性,因而其中的上下位类概念之间的实际交集也就更为狭窄。结合前述两种判断,自上而下地从政治仪式出发去把握阅兵仪式犹有竟时,必须直接而单独地观察、描述和分析后者,以揭示这一活动的专属特性。

更为重要的是第二个步骤,即在对阅兵仪式的针对性考察中,借助政治现象学方法从其若干属性中定位到"戎"和"祀"这两种特殊属性之上。政治现象学方法建议研究者先悬搁关于阅兵仪式的既存既定的认识,如同对待初识之物一般,充分调用个人的感觉系统,尽可能全方位地去感知阅兵仪式;继而描述出这一感知及其引发的记忆和思考等意识活动的过程和结果;最后基于描述性内容的整理和分析去把握阅兵仪式的专有属性,甚至切近其本质特征。依此之法,任何拥有正常感知系统和基本社会经验的民众,如果观看和阅读与中国阅兵仪式相关的各类文字、音频和视频,或者身临其境地进行体验,都会极为容易地获得如下首要印象:阅兵仪式是一种军事活动。具而言之,在从施加感知到生成意识的整个过程中,体验者必然要持续而集中地处理阅兵仪式中的一系列军事素材,其中有两大类素材最为丰富和引人注目。一是直接在阅兵仪式中展现出来的多样化的军事人员和功能各异的武器装备,以其为主要角色的特殊时空布置和有序操演行为构成了该仪式的核心内容;二是通过各类媒介发布出来的关于阅兵仪式的大量宣传报道,它们主要以与军事活动直接或间接相关的军队建设、队列训练、装备介绍和历史回顾等为主题。关于阅兵仪式的既有研究主要是围绕这一印象形成的若干议题展开。体验者还会比较容易地获得一种次要印象：阅兵仪式是一种纪念活动。当代中国的阅兵仪式从来不是单独举行，而总是被"包裹"在更大规模（超越现场）和更长时间（持续数日乃至更久）的系列活动之中，即作为"纪念"某类特殊历史时刻（新中国成立、国庆、抗战胜利和建军等）若干周年的大型庆典的重要子环节。以 2019 年国庆节系列活动为例，在 10 月 1 日当天，先在阅兵仪式之前举行了"庆祝中华人民共和国成立 70 周年大会"，国家领导人先发表重要讲话；紧接阅兵仪式之后是群众游行，有 10 万人和 70 组彩车参加。在国庆日之前的两天，分别在人民大会堂和天安门广场举行了中华人民共和国国家勋章和国家荣誉称号颁授仪式，以及国家烈士纪念日敬献花篮仪式等各类活动。实际上，在更早些时候，全国各地还广泛地举行了极其多样化的庆祝活动（如展览、竞赛等），这些都属于整个国庆纪念活动的重要组成部分。这一次要印象实际上关切到阅兵仪式在结构、功能和意义等方面的深层次变化，但以往相关研究对此缺乏专门的、清晰的辨识和解释。

简而言之，阅兵仪式"输入"人们的感知系统之后，迅速地"输出"为两种直观印象：军事活动和纪念活动。使用中国古代的说法，军事活动是"戎"，即武器和运用武器的各类行为的统称。阅兵仪式自古以来就是一种重要的"戎"之礼，常见于战争前的动员、战争后的炫耀、日常的训练和操演，以及武力的展示和威慑等各类军事场景中。纪念活动则是"祀"，正所谓"祀，祭无已也"（《说文解字》），"祀"是一种年复一年、无始无终的祭礼。古人在祭祀中向祖先或鬼神等具有神圣性的对象奉献祭品，以期获得护佑、永恒存续。从字义上来看，"戎"与"祀"是两种截然不同甚至暗含相反意义的仪式："戎"的关键目的是克敌伐罪、以顺诛逆，潜含着对"他者之死"的指向；"祀"字中的"巳"本指"胎儿"，引申为"后嗣"，这种仪式潜含的指向则是"我们之生"。但是，正如前文关于"次要印象"的讨论所示，当代中国的阅兵仪式之也可以被把握为一种"祀"之礼，因为它既作为国庆等国家节日的整个活动体系中的一部分，是为国家而"庆祝"，同时能够在国家领袖和人民群众面前展示出强大的力量，彰显出的是对国家的"保护"。庆祝功能和保护功能都在时间意义上强调"持久"甚至"永恒"之意，显现出一种关于国泰民安的永生信念，这正与"祀"字的本义高度契合。

在中国人的历史经验中，"戎"与"祀"之间实际上本就存在着极为悠久的亲密关系，只不过现代人在建设民族国家的进程中逐渐"遗忘"了这一点，将两者视为两种大相径庭的仪式活动。两千多年来，"国之大事，在祀与戎"这一名言，被一代代政治精英和普罗大众用作认识国家生活时的一种基本分类法。借用荣格或列维-斯特劳斯的概念，这一表述及其含义经过历史长河的沉淀，在一定程度上已然构成中华民族的一种思维"原型"（archetype）或"神话"（myth）。[1] 在《左传》的原初语境中，"祀"与"戎"本指的是同一类活动。正如"在祀与戎"的后文"祀有执膰，戎有受脤，神之大节也"所示，"戎"是在出征等军事行动之前举行的"祭祀"，属于一种"军礼"。后世古人在引用该语时，也基本上遵守其原意。随着历史的发展，特别是到现代，其语义逐渐发生了"扩容"，乃

---

[1] 参见［瑞士］卡尔·古斯塔夫·荣格《象征生活》，储昭华、王世鹏译，北京：国际文化出版公司2011年版，第179—186页；［法］克劳德·列维-斯特劳斯《结构人类学——巫术·宗教·艺术·神话》，第42—69页。

至人们普遍地开始将"戎"理解为与"祀"相并列的战争行为。就此而言，当代中国阅兵仪式重建了"戎"原本与共同体的神圣性相关联的古典事实——当然，其方式有别于古代，主要是借助对"祀"的强调和支持实现的。当代中国阅兵仪式与古代中国的"祀""戎"相比，至少在两个方面没有发生根本性变化：一是主持人或主导者的身份，都是共同体的最高政治领袖；二是观众的体验，都是在超越其日常空间和世俗经验的场景中感知共同体的神圣性。总之，在尚未找到更为深刻或优越的竞争者或替代者之前，"戎"和"祀"可被暂时地或阶段性地用来描述阅兵仪式这种特殊的集体行动的两个本质特征。[1]

自1949年以来，当代中国的阅兵仪式经历了一个"戎中增祀"的过程，不断添加和增强各类具有国家属性的要素，逐渐形成了"戎祀一体"的状况。在此过程中，阅兵仪式与国家神圣性的连接主要与两方面的内容相关，一是客观层面上阅兵仪式自身所供应的与国家神圣性相关的各类素材，二是主观层面上观众关于国家神圣性的感受。相对而言，客观层面的材料相对简单、测量难度较低；主观层面涉及复杂材料，测量难度极高。我们在此主要尝试描述和解释客观层面的内容。

2. 戎中增祀：当代中国阅兵仪式的变迁

纵观17次国家阅兵仪式，与"戎"相关的要素的展示得到了显著强化，如参与其间的军事人员身份类型越发多元化、训练操演

---

[1] 之所以说是"暂时"和"阶段性"，是因为根据现象学方法论，追索终极本质的过程难以一蹴而就，所到之处皆是中途站，需要通过它们百折不挠地不断切近终点。

越发规范化，武器装备的国产化程度越发提高、威力越发提升等，这些内容极易被观众所感知和理解。但是，对与"祀"相关的要素的强化则不容易被直观感受和把握，需要更为细致的描述和解读。"戎中增祀"的变迁体现在历次阅兵仪式的方方面面，其中仪式专家、仪式话语和仪式时空三方面的表现较为突出。

（1）仪式专家："军退国进"

仪式专家是个专业术语，不是指研究仪式的专家，而是指仪式中的重要角色，特别是那些设计、主导仪式的角色。现代国家的治理层级与阅兵活动所属的军事领域，都具有鲜明的等级制特征。在当代中国的阅兵仪式中，一些重要的仪式专家的身份特别是其等级身份，是测度仪式重要性及其变迁的关键指标。在17次国家阅兵仪式中，最为重要也最受瞩目的仪式专家有三类人员：庆典司仪、阅兵首长和阅兵总指挥，具体人员和身份参见表7.4。[1]

表7.4　当代中国阅兵仪式中的仪式专家

年份	庆典司仪	阅兵首长	阅兵总指挥
1949—1952	中央人民政府委员会秘书长　林伯渠	中国人民解放军总司令　朱德	华北军区司令员兼平津卫戍区司令员　聂荣臻
1953	中央人民政府委员会秘书长　林伯渠	中国人民解放军总司令　朱德	中国人民解放军副总参谋长　张宗逊
1954—1958	北京市委书记兼市长　彭真	国防部长　彭德怀	华北军区兼京津卫戍区副司令员　杨成武

---

[1] 该表为作者自制，未含现场参加人员主要为纯军事人员的2017年阅兵。

续表

年份	庆典司仪	阅兵首长	阅兵总指挥
1959	北京市委书记兼市长 彭真	国防部长 林彪	中国人民解放军副总参谋长兼北京军区司令员 杨勇
1984	北京市政府领导	中央军委主席 邓小平	北京军区司令员 秦基伟
1999	北京市委书记 贾庆林	中共中央总书记、中华人民共和国主席、中央军委主席 江泽民	北京军区司令员 李新良
2009	北京市委书记 刘淇	中共中央总书记、中华人民共和国主席、中央军委主席 胡锦涛	北京军区领导
2015	国务院总理 李克强	中共中央总书记、中华人民共和国主席、中央军委主席 习近平	北京军区司令员 宋普选
2019	国务院总理 李克强	中共中央总书记、中华人民共和国主席、中央军委主席 习近平	中部战区司令员 乙晓光

从表7.4中可以清晰地看到，在三类仪式专家中，阅兵总指挥的身份变化最小，基本上都是阅兵所在地北京所属的军区或战区的军事主官。[1] 这是因为阅兵仪式所调集的军队和装备主要来自这些

---

[1] 唯一的特例是1953年，因聂荣臻病重休养，由副总参谋长张宗逊代其责。

军区或战区，由他们担任阅兵总指挥，有利于充分保证参与人员、装备和物资的调配和管理。这个角色身份的稳定性，体现了阅兵的确是一种"戎"之礼。

庆典司仪的身份有两次比较明显的调整。新中国开国大典以及随后阅兵仪式的司仪由"延安五老"之一的林伯渠担任。这一安排可谓合情合法：当日活动最大目的在于宣告成立中国唯一合法的政府，而林伯渠时任中央人民政府委员会秘书长，由其担任主持人实至名归。紧接着的四次国庆阅兵继续由林伯渠担任司仪，一来是延续了开国大典的做法，形成了惯例，如阅兵首长也一直由朱德总司令担任；二是林伯渠负责领导中央人民政府办公厅的工作，组织召开各种重要会议正是该机构的主要工作之一。此外，新中国成立初期中央和地方的工作都处于"万象始更新"的状态，由林伯渠担任主持人，更有利于在庆典的筹办过程中调配各类资源。从1954年起，庆典司仪的身份发生了变化。根据当年9月第一届全国人民代表大会第一次会议上通过的宪法的规定，中央人民政府委员会完成了历史使命，中华人民共和国国务院替代其成为最高国家行政机关；同时，在会上，林伯渠当选为全国人大常务委员会副委员长。自此时起，直到新中国成立60周年，国庆阅兵的司仪都转由北京市的党政领导担任。这是因为度过新中国成立初期的艰难时刻之后，"一五计划"正顺利执行，国庆活动所需要的民用物资和人员基本上可以由北京市主导统筹。重大的变化发生在2015年，庆典司仪的身份重新回到开国大典和新中国成立初期的模式，从地方领导上升到最高国家行政机关领导。四年之后的2019年，李克强总理在新中国成立70周年阅兵仪式上又一次担任庆典司仪。这一"国进"的表现无论是否会形成惯例，至少表明十八大以来，国庆阅兵这样的重大国家仪式的规格得到了显著提升，从而使得"祀"之礼的特征越发明显。

最能体现"增祀"趋势的是阅兵首长身份的变化，从新中国成立初期的国家武装力量军事主官，转变为改革开放之后不着戎装的党政军领袖。前 11 次阅兵一直保持着浓厚的军事氛围，皆由总司令或国防部长担任阅兵首长并发布命令或讲话，国家最高领导人毛泽东主席没有乘车参加阅兵式，而是站在天安门城楼上观看分列式。[1] 1984 年阅兵是个重要的分水岭，未着军装的邓小平以"中共中央政治局常委、中央军委主席"的身份任阅兵首长；而在此前 1981 年 9 月举行的华北大阅兵中，邓小平穿着军装检阅部队。需要注意的是，此时的"中央军委主席"实际上是一个"二合一"的身份：邓小平在 1982 年 9 月 12 日中共十二届一中全会上当选为中共中央军委主席后，根据"八二宪法"的新要求，又在 1983 年 6 月召开的全国人大六届一次会议上当选为中华人民共和国中央军事委员会主席，这是法律上规定的国家武装力量领导机关的最高职位，此后也一直是党和国家领导人的主要职位之一。阅兵首长由党和国家领导人担任，在削弱该仪式的军事色彩的同时，强化了它在国家层面的意义和功能。在此之后，国家阅兵仪式中的阅兵首长无一例外都由兼任中共中央总书记、中华人民共和国主席和中央军委主席的国家最高领导人担任。在检阅军队时，江泽民、胡锦涛和习近平三代领导人都如同 1984 年的邓小平一样身着中山装，此举淡化了他们的军事身份，突显出他们是国家的代表和象征。

---

[1] 阅兵式和分列式是阅兵仪式的两大环节，前者是阅兵首长乘车检阅军队，后者是军队在行进中接受阅兵首长检阅。

（2）仪式话语："战弱和强"

在仪式的符号系统中，语言一直是最常见和重要的要素之一，通常以特殊的话语形式表现出来，如祭祀中的祷告、巫术中的咒语、盟誓中的誓词或各类过渡仪式（rites of passage）中的致辞等等。国家阅兵仪式之中主要有两种话语形式：一是阅兵首长与受阅军队在阅兵式中使用的问候词；二是阅兵首长在阅兵仪式之前或分列式之后发表的讲话。[1] 这两种话语的形式及其内容在70年来都发生了一定程度的变化，除印证了上节所言的"军退国进"的特征之外，还在意义构建上显著地表现出"战弱和强"的趋势。

首先来看问候词的变化。在1949年阅兵中，朱德在阅兵式中先向受阅军队问好："祝同志们健康！"将士们回答："祝总司令健康！"随后，总司令高呼："中华人民共和国万岁！"将士们呼应："万岁！万岁！万万岁！"到1955年阅兵时，问候词的内容首次发生改变。国防部长彭德怀不再表达个人的问候，而是直接高呼"中华人民共和国万岁！""中国共产党万岁！""毛主席万岁！"将士们回答："万岁！万岁！万万岁！"此后直至1959年毛泽东时代举行的最后一场国庆阅兵，都是采用这种口号式话语形式。

1984年恢复国庆阅兵时，问候词发生了调整，主要是不再声称"万岁"，而是着重强化领袖与军队之间的问候。在阅兵式中，邓小平先问候："同志们好！"官兵们回答："首长好！"邓小平再次问候："同志们辛苦了！"官兵们则回答："为人民服务！"这既继承了新中国成立初期的问答方式，体现出首长与将士之间的亲密度，

---

[1] 此外，以各种形式直播国家阅兵仪式时所使用的官方解说词，也是一种非常重要的话语形式。它们同样符合本小节标题的归纳。限于篇幅，不拟详述。

还突显和强化了官兵们的主体性（第二句回应中隐匿了主语"我们"）和该群体的本质属性（即"人民的军队"）。2017年阅兵又对问候词的内容进行了微调，将"首长好"改成了"主席好"，并在2019年阅兵中得到了沿用。[1] 根据宪法规定，国家武装力量的领导机构是中华人民共和国中央军事委员会，其最高领导人是主席。所以，"主席"这一称谓既是在法律意义上对阅兵首长准确身份的规范性使用，也明确了阅兵不是军队内部的一种特殊活动形式，而是一项严格意义上的国家行为。当然，对此改动也可以作一些解释，例如，在依法治军意义上，强调军队改革中的"军委主席负责制"；或是对语义进行联想，强调"主席"是一词多义，也能指"国家主席"。无论从何种角度理解，问候词的演变在总体上清楚地描述出阅兵仪式的军事色彩逐渐淡化，国家特征益发明显。

其次来看阅兵首长讲话的变化。从1949年到1956年，朱德和彭德怀都是以"命令"的形式发表讲话，前者发布的是《中国人民解放军总部命令》，后者发布的是《中华人民共和国国防部命令》。在1956年6月9日第76次军委会议讨论国庆节检阅部队的准备工作时，国防部长彭德怀发言："每年的阅兵命令内容相同，今年可否不发命令，由各位元帅轮流检阅，以过渡到由总参检阅部队。"这一建议被写入了6月13日中央军委给毛泽东并党中央的《关于今年首都国庆节阅兵问题》的请示报告中。7月13日，毛泽东批示："仍由国防部长阅兵，并照旧发布命令，不要改变。"次年，彭德怀继续提出相似的建议："前几年国庆阅兵，沿用苏联的形式宣

---

[1] 2017年阅兵前一个月（2017年6月30日），习近平检阅驻港部队时，问候词中首次出现"主席好"。

读命令。其实，没有什么命令的味道，而且阅兵也不必要发布命令，今年拟改为讲话。"这一意见随后报经中共中央和毛泽东，并得到批准，原阅兵程序中延续了8年的"发布命令"改为讲话。[1]此后，除了在1959年彭德怀被免职、由林彪担任阅兵首长时短暂恢复发布命令的形式之外，发表讲话成为惯例。

讲话的对象也发生了巨大的变化。1984年之前的阅兵命令或讲话都是面向国家武装力量的各个重要组成部分，主要是"战斗员""指挥员""政治工作人员""后勤工作人员"等，也会结合时事有针对性地作出细微调整。例如1955年首次实行军衔制，对象中特别加入了"将军同志们"[2]，反映出了新中国军队建设中的一项重要举措；1958年第三次"台海危机"之际，对象中增加了"全体复员军人同志们"[3]，反映出当年为应对特殊环境进行军事动员和部署的情况。在1984年阅兵中，讲话的对象发生了重大变化，首次添加了非军事人员，即"全国同胞们，同志们和朋友们"。在此后的阅兵中，甚至只保留这三者，不再提及任何具体的军事人员，即便在2017年建军90周年阅兵中，习近平主席的讲话也是简单地以"同志们"开头。

在由军事主官担任阅兵首长的年代中，命令或讲话的内容大多与军事活动有关，紧扣国防动员和训练的主题，在特殊时期还会突出军事对抗。改革开放之后的历次阅兵讲话中大幅削弱了与战争相关的内容，也鲜少提及对军事人员的特殊要求，转而重点强调和平

---

[1] 参见余玮《1956：磅礴士气滂沱雨》，载《中国档案报》2019年6月21日第1版。
[2] 彭德怀：《中华人民共和国国防部命令》，载《人民日报》1955年10月2日第1版。
[3] 新华社：《坚决给胆敢侵犯的敌人以毁灭性打击 国防部长彭德怀元帅国庆阅兵讲话》，载《人民日报》1958年10月2日第1版。

发展和国家建设等主题。在1984年阅兵之后以及在2015年阅兵当日，两任国家领导人还分别宣布裁军100万和30万。从历次命令或讲话中"和平"的词频和语境来看，也能观察到这一点。改革开放之前的11次阅兵命令或讲话中"和平"一词平均出现4.5次，改革开放之后的6次阅兵讲话中则平均出现6.3次，后者略高。比较两个时间阶段阅兵讲话中使用"和平"一词时的语境，前者都是紧扣"战争与和平"的主题，后者则强调"和平与发展"，明显呈现出"战弱和强"的趋势。

较为有趣的是15次国庆阅兵讲话结尾口号中的"万岁"排行榜，从其变动中也能捕捉到"战弱和强"的趋势。从表7.5可以看出，改革开放前后两个阶段的讲话存在着较为明显的区别。[1] 在数量上，前一阶段11次国庆阅兵讲话结尾基本上都有4个"万岁"，在1959年甚至达到8个，平均为5.5个；而在后一阶段的4次国庆阅兵讲话结尾除1984年是4个外，其他3次都是3个，并且保持一致。这种变化并非无足轻重：话语形式的固定过程意味着新中国创立的国庆阅兵仪式在逐步建立标准化的程序，由此不断强化其可重复性——这是仪式得以持续并发挥其效力的根本特性之一。在排序上，同样呈现出"军退国进""战弱和强"的状况。在前一阶段，"解放军"长期居于排行榜首位，这与当时"讲话"的主要对象是军事人员直接呼应；在后一阶段，仅在1984年提及了军事力量，此后都是按照"国家""政党"和"人民"的次序呼喊口号。在所有讲话中，"中华人民共和国万岁！"是唯一没有中断的口号，并长

---

[1] 该表只简单归纳"万岁"的对象，口号的具体内容和表述方式在不同年代会有些微差异；2015年和2017年两个非国庆主题的阅兵讲话未以含"万岁"的口号结尾。

期处于较高排位，特别是自1999年起一直居于首位，由此可以证明国庆阅兵仪式的国家祀礼的特征的确是不断得到强化。值得注意的是，"中国人民"在新中国成立初期一度占据首位，但在1953到1959年间完全消失了，直至1984年重提之后居于首位，随后3次则一直占据压轴的位置，这也与此阶段中受阅官兵使用的"为人民服务"的答语相呼应。

表7.5 国庆阅兵口号中以"万岁"结尾的用词[1]

1949	1950	1951	1952	1953	1954—1958	1959	1984	1999—2019
毛主席	解放军	共和国	世界人民	共产党	毛主席	人民公社	各族人民	共和国
中国人民	中国人民	中国人民	解放军	解放军	解放军	共和国	共和国	共产党
共和国	世界人民	亚洲人民	共和国	共和国	共和国	总路线	共产党	中国人民
中央人民政府	共和国	世界人民	中国人民	和平民主阵营	共产党	"大跃进"	解放军	
	毛主席	解放军	共产党	毛主席		共和国		
		毛主席	毛主席			毛主席		
						社会主义阵营		
						国际主义		

（3）仪式时空：新世俗与新神圣

新中国成立初期强化了对封建传统思想和活动的打击，诸如神权、族权、父权、夫权等传统社会的结构性力量，在社会主义话语

---

[1] 笔者根据《人民日报》中历次国庆阅兵仪式后发布的命令或讲话内容制作。

体系和各类政治实践中被"人民"的力量所涤荡和压制。为了在国庆阅兵和群众游行等活动中更为直观地展现出人民的伟大与威力，天安门广场的扩容计划很快被提上日程。在1954年之前，天安门南方的中华门（清朝时的大清门）以及长安街上的长安东门和长安西门是国庆阅兵的三方边界，这一空间布局极大限制了受阅军队排列和行进的方式以及参与群众的规模。这三座门在1954年被拆除，随后中华门南面的棋盘街和北面的红墙在1958年被拆除，为建设世界上规模最大的广场提供了空间基础。

  天安门广场的建设与改造不只是扩大规模，更为重要的是借助空间布局的改造，将全新的世俗形态的现代国家和人民，塑造为全新的神圣对象，并替代原存于这一空间中的传统神圣者——皇权。在明清时期，君主、官僚与民众共同生活在这片区域中，但又严格地被区隔开。天安门以北，是君王施政和起居的紫禁城；天安门以南至中华门，红墙之内的东西千步廊是文武官员处理行政事务的场所；中华门以南至正阳门则是道路交汇、百姓云集的棋盘街。在改造之后，天安门广场的建筑空间不再发挥隔断世俗与神圣的功能，而是在"人民"和"革命"的名义下，有机地将新的世俗生活和新的神圣空间紧密结合在一起。焕然一新的空间系统以天安门广场为中心，西侧的人民大会堂是新政权最高权力机关商议国事的场所；东侧的国家博物馆（曾经的中央革命博物馆）同时展示新政权和古老国家的历史；南侧的人民英雄纪念碑和毛主席纪念堂，是对新政权建设中最伟大的角色的尊崇。这一空间建构如同一个"微波炉"：广场四方的功能性建筑稳定且剧烈地输出关于国家历史观和权威观的高频信号，能够快速地"加热"身处其中的人们；而在盛大的节日里举办诸如阅兵这样的重大国家仪式，就像是将温控旋钮直接调到了最高档。

除重置神圣空间之外，如何在时间要素的设置上增强国家神圣性，也是国家阅兵仪式中的一项重要内容。历次阅兵仪式设置了大量的时间要素，限于篇幅仅举两个民众广泛关注的案例。一是直接显现时间要素的案例：检阅车的车牌号码。新中国成立初期不存在任何形式的大众视频媒体，因此阅兵仪式的设计者主要是为现场观众提供较好的宏观视觉效果，并未对微小的车牌做特殊考虑。[1] 改革开放之后，阅兵仪式通过电视和网络等视频媒体向全国乃至全球直播，摄像机的镜头可以提供更多细节的特写，设计者才逐渐注意到车牌号码正是一种能够彰显特殊时间之神圣性的重要装置。在1984年和1999年的两次国庆阅兵中，主检阅车的车牌号码分别是"A01－3430"和"甲 A・02156"。虽然两车平时就使用这两幅车牌，但电视机前的观众围绕两组数字展开了充分的联想，其中不乏美好的寓意——这恰恰反映了象征所具有的一种至关重要的属性，即"多义性"：象征一旦被生产出来，解释权就难以被生产者完全掌控。真正具有特殊意义的车牌始于2009年，主检阅车的车牌是"京 V・02009"，阅兵总指挥乘坐的陪阅车的"京 V・01949"车牌与之直接呼应。在此后3次国家阅兵仪式中，都使用了特殊车牌，只是在细节上根据需要做了一些改动。2015年阅兵是新中国成立以来首次在非国庆日举行的国家阅兵仪式，主检阅车首次用国徽代替车牌，陪阅车则使用了"VA・01945"的特制车牌，以明示对抗战胜利的纪念。2017年阅兵是新中国成立以来首次在北京之外的

---

[1] 在1951年首次正式发布军车号牌规定（由6位数字构成）之前，检阅车或贴通行证（开国大典阅兵），或使用非正规编号（1950年阅兵时检阅车驾驶位前挡风玻璃下方刷着"81008"），此后毛泽东时代的9次阅兵中，检阅车未悬挂车牌。

地区举行的国家阅兵仪式,虽然它是在朱日和联合训练基地这一军事训练场所举行,现场观众也都是中国人民解放军官兵,但它通过中央电视台、中央人民广播电台和中国国际广播电台等媒体的现场直播,吸引了无数场外观众。主检阅车和陪阅车也继续使用特制车牌,号码分别是"VA·02017"和"VA·01927"。在2019年最近一次国庆阅兵仪式中,车牌号码的设置在前3次基础上又进行了微调:其中主检阅车直接悬挂国徽,陪阅车使用"VA·02019"的车牌,跟随在两车之后的备用主检阅车悬挂与前者呼应的"VA·01949"车牌。纵观17次阅兵仪式,主检阅车从没有车牌,到使用日常车牌,再到使用纪念年份号码车牌,最后在车牌位置悬挂国徽,的确是在不断强化阅兵仪式的国家祀礼特征。特制车牌中体现出的生动呼应和用心设置,有效激起了观众关于国家历史和现实的积极认知和联想。[1]

二是间接显示时间要素的案例:孙中山先生的画像。如果说前述特制车牌号码是在强调新中国的神圣时间的范畴,那么自开国大典以来,在每次国庆阅兵仪式中置放在人民英雄纪念碑北侧、与悬挂于天安门城楼上的毛泽东画像遥遥相对的孙中山先生画像,显著地将这一范畴扩展至整个反帝反封建的中国近代史。对于新政权来说,在显赫位置摆放孙中山先生的画像,强化了共产党领导下的中国革命的延续性和合法性——正如习近平在纪念辛亥革命110周年大会上所言:"中国共产党人是孙中山先生革命事业最坚定的支持

---

[1] 参见郭云娇、陈斐、罗秋菊《网络聚合与集体欢腾:国庆阅兵仪式如何影响青年群体集体记忆建构》,载《旅游学刊》2021年第8期。

者、最忠诚的合作者、最忠实的继承者。"[1] 对于广大观众而言，则可以借由对孙中山先生的纪念，将关于神圣国家的想象前推至王朝专制的终结时刻。值得注意的是，孙中山先生的画像并不是仅出现于国庆阅兵中，而是自新中国成立以来，每逢"五一"劳动节和"十一"国庆节，都会竖立在天安门广场上。所以，这一设置在时间意义上，强化了两个节日纪念神圣的革命史与建国史的功能。由此也可以理解，为何在抗战 70 周年和建军 90 周年的两场阅兵仪式中没有竖立孙中山先生的画像：这并不是对孙中山先生的不敬，反而旨在强调竖立其画像的神圣时刻对应的是作为整体的国家，而非某个具体的事件。

3. 戎祀一体：当代中国政治记忆的铸型

在 70 年来"戎中增祀"的过程中，国家阅兵仪式作为当代中国规格最高、规模最大、意义最丰富的政治仪式之一，并未拘囿于各种传统的军事功能，而是通过纪念、祈请和祝福等功能的不断增强，逐渐成为一种重要的国家祀礼。在其中，传统时代别具威能的各种神灵或君王的身影皆已不见踪影，国家才是祭台上唯一的神圣者，而人民、民族、政党、革命先烈和领袖等主体作为国家的创立者、代表或象征，具有配享或从祀的崇高地位。当然，这套崭新的仪式装置并没有改变国家祀礼自古以来的主要目的：期盼国运长久。如果现代人还需要且追求所属共同体的"永恒"，那么诸如阅兵之类的国家仪式或许是极少数能够让我们真

---

[1]《纪念辛亥革命 110 周年大会在京隆重举行 习近平发表重要讲话》，载《人民日报》2021 年 10 月 10 日第 1 版。

切体验到"永恒"的宏大场合和庄严时机。很多观众或许会将这些规模盛大的国家仪式视作靡费财物的"夸富宴"。但是,对于国家来说,它们是标榜和肯定"我是谁"的必备手段,对于国民来说,它们则是体验和凝聚"我们是谁"的关键渠道。就此而言,没有国家祀礼的国家是"无主之地",没有国家祀礼的国民则会"六神无主"。

在阅兵仪式作为国家祀礼发挥作用的过程中,无论是神圣感的供给及其体验,还是形成"我是谁"和"我们是谁"的准确认识,都不可能一蹴而就。它们高度依赖一种能够长期性地、一再重复地强化相关体验和认知的特殊机制,这便是政治记忆。17 次国家阅兵仪式不仅是不断输出相关政治记忆的源泉,还逐渐成为制造关于"国家神圣"这一特殊产品的政治记忆模具,更为确切地说,是一种政治记忆的"铸型"。"铸型"这一机械工程学术语指的是拥有一定形状的型腔的模具,它由特殊的造模方法和造模材料铸成,并按处理灌入材料的不同方式分为不同类型的铸造工艺。与其他类型的政治记忆铸型相比,国家阅兵仪式的特殊性主要体现在"戎祀一体"的特征上,特别是在近二十年来的 5 次阅兵中逐渐定型。我们依次考察这种政治记忆铸型的基本框架、铸造工艺和主要产品。

制造任何优秀的产品都需要先精心制作设计图,后者是经验和观念的结合,旨在为前者提供必备的指导性框架,政治记忆铸型作为一种特殊的产品也不例外。但是,传统集体记忆、社会记忆或者政治记忆研究关切的是精英和大众的种种互动,两者显然无法为阅兵仪式这一极为正式和规范的国家活动设定出一个指导性框架。维洛夫赛克(Peter J. Verovsek)指出,应该关注"国家内部的机构"所表达出的集体记忆的"实质内容"(substantive content)。[1]
笔者按照这一思路梳理所掌握的材料时,发现在制造阅兵仪式这一
特殊的政治记忆铸型时,决定其主体结构和形态的是两个相辅相成
的基本框架,一是"军民团结"框架,用于处理经验材料;二是
"内外兼顾"框架,用于处理观念材料。进入阅兵仪式的所有信息
和要素都必须接受这两个框架的遴选,否则就会触发后者的"排异
反应"。

  早在抗日战争时期,毛泽东就在《论持久战》中讨论了"军民
关系",明确地提出了"兵民是胜利之本"。[2] 这一思想指导了此后
多场关系国运的战争并且都大获全胜,在新中国成立后也用于指
导各方面的国家建设。包括毛泽东本人在内的国庆活动的设计者
们牢固地树立并维护这一框架。于是,在经验意义上,我们可以
看到所有阅兵仪式,特别是国庆阅兵仪式都不是单独存在的,它
与紧随其后的群众游行构成了一个前后衔接、密不可分的整体。
这实际上意味着,节日当天举行的是一个经过训练和排演的军民
共同受阅的活动:国家领导人、在场观众和无数场外观众共同检
阅了两类活动中所体现出的军队建设和国家建设的历史和成就。
这种"戎祀一体"的程序为阅兵仪式输入政治记忆的经验材料设
定了基本框架。一方面,阅兵仪式之后举行群众游行的安排,构
成了所有国庆阅兵的固定模式;即便 2015 年和 2017 年两场阅兵
不适宜安排群众游行,也通过各种方式展示"军民团结",如前

---

[1] Peter J. Verovsek, "Collective Memory, Politics, and the Influence of the Past: The Politics of Memory as a Research Paradigm," *Politics Groups and Identities*, 2016, No. 3, pp. 529–543.
[2] 《毛泽东选集》第 2 卷,北京:人民出版社 1991 年版,第 509 页。

者首次在天安门广场的国旗杆两侧设置了 19200 个为市民准备的观礼台,后者则将现场皆为军事人员的活动通过直播向公众展示。另一方面,不断深化和丰富"民"的呈现及其与"国"之间的关联。例如,在受阅队伍中逐渐加重"民兵"的分量:1950年,首次安排了来自全国各地的民兵代表参加;1952 年,首次设立独立的民兵方队;1958 年,首次出现女民兵方队;2015 年,首次安排了老兵方队(在 2019 年则转化为群众游行环节"致敬"方阵的一部分)。同时,在群众游行队伍中,与时俱进地反映人民生活和国家发展的特色和成就:从 1955 年起,国庆彩车成为群众游行队伍中的保留项目,集中展现各领域、各省份和各行业的时代风采,在艺术设计和技术运用等方面也越发精致巧妙;行进队伍的场景感和故事性越发浓厚,其中较为引人注目的是群众身份越发多元化,如 2019 年出现的"快递小哥"群体和"广场舞大妈"群体等。

经验框架决定着国家阅兵仪式作为一种政治记忆铸型时采用何种制造材料,观念框架则决定该铸型采用何种设计原则。在国家阅兵仪式生产和再生产政治记忆的过程中,要处理两种类型的"固有"张力。由于每种张力各具有其内向和外向作用方式,因此需要依赖"内外兼顾"的观念框架予以平衡。第一种是阅兵仪式本身具有的戎祀二元性之间产生的张力:阅兵仪式作为戎或者军事活动,具有潜在的外向性,即针对外敌展开;但阅兵仪式同时作为祀或者祭祀活动,则具有明显的内向性,即旨在强化本共同体内部的凝聚力。如果过于强化两者的同质性,固然可以营造"同仇敌忾"的氛围,但也可能不慎落入"穷兵黩武"的窠臼。第二种是阅兵仪式面对的国内和国外两种受众之间的张力:在媒介传播全球化的现代社会环境中,国家阅兵仪式的观众向来不只是本国国民,还包括外国的政府和民众。仪式集中展示出的武装力量和大威力武器对于本国观众而言具有提振信心、激发自豪感的作用,但也可能诱发外国政府和民众,特别是那些在历史观、制度观或价值观上对中国心存误解乃至敌视的群体的负面评价。[1] 因此,面对这两种张力,在选择和应用各种仪式要素时,都需要遵守"内外兼顾"的原则,以达到一种对外"扬威不耀武"、对内"自豪不自负"的效果。正如上节所示,无论是"军退国进"还是"战弱和强",都是根据这种"内外兼顾"的原则不断推进"戎祀一体"的结果。

在将根据经验框架和观念框架所选择的仪式要素"灌入"铸型,并"输出"关于"国家神圣"的政治记忆成品的过程中,大致有三种存在等级差异的"铸造工艺"。它们是三种具有不同时间属性的叙事,涉及的范畴不断扩展,涉及的层次也不断抬升。第一,最基本的工艺是一种"强军富国"的历史叙事。阅兵仪式展露出的最为直接的信息就是军队建设的杰出成就,这种成就又直接地指向国家发展的大好态势,两者的良性共振旨在铸刻一种关于"胜利与

---

[1] 历史观差异导致的负面评价易发生在普通民众中,制度观和价值观差异导致的负面评价则多见于新闻记者或学者等专业人士,如以 2015 年阅兵为例,有西方学者认为中国阅兵仪式因制度原因会陷入一种软实力困局:党和国家"重内轻外"的策略会影响中国国际形象的塑造和传播。See Camilla T. N. Sørensen, "Constraints on the Soft Power Efforts of Authoritarian States: The Case of the 2015 Military Parade in Beijing," *Journal of Current Chinese Affairs*, 2017, Vol. 46, No. 2, pp. 111 - 134. 有中国学者则通过话语分析指出相关西方新闻报道中常暗含价值偏差,并对读者进行意识形态诱导。See Xinling Tian, "Critical Discourse Analysis of News Reports: Based on the Guardian News Report of China's Military Parade to Mark the 70 Years of Second World War," *Theory and Practice in Language Studies*, 2018, Vol. 8, No. 4, pp. 433 - 444.

荣耀"的记忆:战无不胜的军队与无往不利的国家,以及英雄辈出的军队与群贤毕集的国家。这种工艺显著见于褒扬战争、革命和国家建设之历史的解说词中,以及回溯光荣历史的方阵设计和命名中。第二,复杂程度稍高的工艺是一种"洞察时务"的现实叙事。阅兵仪式不仅善用历史材料制造记忆产品,也会大量使用现实材料。例如,在仪式中展现出的最具技术优势的武器,以及随后的群众游行中所反映出的最新的社会变化等,都强化了这种"戎祀一体"的特殊活动的现实意义。这种工艺特别有利于铸刻出一种关于"居安与思危"的记忆:无论是通过图片或视频目睹先进武器的不在场观众,还是在现场进行表演的民众,他们既认识到国家武装力量是安居乐业的保证,从而对之产生信任感和亲近感,又接收到"生于忧患"之古训的提醒,从而产生支持和推进军事建设的积极意愿。第三,精度和难度皆为最高的工艺是一种"伟大民族"的未来叙事。阅兵仪式与诸多宗教仪式不同,它不追求令人目眩神迷的神秘效果,更多的是采用大量易于刻写在普通人记忆深处的、能够激发相关直觉的素材。但是,这并不意味着阅兵仪式放弃了对抽象程度更高的记忆产品的制造。实际上,铸刻一种关于"神圣与永恒"的记忆便是这种工艺的目标。我们可以在多个方面观察到这一工艺应用的痕迹。例如,在 17 次国家阅兵仪式构成的连续性和重复性场景中,"感受"民族复兴的时间轨迹;在国家阅兵仪式关于强化民族国家之整体性的装置技术和别具匠心的操演中,"体会"共同体所具有的特殊崇高感;在改革开放以来的国家阅兵仪式讲话中,"学习"国家领导人关于民族为何伟大和如何伟大的集中阐释。这种工艺所铸刻的记忆产品主要影响的是受众的未来抉择,表现为因民族具有高于自身的神圣性、久于自身的永恒性,而生成为之奋斗献身的信心和意愿。当然,三种铸造工艺的使用及其效果主要取决于仪式主导者的设计能力,但也受到仪式受众的政治社会化状况(尤其是其政治情感和政治认知的偏好和水平)的影响。

前述三种工艺是通过记忆产品铸刻出三组记忆,那么这些记忆产品究竟是什么?宽泛而言,我们可以认为,但凡与国庆阅兵仪式直接或间接相关的一切政治记忆内容,都可以算是其记忆产品。不过,这种认识对于深刻理解国家阅兵仪式意义有限,因此还需要进一步识别其中独具特色和影响的产品。借用政治现象学的分析方法,回到17次国家阅兵仪式"戎中增祀"的经验事实和"戎祀一体"的根本特征之中,紧扣主导者的历史意图的演变,我们可以发现,这种政治记忆铸型实际上存在着一种其"应然"输出的成品——与古往今来的相关仪式一样,"祀"针对的只能是且一直是一种价值体系。我们在狭义和广义两个尺度上把握与当代中国国家阅兵仪式相关的价值体系。在狭义上,价值体系是一种意识形态,在当代中国主要体现为"有中国特色的社会主义"。循此认识,就可以清楚地发现,在国家阅兵仪式这种典型的国家祀礼中,仪式的重复操演和不断革新展现出的是其变化中的"形",而"有中国特色的社会主义"才是仪式中未改其宗的"神"。这个狭义尺度的价值体系及其自身意涵的发展深化,为受众深刻把握国家阅兵仪式中的文字(包括讲话、解说词、新闻报道以及学者的研究成果等)、图像和音乐等各类型文本,提供了一个基础性的理解平台——一种舒茨(Alfred Schutz)所言的"诠释基模"[1],能够为所有共在的受

---

[1] [奥]阿尔弗雷德·舒茨:《社会世界的意义构成》,第110页。

众在相关体验中提供一条具有一致性和完整性的意义脉络。在广义上，价值体系与政治文化相关联，主要表现为与国家和民族这两种在现代社会至为神圣的共同体相关的观念，即"爱国主义"和"民族主义"。如果说在狭义上把握国家阅兵仪式是一种主导者视角，那么在广义上把握国家阅兵仪式则是一种受众视角。在缺乏直陈或明示的情形下，要让受众在记忆中领悟主导者的意识形态目标，或许存在一定的难度；但是，要让受众直接体会到国家和民族的存在，则易如反掌。主导者显然也意识到这一点，在仪式要素的选择和应用方面，会直接或明确地构建爱国主义和民族主义，[1] 当然也会通过铸型中的一些复杂工艺来而间接或含蓄地将两种主义与有中国特色的社会主义相关联。正是通过"有中国特色的社会主义""爱国主义"和"民族主义"这三种价值成品，当代中国的国家阅兵仪式得以实现其政治记忆塑造的基础布局，并且基于此平台不断熔融国家意志和民众意识。

国家阅兵仪式这种政治记忆铸型的三种价值成品在此是"被发现"的，现实世界中的广大受众很可能难以清晰地认识到三者的存在，更难以清楚地把握三者的概念。民众在其日常政治生活中，更多的是依靠自身的信念系统行事。这种信念系统是一种日常性的经验与观念的复合之物，往往模糊暧昧且游移不定。所以，要进一步发挥出国家阅兵仪式的作用，还有待国家有关部门和学界共同协作，以完善地处理两项关键性的任务：一是准确识别和积极构建当代中国的国民信念系统，二是推进国民信念系统与前述三种主义的

---

[1] 这种建构也处于历史变动之中，甚至会适时吸纳传统文化的要素，如借用儒家伦理预防民族主义的极端化。See Yiben Liu, Shuhua Zhou, "Evolving Chinese Nationalism: Using the 2015 Military Parade as a Case," *East Asia*, 2019, Vol.36, pp.255-270.

有机融合，由此实现对国家阅兵仪式这种政治记忆铸型的价值成品的"精加工"。

四、 国庆阅兵中的权力宣展与合法性构建

1. 权力生产装置

时间、空间、人员和器物是政治仪式的四种基本组成元素，它们承担着不同的仪式功能和意义，通过独立的运作模式和复杂的相互关系装配成一条用于权力生产和再生产的流水线，并对最终的合法性商品的数量和质量负有主要责任。

国庆阅兵具有特殊的时间意义，它在宏观层面体现出一种二元统合的重复性：既借助"国庆"重复了"国家时刻"，又借助"阅兵"重复了"军队时刻"。在中国共产党的历史中，国家与军队是一组不能被拆分的概念，因为"中国共产党的执政地位的取得和统治的合法性基础不是通过普选，而是通过武装斗争"[1]。在国庆阅兵这一重复性的政治活动中，"时间差别被抹平，'真正的'、'真实的'同一个现实，每年都被揭示出来"[2]，参与者和观众被带入权力及其合法性构建的历史性体验中。党、国家和人民皆与军队建立起稳固的联系，它们共同织就了"具有中国特色的"政治权力网络。宏观的历史时间主要发挥的是规则性作用，此外，阅兵仪式中还存在着微观的个体时间，主要发挥的是技术性作用。象征着统治权力和国家实力的军队力量在很大程度上来自它执行命令的能力，在阅兵仪式中通过严格的时间控制得以诠释。历次国庆阅兵都极为重视对个

---

[1] 刘智峰：《中国政治》，南昌：江西人民出版社2007年版，第24页。
[2] ［美］保罗·康纳顿：《社会如何记忆》，第49页。

体时间的控制，如士兵们的行进速度被精确至秒，庞大的军队分秒不差地通过天安门广场，不仅表现出军队在执行力上的优秀素质，更是对"党指挥枪"之效度的象征性检验。这种"象征"并无任何虚饰之处，它在士兵们整齐合一、猎猎生风的步伐中踏进了国家的历史和观众的心中。

"在每个国家，最大的建筑物——最著名的大厦和公共建筑物——都是什么人统治和为什么统治的一个有力象征。"[1] 坐落在中国首都中轴线上的天安门广场数百年来一直是国家核心权力的象征，但是其"空间形态逐渐由封闭走向开放"[2]，作为一种"象征性的意识形态领域的话语实践"[3]，从"述说"帝王权力[4]演变为"述说"人民权力。新中国成立后，每逢国家的重大节日，对天安门广场的装扮成为展示"国家面貌"的基本活动。

从建筑格局（参见图7.1）来看，天安门广场保持着中国传统中央集权的建筑风格和政治特征。天安门居高临下、面南背北，显示出"单向度"的"全景敞视"作用，无论是"下面"的建筑还是人群，都作为被审视者一清二楚地展现在领袖面前；而被审视者限于距离遥远，对"上面"的注视和观察模糊不清，关于政治领袖的想象替代了视觉感受，抽象的政治尊崇替代了实在的领袖形貌。这种由政治空间赋予的传统权威和政治领袖赋予的克里斯玛权威所构成的复合性政治

---

[1] ［美］安吉洛·M.科迪维拉：《国家的性格》，张智仁译，上海：上海人民出版社2001年版，第35页。

[2] 张愚、诸葛净、陈薇：《城市历史空间的计算机视觉模拟研究与应用——以清天安门广场为例》，载《建筑学报》2004年第2期。

[3] 朱剑飞：《天朝沙场——清故宫及北京的政治空间构成纲要》，载陶东风等编《文化研究》（第1辑），天津：天津社会科学出版社2000年版，第301页。

[4] 在明清时期，天安门广场是举行"颁诏"大典的地方。

权威，正是中国传统中央集权政治的基本权威模式。

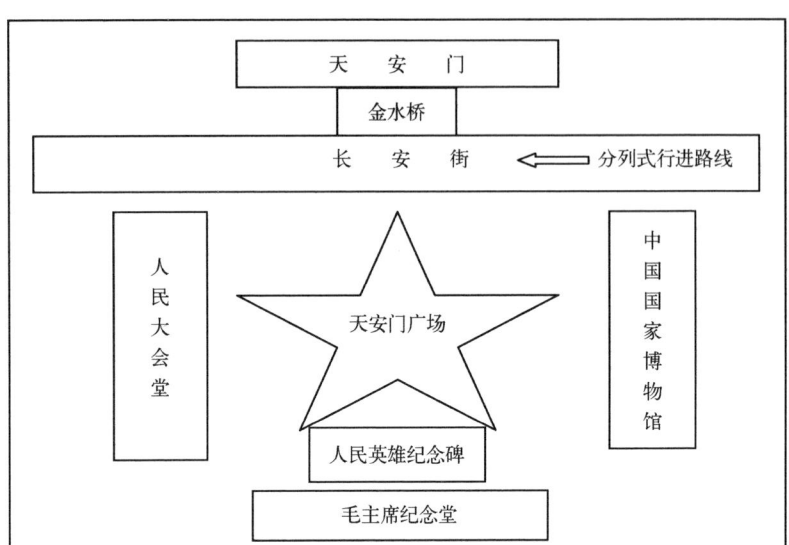

图 7.1 天安门广场建筑平面图

在新中国成立后，天安门广场成为人民感受国家主人身份和接受国家政治教育的最佳仪式性场所。正如上节所言，北侧的天安门城楼、西侧的人民大会堂、东侧的中国国家博物馆，以及南侧的人民英雄纪念碑和毛主席纪念堂如同四组不同的政治信息发射器，共同形成一个巨大而封闭的"微波炉"，身处其中的所有人员被迅速"加热"。"热"意味着自上而下的政治动员和自下而上的政治参与都卓有成效，分别体现出"权力精英"施展权威的能力得到了相应的肯定，以及作为权力源泉的人民在交付合法性资源时热烈而积极的态度。

时间与空间一方面通过自身的特殊设置直接进行权力生产和再生产，另一方面也通过对存在于其中的人和物的安置及行动发挥作用。"人"一直都是政治权力的第一目标,"属人"的"个人资源和集体资源"构成了"权力基础"。[1] 国庆阅兵中人员构成极为复杂,但占据主体地位的是领袖和士兵,他们是被关注的焦点,也是仪式中真正的主角。权力关系的存在以及施展方式既存在于领袖和士兵的关系中,也存在于受阅士兵之间的关系中。

"阅兵"是一个缺失了主语的动宾短语,它虽然凸显出被动方"兵"的位置,但主动方"检阅者"因缺位反而更加醒目。"谁来阅兵"的疑问成为"阅兵"这一话语结构的前意识,以一种"以无制有"的方式获得了近似于"先验性"的神圣地位。于是,在阅兵仪式中,最高政治领袖才是真正的一号主角,他先于军队行动,控制着阅兵仪式的制动器。在阅兵式和分列式中,领袖和士兵分别以"流动者"的身份,在不同的时间序列中以不同方向经过同一空间。在这种时空变动中,两种角色通过交错行动界定了彼此的政治关系。领袖站在阅兵车上居高临下,士兵们挺身仰望,两者身体姿态的差别成为"权力的无声显现"[2]。由首长发出、士兵接受的简单政治信号(挥手致意、呼喊口号和注目礼等),在一种"多数人观看经过挑选的极少数精英"的"单向度凝视"中,被转换成丰富的政治信息(权威信仰、政治忠诚等)。而在士兵们之间,通过受阅这一行动,在身份和认知上达成了同意和统一。分毫不差的时空限制要求士兵们在静止和行动中都必须彼此观察,并通过在方队前引导的标兵和方队中的排头兵核准自身的位置。这种存在于一个身份统

---

[1] 参见[美]丹尼斯·朗《权力论》,陆震纶、郑明哲译,北京:中国社会科学出版社2001年版,第148页。
[2] [德]埃利亚斯·卡内提:《群众与权力》,冯文光、刘敏、张毅译,北京:中央编译出版社2002年版,第272页。

一体中的、单对单的互视和调校，使得具有多种社会和政治身份的个体士兵之间的差异性被一种内生的自发性约束降至最低点。于是，包含着权力和合法性的政治信息在这些个体中不会遭受任何异质媒介的阻滞，信息流的畅通意味着权力和合法性能量实现了无消耗传导，直接结果是提高了权力宣展的力度和合法性构建的效度。

自古以来，礼器或祭器是举行仪式的必备之物。在国庆阅兵中，诸如华表、国旗、领导人画像、标语、花车乃至建筑，都发挥着"礼器"的传统作用，隐含着政治权力的重要特征以及合法性的基本秩序。但是，在阅兵仪式中最为重要和引人注目的器物是武器装备，在"支配性的象征符号和工具性的象征符号"两个层面上体现出政治意义。[1]

武器装备的"支配性"政治意义由其"技术性"所呈现。武器装备技术的先进性不单意味着国家的科研实力和军事建设取得了巨大发展，同时也宣示出政治建设的重要成就。从新文化运动开始，"德先生"和"赛先生"便是国家建设和社会发展两条基本路径。科技作为民主的同盟军，既壮大了建设民主社会的力量，也是国家实力的保障和体现。因此，国庆阅兵中武器装备的国产化和先进性两大技术要求，暗合了建设民主而独立的民族国家的政治要求。武器装备的技术性的政治意义还与大威力武器的战略意义相联系。1984年国庆阅兵中首次出现了战略导弹部队，当天邓小平发表的讲话中有35%的篇幅涉及了对外关系、香港回归和两岸统一等问题。[2] 1999年国庆阅兵首次出现核导弹方队，但当天江泽民的讲话

---

[1] 参见［英］特纳《象征之林：恩登布人仪式散论》，第30页。
[2] 参见《邓小平文选》第3卷，北京：人民出版社1993年版，第69—71页。

中对外关系和国家统一等问题所占的篇幅降至20%，和平与发展成为关键词。[1] 2009年核潜艇首次亮相海上大阅兵，胡锦涛检阅海军后的讲话主题是"和谐海洋"[2]。在同年举行的国庆阅兵中装备方队以"东风-31甲"核导弹压轴，胡锦涛则在当天的讲话中以与1999年江泽民讲话相同的篇幅重申中国"推动建设持久和平、共同繁荣的和谐世界"[3] 的外交政策。在2019年国庆阅兵中，不仅展示了一些升级换代的核武器装备，如"东风-41"和"东风-5B"等，还展示了一些放眼全球都堪称先进的常规武器装备，如"东风-17"等。与此同时，此次阅兵中首次出现了维和部队方队，且习近平在讲话中三次提到"和平"，篇幅依然是占全文的20%左右。[4]

在阅兵中展示威力得到不断提升的各种武器装备，特别是核武器装备，犹如举行一场"科学仪式"（scientific ritual），它们能够被"交换为权力或知识的象征资本"[5]。国家领导人相关"说明"的变动，则在某种程度上与"核威慑"的政治战略直接相关，表明核武器的发展迫使世界进入一个"和平与理智的时期"。[6] 如此，军事

---

1 参见江泽民《在庆祝中华人民共和国成立50周年大会上的讲话》，载《人民日报》1999年10月1日。
2 曹国强、曹智：《胡锦涛会见参加中国人民解放军海军成立60周年庆典活动的29国海军代表团团长》，载《人民日报》2009年4月24日第1版。
3 参见胡锦涛《在庆祝中华人民共和国成立60周年大会上的讲话》，载《人民日报》2009年10月1日。
4 参见习近平《在庆祝中华人民共和国成立70周年大会上的讲话》，载《人民日报》2019年10月1日。
5 在此借用了古斯特森对"核武器实验"的理论观点。参见 Gusterson，Hugh（2004），*People of the Bomb : Portraits of America's Nuclear Complex*，University of Minnesota Press，p.157；Gusterson，Hugh（1999），*Nuclear Rites : A Weapons Laboratory at the End of the Cold War*，University of California Press，p.156。
6 参见[美]L.鲍林《告别战争：我们的未来设想》，吴万仟译，长沙：湖南出版社1992年版，第1页。

科学技术的进步和政治文明的发展达成了一种动态均衡,国家作为最高形式的政治权力载体小心翼翼但目标明确地选择了共同和平发展的道路。

武器装备"工具性"的政治意义主要体现在敌我关系的判断和表达上,毛泽东和施密特几乎在同一时代都将区分敌我当作革命和政治的首要问题。[1] 阅兵以一种"和平"的方式分辨"朋友"和"敌人",如果说军事演习具有较强的针对性,在阅兵中则被浓厚的庆典气氛所掩盖。武器装备的展示而不是运用,以一种隐晦的方式让"他者"自行选择阵营,这种军事策略显示出不同时期中国共产党处理国际关系的基本思路,以及中国政治的基本特征和立场。

政治仪式中的时间、空间、人员和器物等元素是其内部的主要景观,它们作为不同的轴线构成了一个坐标体系。政治仪式在不同象限中的读数,能够反映出其进行权力生产和再生产以及合法性构建能力的大小。这意味着不同阶段举行的国庆阅兵在时间、空间、人员和器物的安排和设置上有着很大的差异,导致其权力流水线在生产能力上的高低不等,最终也使得合法性商品的设计方案、生产效率和销售策略都有所不同。

2. 权力宣展策略

政治仪式通过具体的操演完成权力的生产和再生产过程。"操演"一词既包括军事意义上的"操练",又包括庆典和戏剧的意义上的"表演"。这一概念点出了阅兵仪式的两大行动范畴,"操练"

---

[1] 参见《毛泽东选集》第 1 卷,北京:人民出版社 1991 年版,第 3 页;[德]施密特《政治的概念》,上海:上海人民出版社 2003 年版,第 138 页。

彰显出身体层面上的"控制"或"规训";"表演"隐含着情感层面上的"流露"或"表达"。同时,"操演"作为一种行动,在实践层面上具有构建某种"范式"或"模式"的倾向,主要以"仪式化"的形式展露出来。

如果说操演是权力宣展的方式和过程,那么不同维度中的对象选择就意味着使用了不同的宣展策略。身体维度对应着技术性策略,阅兵仪式内在的知识领域被一种工具理性占据着,其目的是建立一套处理身体的技术规则。情感维度对应着规范性策略,阅兵仪式中激起的情感被导向和转为特殊的政治价值和观念,这种规范体系的核心旨趣是忠诚和信仰。实践维度对应着范式性策略,阅兵仪式被视作一种政治行为的固定模式,以"仪式化"的方式将其内涵和特性"传染"给各种政治活动。

在阅兵仪式中,士兵的身体并不如社会生活中民众的身体那般复杂,纯粹的"军事骨骼"决定了其身份的"单调",这使得阅兵仪式中身体技术的应用简捷而高效。控制身体的技术机制和规格主要是一系列"标准",对身体在各个部分(组成整体)和各个环节(组成过程)上的表现作了硬性要求。如步兵行进时间要"分秒不差",行进步伐要"分毫不差",通过"1 分钟 116 步,每步 75 厘米"的限制实现了时间的准确性和空间的稳定性,[1] 使得阅兵显现出一种"有序感"。与此同时,观众对士兵们精细而严苛的身体控制的赞叹,被转化为对秩序的普遍认同,这也体现出了军队在身体意义上的"齐整性"被转化为对社会结构的影响和控制。

---

1 参见《中国人民解放军队列条令》[1997]军字第 57 号,1997 年 9 月 25 日中央军委常务会议通过。

"操练"是身体技术的施展程序,动作的分解和统合犹如以不同方式进行的数学运算,主要目的在于提高身体控制的有效性。"苦练"加"巧练"是操演的基本规则,"有力"和"准确"则是操练的实际目标。"苦练"意味着在艰苦的环境中调整身体的极限,促使士兵们在操练中将自己的"体力"(已经附着了精神层面的付出)最大限度地"让渡"出来,汇集而成的力量既展现出领袖对军队控制的能力,同时也是中国共产党、国家和军队的实际力量的基本象征。"巧练"意味着身体控制技术的不断提高和改进,体现出士兵们让渡自身力量的"积极性"或"主观能动性",与"苦练"指向权力总量不同,它指向的是权力的效度即合法性。

在仪式的操演过程中,参与者的情感投入程度验证了主导者的思想控制能力。忠诚和信仰这两种重要价值观的培养、塑造和维护,使得促成情感流露或表达成为一种规范性策略,它将主导者和参与者联系在一起,也为抽象的和易波动的情感建立了一种稳定的理念基础。仪式操演作为一种"表演"主要有两种理解途径。一是庆典(尤其是宗教仪式)意义上的实践分析。传统人类学认为,仪式和教义(信仰)构成了宗教现象的两大基础。[1] 教义是一种信仰系统,仪式是一种行动系统,两者共同表达了象征性的社会秩序。"参与仪式的人们还能通过强化信仰,去合理化他们的行为以及支持他们的虔诚。"[2] 二是戏剧意义上的理论分析,戏剧分析则对研究者提出全身心投入仪式之中以达到"深描"的要求。将这种情感上的融通引入仪式的操演过程中去,意味着仪式的主导者和参与者必

---

[1] 参见[英]爱德华·泰勒《人类学——人及其文化研究》,第350页;[法]涂尔干《宗教生活的基本形式》,第42页。
[2] [美]大卫·科泽:《仪式、政治与权力》,第112页。

须建立起能够共享的统一性。在其中，忠诚和信仰不再是单向度的规则，而是双方共同努力维系的崇高规范。唯有朝向这一规范，主导者的权威资源才会得到参与者的持续供给，参与者的言行才会显得坚定而不容置疑，双方在相互支撑中获得存在的意义。

宗教性的教义—仪式系统所运用的情感策略，在国庆阅兵中表现为规范系统和行动系统之间的适应性和融洽度。中国共产党信奉的马克思主义思想体系作为一种"全面被接受的系统"，具有教义性的意义。[1] 这一思想体系在中国人民解放军的行为规范中集中体现为十大"政治纪律"的第一条："不准发表反对和违背党的路线、方针、政策和党中央、中央军委决定指示精神的言论。"[2] 在阅兵仪式中，对此政治纪律的遵守程度，皆由士兵们通过行动（包括话语结构）所表达出的认同感进行测度。士兵们在所有行动环节中都绝对服从于各类"指令"，如首长通过口号问答"获取"士兵们的忠诚和信仰，或者士兵们听从标兵的口号指令以注目礼的方式向首长供给忠诚和信仰。最后，这种"忠于革命忠于党"和"一切行动听指挥"的军队条令，在保持革命传统的历史背景、"党绝对领导军队"的党军关系背景以及"国庆"的特殊时间背景中，被转化为对中国共产党和国家的高度认同。戏剧—仪式系统所运用的情感策略强调的并不是确凿性，而是一种来自各方的主动性。教义—仪式系统中的情感力图在"正确的"环节中得到"充分"的表达；而戏剧—仪式系统中的情感则力图在"可能的"环节中得到"自由地"

---

1 参见［美］列文森《儒教中国及其现代命运》，郑大华等译，北京：中国社会科学出版社2000年版，第370页。
2 中央军委［2003］军字第65号命令：《中国人民解放军预防犯罪条例》，第三章第21条第1则。

表达。

阅兵仪式的"仪式化"主要有积极性和消极性两种表现形式。积极性的"仪式化"意味着阅兵仪式所构建的政治范式得到了有益的应用，在"学习"和"模仿"中，国庆阅兵和其他时空中举行的较小规模的阅兵仪式之间既形成了一种现象层面上的对应性，也在政治意识上实现了共通和统一。例如程序移植和口号重复令学习者和模仿者感受到国庆阅兵营造出的宏大政治氛围，有关中国共产党、国家和民族的政治认识被挪移搬用，并得到巩固升华。总而言之，在积极性的仪式化中，不同地域层次或权力层次的阅兵仪式都是通过对国庆阅兵的形态模仿达到范式移植的目的。消极性的仪式化是对国庆阅兵之权力结构和合法性认同的误解和滥用，这些实践活动只是模仿了形式却曲解了范式。这些阅兵仪式通过搬用赤裸裸的"独白"式的专制统治模式，无视阅兵中受阅者的主动性和检阅双方的一致性，强化了对立和冲突。受阅者被粗暴地当作训导对象，阅兵仪式的程序和口号反而成为领导和受阅者之间的鸿沟，每一次言行的重复都加剧了分裂。在消极性的阅兵仪式的仪式化中，领导的权力得到了加强，受阅者的"位格"被降低，合法性的民意基础迅速虚弱，隐匿着的危险性经过不断积聚，或许会以政治动员的形式宣泄出来。产生较大影响的案例是1997年安徽省亳州市原市委书记李兴民为庆祝个人升迁举行的大阅兵，以及2005年河南新密市斥巨资举行的阅兵活动，凸显出"阅兵者一种权势的炫耀、一种夸大的和符号化的'消费'"[1]，遭到了民众反对、法律惩罚和行政处分。国庆阅兵作为一种政治仪式，其"仪式化"意味着由阅

---

[1] 沙洲：《炫耀权力者定将失去权力》，载《燕赵都市报》2005年1月19日。

兵仪式所携带的关于中国共产党、国家和民族的"高阶"政治意识被普遍地学习和模仿。

3. 合法性的多重构建

在国庆阅兵中，对传统的重复和再现无处不在、无时不有。一方面与中国古代的阅兵仪式遥相呼应，以借用国家和民族的久远历史构建一种具有承继性的传统合法性。更重要的则是呼应清末以来的革命传统，例如在开国大典上，毛泽东回顾的时间起点是 1840 年，[1] 建国大业完成了"伟大革命家孙中山先生"的革命目的；[2] 到 1999 年国庆阅兵，与天安门城楼上悬挂的毛泽东巨幅画像相对的正是摆放在人民英雄纪念碑前的孙中山的巨幅画像，而江泽民回顾历史的起点亦是 1840 年所在的"上世纪中叶"。[3] 中国共产党通过一再重申革命的起点时间，将其所建立的政权的合法性传统直接与清末反帝反封建的革命斗争相联系，以通过时间上的连续性削弱和跨越蒋介石的国民党政府的历史空间。就此，经过一次次国庆阅兵中的历史回溯，一种关于中国共产党的政权合法性的政治记忆被构建起来，刻写在一代代的阅兵参与者和观众的身体上和心灵中。例如俄罗斯国家杜马在 2004 年通过法律形式以"莫斯科红场军事阅兵日"取代"十月革命节"，既抹去了"十月革命"所具有的浓厚意识形态意味，又暗示了俄罗斯与苏联在国家形象上具有传承关系。这一点在 2006 年莫斯科红场阅兵中得到了显著的体现。在阅

---

1 参见《建国以来毛泽东文稿（1949.9—1950.12）》，北京：中共文献出版社 1987 年版，第 13 页。
2 参见同上书，第 10 页。
3 参见江泽民《在庆祝中华人民共和国成立 50 周年大会上的讲话》，载《人民日报》1999 年 10 月 1 日。

兵队伍中，参加1941年阅兵的老兵率先通过红场，而其后莫斯科各区青少年方队打出了巨幅标语，鲜红的标语上写着"爷爷的胜利就是我们的胜利！"[1]

  阅兵仪式也在一定程度上构建了合法性的法律基础。目前中国只有作为一种军事法规的《中国人民解放军队列条令》，其中第八章就阅兵权作了一些规定。但是，"国庆阅兵尚未形成一项固定的法律制度，什么时候应当举行国庆阅兵，由谁来决定举行国庆阅兵，缺乏法律规定。"[2] 这表明国庆阅兵作为一种国家性的重要政治活动具有重要的意义和作用，能够对社会生活产生重大的影响，因此它能够在一定程度上成为合法性的法律基础的组成部分之一。另一方面，阅兵过程中与职权、地位相联系的政治力量也展现出军队法制化的趋势。如从1949至1959年的11次国庆阅兵中，阅兵首长是三军总司令或国防部长，而从1984年开始，皆由中央军事委员会（简称"中央军委"）主席担任阅兵首长。阅兵首长身份上的转变既体现出中国共产党在党政军关系的法制化层面上所做的努力，也体现出国庆阅兵仪式本身赋予中国共产党和国家领导人，以及党政军关系之合法性的"法律化"能力。或而言之，国庆阅兵中符号系统和行动（如上述职权变动）系统的存继和变化，表明作为阅兵仪式的领导者和组织者的中国共产党高层和中央政府，一直"努力提供一种规范以处理党、军队和国家之间的关系，至少在一个法律架构中为这种关系提供一种宪法层面上的合法性"[3]。

---

[1] 编辑部综述：《属于莫斯科的永恒光荣与功勋》，载《国际展望》2007年第1期。
[2] 胡滨：《关于阅兵权的立法规制》，载《法商论丛》2008年第3期。
[3] Paltiel, Jeremy（1995）, "PLA Allegiance on Parade: Civil-military Relations in Transition," *The China Quarterly*, No.143, pp.784-800.

国庆阅兵中对民意基础的维护和塑造,最为典型和集中地体现在"军民关系"的权威话语和行动展示中。在话语层面上,受阅军队代表的是"人民解放军",这一称谓是一个具有复合性质的偏正结构,既有"人民的解放军"(of the people)的意思,也有"以解放人民为目标的军队"(for the people)的意思。国庆阅兵将这种观念转换为一种政治记忆的重要方式,是通过历次阅兵仪式国家领导人发表的讲话,不断强调"人民军队"是国家武装力量的基本性质,以及"人民"在国家权力结构中居于核心地位。在行动层面上,政治记忆可以通过空间的稳定性得以传继,以开国大典阅兵仪式地址的选择为例,原本有天安门广场和京郊飞机场两套方案,各有利弊。最后选中天安门广场的一个最为重要的原因是天安门广场"地处市中心,领袖、军队和群众所处的位置十分紧凑,能给人以水乳交融的感觉"[1]。1959年大规模扩建天安门广场是为了"满足群众大集会的需要……从实际功能和表现民族气魄这一思想内容出发,以满足政治活动需要"[2]。改革开放以后,民意的呈现方式发生了巨大的变化,其测评标准不再是群众运动的规模,而是国家治理的绩效。因此,天安门的民意塑造功能不再以容纳更多的人员为目标,而是体现在如何呈现国家建设的综合成就和实力上,突出地与空间的政治审美情趣联系在一起。在1999年的天安门广场的重大改造中,主要施工项目无一与扩建有关,而是集中在提升广场的综合感觉效果上,如改善照明、更新音响和改造重要景观等。[3] 2009年阅兵则贯彻节约原则,参阅人数大幅下降。在阅兵前后皆受到了

---

[1] 许农合编著:《1949—1999国庆阅兵》,第5页。
[2] 同上书,第54—55页。
[3] 参见许农合编著《1949—1999国庆阅兵》,第134页。

广泛的支持,据中国社会调查所一项阅兵前的民意调查显示,有近8成民众认为有必要耗巨资进行大阅兵,同时也有近七成民众对实现节俭阅兵颇具信心。[1] 不同时代的阅兵仪式为构建合法性的民意基础,形成了不同的政治记忆,它们在形态和意义上的差别正显示出国庆阅兵这种政治仪式与社会变革以及政治发展之间的联动关系。

阅兵仪式将有关权力和合法性的政治信息转化为政治记忆,刻写在个人、群体和社会的躯体之上。但是,刻写的内容不断地发生着变化,如果它们构成了一个历史信息的观念系统,那么可以发现,这一系统是与中国的政治态势相对应的。它一方面固守着不容动摇的核心观念,如中国共产党的领导地位和人民的权力地位;另一方面围绕这些核心不断调整着外围的各种保护带,表现为对传统的扬弃和"发明"上的变化、法制化建设中的党政军民关系的变化以及民众政治参与方式的变化等。这些"变"与"不变"使得政治记忆如同一张不断伸缩的、富有弹性的网络,其结构特征和涵括范围既取决于撒网者的实力(权力)和目标(合法性基础),也取决于捕捞对象的生态(政治认知能力)和规模(政治动员和政治参与能力)。

总之,国庆阅兵是中国政治生活中的一道非常壮丽的景观,每次在该仪式举行前后都会引起全国乃至全世界范围内的普遍关注。国庆阅兵是国庆典礼中最为重要的活动之一,将有关党、国家、民族和人民的政治符号集合为一种信息系统,通过具体的仪式操演过程展现在国人和世界面前。在此过程中,政治符号的多义性得到了

---

[1] 参见罗洪啸《九成民众期待国庆阅兵》,载《香港文汇报》2009年10月1日。

解释,并被当作规训、控制和教育的主要内容,以之塑造国家的政治文化、民族的政治认同以及国民的政治观念等。在此意义上,国庆阅兵既是社会背景和政治环境的记录仪和晴雨表,也是政治权力及其合法性的扩音器和定位仪。国庆阅兵作为一种政治仪式,它克服了时间的限制,通过唤起、重复、固化和刻写的整个过程,将历史记忆与当下糅合在一起,从而使一种发生了迁变或重新创造出的传统成为合法性的规则基础。同时,国庆阅兵依靠人与物的各种空间排布,组装成权力生产和再生产的流水线,通过这一装置所启动的政治动员和政治参与,让渡参与者和观众的权力以及他们对权力的忠诚和信仰,并形塑和锻造成合法性的民意基础。最后,国庆阅兵控制着法制精神和风俗习惯两者之间的流量,既呈现出法制化建设的特征和成就,又彰显出世俗化典礼的风格和气氛,由此使得严整的法律和松散的习惯共同服务于合法性的构建。

第八章

落幕
政治仪式的理论图式

第八章 落幕：政治仪式的理论图式

在学术研究中，构建理论模型的做法是近代科学理论向人文社会科学渗透的最为重要的影响之一。一个世纪以来，理论模型之所以能风靡绝大多数学科，至少有三个相互关联的原因。在理论层面上，模型能够降低研究目标及其内容的复杂程度，更易于读者理解。在理论向实践转换的层面上，理论模型能够对经验世界进行抽象描述和重塑，观察、分析并运用理论和实践的"异质同构性"。在实践层面上，理论模型是认识复杂世界的重要工具，既能够为人类反思其实践活动提供逻辑脚本，又能够为人类的实践活动本身提供理论蓝图。构建理论模型也存在很大风险，模型所具有的"不完整、过分简单以及含有某些未被阐明的假设等缺陷"[1]，总是很难得到完美的解决。

图式是模型的最为简明的形式，它虽然不能给出完整而系统的认知过程，但能够在一定程度上有助于直观和清晰地理解研究对象。我们尝试构建三种理论图式，希望可以既有效整合和梳理前文有关政治仪式的分析，又可以从多角度呈现政治仪式中权力生产和再生产的复杂过程。三种图式从不同角度观察政治仪式中的权力现象：系统图式侧重于象征权力的生成和转化，主要解释政治仪式进行权力生产和再生产的基本结构；场域图式侧重于权力和合法性的生产和消费，主要解释政治仪式的核心功能，其外延比系统图式要小；心理图式的外延最小，侧重于个体和群体的情感和认知状态与政治权力生产和再生产之间的关系，主要解释政治仪式中的政治象征和政治权力之间的转换在心理层面上的表现。需要特别指出的

---

[1] ［英］丹尼斯·麦奎尔、［瑞典］斯文·温德尔：《大众传播模式》，祝建华等译，上海：上海译文出版社1987年版，第4页。

是,三种理论图式的设计都并非排他性的、整全性的和封闭性的。

一、政治仪式的系统图式:象征权力的生成与转换

1. 系统论的理论路径及其反思

1.1 政治生活的系统分析

所谓的"老三论"(系统论、控制论和信息论)和"新三论"(耗散结构论、协同论和突变论)作为系统研究中的不同分支在二战前后逐渐发展起来,并成为科学研究中极为重要的范式群。系统论的开创者贝塔朗菲(Von Bertalanffy)指出,这些理论作为不同的"方法"或"路径"都能够统一在系统理论中,[1] 并以"符号系统"及其扩充模式应用于对人和社会的研究中。就此而言,"社会科学"可以被定义为"社会系统的科学"。[2] 杰维斯(Robert Jervis)认为,"系统"应当具备以下两点特征:"(1)组成系统的一系列单元或要素相互联系,因而一部分要素及其相互关系的变化会导致系统的其他部分发生变化;(2)系统的整体具有不同于部分的特性和行为特征。"[3] 这两种特征在方法论意义上表明系统是一种处理部分和整体关系的方式。杰维斯只是描述出了系统的静态特征,切克兰德(Peter Checkland)将之发展至动态层面,指出构建系统图式的

---

[1] 汉肯更为明确地指出,与其争论不同名称的精确定义,不如将两者看作是一回事。参见[荷]A.F.G.汉肯《控制论与社会》,程明译,西安:陕西科学技术出版社1986年版,第2页。

[2] 参见[美]冯·贝塔朗菲《一般系统论:基础、方法和应用》,林康义、魏宏森等译,北京:清华大学出版社1987年版,第17—27、185页。

[3] [美]罗伯特·杰维斯:《系统效应:政治与社会生活中的复杂性》,李少军等译,上海:上海人民出版社2008年版,第3页。

"目标是建立一个有关该系统中正在发生的事的图式",其中"包括一个最小数目的动词量"。[1] 图式中的动词意在将根定义(root definition)与主要行动联系起来,也就是系统论所努力解决的问题,即在理论和实践之间建立某种可供理解的逻辑。

系统论为政治学的发展提供了无可匹敌的动力。1953年伊斯顿首先使用"政治系统"一词,迅速风靡政治学界,"它很快取代了占支配地位的国家观念,成为政治研究中含义最广泛、适应性最强的概念"[2]。政治系统理论为行为主义政治学和后行为主义政治学奠定了最为重要的理论基础。虽然政治学议题的极大拓展以及宽泛意义上的后现代主义政治学的兴起,在一定程度上弱化了系统论在政治学中的地位,但是政治系统理论也根据学术环境的变化不断进行自我调适,在此过程中,关于政治生活是一种系统的理念已然成为一种"根范式"。系统依然是绝大多数政治学研究中都难以舍弃的重要概念。

"系统这个观念给整个社会塑造了一种形象:它是一种由各种外延有限的子系统(如政治的、文化的和经济的)组成的贯穿始终的行为系统,这个概念还要求有一个分析模式,它将允许分析者识别和分离出人们特别注意的政治系统。"[3] 不同的学者虽然在系统观念上达成了一定程度的理论共识,但根据政治系统"析出"路径的差异,存在几个不同的理论流派,其代表人物分别是伊斯顿、多伊奇和阿尔蒙德。他们代表的三种方向基本上涵括了迄今为止所有关

---

[1] 参见[英]切克兰德《系统论的思想与实践》,左晓思、史然译,北京:华夏出版社1990年版,第358页。
[2] [英]戴维·米勒、[英]韦农·波格丹诺主编:《布莱克维尔政治学百科全书》,第575页。
[3] [英]戴维·米勒、[英]韦农·波格丹诺主编:《布莱克维尔政治学百科全书》,第576页。

于政治系统的研究。伊斯顿作为"政治系统"的首创者,直接沿用了一般系统论的理论构架,将政治系统视作由输入、输出和反馈等主要环节来处理系统和环境之间关系的一种循环稳定系统。[1] 伊斯顿对政治系统基本构架的描绘,成为此后政治系统研究不可忽视的理论出发点。多伊奇是政治沟通理论的重要创始者,他更多受益于控制论的相关理论,认为"作为政治系统的政府对社会之有效统治和管理,是通过有效的决策和控制来实现的;而有效的决策和控制,则以政治系统迅速、准确地接收、处理和运用有关的信息为前提"[2]。多伊奇的研究具有很强的包容性和延展性,但对信息控制和政治沟通的强调令其在学术史中的形象较为单薄。即便如此,政治沟通的研究依然成为政治学中的一个重要领域,[3] 尤其对政治传播学产生了主导性的影响。[4] 阿尔蒙德既发展了伊斯顿的政治系统论,也察觉到多伊奇因专注于沟通问题而产生的局限性,他为政治系统添加了"结构和文化"两个重要部件。我们认为,前者如同政治系统内部的"硬性"构件,它们的相互作用构成了系统;后者如同政治系统外部的"软性"环境,无论是输入、输出还是反馈都需要以政治文化为目的或经过它的"过滤"。

---

1 参见"图2 政治系统的简化特征",载伊斯顿《政治生活的系统分析》,第37页。
2 Deutsch, K. (1963), *The Nerves of Government: Models of Political Communication and Control*, New York: Free Press, pp.73-76. 转引自郁建兴、何子英《政治交往:一种政治沟通的新分析路径》,载《社会科学辑刊》2009年第4期。
3 参见田为民《文化与权力——解读当代西方政治沟通理论研究中的文化取向》,载《社会科学战线》2001年第2期;郁建兴、何子英《政治交往:一种政治沟通的新分析路径》,载《社会科学辑刊》2009年第4期。
4 有学者总结了政治沟通的几种理论模型,包括拉斯韦尔的"五W沟通模式"、申农-韦弗的"线性模式"、奥斯古德-施拉姆的"循环模式"、丹斯的"螺旋形模式"和纽曼的"沉默的螺旋模式",从内容上来看都在多伊奇的理论套路之中。参见李俊、项继权《政治沟通:价值、模式及其效度》,载《求实》2008年第9期。

第八章 落幕：政治仪式的理论图式

虽然三种理论代表着政治系统理论的三种探索方向，但它们相似的理论和实践背景（一般系统论和美国战后政治学研究的客观环境）构成了众多"重叠共识"，主要包括：（1）都将政治研究的主要对象视作一种"政治系统"，避免政治学成为"国家学"或"政府学"；（2）都承认系统以输入、输出和反馈为主要环节，由此推论出政治系统的连续性特征，关注对理论预期[1]和实践效果的分析；（3）都不同程度地认识到系统内外不同结构或元素的双向关系，如沟通、互动、交换或交动（transaction）等，指出了系统的开放性特征；（4）都认为政治系统具有相对明确的指称边界（boundaries），它们作为系统的"限定性特征，阻止或过滤了来自系统之外的输入"[2]，"边界"的概念将连续性和开放性约束在一种限度之中，实际上指出的是系统的整体性特征。[3] 总之，政治系统理论是一种属于政治学的研究方法和研究领域，它以整体性为主，以连续性和开放性为辅，为研究对象和研究者提供了一种共同的分析标准。

---

[1] 社会科学和自然科学不一样，对于前者来说预期并不是一个独立于系统之外的非关联物，如天气预报之于天气（参见[荷]汉肯《控制论与社会》，第162页），而是可能会对系统产生直接影响，主要通过预期所隐含的"目的性"来实现。预期是一种目的性，它在人类的符号系统中占据着重要的意义，意味着"未来的目标先在思想里出现并决定实际行为"（[奥]路德维希·冯·贝塔朗菲、[美]保罗·A.拉威奥莱特：《人的系统观》，张志伟等译，北京：华夏出版社1989年版，第9页），这一判断同样适用于包括政治仪式在内的各种社会活动系统。关于系统中行为体达成预期或者产生效应的行动策略，则见于有关博弈论的广泛研究中。

[2] Lewellen, T. C. (1983), *Political anthropology: an introduction*, South Hadley, Mass.: Bergin & Garvey, p.88.

[3] 需要注意的是，"系统论的概念与整体（wholes）及它们的分层分布有关，但与总体（the whole）无关。"参见[英]切克兰德《系统论的思想与实践》，第17页。

1.2 政治仪式的系统分析

在各种政治生活的系统分析中，作为研究对象的政治系统是一个宏观概念，它包容了来自微观、中观和宏观不同层面的子系统。在伊斯顿、多伊奇和阿尔蒙德的相关分析中，政治系统与国际关系、国家和政府之间的对应性较强，这一系列的政治组织在架构和规模上都远非政治仪式可比。那么，政治仪式的系统分析从政治系统理论中能够得到何种借鉴，理论移植又会造成何种不便？继而，如何为政治仪式的系统分析设计一套适宜的构建原则？

仅从人文社会科学的发展来看，基础性的研究结构相对成型之后，研究领域的扩展便随之而来。从学术研究的实际状况来看，在传统向现代乃至后现代的变迁过程中，学术研究的对象也发生了变化。但是，政治系统理论并没有墨守成规地将研究对象固定在宏观层面，而是在保有这一"经典领域"的同时重视对宏观政治系统的中观和微观子系统的研究，并经由跨学科研究向"系统交叉"发展。如果对伊斯顿的社会系统分层图作拓扑学分析，那么可以看到一个从个体到社会的多种层面和无数节点共同构成的复杂网络结构。在此背景下，政治仪式进入系统分析的视野也并无不妥，系统的整体性、连续性和开放性同样适用于政治仪式。更进一步的是，政治仪式作为一种与政治生活产生"隔阂"的实践活动，本身就有一套边界构建原则。人类学的仪式研究显示，即便在系统论没有风行之前，仪式自身的整体性和独立性也已经成为学界共识，涂尔干所言的"宗教生活的基本形式"本身就是一种与系统论天然契合的理念，他有关宗教仪式的分析正是以宗教是一种"社会系统"为基本认识。[1] 就此而言，政治仪式既符

---

[1] 参见［法］涂尔干《宗教生活的基本形式》，第162页。

合政治系统的一般性特征,自身的形式特征又与政治系统具有天然的契合性。

政治仪式是一种中观层面的政治系统,它作为宏观政治系统的子结构,同时也是多种微观政治单元(主要是仪式中的个体和小群体)的集合。由于不同规模和层次的系统之间具有种种差异(涵括了输入、输出和反馈等过程),因此,对政治仪式的评估必须考虑其特殊性。在政治仪式这种中观系统中,微观政治单元与其主客观距离上的接近,[1] 使得政治仪式的系统分析比国家和政府等宏观系统的分析更具可靠性。政治仪式是一种具有微观性特征的中观政治系统,它向外联系着宏观的政治生活系统,向内包容着众多微观的个体行动系统,无论在形式上,还是在实质上,都适用政治系统理论标示出的研究范畴及其使用的方法论。

撇开系统论自身的某些理论缺陷不谈,在政治仪式分析中过度移植系统论也会带来一些问题。在系统与环境的关系上,政治仪式对外部环境的依赖性较低,而且调适性较差,这是因为政治仪式自身的边界对外部环境的输入具有较强的控制性,因此抗干扰的能力也较强。当一种政治仪式成形之后,即便经过社会和历史的重大变迁,也能够保持一定的完整性。由此,在观察政治仪式的变革时,至少需要在同等层次上考虑外部压力和内部抗力,任何环境决定论的尝试和企图都会忽视政治仪式自身的特性。在系统内部的行动过程中,政治仪式缺乏一个强有力的决策中枢,这也意味着政治仪式对其理论预期和实践效果的处理(如设置和评估)可能是延迟的,

---

[1] 如个人与仪式的比值为 1∶N,而个人与宏观系统如政府的比值则会是 1∶XN(X,N 大于 1)。

也可能是潜在的。政治仪式的这种情况使其具有更多的"价值中立"或"工具理性"的意味，但这只是表象，实质是围绕它展开的价值之争通过"象征"掌控系统，行动者能够通过对政治仪式的工具性应用获得价值渗透的效果。

根据政治仪式自身的特点，我们对其系统图式的构建在保留政治系统基础理论的同时，也作出相应的调整。首先，承认政治仪式系统具有输入—输出结构的普遍性，在系统图式中保留输入、输出和反馈等基本环节，以此观察仪式中政治符号所携带的政治信息的流动和转化。所作的调整是，将输入、输出和反馈本身视作促成能量转化的动因，即这些环节不仅意味着信息的流动，同时意味着信息的变革。其次，接受对系统进行某种结构功能主义的分析，政治仪式的不同结构和元素承付着不同的功能；但是，这些结构功能主义不具有绝对性和普遍性，而且应在一个动态过程（尤其是不同结构之间的互动）中观察政治仪式内部结构及其功能的变动。再者，承认信息沟通对于政治系统的重要性，关注权力信息在政治仪式系统内外的流通和转换对于其中的权力生产和再生产所发挥的作用；同时也强调在不同部分（如系统内部之间和系统内外之间）和不同阶段（如输入和输出）上，权力信息的沟通方式存在差异。

在政治仪式系统图式的构建中，需要注意的是尽量提防系统理论本身的缺陷，如以简单化的形式概括复杂的情况。对于所作出的调整则需要具体分析手段的配合，以对一些重点地带进行特别关照。在政治仪式内部，政治信息从符号到象征再到权力的一系列转换是系统内部运作的主体过程，但这种结构间的相互作用通常只是在平面的、单向或双向的层面上得到分析。我们探讨了政治仪式内部结构的多种元素，包括时间、空间、人物以及各种或明或暗、或大或小的器物和事物，它们在政治仪式系统中都是政治信息的载体，而且每一个微观单元都如同神经元一般通过自身的突触与其他神经元进行接触，从而构成了一张多维的、多向的、复杂的意义之网。因此，在主要的政治信息流动中，充斥着各种微观单元之间以及它们与一切外在事物之间的交互关系，这些关系也是整个政治仪式系统输入、输出和反馈环节的一部分。在政治仪式外部，环境对其内在的各个环节的影响存在于整个政治仪式过程中，它们对仪式中政治信息的转换提供了一定的动力。从预期和效果来看，外部环境的输入和反应越强烈，对政治仪式过程的持续性影响就越强烈。而正因为合法性成为预期的主要目标和效果测定的主要标准，使得每次政治信息的转换过程都离不开朝向合法性构建所作出的微调。

需要特别指出的是，在政治仪式系统的结合部（前文提及的边界的网状特征），为系统的运作增添了诸多不确定性，这既是仪式系统复杂性的主要来源，也是仪式系统开放性的一种新状态。在这些不确定性中，既有支持也有威胁。政治仪式所激发出的前运动状态或动员临界点是开放性在结合部或边缘地带的最为主要的反映，它的影响波及政治仪式的整个过程。仅仅就此而言，政治仪式系统对外在环境或者更高级别的系统如政治系统和社会系统的影响也具有不确定性。来自结合部的不确定的压力[1]一旦达到影响整个系统运作的量级，则有可能破坏政治仪式系统在上级系统中的稳定性。因此，断言政治仪式总是政治生活或社会结构的稳定性因素，或者政治仪式对保持政治和社会结构的动态平衡具有本质要求，都属于

---

[1] 注意，这种压力形式与阿尔蒙德所言的"合法的高压统治"所指的压力是不同的，它不属于价值判断范畴，而是属于事实判断范畴。阿氏言论参见［美］阿尔蒙德、［美］小鲍威尔《当代比较政治学——世界展望》，第6页。

一种价值意义上的武断——政治仪式在政治生活的秩序安排中没有明确而严格的道德担当。

2. 系统图式的构建与解释

2.1 系统图式的主要脉络和基本原理

政治仪式的系统图式的设计虽然采用多元性、多维性和不确定性的理念,但仍可以按照比较简单的逻辑意图进行解释。输入—输出结构作为系统中最为基础性的架构,能够充当解释的主要脉络。详细图式请参见图8.1,简要图式请参见图8.2。

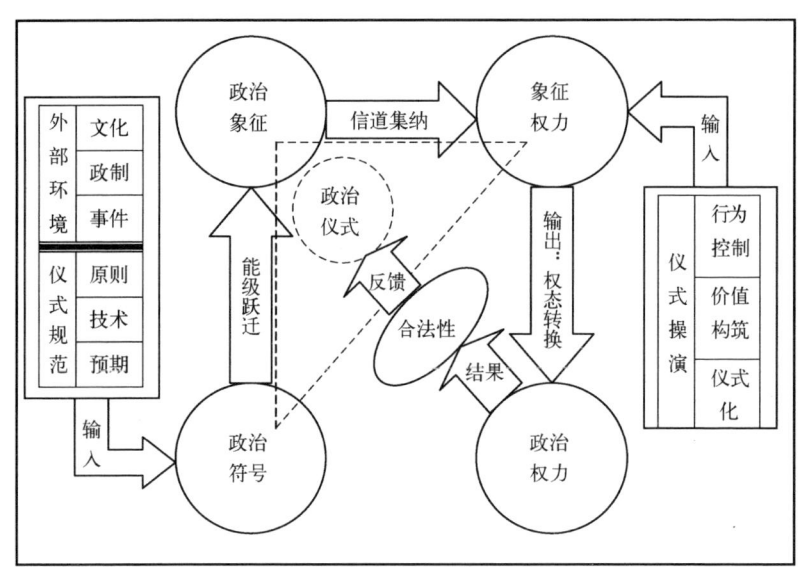

图 8.1 政治仪式的系统图式

政治仪式系统的输入主要有两次,第一次是在系统—环境关系中,来自政治仪式外部的文化、政制和事件等外部环境和政治仪式本身的规范性内容如原则、技术和预期等一同构成了政治仪式系统

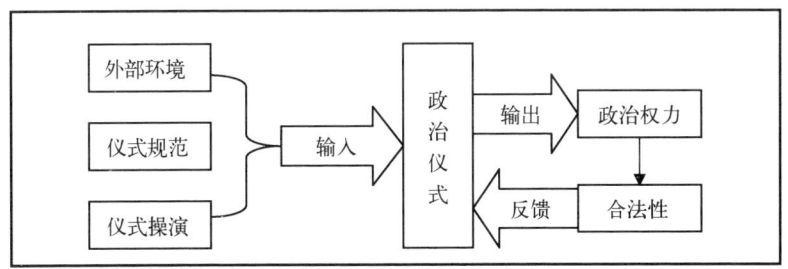

图 8.2 政治仪式的系统图式（简图）

的主要输入方。这些输入是先在于政治仪式系统的基础性条件。输入的主要接受对象是政治仪式中的各种"政治符号"，它们在接纳了外部环境和仪式规范两类信息后，才能获得足够的能量转换成"政治象征"。从"政治象征"向"政治权力"转换的过程则属于仪式系统内部的运作过程，反映的是政治仪式进行权力生产的基本功能，即将处理象征的多种信道进行集纳，以择取、整合和强制等手段使之转换为"政治权力"，这也是我们在前文所论述的象征权力得以产生的基本工作原理。第一次输入存在于政治仪式系统内部，作用于从"象征权力"向"政治权力"的转换。第二次输入与第一次输入相比就如"第二宇宙速度"之于"第一宇宙速度"，令"象征权力"脱离政治仪式进入政治生活。第二次输入主要通过政治仪式的操演完成，通过行为控制、价值构筑和仪式化等形式实现权力的生产和再生产（注意：第一次输入中再生产的意味非常淡薄）。第二次输入与政治仪式的输出直接相连，体现为权力的仪式状态或阈限状态的结束以及权力的日常状态的开始。从政治符号到政治权力的一系列转换借助政治仪式系统的输入—输出结构得以完成，而合法性则是这一过程的最终结果。政治权力虽然被生产和再生产出来，但这只是政治仪式的政治作用中的一个方面或较为表面的方面。合法性将政治仪式提高到一个更高的层面上，它在现象上嵌于权力再生产的过程之中，在实质上则是对权力生产和再生产的效果的预期和结果的双重评估，并由此成为政治仪式的政治意义的终极旨趣。这一旨趣也会作为一种（正或负）反馈进入政治仪式，并影响着政治仪式的整个过程。

政治仪式系统图式的图示是平面性的，它实际上是政治仪式作为象征系统和政治系统在一个层面上的"叠合映像"。政治仪式这种双重系统性之所以没有发生根本性的龃龉或不可糅合的冲突，主要是因为政治信息尤其是权力信息融贯其中，起到了支撑和连贯的作用。确切地说，政治仪式系统图式的构建主要依赖于从符号到象征再到权力的连续转换，这些转换实现了两种系统模式的自由切换，既将政治仪式的结构和功能体现出来，也为权力再生产和合法性构建储备了充足的动力。政治仪式系统图式的基本原理就是这些转换中体现出的一些重要规则。在转换过程的三个阶段中，符号、象征和合法性分别处于起点、中途和终点的位置，三者为在整体性意义上解释政治仪式系统图式提供了重要的着力点。

政治符号是系统图式的出发点，令政治系统或政治环境与政治仪式系统紧密贴合。符号在人类的政治生活中占据着重要的地位。政治仪式作为一种象征系统，实际上首先是一种符号系统，没有符号就没有象征。虽然在英文中符号和象征享有同一词语（symbol），[1] 但我们在此将两者区分开来：符号和象征享有的是同一种事物，但符号是其所指的客观形式，而象征则是其能指的表现

---

[1] 特纳的区分是"象征符号"（symbol）和仅仅作为符号（sign）。我们则是在"象征符号"的统一体中分离其意义端和现象端。特纳和荣格等人的理解请参见［英］特纳《象征之林：恩登布人仪式散论》，第 26 页。

第八章　落幕：政治仪式的理论图式

形式。[1] 可以说，象征是增添了意义之后的符号及其动词格。政治仪式中的符号主要是各种参与者、器物和言行等，在没有附加政治信息和仪式信息之前，它们是没有价值偏向性的某种概念的"存在"。当外部环境和仪式规范将相关信息注入其中后，它们被迅疾地提升至政治象征的等级上，真正开启了政治仪式的意义之旅。在此过程中有两点不容忽视。首先，这些接纳外在信息的符号在系统图式中早就存在，在仪式还未开始前已经具有一定的政治性质；同时，由于政治仪式是一种具有重复性的实践活动，因此这些符号也就"历史地"具有了仪式性质。其次，为了更加有效地提升从政治符号向政治象征转换的速度或效率，一些本身就具有强大力量或丰富信息的政治符号常被挑选至政治仪式之中，例如昂贵的礼器、有着神圣合法性的祭器等。

如果说观察符号对理解政治仪式颇有一叶知秋之意，那么象征则有引领这种理解登堂入室之力。在人类社会中，从符号到象征的转换随处可见，但是这种转换在仪式中是至关重要的主题。在系统图式中，象征既占据着政治仪式转换中的核心地位（政治象征和象征权力），又因两者的转换关系成为政治仪式进行权力生产和再生产的最为重要的动力源泉。对政治象征的定性分析离不开政治象征在"量"上的表现，简单来说就是象征的多义性。这意味着政治符号的能级跃迁不单是披上了象征的外衣，更重要的是为自己戴上多重的意义面具。从政治象征向权力象征的转换就是要识别这些面

---

[1] 按照卢克曼的理解，象征和符号的共同点是两者的意义形式，都"指向某种不能被直接经验的东西"；两者的不同点则在于呈现形式，即象征"是某种被经验为属于不同于日常现实的另一种现实的东西"，而符号是象征的载体，它"是日常经验的组成部分"。参见［德］卢克曼《无形的宗教》，第135页。

具，从中找出权力的面具并将之去除，以显示出政治符号的权力真相。政治仪式中包含了众多的意义束，如政治的、文化的甚至是经济的，这些政治意义束中又包括了众多的意义线，如地位的、声望的和价值的等——它们共同构成政治仪式中的意义之网，在这个错综复杂、剪理俱难的网络中，政治象征是核心节点。所有意义的流通都要通过这些节点，这些节点也将所有的意义联系起来。如果能够在节点之中安置某种编码解码器，那么通过对政治象征存储信息的分析和梳理，就能对政治仪式进行非常精密的研究，尤其能够把握其中权力信息的流动和变化的踪迹。

在图式中，合法性虽然由政治权力导出，但它对政治仪式的"反馈"也指出了其影响力在政治仪式中无处不在。合法性存在于外部环境对政治仪式的输入中，政治生活中的合法性基础是政治仪式努力达到的方向和目标。比如在神权社会中，很难想象国王的加冕仪式会借用神权之外或者与神权相对的权威。这实际上指出了政治仪式和外部政治环境的合法性基础具有同构性。政治仪式自身"先赋的"原则、技术和预期也不断强化了这一点，它们作为输入不仅是对政治仪式提出的合法性要求，也是一种合法性支持，前文对仪式专家的研究证明了这一点。合法性不是政治权力的逻辑顺延的"结果"，而是对政治仪式进行权力生产和再生产的效果的评测。合法性对政治仪式的反馈不仅是系统图式完备性的需要，更为重要的是指出了合法性的反馈弥漫至政治仪式的所有的环节中。这也意味着政治仪式与合法性的关系中存在着内在的紧张，或者说，政治仪式就是一个争夺合法性的战场。合法性的提纲挈领作用使政治仪式系统的所有转换过程有了一条主脉，但也正是因为合法性需要一系列转换才能达成，使其成为影响政治仪式运作的潜在因素——从结构的角度来看，合法性既能维护系统的稳定，又能促成系统的变动。

2.2 结构与关系：能级跃迁、信道集纳和权态转换

即便结构主义或结构功能主义遭受到很多学者的抨击，作为一条概括经验世界的逻辑路径，结构和系统仍然是学术研究中难以忽略的概念。图式的绘制在很大程度上是人为地对系统的经验状态进行结构性的描述，它对系统的切分勾勒出一个静态系统，而它对结构间关系的强调则指出系统的动态性特征。系统的复杂性在很大程度上来源于结构的复杂性，结构的复杂性则与系统中"相交叉的参数"的数量有关。[1] 这些参数主要指的是社会群体的不同类别和地位，在政治仪式中则主要包括人和物（抽象的和具体的），它们一同构成了仪式系统的基本结构。这些结构参数能够很好地反映出结构的分化程度，但"有必要区分'结构分化'与'结构再生产'两个范畴。前者强调社会结构要素排列组合的变化重组，而后者更为突出系统内外环境的相互作用与渗透"[2]。事实上，结构再生产的范畴也能够继续扩大，这种可扩大的范畴既包括系统和环境之间，也包括系统内部各子结构之间。因此，唯有将结构和关系结合起来，才能更好地观察和分析系统。在"展布"一章中已经对结构参数进行了细致的区分，在此使用"能级跃迁"、"信道集纳"和"权态转换"三个概念描述政治仪式中的结构切换和关系变动，它们在一定程度上是政治仪式进行权力生产和再生产的基本工作原理。

能级跃迁本意是指原子、分子或原子核因能量发生变化而导致

---

[1] 参见[美]彼得·布劳《不平等与异质性》，第152页。
[2] 王建民：《社会转型中的象征二元结构：以农民工群体为中心的微观权力分析》，载《社会》2008年第2期。

的状态变化，在此是指政治符号因各种政治信息的输入而转变为政治象征，例如一面普通的旗帜增添了一些元素在特殊的时空中成为国旗。政治仪式中的大多数非独创性符号在政治生活中也占据着一定的经验位置，但是它们进入仪式后，不仅其经验位置发生了变化（从政治生活到政治仪式），而且其状态也因信息量或能量的变化而变化，成为一种"礼器"发挥着特殊的功效。能级跃迁的本意为我们分析从符号到象征的转化提供了两种有益的思路。首先，"能级"意味着能量的不连续性，在能量级别发生了变化后，其状态也就必然发生改变。因此，政治符号在吸纳外来的能量输入时，不同数量会导致其状态的多样性，这也就是政治仪式中的政治象征具有一定的等级性的重要原因。也就是说，在政治仪式对地位或级别的特殊安排中，同样的符号因承载信息量的不同而使得政治象征的能级不一样。中国古代的舆服制度直观地展示出了这一点，既是官僚集团等级制度的象征，又是社会道德秩序和礼仪制度的符号。[1] 其次，"跃迁"不是一个单纯的"升级"活动，它也可能是因能量的流失而发生的"降级"活动，显示为政治象征得到了特别的加强或削弱而与其传统的或历史的状态产生了不同。在政治仪式中，这种跃迁既可能发生在从政治符号向政治象征转换的过程中，也可能发生在政治仪式操演过程所出现的政治象征的自身状态变化之中。

信道集纳用于描述从政治象征向象征权力的转换，它并不是因能量变化而引起的状态转换，而是对象征之多义性进行分析和遴选的过程。"信道"简单来说就是信息传播的道路，但是其中包含着

---

[1] 参见朱和平《中国服饰史稿》，郑州：中州古籍出版社2001年版，第54页；沈从文《中国古代服饰研究》，上海：上海书店出版社2002年版，引言。

编码和解码的功能，因此能够在通路两端连接两种不同的信息模式。政治象征的多义性极为复杂，并且可以兼具客观性（意义的历史性叠加）和主观性（意义的差异性理解）。这些多义的象征在政治仪式中的传播并没有固定的方向，它们经过不同的编码解码原则以多样化的形态呈现出来。政治象征和象征权力作为两种不同的代码结构，需要信道的代码翻译功能。"集纳"既是对政治仪式中从政治象征到象征权力转换的客观状态的描述，也是政治仪式进行权力生产和再生产的主动性的要求。信道集纳的完成，在很大程度上依赖于政治象征之多义性的归约。以是否与权力具有关系为标准对多义的象征进行遴选是关键的一步，经过此环节后，与权力较为疏远的象征意义被置之一旁，而与权力具有各类相关性的意义则被统一置入某种信道中，通过编码解码器的作用被输出为象征权力。由此，信道集纳具有了两重意义，一是将政治象征中的权力因素收集起来向权力象征一端输送，提高了权力象征的能量；二是信道集纳使得政治象征和象征权力之间的信道变得越发粗大，从而能够提供更为高效的信息输入，并且由于它相对于其他信道的巨大规模而使得从政治象征到象征权力的转换成为关注的焦点，在政治仪式内部持续性的信息转换之争中获得优势地位。

在系统图式中，权态转换是主要的输出环节，从象征权力到政治权力既是权力状态本身的转换，也是权力在两种系统状态中的转换。经过新的解码过程后获得的象征权力在很大程度上仍属于意义范畴，如果不突破政治仪式的阈限回到政治生活中，那么政治仪式中的权力生产和再生产只能被阻滞在一种仪式状态中。政治文化无疑对权态转换具有铺路和保护的作用，但这并不是政治仪式中权力之路的终点站。象征权力的日常生活化意味着政治仪式需要对政治生活的价值、制度和程序等各个层面都产生巨大的影响力。在促成权态转换的主要动力中，行为控制、价值构筑和仪式化等基本的仪式操演是关键的引擎，它们的动力输送也有区别，分别倾向于输出至政治生活中的经验层、规范层和无意识层。通过这些层面上的接受，象征权力在从符号向象征转变阶段中披上的外衣被剥离，而内里的符号经过政治仪式的"消化"、"吸收"和"重建"发生彻底的变化，被还原为政治权力。这种还原和政治仪式之前的整体性的预期尤为相关。

政治仪式的系统图式同时借鉴了来自一般系统论、政治系统论、物理学和信息学等学科的基本概念，但在具体分析中，这些概念的比喻意义大于实质意义，只是出于简化复杂状态和便于理解的目的而使用。在此过程中，政治仪式和政治生活、符号和象征以及权力和合法性是最为主要的三组概念，它们在结构和功能的意义上承担着系统的基础性构建的重任，在成长和发展的意义上是政治仪式这种既简单又复杂的系统得以维持并创生的核心元素。

二、政治仪式的场域图式：从权力工厂到合法性市场

1. 场域与政治权力的生产和再生产

1.1 权力格局的转变：从仪式阈限到政治场域

阈限是仪式实践特殊性的关键特征，在政治仪式中的重要意义在于强调以象征手段处理权力关系，为政治权力在政治仪式内外两个量级上的转换寻求政治文化层面上的解决方案。由此，政治仪式作为一种阈限结构就成为政治权力的生产策略，同时由于政治仪式在时空意义上的跨历史特征，又使之成为再生产策略。阈限的概念

第八章 落幕：政治仪式的理论图式

能够为观察政治仪式内外的权力转换提供有效的实用主义和功能主义的解释，但很难对政治仪式与政治生活之间的关联及其变动进行有效分析，它是否能够完全"走出仪式"还有待考察。总之，阈限在理论上虽然具有结构性的特征，能够处理来自多个方向上对结构产生的压力，包括应对一些令结构产生变动甚至崩溃的压力。但是，阈限自身的"仪式效应"约束了其开放性，使其在处理压力（也包括接纳支持）时弹性不足。正因如此，在构建一条不同于系统图式的理论图式时，我们选取了既具有明晰的结构特征又极具开放性和解释性的"场域"概念。

在对场域概念进行调整以更好地匹配我们对政治仪式的图式构建前，有必要先了解一下此概念的基本定义和适用情况。从"场域"概念的创立者布尔迪厄的多重身份中就可以管窥此概念的一些背景：哲学家、社会学家、人类学家以及社会活动家等。[1] 从其作品中可以看出，"场域"概念的经验性获取和应用主要与他对阿尔及利亚的田野调查和法国教育系统的反思有关，因此社会权力分化和文化权力状态成为阐发场域概念的最为重要的客观条件。由此再来体会其场域概念：场域是对社会空间的一种描述，"既是一个力量场，它的必然性对投入这个场的行动者有一种强制力，同时，也是一个斗争场，在它的内部，行动者们按照他们在力量场结构里的位置，以他们的资财和不同的目的而互相对立，这样，有助于保持或改变这个场的结构"[2]。对这一概念更为完整的界定是："一个场域

---

[1] 国内有关布尔迪厄作品的翻译对一些关键概念有着不同的译法，有时会产生很大的误导性。本书统一了译法（括号为法文）：场域（champ）、统治（domination）、象征暴力（violence symbolique）、区隔或区别（distinction）。

[2] ［法］布尔迪厄：《实践理性：关于行为理论》，第38页。

可以被定义为在各种位置之间存在的客观关系的一个网络，或一个构型。正是在这些位置的存在和它们强加于占据特定位置的行动者或机构之上的决定因素中，这些位置得到了客观的界定，其依据是这些位置在不同类型的权力（或资本）——占有这些权力就意味着把持了在这一场域中利害攸关的专门利润的得益权——的分配结构中实际的和潜在的处境，以及它们与其他场域之间的客观关系（支配关系、屈从关系、结构上的对应关系，等等）。"[1] 高宣扬对"场域"概念的总结和理解颇为到位："场域概念所要表达的，主要是在某一个社会空间中，由特定的行动者相互关系网络所表现的各种社会力量和因素的综合体。"[2]

我们之所以选择"场域"当作政治仪式理论图式的核心，主要是因为这一概念强调了一种"权力在场"的自主性和独立性，弱化（绝非否定）了系统和结构的限制性意义，对处理权力的"跨界流动"有着范式上的优势。系统图式适合从整体的角度去观察政治仪式中的权力生产和再生产，场域图式则借助场域本身所具有的社会空间的身份多重性以及与权力之间的根本性关联，为观察政治仪式与权力之间的关系提供微观而不片面、交叉而不混乱的独特视角。同时，场域对系统分析的良好亲和度也能够令该图式在诸多层面随时与系统图式进行比照，以更为全面地理解政治仪式及其权力思维。

其次，从理论的适应性上看，场域和政治仪式之间有着天然的"亲戚关系"。撇开之前提及的布尔迪厄的人类学家身份以及对权力

---

[1] [法]布迪厄、[美]华康德：《实践与反思——反思社会学引论》，李猛、李康译，北京：中央编译出版社1998年版，第133—134页。
[2] 高宣扬：《当代法国思想五十年》，北京：中国人民大学出版社2005年版，第514页。

分析的偏好不谈，场域的"社会空间"特征既能够贴合仪式的阈限性，又能够将这种空间（其实也是时间）限制置放在一个跨界的或交叉的广阔范畴（其外延是所有社会生活的场域，包括社会场域、政治场域、经济场域以及文化场域等）中。同时，布尔迪厄在应用场域概念时有个不可或缺的伴生概念，那就是"象征资本"。他在社会人类学和哲学的角度上对仪式中的象征资本和权力的关系进行了一些有益的讨论，因此为政治仪式构建理论图式时，选择"场域"概念非但没有突兀之处，而且已经考虑到了两者之间的理论渊源和共通之处。

再者，在我们最为关切的权力分析中，场域理论对权力的理解和我们之前从"差别"和"差距"两个角度分析权力概念有着一定的相似度。布尔迪厄认为："所有的社会都表现为社会空间，也就是差异的结构；人们只有构建了在客观性中建立这些差异的发生原则，才能真正理解这些差异结构。这项原则不是别的，只是权力形式或一些在受重视的社会领域里某些有效资本的分配结构——而这些资本依照地点和实践而变化。"[1] 有所不同的是，他将权力置于差异之前，而我们将权力和差异的关系视作一种循环，这一点在具体分析中并不会带来太多理论上的困扰。

我们构建的政治仪式的场域图式并非全盘接受布尔迪厄的场域概念，而是根据其阐释的重点作了两点调整。一是我们没有过多考虑个体或群体的心理结构与权力资本汇兑或场域结构转换之间的关系，这一点却是他关注的重点。之所以如此取舍，是因为我们将在情感图式中集中地讨论政治仪式中的心理因素。在场域图式中，我

---

[1] ［法］布尔迪厄:《实践理性:关于行为理论》,第 37 页。

们略过有关象征资本和社会关系在心理层面的构建原则，主要讨论它们在权力生产过程和再生产机制中的作用和意义。二是我们对布尔迪厄有关"统治"（domination）的分析持谨慎态度，他强调场域中的斗争，并时刻注意到场域中存在着一个权力的偏正结构。在政治仪式之中，这样的偏正结构虽然也广泛存在，但"象征暴力"并不普遍，而是充满掩饰，因此使得统治的分布在政治仪式的规范性描述中是不均衡的。也就是说，在任何时间都不能小觑那些处于权力弱势端的群体在政治仪式中所能起到的作用，政治仪式总能为扭转乾坤提供机会。

1.2 生产和再生产：场域图式的理论基础

场域理论与政治仪式理论之间存在何种契合度？在何种程度上需要其他理论的协助？如何将这些相关性的理论贡献统一和调整到我们所构建的理论图式中？在回答这些重要问题之前，有必要将研究结果的一点重要发现先行阐述一下，以帮助读者比较顺畅地理解下文分析中所出现的一些理论上的"跳跃"。那就是布尔迪厄的场域分析中吸纳了来自马克思、韦伯和涂尔干的一些理论要素，如生产和再生产、权力和合法性以及社会分化过程等。这些概念紧紧围绕在场域周围，构成了一个独特的理论体系。这一理论体系使我们发现了两条既相关又区别（这恰好是布尔迪厄一生秉持的方法论之一）的路径，简单以线路图的形式表达为：（1）布尔迪厄—场域—再生产—生产—马克思—马克思批判（如卢卡奇、波德里亚等）；（2）布尔迪厄—场域—象征资本—马克思商品理论/（涂尔干）莫斯礼物理论—政治经济学/经济人类学—政治权力制度化/政治权力社会化。这两条理论线路的前进方向既非时间性的（包括了理论回溯和理论评判），也非空间性的（包括了理论交叉和理论平行），它们是我们在思考场域理论如何适用于政治仪式理论图式构建时发现的一种理论关联路径,加上我们的调适之后,便是对本段一开始提出的几个问题的回答。

场域是一个资本或权力角逐的场所,其中潜藏着对具有"支配性的统治原则"(针对各种不同权力的权力)的需求,而"以争夺统治原则为目的的斗争实际上就是争夺合法化问题的合法原则的斗争,同时也是为了争夺统治基础的合法的再生产方式的斗争,这两者不可分离"[1]。布尔迪厄对"不可分离"的强调实际上是说明两种斗争目的在本质上的统一,"再生产"由此被推到至高无上的地位,它是理解和把握场域理论的关键所在。"再生产"是各种类型的权力资本的拥有者对其资本的维持和扩展,直接关系其在场域中的"定位"问题,丧失了再生产的能力就会导致在场域中"失位"。这与我们对政治仪式的权力分析一致,不以合法性为目标的政治仪式是难以想象的,政治仪式及其与政治生活之间的种种权力关系和权力转换,都需要通过"再生产"实现循环。从政治仪式(单一场域)的角度来看,政治仪式是一种权力生产和再生产的方式或策略;从政治生活(全部场域)的角度来看,政治仪式构成了更为庞大的政治权力生产和再生产的一个环节。

痴迷于社会行动的布尔迪厄总结出了一种"再生产策略体系",包括"繁衍的策略""继承的策略""教育策略""预防性的策略""狭义的经济策略""社会投资策略""婚姻策略""社会公正策略"等。[2] 这些策略不算是完备的策略体系,也不能被归于"理论计

---

[1] [法]布尔迪厄:《国家精英》,第458—459页。
[2] 参见[法]布尔迪厄《国家精英》,第471—473页。

算"的范畴,它们具有较为强烈的实用主义特征,即对已然存在之物的肯定和承继。从概念原型上来说,生产和再生产的研究自然无法忽视马克思的贡献。事实上,布尔迪厄的8种再生产策略在一定意义上和马克思对生产实践的分类具有一定的对应性。我们倾向于在一个广义生产理论的层面上理解马克思的"全面生产"理论,主要分为四个类别:"物质生产""人的生产""精神生产"以及"社会关系的生产"。[1] 其大致的对应关系请参见图8.3。

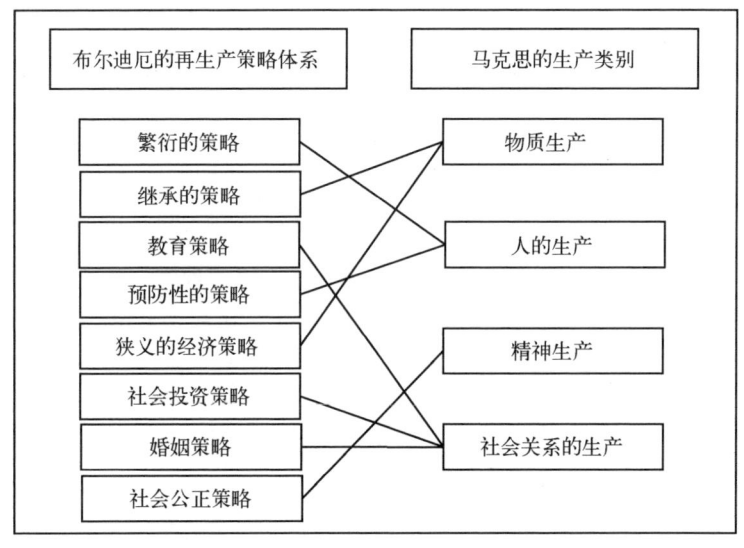

图8.3 再生产策略体系和生产类别映射图

---

[1] 需要注意的是,这些生产同时兼具再生产的含义。参见俞吾金《作为全面生产理论的马克思主义哲学》,载《哲学研究》2003年第8期。有学者添加了"人与自然关系"的生产(再生产)类别,我们认为此类可以分解进其他类别之中,参见孙承叔《一种被忽视的生产——马克思社会关系再生产理论的当代意义》,载《学习与探索》2007年第4期。

布尔迪厄的再生产理论主要着眼于策略,而马克思的再生产理论主要着眼于过程。马克思强调:"生产实践的社会关系性内涵及其不断变迁的再生产性历史性特征","归根到底是以社会关系的生产与再生产为核心"。[1] 这种理念既是社会科学的,也是哲学的,它集合了对(资本主义)社会发展过程的实践观察(商品理论)和理论总结(马克思哲学)。因此,我们在构建政治仪式场域图式时,既借鉴了布尔迪厄式的策略观,也借鉴马克思式的过程观,共同呈现权力生产和再生产的具体方式和流程。布尔迪厄划出了一块权力斗争的社会空间,马克思描绘出权力资本的流变过程,但这两个方面还不足以解决政治仪式的一些特殊要求。如政治仪式中的权力产品的象征化问题,它不能全盘套用经济学对商品流通的分析。

作为人类学视野的传统议题,有关"礼物交换"的众多研究能够提供有益的补充。从涂尔干和莫斯开始的人类学家们虽然在有关礼物交换的理论构建上各执一词,但大多或明或暗地认为礼品和商品的价值属性是不一致的,前者的价值需要定性分析,后者的价值则属于定量范畴。[2] 因此,即便是布尔迪厄考虑到象征资本的问题,其分析的立足点还是在一个非阈限性的社会空间中讨论象征资本和其他类型资本的汇兑率问题。而在政治仪式中,象征资本不是任何间接的比喻意义上的,而是直接的本体意义上的。因此,政治仪式中的象征资本和象征权力作为一种产品得以生产出来,需要考虑其价值总量中包含着一种属于政治仪式所特有的、无法定量分析的象征价值。政治仪式中的权力产品在价值含量和价值含"类"上都要

---

[1] 参见刘怀玉《论马克思哲学的再生产实践概念》,载《天津社会科学》2007年第2期。
[2] 参见阎云翔《礼物的流动——一个中国村庄中的互惠原则与社会网络》,李放春、刘瑜译,上海:上海人民出版社2000年版,第4—13页。

超过日常意义上的权力产品。除了象征权力作为产品和商品,无法完全与马克思生产学说中的对应概念进行直接置换之外,对马克思生产理论的一些重要批判和发展也为我们思考生产实践提供了诸多值得重视的理论路径。

政治仪式场域图式的构建理论以布尔迪厄的场域理论和马克思的生产理论为主要思想源泉,分别应用于设计结构性的策略和体系性的过程。来自人类学礼品交换和象征交换的传统研究为政治仪式的象征性产品和日常产品的界分提供了一些思路;对马克思生产实践的众多反思,如卢卡奇对物化的研究和波德里亚对消费的重视,有助于分析政治仪式产品的商品化和商品流通。

2. 场域图式的构建与解释

2.1 政治仪式场域图式的图解

政治仪式的场域图式中包含了政治仪式和政治生活两种场域,虽然它们都是权力场域,但在权力的生产和再生产中各有担当。政治仪式的场域是权力工厂,在资本投入的前提下通过生产力和生产关系的双重作用产生象征权力。政治生活场域则是合法性市场,象征权力作为商品通过交换体系以新的资本形式表现出来,主要包括政治权力和合法性,合法性作为剩余价值或利润进入再生产环节继续驱动政治仪式的权力生产。该图式暗含三种逻辑线路,如图 8.4 和图 8.5 所示。

(1)最为简单和宏观的是虚线所表示的线路,资本投入政治仪式中以得到产品——象征权力,该产品进入政治生活后转换为商品形式,通过交换体系成为政治权力,而合法性以利润的价值形式附着其上。

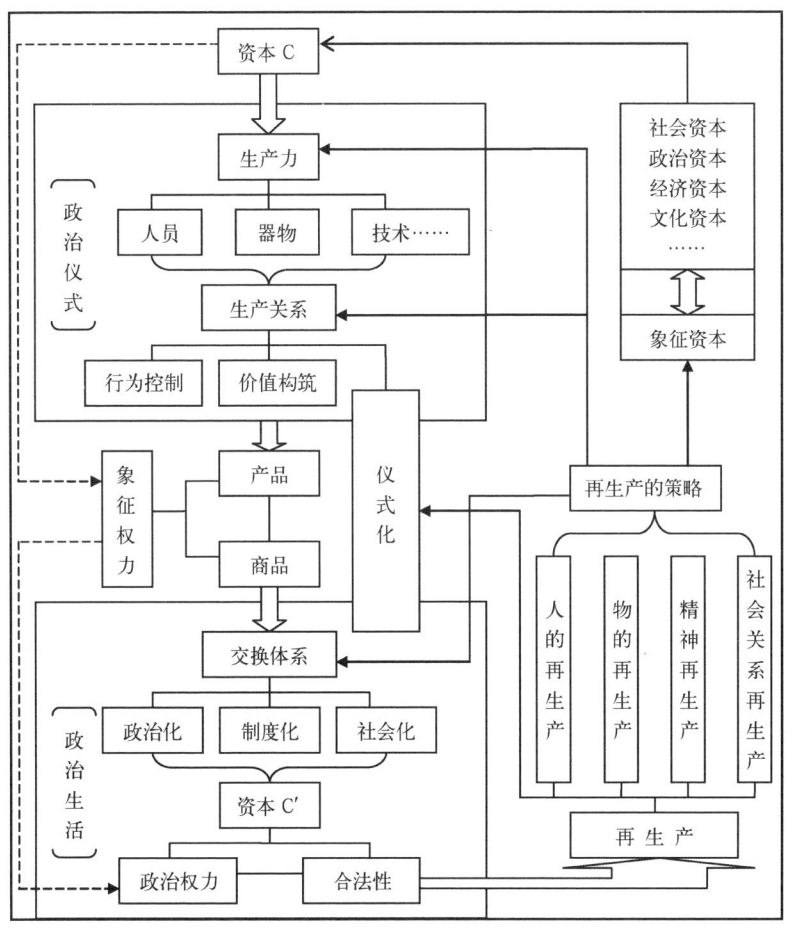

图 8.4 政治仪式的场域图式

（2）空心箭头主要表示一种生产和商品逻辑，在形态上对应着马克思经济学中从资本 C 到资本 C′ 的过程。在具体流程中则完全从属于政治仪式的权力生产和交换逻辑，政治仪式中的人员、器物以及技术等因素充当着生产力，通过行为控制、价值构筑和仪式化等政治仪式中的特殊人际关系生产出象征权力。就图式中的流程来看，看似从象征权力到政治权力和合法性的转变经历了一个比较漫长的过程。实际上，这一过程是瞬时达成的，象征权力在一生产出来后就立刻进入政治生活场域中，并聚合政治权力和合法性的意义。图式中的交换体系只是将这种瞬时性以理论分析的方式呈现出来。合法性进入再生产标志着这一线路的结束，因为再生产本身就意味着生产的重新开始。

（3）实线单箭头主要是呈现再生产及其策略对政治仪式和政治生活的影响面和影响方式，包括再生产对仪式化的影响，再生产策略对整个政治仪式的影响，以及再生产策略对象征资本和其他类型的权力资本的交换的影响。其中，第三种影响的结果表现为资本汇兑率，它确定着投入政治仪式的资本类别及其级别。

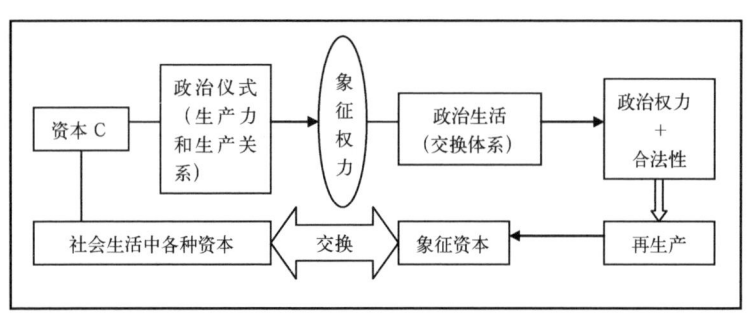

图 8.5　政治仪式的场域图式（简图）

场域图式中主要呈现出了三种权力生产要素：生产力、生产关系和交换体系。使用这些耳熟能详的马克思哲学概念有其利弊两面性，马库斯（George E. Marcus）评价保罗·威利斯（Paul Willis）在马克思主义传统中写作民族志时指出了这一点：优势是"它提供了一些现成的、经典的、人们熟悉的唤起宏观社会秩序的途径"，劣势是"对现成的宏观意象的运用倾向于使与民族志所阐释的工人阶级对象的世界形成对照的那个模糊不可知的世界被漫画化地处理"。[1] 在构建场域图式时得到了其中的优势，并通过将抽象概念紧密依附在政治仪式的具体实践中以避免劣势。[2]

生产力是政治仪式外在的各类资本的主要投入对象，它既包括仪式中的参与人员和所使用的器物等具体元素，也包括技术等抽象元素。从系统角度来看，资本集合了来自外部环境和仪式规范中的所有政治信息，尤其是权力信息。按照我们从差异角度对权力的分析，这种指向生产力的资本先在于政治仪式的权力认知，是组成生产力的各种元素的分级标准。如当神权是重要的资本时，生产力的提高在很大程度上显示为各元素（实践经验）向神权（抽象规范）的靠拢。前文已对人员和器物作了详细的分析，并讨论了外在环境对政治仪式之技术变革产生的影响，这些在一定程度上都适用于理解本图式中有关资本和生产力关系的研究。

生产关系对人的社会性的强调在本图式中也得到了体现，行为控制、价值构筑和仪式化正是对政治仪式中的个人和群体的关系的处理。这些关系在我们的分析中集中地以权力关系的形式彰显出来。行为控制主要靠各种身体规范技术得以实现，个体与政治仪式

---

[1] 参见[美]乔治·E.马库斯《现代世界体系中民族志的当代问题》，李霞译，载[美]詹姆斯·克利福德、[美]乔治·E.马库斯编《写文化》，第209—239页。

[2] 需要说明的是，我们赞同威利斯的观点，他认为应该将生产和再生产区隔开来阐释："要想将再生产出来的社会关系构建成富于竞争的动态关系，我们就必须认清那个我称之为文化生产的东西所具有的相对独立的逻辑，它们介入社会关系时的不同意义，以及从文化生产中生产出文化再生产，并由此与社会再生产联系起来的意识形态和限定性（limiting）的过程。"参见 Willis, Paul（1981）,"Cultural Production Is Different from Cultural Reproduction Is Different from Social Reproduction Is Different from Reproduction," *Interchange*, Vol.12, No.2-3, pp. 48-67. 转引自吕鹏《生产底层与底层的再生产——从保罗·威利斯的〈学做工〉谈起》，载《社会学研究》2006年第2期。

之间的关系体现为身体在权力秩序中的位置和行动方式。价值构筑在规范层面上约制了个人或群体与政治仪式场域之间的关系（忠诚、信仰或意识形态），体现为服从、遵守和接纳所意指的权力关系。仪式化是一种具有跨越场域能力的特殊生产关系，或是一种将政治仪式的特殊生产关系在政治生活中进行普遍化的方式和策略。这些生产关系透露出了权力意图是政治仪式的固有之物，当生产力与之结合时，所有的人、物或技术资源都立刻服从它的安排。这亦表明政治仪式是一种具有相当稳定性的社会结构，它通过资本对生产力的投入以及生产关系中都含有的一致性权力关系，最大限度地减低了"生产力和生产关系之间的矛盾"。与马克思生产理论中生产力的活跃性不同，政治仪式中的生产力有着沉重的先天性负担，它在"承上启下"中所具有的自由度很小，在"改编"一章对这种自由度的调节已经作了大量探讨。

完整的交换体系主要包括交换（销售）、分配和消费三个环节，这在本图式中分别为"政治化"、"制度化"和"社会化"所替代，它们之间的对应关系极为薄弱，至多是比喻意义上的。交换体系处理的是政治仪式和政治生活两种场域中的权力交换问题，更确切地说是政治仪式所生产出来的象征权力如何转换为政治权力的问题。在系统图式中我们给出了某种"权态转换"的解释路径，在此转换思路再给出一条更贴近商品理论的解释路径。

"政治化"的主要任务是令政治仪式产品"去象征化"，并为其贴上清晰的政治标签。政治仪式场域中的权力自始至终具有浓厚的象征性，否则它就无法在政治仪式的生产关系中生存。"政治化"力图在两种场域中制造出某种"一般等价物"的概念。在经验性的政治仪式实践中，"政治化"的作用是完全抽象的，它只是在理论角度上解决了两种场域"可以"进行权力交换的前提。"制度化"将经过政治化粉刷的权力商品带入制度性的政治分配领域，这一过程是可观察的。例如"准国王"在加冕典礼前即便是手持权杖也无法得到权杖所具有的象征权力，但在加冕典礼完成后（注意：场域切换），这个手持权杖的人已经得到归属于"国王"的所有全部制度化权力。制度化所代表的政治权力分配既是必然的，也是必需的，否则政治仪式与政治生活之间就会出现不可连通的鸿沟，而这是不可想象的，它违反了仪式阈限必然存在两种不同状态的充分条件。"社会化"意味着政治权力并不属于单纯的政治场域所有，而是存在于一切社会场域中，这也是布尔迪厄将场域和社会空间的权力属性相等同的出发点。政治权力的"社会化"也具有一种现代性意义上的"消费"的特质。政治仪式中的象征权力的生产本身就与"消费"具有很大的关联性，从部落社会中的夸富宴仪式和广泛存在于各社会形态中的象征性的礼物交换，到大型政治仪式中的炫耀性展布，"消费"甚至"浪费"本身就是一种权力的生产方式。在此，消费成为社会结构的基础性（如果不能说是本质性的话）特征，消费中生产出来的政治权力（也经过了"制度化"的过程[1]）就自然成了社会化的产物。

2.2 政治权力的再生产机制

将仪式和再生产当作关联性主题的研究几乎都属于人类学范畴，而人类学对再生产的研究有其特殊的理论对象，即"人的肉体

---

[1] 如布劳认为："礼品交换在较为简单的社会中经常采取的制度化形式，突出了社会交换（不同于严格的经济交换）的两个普通功能，即建立友谊纽带和确立超过别人的优等地位。"参见[美]彼德·布劳《社会生活中的交换与权力》，孙非、张黎勤译，北京：华夏出版社1988年版，第104页。

再生产",包括人口、出生、儿童以及与之相关的政治、经济和医疗卫生政策等一系列被称为"妇女话题"(woman's topic)的课题。[1] 因此,人类学中的"政治再生产"研究虽然不断扩大研究范畴和视野,但理论的焦点仍是"肚皮(食物)政治"(politics of the belly)或"子宫(生育)政治"(politics of the womb)等。[2] 本书对政治仪式的再生产研究要远远超出这种人类学的"课题指南",关注的不是何种形式的再生产,而是何种目的的再生产。任何一种再生产理论的主要目的都是为了解释某种结构(不仅包括各种社会结构,也能够包括各种意识结构[3])的维持、增长和变动等问题。在政治仪式的场域图式中,再生产同样是政治仪式得以维持和继续的关键条件,并且在很大程度上是通过权力的再生产实现这一点的。这种再生产有其特殊的作用机制,[4] 在策略、途径和方向等方面与商品体系中的再生产机制有些明显的差异。

在场域图式中,从"合法性"导出"再生产"并不是简单地为了表明"合法性"具有"利润"或"剩余价值"的意义,诚然这种

---

[1] 参见 Ginsburg, Faye, and Rayna Rapp (1991), "The Politics of Reproduction," *Annual Review of Anthropology*, Vol. 20, pp. 311-343。

[2] 参见 Cole, Jennifer (2005), "Foreword: Collective Memory and the Politics of Reproduction in Africa," *Africa: Journal of the International African Institute*, Vol. 75, No. 1, pp. 1-9。

[3] 如父辈对子女的意识形态的影响,便是一种意识结构的维持和扩展。参见 Liebes, Tamar, Elihu Katz, and Rivka Ribak (1991), "Ideological Reproduction," *Political Behavior*, Vol. 13, No. 3, pp. 237-252。

[4] 其一般性的定义是指:"那些被置于社会不平等体系中的社会集团,特别是那些具有垄断位置和某种社会优势的社会集团,基于维护、扩大、延续自己地位和利益的需要,使用各种方式使得自身社会位置能够持续保存并在代际间不断传递下去的机制。"参见李路路《再生产与统治——社会流动机制的再思考》,载《社会学研究》2006 年第 2 期。

比喻在一定程度上是成立的。[1] 更为根本性的原因在于，合法性在此是一种令"生产"得以"再"的本源性动力。布尔迪厄从目的论的角度上解释过，合法性是场域中权力运作的根本目的，所有的再生产策略如果无法实现统治的合法性，那么就意味着这些策略是无效的。布劳从过程论的角度给出了同样具有说服力的解释："合法化的价值在方法论上和在本质上都可以被说成是起了媒介功能……合法化导致赞同社会共意，社会共意赋予现存的或期望的社会条件以价值，因而稳定或促进它们。"[2] 就此而言，"统治的权力只有具有了社会的'合法性'"，"各种再生产的方式才能稳定地发挥作用，才能最少受到各种各样的挑战或反抗。因此，统治权力的合法性机制相对于制度化权力来说，其维持再生产机制的实践方式更加具有隐蔽性、内在性，因而也许更加有效。"[3] 如果进一步扩展，甚至可以将政治仪式视作一种"合法性机制"，它与制度化权力相比同样能够作用于政治权力的再生产，并且借助"仪式化"实现其特殊机制的普遍化。

政治仪式中生产出来的政治权力和合法性进入再生产机制后，作用对象与马克思所言的全面生产的对象具有一致性，包括了个人再生产、物质再生产、精神再生产以及社会关系再生产，并且将社

---

[1] 丽萨·鲁塞罗(Lisa J. Lucero)提供了一个来自古代玛雅社会的案例，一些重大仪式能够促成物质产品的结余以及包括举行仪式在内的公共资金的盈余，这种从聚集了大量人口的仪式中产生的资源性的"利润"对于统治性的政治权力具有积极意义，因此这种真实的经济利润在某种意义上就成为一种能够带来权力的合法性资源。参见 Lucero, J. L.（2003），"The Politics of Ritual: The Emergence of Classic Maya Ruler," *Current Anthropology*, Vol. 4, No. 4, pp. 523 - 558。

[2] [美]彼德·布劳：《社会生活中的交换与权力》，第 293 页。

[3] 李路路：《再生产与统治——社会流动机制的再思考》，载《社会学研究》2006 年第 2 期。

会关系的再生产当作核心。这一点从象征权力在交换体系中的流程就可以看出,从"政治化"到"制度化"再到"社会化",集成在象征权力中的政治权力和合法性需要在政治生活中以一种去象征化的方式释放出来。这也是政治仪式在政治社会中的主要功能,其权力架构面向政治生活乃至整个社会生活,政治化的权力、制度化的权力和社会化的权力都融为一体,并经由仪式的操演和历史化进入再生产机制中。

政治仪式的再生产机制包含的策略与布尔迪厄列出的八种策略并不能完全对接,后者过于具体,此处仅关注再生产策略的重要方向及其基本原理。关于其具体研究,"刻写"一章讨论了一种庞大的再生产策略组,即政治记忆。从"再生产策略"引出的实线单箭头来看,主要有四个作用方向,分别是"资本汇兑""生产力""生产关系""交换体系"。

"资本汇兑"是政治仪式实现权力再生产的最为重要的途径,因为象征资本在政治仪式场域中所占的比例要远高于任何其他权力场域,而且政治仪式中的象征资本所含的象征特征或象征意义也要比其他场域中的象征资本更为浓烈。因此,控制政治仪式中的象征资本和其他资本之间的汇兑率,是决定其中整个象征权力生产过程的关键所在。即便不考虑政治仪式在制度化政治生活中是否占有正统地位,从政治仪式的经验表现来看,它也能够及时反映出政治生活中的象征资本和其他类型资本的汇兑率。政治仪式中的象征资本承担着货币的功能,偏好于汇兑最具购买力的资本,如在君权神授制中兑换神权,在民主制中就汇兑人民的力量。需要注意的是,这种象征性的汇兑有时发挥实质性的意义,有时则发挥意识形态性的意义。

作用于生产力和生产关系的再生产策略实现了再生产的本职工作，因为生产力和生产关系中所包含的内容正是生产实践的主体所在。无论是人、物、技术还是各种场域中的人际关系，都处于生产和再生产中。从合法性的角度来看，如果政治仪式能够产生更多的合法性利润，那么也就意味着政治仪式对其中的生产力和生产关系的设定是卓有成效的，而这种效果又对各种生产元素和关系的维持和扩大产生了推动性的效果。从美国总统对就职典礼的物质投入就可以看出这一点，正是其产生的象征权力能够转化为政治权力，并构建更为有效的合法性，因此更多的进行再生产的资本就流向了"生产力"和"生产关系"之中，尤其体现为典礼的规模、排场、技术和宣传等方面的扩大化。此外，要特别重视再生产策略对"仪式化"的作用，应用于"仪式化"的再生产策略能够获得双倍的回报，它同时提升了作为"范本"和"摹本"的两类政治仪式的生产效能。例如在巴厘岛的宫廷仪式中，所有再生产对宫廷仪式的投入在扩大宫廷仪式权力输出的同时，也提高了其政治示范效应，引发了更为热烈和广泛的民间模仿，这一过程又提高了政治权力社会化的速度。

再生产策略对"交换体系"的影响包括间接和直接两种方式。间接方式是通过资本汇兑率调节政治仪式投入到政治生活中的权力商品的销售状况。在"政治化"的角度上，资本汇兑率决定各种资本的贵贱等级，在政治仪式和政治生活进行交换时，包含越多高等级资本的权力产品越容易受到青睐，也就越容易首先被"政治化"，从而顺利脱去象征权力的标签，进入政治生活的流通领域。例如政治仪式产出的各种权力产品含有不同比例的经济资本、声望资本、地位资本或神圣资本，如果再生产策略所影响的资本汇兑率将神圣资本放在最高位置上，那么神圣资本含量最高的产品就更容易为政治生活所接纳和转换。再生产策略对交换体系中"制度化"和"社会化"两个方面的作用是直接的。再生产策略从合法性导出之后，因为合法性具有"政治权威"的身份，以及再生产具有以社会关系为核心的特征，所以对制度化权力商品和社会化权力商品的影响是内在的。从目的上看，再生产策略要求政治仪式中的象征权力向制度权力转化，否则就无法得到制度性的合法性。这种类别的合法性在现代宪政国家中比其他类型的合法性更具威力。同理，再生产策略也必须充分估计社会环境中政治文化等非制度性范畴所具有的合法性供给能力，如果政治权力只能停留在政治制度范畴中，就无法对社会进行有效控制和管理，可能会导致政府失灵乃至整个权力结构的崩塌。

政治仪式的场域图式将政治仪式的权力生产和再生产置放在一种双场域结构中予以理解，在逻辑架构上能够清晰观察生产和再生产之间的区别和联动。场域图式在一定程度上"继承"了系统图式的结构性特征，可以在一些已经相当成熟和富有解释性的理论背景下（尤其是来自布尔迪厄和马克思的理论）观察政治仪式和权力之间的关系。在其中，"合法性"作为关键性的节点勾连着整个权力生产和再生产的过程。

三、政治仪式的心理图式：基于政治情感和政治认知的权力分析

1. 政治心理学视野中的政治仪式研究前瞻

1.1 政治心理学的基本理路及其对仪式研究的理论支持

心理活动和行为表现共同构成了人类活动的基本架构，远

第八章 落幕：政治仪式的理论图式

在人们建立起专门的心理学学科以探究心理状态对行为模式的内在影响之前，沉思与激情或理智与情感就如一株充满魔力的双生花，遍栽于各种研究人类活动的土壤之中。在西方，以道德秩序遏制人心叵测是古典政治学的重要主题，对人性的反思则掀开了近代政治学的帷幕。近代以来，随着"理性"和"非理性"之争日渐高涨，心理学在医学和生理学的扶持下逐渐取得独立的姿态，开始兼顾这对看似矛盾的心理因素，分析它们对人类行为和社会关系的影响。

政治心理学诞生于此背景下，作为"探索个性、人际关系如何影响政治活动的一个研究分支"，"要点是人类动机的作用（有时是无意识的作用），和人类对政治结果的知觉。"[1] 它之所以归于政治学而非心理学门下，其首要原因是该学科主要借鉴心理学的技术和成果服务于政治学的研究对象。与其主要方法论来源心理学相比，政治心理学显得过于年轻：从拉斯韦尔将心理学成果用于政治研究开始（20世纪20年代）不过百年，而从标志学科成立或成熟的专业杂志和学会的出现来看（分别是1977年和1979年）才短短30多年。半个多世纪以来，政治心理学经历了麦奎尔（William J. McGuire）划分的三个阶段，即20世纪40年代及50年代由心理学分析主导的"人格研究"，20世纪60年代及70年代受"理性人"假设影响的"政治态度和选举行为研究"，以及20世纪80年代及90年代主要在国际政治领域中风行的"政治信仰、信息处理和决策研究"。进入21世纪以来，除了继续拓展传统政治心理学的研究

---

[1] 参见［英］戴维·米勒、［英］韦农·波格丹诺主编《布莱克维尔政治学百科全书》，第566页。

理路之外，来自神经系统科学（neuroscience）的成果也开始应用于政治心理学研究中。[1] 政治心理学的发展简史表明，政治心理学的主要研究领域是政治学，因此对政治生活的首要关怀是这一学科得以成立的基础条件。同时，政治心理学是一个前沿性的、边缘性的以及在很大程度上是技术性的学科，其发展得益于对心理学、医学、生理学和神经学等学科的借鉴。

从政治心理学的发展脉络来看，侧重理性一方的主流地位渐趋明显，政治认知成为当前研究的热点和核心。[2] 在仪式研究对心理学路径的借用中也呈现出这一趋势，只是由于经典学者们的巨大影响力以及仪式本身所具有的诸多非理性特征而相对缓慢。帕格森（Henri Bergson）、弗洛伊德和荣格等早期心理学家都曾指出宗教或宗教仪式具有情感性的或非（超）理性的特质。[3] 社会人类学的奠基人涂尔干所谓的"心理倾向"和拉德克利夫-布朗所谓的"精神气质"和"情感"都是"仪式功能的功能"。[4] 进入20世纪60年代后仪式的心理研究发生了分野，相对"正统"的文化人类学大家格尔茨和道格拉斯都在重视"情感"的同时开始探讨仪式中的认知问题。前者认为："人的神经系统越来越依赖于公众符号结构，以建立自己的相对独立的持续的行为模式。"[5] 后者借用心理学关于图示的研究指出："在认知的过程中，我们也在构建：接受某些提示，

---

[1] 参见 Houghton, David Patrick(2009), *Political psychology: Situations, Individuals, and Cases*, New York: Routledge, p.23, 26, chapter 11。

[2] 参见季乃礼《政治心理学发展中需要澄清的几点问题》，载《湖南大学学报》（社会科学版）2009年第3期。

[3] 参见[意]希普里阿尼《宗教社会学史》，第39、110、155页。

[4] 参见薛艺兵《对仪式现象的人类学解释》（下），载《广西民族研究》2003年第3期。

[5] [美]格尔茨：《文化的解释》，第103页。

拒斥另外一些。最可接受的暗示是那些能够轻而易举融入我们的既定模式中的那些暗示。模棱两可的暗示被当作能够和模式中其余内容整合来处理。不和谐的暗示则被弃绝。"[1] 科泽总结了认知心理学对政治仪式研究的影响,认为"仪式作为一种有力的象征表达形式,是我们构想政治现实的重要工具","对人们有关政治事件、政策、政治制度和政治领袖的想法具有重要影响力"。[2] "不走寻常路"的日常生活研究奠基者欧文·戈夫曼扩展了涂尔干和拉德克利夫-布朗的研究,将个人的日常社会行为"看成是一种仪式",可以比作一种"心理剧";[3] 柯林斯沿着戈夫曼的方向前进,将人际关系和社会关系的核心放在"互动仪式链"上,而"情感能量"在其中起着决定性的作用。他们为政治仪式的情感研究保留了一条经过修正的心理学路径;此外,对早期仪式研究的心理学路径的继承和阐发也偶有所继,两者与认知路径一并构成了仪式研究中最为主要的心理学理路。

在构建政治仪式的心理图式时,无法回避认知因素的极端重要性。事实上,学界关于心理模型的研究主要还是以认知心理学为主,两种主流理论[4]构建了"两条明显不同的研究心理模型的思路[5],后人的研究几乎都是建立在这两条研究思路的基础上",心理模型被定义为"支持理解、推论、预测的某一领域或情景的心理表

---

[1] [英]玛丽·道格拉斯:《洁净与危险》,第46页。
[2] 参见[美]大卫·科泽《仪式、政治与权力》,第90页。
[3] 参见[美]欧文·戈夫曼《日常生活中的自我呈现》,第29页。
[4] 参见 Johnson-Laird, P. N. (1983), *Mental Models*, Cambridge: Cambridge University Press; Gentner, D., and A. L. Stevens (eds.) (1983), *Mental Models*, Hillsdale, NJ: Erlbaum.
[5] 指工作记忆中的心理模型和长时记忆中的心理模型。

征"。[1] 尽管如此，我们认为对人类脑神经和心理状态的研究只揭开了冰山一角，所以无论在何种程度上强调情感因素都不过分，至少在政治仪式的心理图式构建中绝对不可忽视情感因素。在政治仪式实践中，政治情感既是动力也是目的，政治仪式的完成必须通过某些情感的渲染才能达成。在对政治仪式的评估中，其引发的情感强度是评估其行为效度的关键标准之一。在心理学或政治心理学角度上，情感的存在是普遍的、必然的，"情感的存在并不完全是个人的事情，它的存在方式是社会性的，也就是说，它在何时、何处和以何种频率而得到满足、宣泄和释放，不同的年代、阶层、文化和社会有不同的接受标准和接受方式"[2]。更为隐秘的是，在心理层面上，情感"先于"或"触发"认知，从而与认知的反作用机制一并构成心理活动的完整过程，或而言之，情感能够与认知互为因果，但在根本上这种因果关系的任何形态和程度的重复或循环都以情感为最初的出发点。[3] 据此，政治仪式的心理图式主要从情感和认知及其交互关系等方面，讨论政治仪式中诸种权力活动，尤其是政治权力的生产和再生产以及合法性构建。

1.2 政治仪式心理图式的设计思路和主要概念

政治仪式心理图式的构建方式不能游离在政治仪式固有的属性和表现之外，即便政治心理学、情感社会学还有认知心理学能够提供具有一致性的方法论，也会因为分析对象的变化而需要进行调

---

[1] 参见杜伟宇《心理模型及其探查技术的研究》，载《心理科学》2004年第6期。
[2] 王宁：《略论情感的社会方式——情感社会学研究笔记》，载《社会学研究》2000年第4期。
[3] 贝斯特（John J. Best）指出，认知心理学家一般将"知觉"所表达的认知过程是先有"感觉输入"而后"转换为较为抽象代码的过程"。参见［美］贝斯特《认知心理学》，黄希庭等译，北京：中国轻工业出版社2000年版，第33页。

整。这正是政治仪式研究在应用心理学成果时呈现出多样性的首要原因。我们已经详细地论证了政治仪式与权力以及合法性之间的关系，并将它们视作分析政治仪式的主脉。在心理图式的构建中，我们将继续沿着这一路径进行探索，这是我们的第一条设计思路。其次，无论是将政治仪式视作象征系统还是权力场域，政治仪式在结构意义上有其自身的客观范畴，仪式本身的阈限性质加强了这一点。因此在心理图式中将在此层面上延续前两个图式的设计思路，即认为政治仪式是一种特殊的政治情境（situation），在政治心理学视域中关注的便是情境与心理状态的互动。第三条设计思路源自政治心理学最为持久的研究偏好——政治行为。以解释人的行为为主要目的和核心的"行为主义"（behaviorism）是心理学中最具影响力的流派，虽过百年而不衰。拉斯韦尔在 20 世纪 30 年代跨越心理学和政治学进行研究时已经认识到思维训练对人的政治决策行为具有巨大影响，[1] 并开创性地讨论了"人格"和"态度"与政治行为之间的关系。[2] 政治心理学从此刻起便在政治行为主义的陪护下一直将研究的重心放在对个人、集体乃至国家的各种政治行为中，主要内容包括选举行为、民族国家纷争以及国际关系中的心理分析等。最后，对政治仪式的心理学分析侧重于在仪式性的政治关系中讨论象征权力的心理基础和作用机制，而不是对政治仪式中的心理因素的全盘考虑，更不会纠缠于心理学概念之间的关系或逻辑的讨论。总之，政治仪式的心理图式借用了心理学和政治心理学的分析思路和方法，但与其他政治活动或政治行为的政治心理学分析有着

---

[1] 参见 Lasswell, Harold(1986), *Psychopathology and Politics*, University of Chicago Press, p.28。
[2] 参见[美]拉斯韦尔《政治学：谁得到什么？何时和如何得到？》，第八、第九章。

显著区别，主要在于政治仪式中的情感因素更为强大和重要，并且其中的象征意义既是心理层面上的，也是社会和政治层面上的——这意味着符号或象征在其他政治行为中具有一定的独立性（如主要承担中介作用），但在政治仪式中成为聚合各方的铰链。

"情境"与"人格"以及"情感"与"认知"是政治仪式的心理图式中占据主要位置的两组概念。两组概念分别是政治心理学的基本范畴和基本元素。政治心理学家普遍认为环境和人以及两者之间的关系是政治生活最为基本和重要的部分。环境主要是一种心理情境，它是与人的心理活动发生最为紧密的互动关系的政治空间。情境的客观范畴比政治系统的环境要小得多，与"场域"较为接近。"情境主义"（situationism）或"情境决定论"（situational determinism）认为，这种情境有着强大的力量，甚至能够令人们"弃价值和信仰于不顾"。[1] 拉尔夫·林顿（Ralph Linton）则认为情境为存在于其中的人们提供了一种"社会成分"（social component），即"来自个体对这些情境的完全惯性反应"。[2] 这种观点和我们之前所讨论过的布尔迪厄的习性或惯习理论相似，都强调某种类型的环境对人所产生的巨大影响，理所当然包括对其心理的影响。如果情境的力量足够强大，那么就能够在政治仪式中构成一种"环跳反应"：因为它令仪式中人们的情感具有了先赋性——某种仪式的开始便是某些情感的开始，与价值判断关联不大（即无判断的价值信从或道德跟随）。如葬礼或婚礼中一般参与者的哀伤或喜悦，过年或圣诞给孩子带来的快乐和兴奋以及阅兵仪式所促成的国族自豪感等，在这些

---

[1] 参见 Houghton(2009)，p.18。
[2] ［美］拉尔夫·林顿：《人格的文化背景》，于闽梅、陈学晶译，桂林：广西师范大学出版社 2007 年版，第 74 页。

特定的仪式情境中,某类特殊的心理状态是必须的,也是自然而然的,甚至是规定的。

"人格"(personality)继承和发扬了政治学传统中极为重要的"人性"(human nature)概念,后者自柏拉图以来一直受到极大的关注。1732年休谟已经开始计划撰写《人性论》,其副标题反映出他对心理学知识一定程度的吸纳和反思——"试用实验推理法于精神学科"[1]。虽然边沁、穆勒(John Stuart Mill)和勒庞(Gustav Le Bon)等名家以不同方式推进了这一研究,但正如沃拉斯(Graham Wallas)于1908年所言:"政治学对专业的自信在19世纪上半叶就破产了","人性的研究从发现人类进化以后,就被心理学家们大大地向前推进了,只不过这种推进与政治学的研究没有什么瓜葛。"[2] 沃拉斯的重新发现和拉斯韦尔的重要发展至西奥多·阿道诺(Theodor Adorno)出版《权力主义人格》时达到高潮。按照阿道诺的理解,人格是一种心理或精神倾向,对个人的政治、经济和社会信念所构成的模式具有控制性的作用。[3] 需要注意的是,以情感和思维为主的人格还具有生理基础,包括先天性的生理条件和后天性的生理刺激等。所以,在政治仪式的政治心理学研究中应该关注人格在生理和心理两个层面上的情况。从生理层面考虑,一方面如阿夸维瓦(Sabino Acquaviva)所言,"仪式行为部分地具有生理性(biogrammatic)的起源"[4],另一方面很多仪式行为对产生

---

[1] [英]休谟:《人性论》,关文运译,北京:商务印书馆1980年版,第749页。
[2] 参见[英]格雷厄姆·沃拉斯《政治中的人性》,李辉译,南京:江苏教育出版社2006年版,第41、43页。
[3] 参见[美]西奥多·阿道诺《权力主义人格》,李维译,杭州:浙江教育出版社2002年版,第1页。
[4] [意]希普里阿尼:《宗教社会学史》,第184页。

生理刺激的物质（尤其是食物）具有依赖性。[1] 心理层面自不必言，个人和群体的情感及其行为表现、政治人格的类型学研究和政治仪式角色的实践策略，以及人格对政治认知的影响在政治仪式操演中的反映等，都是政治心理学视野中政治仪式研究的重要主题。

情感和认知是政治仪式中最为关键的两种心理机制。情感（feeling）和情绪（emotion）稍有不同，两者"是同一物质过程的心理形式，是同一件事情的两个侧面或两个着眼点。就这个意义上说，有的心理学家对情感和情绪不加区分，在同等意义上使用这两个概念。其实，情感一词包括一个'感'字，有感觉、感受之意，还包括一个'情'字，有区别于感觉的感情之解。可见，情感作为一个感情性反映的范畴，着重于表明情绪过程的感受方面，也就是情绪过程的主观体验方面"[2]。在不加区分的情形下，可以认为情感或情绪"是多成分组成、多维量结构、多水平整合，并为有机体生存适应和人际交往而同认知交互作用的心理活动过程和心理动机力量"[3]。涂尔干和莫斯认为："决定事物分类方式的差异性和相似性，在更大程度上取决于情感，而不是理智；事物本性之所以在不同的社会中会发生改变，是因为它们对群体情感的影响是不同的。"[4] 这意味着从历史客观性的角度来看，与传统具有遗传性关联的仪式中

---

[1] 有研究表明，在一些具有食人习俗和攻击性、狂热性的部落社会中，玉米消费过量会引起脑部的五羟色胺缺乏，从而导致产生趋向于攻击行为以及宗教或意识形态方面的狂热症状。参见 Ernandes, Michele, Cedrini Rita, Giammanco Marco, Guardia Maurizio La, and Milazzo Andrea（2002），"Aztec Cannibalism and Maize Consumption: The Serotonin Deficiency Link," *The Mankind Quarterly*, Vol. 43, No. 1, pp. 3–40。

[2] [美]斯托曼:《情绪心理学》，张燕云译，沈阳:辽宁人民出版社1986年版，第396页。

[3] 孟昭兰:《人类情绪》，上海:上海人民出版社1989年版，第12页。

[4] [法]爱弥尔·涂尔干、[法]马塞尔·莫斯:《原始分类》，第91页。

遗留着情感因素，这一点虽然逐渐消退但并没有完全消失；而从历史变革性的角度来看，情感与社会发展的联动要求仪式与情感之间的关系也应得到不断调整——仪式技术的变革对参与者情感的影响便是有力证明。

"认知"（cognition）的一般定义是"意识到、并获取世界中的知识的心理过程"[1]，与"认识"是同义词，"泛指全部认识过程的总称"，"包括知觉、注意、记忆、想像、思维等一系列心理活动"。[2] 在对认知过程的探查中，人类在经验世界中使用的各类符号，包括行为、图像、语言和文字等"表征"形式是核心要素。认知心理学认为，认知是人对外界信息进行加工（输入、编码、转换、存储和提取等）的过程，而这些信息正是以表征的形式在头脑中出现的。因此，表征掌握着人认知世界的基本规则，它类似某种介质在外界和心理之间提供"翻译服务"。

2. 心理图式的构建与解释

2.1 政治仪式的心理结构、过程和内在机制

在政治仪式的心理结构中，各色人等是真正的主角，按最为简单的分类，主要存在个体心理和群体心理两种心理模式。政治仪式中的所有参与者在总体上表现为一种具有特殊思维和行为取向的群体，因此政治仪式的心理模式针对的是该群体及其中的个体。心理活动是处理外在经验的内在过程，群体和个体既共有某

---

[1] Statt, David(1998), *The Cogcise Dictionary of Psychology*, New York: Routledge, p.26.
[2] 参见车文博主编《当代西方心理学新词典》，长春：吉林人民出版社2001年版，第298页。

种外在经验施与方，也因互动（个体之间以及个体与群体之间）而互成对方的外在经验施予者。因此，分析政治仪式的心理结构，就需要关注外在影响和内在（互动）影响两种变量。我们将外在影响重点放在三个方面，分别是政治仪式自身所构成的情境、外在于政治仪式的政治人格和政治文化。政治仪式营造的情境是一组对人群心理能够产生影响的经验空间，从人群的角度来看，情境的影响表现为人群处理他们与情境之间的关系的结果。人群作为仪式群体理所当然会受到政治仪式的各种设置的作用，但作为社会中的行动者，则会受到更具普遍性的政治环境的影响，政治人格和政治文化在此承担着政治环境的责任，前者直接作用于个体而间接作用于群体，后者直接作用于群体而间接作用于个体。当然，政治环境并不仅仅由这两者构成，之所以只提及它们，是因为它们的影响力和影响方式与个体和群体的政治心理之间的关联性较强。

政治仪式中的个体和群体在各类达至心理的信息的作用下，表达出他们的政治情感和政治认知。其中，内在的政治情感以各种心理症候的形式显现出来，它们包括了情绪和感觉两种，既可以导致某种类型的行动，如冲动、自虐或附体；也可以表现出某种政治价值，如服从、忠诚或信仰。政治认知则是通过政治表征的中介作用实现人与政治价值和政治行为的关联，在政治仪式中主要表现为对符号系统的特殊象征意义的解读。与情感所流露出的"非理性"后果相比，认知对符号和象征的转换及其显现过程更具"理性"特征。但是，从政治情感和政治认知出发都能表达出政治价值和政治行为，因此两个"终端"之间的互动既可能来自情感和认知的交互作用，也可能来自两个"终端"源于一体

（或情感或认知）的同质性。从权力关系这条政治仪式的主线来看，政治价值及其两个伴生物"信念"和"态度"一同表现为权力认同，而政治行为的两大类型"差异"（如指向权力等级制或政治分化）和"凝聚"（如指向权力一元化或集权）则是权力再生产的发动机。权力认同和权力再生产都能够也必须统合在合法性之下，这一点在之前的两个图式中都清楚地说明了。最后，以心理形式表现出来的合法性反馈至政治仪式之中，构成权力生产和再生产的循环。这便是对政治仪式的心理图式最为简单的说明，如图 8.6 和图 8.7 所示。

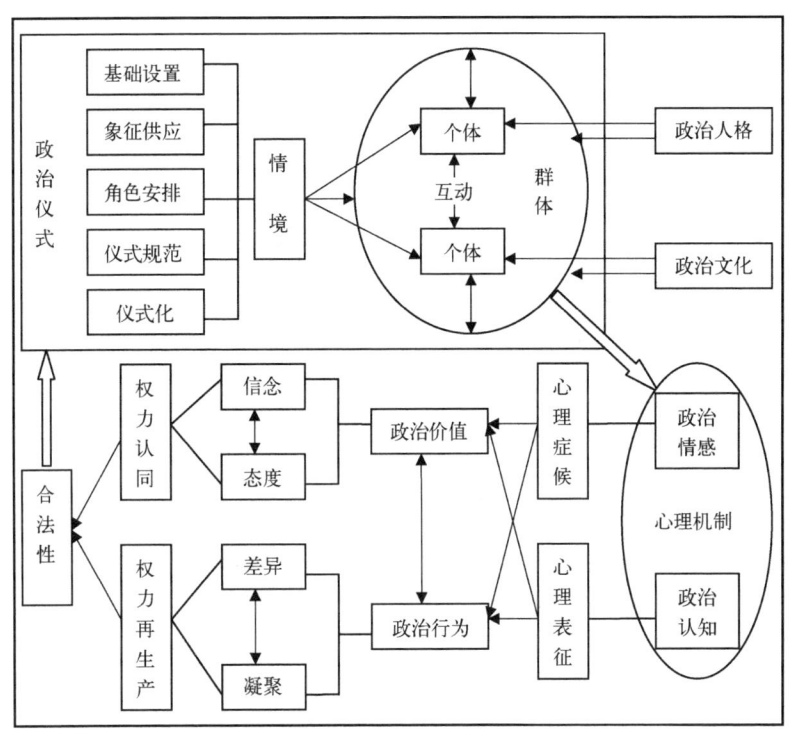

图 8.6　政治仪式的心理图式

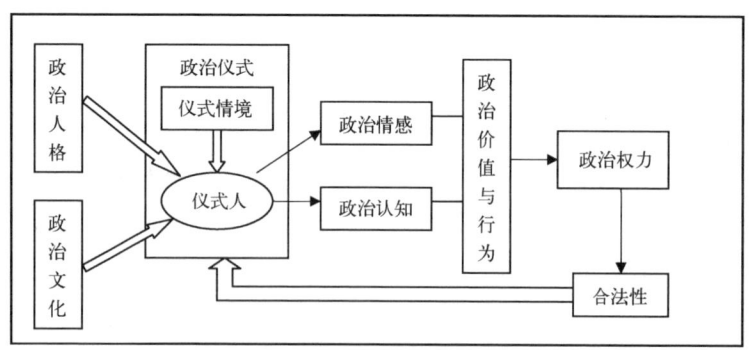

图 8.7 政治仪式的心理图式（简图）

我们将政治仪式的心理结构分为内在层次和外在层次两个部分，以情感和认知的表现为界限。内在层次的主要心理机制是为情感和认知提供动力，外在层次的主要心理机制则是情感和认知的表达和实现。政治仪式的内在心理机制的侧重点在于，个体和群体的外在经验施与者使用何种方式实施"心理干预"，限于篇幅和重点我们主要关注政治仪式营造情境的策略以及存在于群体之中的互动。

对于仪式群体和个体来说，政治人格、情境和政治文化的三重输入分别与弗洛伊德的"本我"、"自我"和"超我"之间有一定的对应性。[1] 其中，政治仪式营造的情境为仪式群体和个体的自我意识塑造和自我认知提供了心理信息的关键来源。这种情境并不是一

---

[1] 在此不能将对应绝对化，"一定的"主要是指政治人格和本我基于"本能"的对应，情景和自我基于"知觉"或"认知"的对应，以及政治文化和超我基于"历史"的对应。在弗洛伊德的解释中，这些对应的基础或中介都在相关分析中存在着。当然也存在着诸多"不一定的"地方，如超我除历史因素之外还有生物因素，政治人格、情景和政治文化之间的相互关系与本我、自我和超我的依次包容关系无法对应等，此处不做以多论述。参见《弗洛伊德文集6·自我与本我》，车文博主编，长春：长春出版社2004年版，第126、134页。

个普通空间,它的整个构造和布局都离不开权力和合法性的内在指导。政治仪式的情境所输入的心理信息在很大程度上是一种权力信息,其他的信息内容大多是加成性的、附属性的或装饰性的。库利指出:"众多的人的观念有一个交叉点,任何一个人的观念都可能穿过这个交叉点。"[1] 政治仪式的情境策略所作的主要努力便是控制交叉点的数量,增大权力观点的比例;同时也提高穿过交叉点的概率,增强权力信息对群体和个人的影响效率。我们提出了五种具体的策略。基础设置策略和象征供应策略共同完成政治仪式情境的基建和装修两项工作,前者通过时间、空间和各式器物的特殊选择和组合将人群带入特定的权力场域中;同时,这些基础设置的象征意义限定了这一场域的基本架构和功能,使得权力的解释更为清晰而集中。角色安排策略通过地位和名望等主要权力象征的供给和分配,为政治仪式人群设定对仪式身份的心理感觉和认知,在一定程度上可以视作对"人格"的二次影响——目标是一种"仪式人格"。仪式规范的主体是一整套政治仪式的操演规则,它既包括了行动秩序,也包括了人的秩序。规范对政治仪式中的价值和情感兼具影响力,它以严格的要求通过价值塑造和情感驱动、指定价值和情感的品种、指定情感阈值以及指定释放渠道等方式为仪式人群的情感抒发和认知过程设定方向和标准。仪式化策略是一个具有跨越性的过程,它将政治仪式中的种种内容和规范带入政治生活中,对更为广泛的人群造成心理影响。广泛存在于各种社会中的仪式模仿的心理成因和作用机制,便是对仪式化心理策略的较好诠释。关于政治仪式的这些情境策略的具体实施和案例,在"展布"和"操演"两章

---

[1] [美]库利:《人类本性与社会秩序》,第89页。

中已经作了相关论述。

政治仪式的成功与否在一定程度决定于人群中的各种互动关系是否有效，柯林斯认为："仪式是一种相互专注的情感和关注机制，它形成了一种瞬间共有的现实，因而会形成群体团结和群体成员性的符号。"[1] 同时，柯林斯用"情感能量"的概念来指"从高端的热情、信息与主动性，到低端的被动性与消沉的连续统。情感能量在经验上存在于人们的意识流和身体感受之中：它是人们日常生活体验中最重要的部分"[2]。情感能量是一种经验变量，不同政治仪式中的情感能量总量和分配都有所不同，高情感能量通常与拥有者的高合法性联系在一起，因此情感能量是政治仪式情景中的最为重要的心理资源之一。在政治仪式人群的互动关系中存在着多种影响因子，情感能量对这种关系的心理层面影响最为明显。互动关系对人群心理的影响以"他人即我的'经验'"为基础，这一萨特式话语直接呼应了我们从"势差"角度对权力的分析。借此可以明确，"势差"中包含了心理层面的差异，人群中心理优势的保持、争夺和增强，通过不同角色之间的情感结构和功能，以及提高互动情感的生成效率和生成方向等途径，作用于政治仪式的权力再生产。

2.2 权力的心路历程：政治情感与政治认知

从政治仪式的心理图式中可以看出，政治情感和政治认知是政治仪式中的两种基本心理机制，两者都能够通过对政治价值和政治行为的影响，在规范层面上实现权力认同以及在经验层面上进行权力再生产。同时，由于政治价值和政治行为之间的相互作用，使得

---

[1] ［美］柯林斯:《互动仪式链》，第36页。
[2] 同上书，第192—193页。

情感和认知的权力之路变得更为复杂。一种经过简化的基本理解是，政治仪式的心理机制在情感和认知的具有关联性的双重作用下，能够有效干预权力生产和再生产的实践原则和过程，从而达到合法性构建的终极旨趣。在明确政治价值和政治行为之间的互动关系的前提下，我们仅就两条主要的心理机制作用路径进行讨论，一是政治情感——政治价值——权力认同，二是政治认知——政治行为——权力再生产。对这两条主要的"心路历程"的分析也适用于对其他辅路的分析；而且，这两条路径既平行延展，又相互勾连。[1]

"仪式"无论作为实践活动还是理论论题，总是与群情激昂联系在一起。具有复合特征的"政治仪式"在情感处理上有着抑制和鼓舞的两面性。现代社会中的当权者总是要求"合法"的政治仪式保持一定的情感烈度和限度，比如热烈而不至于疯狂、庄重而不至于沉闷。就效度来说，那些成功的政治仪式意味着"它营造出的情感氛围使得仪式中的讯息令人心悦诚服，因为它的营造方式看上去是那么的浑然天成。它所呈现出的世界图景在情感上极为充沛，以至于让一切辩驳都黯然失色"[2]。也就是说，这些政治仪式一方面在可控范围内追求情感激发的最大化，另一方面则意图利用情感实现对认知过程的控制。

通过情感概念的定义，我们知道情感事实上是情绪和感觉两种状态的连续统，我们将情绪表达出来的情感形态称为"心理症候"，

---

[1] 亚马孙河地区坎多西人（Candoshi）的欢迎仪式展现出一条线路：通过认知性的活动（面对面）和情感策略的共同运用，影响人际关系或社会关系（如化敌为友）。参见 Surrallés, Alexander（2003），"Face to Face: Meaning, Feeling and Perception in Amazonian Welcoming Ceremonies," *The Journal of the Royal Anthropological Institure*, Vol. 9, No. 4, pp. 775-791。

[2] ［美］大卫·科泽：《仪式、政治与权力》，第 117 页。

它是特征鲜明的情感外显形式，包括喜怒哀乐等。这些情绪既是政治仪式进行权力生产的手段，也是权力生产的表现，它通过政治价值和政治行为两个方面得以实现。政治价值实际上正是情绪的重要后继状态即感觉，是情感的高级表现形式，是对外显的"心理症候"的内隐化处理。这种政治价值主要表现为各种具有判断性的感觉，如公正感、幸福感或背弃感等。这些感觉的政治意义非常明显，通过在价值层面上的情感选择表达信念和态度，主要表现为一种权力认同的政治观念。按照萨拉·艾哈迈德（Sara Ahmed）的理解，情感的作用方式主要是"通过符号作用于身体之上，以具象化生活世界的外表和边界"，在政治实践中尤其与"正义"联系在一起（"正义感"）。[1] 就此而言，政治仪式或许是最能证明这种观点的行动系统。需要指出的是，诸如背弃感等消极情感可能引发的不认同，也可视作属于认同的范畴，即认同相对或相反的权力观念。就此可以延伸至情感机制的消极面，政治仪式中的情感表达并不总是在一个和洽的情境中达成，也常常混有抗议和斗争。"仪式是某些群体可以用来控制其他群体的武器，其办法是操纵对一些群体有利而对另一些群体不利的情感上的团结。"[2] 因此，情感是一种工具性的斗争武器，能够直接作用于政治仪式中的权力之争。因为优势方总是希望情感表达能够在一个受控范畴中，因此在斗争中情感往往成为"弱者的武器"。优势方设立的情感机制与所谓的"情感制度化"之间存在着密切关系。情感制度化是指"社会对一定情

---

[1] 参见 Ahmed, S. (2004), *The Cultural Politics of Emotion*, Edinburgh University Press, p.191。
[2] ［美］兰德尔·柯林斯：《冲突社会学中的迪尔凯姆传统》，载［英］亚历山大《迪尔凯姆社会学》，第162页。

感角色的规定和期待,是基于正式的规则、法律、习俗及礼仪而发展起来的一套稳定的情感社会互动模式"[1]。政治仪式作为情感制度化的一种实现方式,追求的正是情感机制的稳定运作,以实现在情境的情感信息输入和权力认同输出之间构成"条件反射"。这样,人们就能从政治仪式所展现出来的"情绪"中直接"感觉"到权力的观念。

政治认知与政治情感相比更"理性化",事实上,生理学研究的发展已经部分地证明了情感并不是"非理性化"的。只是在心理机制的具体过程中,认知比情感更重视表征结构,尤其关注外在经验的模式化和过程化。喻而言之,认知的"反射弧"虽然不比情感的"反射弧"复杂,但前者比后者更长。这就意味着政治认知需要某些介质来实现外在经验的内在转换,而表征正是最为基本和重要的介质。

以表征为主的认知策略类似于政治仪式中的象征策略,这也是表征一词在心理学中时常具有"表象"或"代表"之意的原因。阿伦森(Elliot Aronson)认为,社会认知的重要方式之一是运用"启发式判断"(judgmental heuristics),其最常见的两个分类是代表性启发(representative heuristics)和态度性启发(attitude heuristics)。代表性启发便是典型的表征策略,通过类比转换在不同事物之间构建有助于判断的联系,而态度性启发则与情感策略比较相似,从作用于信仰、态度等情感偏好出发作出判断。[2] 在政治仪式中,任何与权力相关的符号都可能进入认知的心理层面成为表

---

[1] 郭景萍:《情感社会学:理论·历史·现实》,上海:上海三联书店2008年版,第24页。
[2] 参见[美]埃利奥特·阿伦森《社会性动物》,郑日昌等译,北京:新华出版社2001年版,第131—136页。

征,这种"进入"过程有赖于之前达成认知的众多因素的推动,包括情境、人格、文化和情感等。例如对当代中国人来说,出现在各种政治仪式中的国旗就是典型的表征,既在经验世界里象征着国家,又能够在心理层面从这种经验与象征的连接中得到爱国主义等价值判断。不遑如是,一切政治仪式中的具象或抽象的内置乃至政治仪式本身都能够成为仪式人群进行政治认知的心理表征。

对认知的经验分析主要来源于行动,而认知的经验性目的也主要是行动。在政治仪式中,政治认知通过一系列心理表征影响着仪式人群的政治行为,这些行为主要通过"差异"和"凝聚"两种途径实现权力的再生产。差异通过心理表征作用于政治行为实现权力分化,政治仪式系统中的各种象征被一种等级制所约束,这种制度既是一种"物体系",也是一种"认知体系",权力在政治仪式实践中的一切构建被转换为强烈的心理信息,对个人和群体起着启示和诱导作用。凝聚则是政治仪式通过心理表征达成有助于群体团结的政治行为,由于这种团结同时也是分化的(如稳定的等级制),因此它在根本上是一种权力凝聚。[1] 无论是差异还是凝聚,它们来自表征向政治认知供给原始心理信息的能力,因此它们既是权力的生

---

[1] 路易十四的寝宫礼仪是一个很好的案例,看似繁文缛节的行为"代表权力、等级和庄严",这种礼仪结构(仪式的一种类型)实际上"阐明了相互依赖的人们互相作用的那种强制力的特性",成为"幽灵一般的永恒的活体(perpetuum mobile),虽然没有任何明显的实用价值,但依然运作如常,陷身其中的人们在地位和权力的角逐——这种角逐既发生在他们之间,也发生在他们与那些被排除在外的许多人之间——中,在对等级分明的尊荣的渴求中,推动这些礼仪前进,就像永不衰竭的发动机一样"。——但是这种分化又同时是一种凝聚,等级制度比平等制度更需要某种内在的"权力合谋"或外在的"政治团结"来维持稳定,这也是为什么当路易十六的玛丽皇后要改革传统礼仪时,遭到了来自特权阶层(主要是贵族)反对的原因。参见[英]斯蒂芬·门内尔、[荷]约翰·古德斯布洛姆编《论文明、权力与知识——诺贝特·埃利亚斯文选》,南京:南京大学出版社2005年版,第82—84页。

产,也是权力的再生产。认知的心理机制来说,这种循环从类似"表征重述"[1](representational redescription),其中表现出的表征和再表征包含了两种不同的认知水平,这也意味着政治认知通过对权力的再生产加强了权力生产的能力——对政治仪式传统和规范的尊崇,或者说政治仪式本身对其历史性的关照,无不证明了这一点。

政治仪式的心理图式呈现的是政治仪式通过政治信息吸纳和政治情境构建影响仪式人群的心理层面,由此使政治情感和政治认知在预设和控制中作用于权力认同和权力生产,从而实现合法性的构建,最终在合法性向政治仪式的反馈中实现心理机制的循环和权力再生产。心理图式为我们在政治文化视野中把握政治仪式提供了一个重要的研究领域和分析策略。在理论和实践中对制度和理性的强调无法准确和到位地回答政治仪式中那些深藏在人们心理层面上的情感和认知问题,所幸的是,心理学和生理学对人的内在的探索令这些问题并非无迹可寻,心理图式只是站在政治心理学和社会心理学的基础之上对此作出尝试,但随着人类自我了解的深入,对政治仪式的心理学分析也会益加完善。

---

1 [英]卡米诺夫-史密斯:《超越模块性——认知科学的发展观》,上海:华东师范大学出版社 2001 年版,第 16 页。

余音
封闭性的结语与开放性的结语

1. 封闭性结语：本书的理论创新和展望

政治仪式的诱人之处就在于政治生活的"万变不离其宗"被深深地镌刻在其实践和义理之中，它以政治文化为画本，用一以贯之的笔意和变幻多端的风格绘制出政治权力和合法性的历史图景。政治仪式的研究工作也有其诱人之处，它在一定程度上挣脱了学科界限的禁锢，可以在政治学、人类学、社会学、历史学以及心理学等领域中取长补短、相互印证。当然，本书对政治仪式的研究仍然以政治学为主要领域。从事政治学研究的学者大多认可以下三种基本观念：一是所有具有政治意义的现象都可以作为政治学研究的对象；二是政治学研究不能过度依赖或拘泥于某种研究方法或技术；三是即便是政治学的纯理论研究也应该保持对政治实践的关注度和敏感性，并且怀有某种政治良知或理想。本书也力图从这三个方面出发，希望在政治仪式研究上作出一些理论贡献。

首先是为政治仪式分析提供一种相对完整和系统的理论框架。其他学科对仪式之政治作用和影响的研究以及政治学中的仪式案例分析构成了政治仪式研究的主体，在政治仪式的基础理论层面上，还没有出现一项系统性的研究成果。本书虽然旨在填补这种理论空白，但在拓展新的研究范畴或分析理论的同时，仍保持了学术研究对实践生活的持续而深入的关切。在此意义上，我们所构建的政治仪式的系统性理论，兼而关注政治仪式在历史和社会发展中的持存和变革，并常常将政治仪式置放于历史环境和政治系统中予以考察。

其次，本书是在政治学领域中对人类学核心命题作出的解读和反思。仪式是人类学的核心命题。仪式研究不仅在人类学领域中具有持久的生命力和不容忽视的影响力,而且它自身已然构成了一个相对独立的理论和实践体系。即使有政治人类学这一重要桥梁,仍然缺乏以政治学为基本视阈对仪式进行独立思考的系统性成果。因此,以一种微不足道的流浪者身份进入人类学等学科戒备森严的领地,要有所斩获显得难上加难。于是,我们尝试让政治学和人类学的核心命题展开直接而普遍的对话。以人类学为中心的政治仪式研究将主要问题集中在"仪式的政治功能"上,即主要回答仪式的政治意义"是什么"的问题。政治学则更为关注三个尚未得到有力解释的问题:一是仪式究竟"为什么"具有政治意义或政治功能;二是仪式"怎么样"展现政治意义或发挥政治功能;三是从"为什么"到"是什么",再到"怎么样"的过程中,有没有一种核心的旨趣将它们串联起来——如果有,这种旨趣是什么,它在政治仪式中又是如何一步步体现出来的。这些任务构成了一个庞大的研究课题,包括人类学在内的各种学科对之都缺乏深入、到位的解释,而政治学则对之有得天独厚的优势。本书便尝试对这些问题作出简单的回答,以抛砖引玉,吸引更多的研究者关注这一课题。

再次,本书在方法论方面进行了具有一定新意的探索,特别是在本次修订版中,为当初关于"政治现象学"的朴素设想提供了较为具体的解释。基于政治现象学方法,我们在悬搁既有仪式研究的前提下,运用最具有常识性的政治学基础知识,以及基本的身体感知系统和能力"朝向"政治仪式,暂时性地将政治和仪式的本质或核心把握为权力和象征,由此围绕权力生产和再生产的主脉络,考察象征性活动得以生成和运作的环境、结构、主体和过程等。在对政治仪式进行描述、分析和解释时,本书基于仪式和戏剧之间的相似性，以戏剧的主要环节为章名，以突出各章在逻辑上的连续性和全书的整体性。

此外，我们对政治仪式理论图式的绘制具有一定的理论原创性，至少不失为一种有趣和有益的尝试。我们通过这些最为简单的模型，有效地整合和梳理了政治仪式的基础理论研究。之所以要构建三种图式，主要是因为单一图式很难解释清楚政治仪式中权力生产和再生产的复杂性程度。我们在每一种理论图式的构建中，不仅时刻反思图式自身的局限性，同时也考虑到图式本身的开放性，以使图式更好地实现范式层面上的吸纳和包容，以及更好地适应实践层面上发生的变动。

在政治学领域内对政治仪式进行系统的讨论，是一项具有高度挑战性的工作，不可避免会遇到大量的困难。如仪式研究的文献资料在政治学中少而零乱，但在人类学等领域留下的著作汗牛充栋；由于缺乏田野调查的训练和实践，对一些仪式的理性认知和直觉感悟先天不足；在政治学视野中，将权力、合法性和政治仪式进行关联性、系统性的研究时缺乏充分资料等。本书通过一系列努力尽可能地降低可能的研究风险，包括通过大量阅读经典著作和高引用率文献，来汲取他人研究成果中的精髓，把握该研究领域的主要脉络，并时刻追踪重点研究方向及其转变；与关注此议题的同行们进行深入的交流，尤其是与权威研究者的充分交流，如翻译大卫·科泽的著作，以及在布朗大学一年多的访问期间多次在课内外与他进行讨论；尽量通过引用权威的、经过检验的田野调查案例来作论据，并尝试展开"半田野"性质的研究，如阅兵仪式的案例分析，来验证分析的有效性等。

政治仪式无疑是一个浩如烟海的庞大课题，本书只能在有限的文字空间中呈现其相对完整的理论轮廓。在研究过程中，我们也发现了一些不能被本书囊括但值得进一步深入讨论的课题。聊举数例，希望能够引起一些读者和同行的兴趣。第一，不仅可以在历史视野中考察中国的政治仪式，而且可以在此基础上对政治制度变革中的政治仪式的形貌和作用进行比较研究，以在政治仪式的平台上分析和评估中国政治发展的历史和现状，并对未来作出一定的预测。这一课题至少能够在中国古代礼制研究和中国现当代政治结构转型，以及中国当代的政治民主化三大领域中建立起具有关联性的分析框架。事实上，传统之道、欧风美雨和"中国化"的融合和冲突是中国社会政治发展中面临的最大的困境之一，政治仪式或许从最低限度上能够为观察这种困境以及研究其解决方式提供了重要的思路和尝试。第二，对多民族国家或存在民族冲突的国际环境中的政治仪式进行比较分析，依靠实证研究来测量政治仪式和政治文化、政治权力之间的关联度，并将之纳入民族国家的认同和冲突等范畴中予以讨论。广义上的民族认同和冲突问题是目前世界面临的危机之一，已有一些研究在此领域中关注到了政治仪式的作用，但往往局限于从具体案例中得到一种是或否的经验性结果。更为重要的是，需要在更为广泛的层面上对比这些结果，并从结果中抽离出更具普适性的理论原则，以之反思复杂的民族问题。第三，进一步对政治仪式作交叉学科分析，这一主题在跨学科研究上有着得天独厚的优越条件，借此一方面可以深化对政治仪式的理解，另一方面也可以探索打通社会学科和人文学科的学科壁垒的研究方法——依某种长远或者乐观的看法，对这种学科融通应该不止于此，自然科学也应该加入进来，而在政治仪式的研究中一样能够拥有这种包容性，如建筑学和政治仪式空间的塑造、神经科学与政治心理学意义上的政治象征转换等。[1]

2. 开放性结语：作为历史的未来或永当其时的乌托邦

政治仪式的"不老容颜"一直在提醒我们，人类政治社会生活的历史并不是想象中那般漫长。它可以帮助我们在面对波谲云诡的时空长河时多一份从容淡定。但是，我们在总结过去、评述现在以及展望未来时仍需要每时每刻地保持清醒的谦卑，因为随意割断联系或任意划分阶段，只会造成对连贯时空的忽视和误解。就政治仪式而言，超越时空的权力和合法性虽然令其实践变得无比复杂，但也令其运行逻辑清晰明了。从政治仪式的实践中析出其理论精要，并且从理论中反观其实践过程，这不仅关涉我们对政治仪式的理解，更为重要的是关涉我们对政治生活的理解。政治仪式中的这条权力和合法性相互绞缠的线索，连接着整个历史和世界。

以集合名词形式出现的"人性"（humanity）和以复数形式出现的"文化"（cultures），在具有浓厚孕育意味的时空中徘徊已久：仰望的星空属于"天国"——因上帝（Father）之名呈现的"Fatherland"，而脚踏的大地属于"祖国"——去除了殖民主义（母国或宗主国）色彩的"Motherland"。仪式在其诞生之时，就饱含人类对自身来自何方的问答。政治仪式在这条道路上筚路蓝缕，执着地坚守着它的精神内涵和工具理性。

从哈特（Michael Hardt）和奈格里（Antonio Negri）富有乌托邦色彩的观点来看，后现代式的景观社会与一贯存于人类社会中

---

[1] 值得欣喜的是，自初版面世以来，越来越多的学者加入政治仪式研究的行列之中，对这些课题的探索还在不断推进之中。

的"畏惧"(fear)有关——畏惧之事或畏惧的形式变化多端,而畏惧从未消失——这亦是实现政治控制的主要环节。[1] 政治仪式至少作为一种负载情感责任的政治装置,与一切具有政治意义的情感共同存继。在更为广阔的层面上,政治仪式负载着历史性的文化责任,并且,它远非那些脆弱的古远之物,需要被当作世界文化遗产才能苟延残喘。政治仪式的旧有形貌能挟传统之威,政治仪式的以新替旧能借当下之力,文化的永恒性和绵延性在其中得到了积极而主动的"伸张"。

当然,"紧张"总是不可避免,并且一直是政治世界的常态,否则柏拉图心中就不会有"理想国",孔子亦无"从周"之念想。现今政治仪式面临的最大紧张可能是全球化过程中的文化多元性和种种政治霸权之间有些吊诡的背离——也许它们曾经期待成为挚友,也许有一天它们会成为挚友,但至少今天不是。抛开"民族"不谈,所谓的"民主"国家及其各式盟友以及敌人仍陷于或不断扩大古老的夸富宴传统,依靠壮丽的文化消费和经济消耗实现了政治上的丰产。在此过程中,斗的不是"富"而是"力"。"利维坦"这位"人造人"并没有回到伊甸园中,伟大或公正作为装饰性的形容词虽然重要,但并非不可舍弃。回应本书开头的例子:好莱坞被公认为是处于全球化金字塔顶层的美国推广其价值理念的重要文化生产机构,这座"冬青之林"(Hollywood)的确是一座壮观的"象征之林",它出产的影片《2012》以罕见的示好姿态再现汶川地震中中国军队救助灾民的场景,并将拯救世界的终极任务——制造方舟

---

[1] 参见[意]哈特、[美]奈格里《帝国——全球化的政治秩序》,杨建国、范一亭译,南京:江苏人民出版社2003年版,第371页。

放在中国。无论对"只有中国才能完成这项工程"的台词作何种揣摩，至少印第安纳·琼斯和詹姆斯·邦德会对此多些落寞，这一仪式性的姿态或许能够激起（即便无法呈明）人们对文化和政治之内在紧张方面的反思。

如果在"国家"之前添上"民族"一词，那么政治仪式面临的紧张将更为剧烈，但这才是当下的真实境况，并会存于未来一个漫长的时期中。对于悲观主义者来说，民族国家的灭绝和人类历史的终结是同义反复。在这种环境中，政治仪式中关于民族国家的"血与土的想象"既凝聚着某种共同体结构，也意味着与其他（尤其是具有敌意的）共同体之间的断裂。

当人类学家逐渐从"文明/野蛮"的两分法中脱身，并投身于民族国家的冲突地带后，发现了更多类型、更为复杂的两分法，"辩证"成了一种绥靖或妥协。政治学家一样在艰难地寻找某种解决之道，来自政治哲学的思考摸索出一条基础性的思路。但是就目前来看，政治哲学的现代性苏醒和后现代性转型——从罗尔斯的正义论出发到各类共识形态的普遍撒网——主要供应的是治疗紧张的"舒缓剂"（但愿不是"安慰剂"）。对于政治仪式这种民族国家中的重要活动而言，因为它是"文化的"，所以是"世界的"。那么政治在哪儿？答曰：在文化的后台中，在世界的阴影里。

作为历史的未来显然不仅仅是民族国家的明天，但其显现出来的紧张已足以说明政治仪式在其中怀有何种程度的焦虑。我们想强调的是，人们应该清楚地承认并正视这种焦虑。一方面，政治仪式正因为它的历史性所以不会在未来轻易退却，它是人类社会及其政治文化的骨骼之一；另一方面，政治仪式不是冲突的始作俑者，也不是冲突的终结者，它只是集合了处理冲突的"方法论"和"世界观"。

撇开乌托邦的完美主义内涵，它作为理想之境的通俗比喻至少有其美好的一面。在那些值得尊敬和铭记的经典作品中总能或多或少地嗅到乌托邦的味道。尼采的描述极为动人且发人深省："历史的真正价值在于，通过将通俗的曲调升华为一种普遍的象征，通过展示出其中包含有怎样的一个深刻有力而美丽的世界，在一个很可能十分平庸的主题之上，创造出不同凡响的变奏。"[1] 我们怀着这种向往回到具体研究中，关于政治仪式的乌托邦设想仅是希望不要对政治仪式抱有漠视的态度，或者相反，应该抱有"其乐融融"的幻想。政治仪式是政治世界及其生活的一面镜子，以"镜像"的形式记录并忠实地反射着无数政治信息，权力生产和再生产以及合法性构建只是指出了一种阅读镜像的方式。最后，这种镜像究竟是真是假、是还原还是想象，存乎于人们对"原型"的感觉、认知和理解之中。

站在政治学的立场上略带保守地看待政治仪式，它是探寻政治实践的内在逻辑和意义的集装器，是验证政治理论的适应性和有效性的检录仪，也是一项开放的政治哲学命题——严谨的制度边界、弹性的文化视域、普泛的政治实践和复杂的心理特征，这些糅合在一起，难道不是一幅神秘诱人、值得玩味并富有挑战性的哲思图谱吗？

---

[1] [德]尼采:《历史的用途及其滥用》,陈涛、周辉荣译,上海:上海人民出版社2005年版,第51页。

主要参考文献

一、经典著作

1. 毛泽东. 建国以来毛泽东文稿（1949.9—1950.12）. 北京：中央文献出版社，1987

2. 邓小平. 邓小平文选. 北京：人民出版社，1994

二、中文译著

1. ［美］阿尔蒙德，［美］西德尼·维伯. 公民文化——五个国家的政治态度和民主制. 徐湘林等译. 北京：华夏出版社，1989

2. ［美］阿尔蒙德，［美］小鲍威尔. 当代比较政治学——世界展望. 朱曾汶，林铮译. 北京：商务印书馆，1993

3. ［英］阿兰·斯威伍德. 大众文化的神话. 冯建三译. 北京：生活·读书·新知三联书店，2003

4. ［意］埃科. 符号学与语言哲学. 王天清译. 天津：百花文艺出版社，2005

5. ［美］埃里克·沃尔夫. 欧洲与没有历史的人民. 赵丙祥等译. 上海：上海人民出版社，2006

6. ［英］埃利奥特·史密斯. 人类史. 北京：社会科学文献出版社，2001

7. ［美］埃利奥特·阿伦森. 社会性动物. 郑日昌等译. 北京：新华出版社，2001

8. ［英］埃文思-普里查德. 努尔人. 褚建芳等译. 北京：华夏出版社，2002

9. ［美］艾伦·沃尔夫. 合法性的限度. 沈汉等译. 北京：商务印书馆，2005

10. ［英］艾瑞克·霍布斯鲍姆. 非凡的小人物：反抗、造反及爵士

乐．王翔译．北京：新华出版社，2001

11. ［英］爱德华·泰勒．人类学——人及其文化研究．连树声译．上海：上海文艺出版社，1993

12. ［英］爱德华·泰勒．原始文化．连树声译．桂林：广西师范大学出版社，2005

13. ［法］埃米尔·涂尔干．社会分工论．渠东译．北京：生活·读书·新知三联书店，2000

14. ［法］爱弥尔·涂尔干，［法］马塞尔·莫斯．原始分类．汲喆译．上海：上海人民出版社，2005

15. ［法］爱弥尔·涂尔干．宗教生活的基本形式．渠东，汲喆译．上海：上海人民出版社，1999

16. ［法］爱弥尔·涂尔干．实用主义与社会学．渠东译．上海：上海人民出版社，2005

17. ［美］安东尼·奥罗姆．政治社会学——主体政治的社会剖析．张华青，孙嘉明等译．上海：上海人民出版社，1989

18. ［英］安东尼·史密斯．民族主义：理论，意识形态，历史．于江译．上海：上海人民出版社，2006

19. ［美］安吉洛·M．科迪维拉．国家的性格．张智仁译．上海：上海人民出版社，2001

20. ［德］奥斯瓦尔德·斯宾格勒．西方的没落．吴琼译．上海：上海三联书店，2006

21. ［法］巴朗迪埃（George Balandier）．政治人类学．徐正光译．台北：黎明文化，1979

22. ［英］巴特·范·斯廷博根编．公民身份的条件．长春：吉林出版集团有限责任公司，2007

23. ［美］保罗·康纳顿．社会如何记忆．纳日碧力戈译．上海：上海人民出版社，2000

24. ［法］保罗·里克尔．恶的象征．公车译．上海：上海人民出版社，2005

25. ［美］贝蒂·H．齐斯克．政治学研究方法举隅．沈明明，贺和风，杨明译．北京：中国社会科学出版社，1985

26. ［美］贝斯特．认知心理学．黄希庭等译．北京：中国轻工业出版

社，2000

27．［美］本尼迪克特·安德森．想象的共同体——民族主义的起源与散布．吴叡人译．上海：上海人民出版社，2005

28．［英］彼得·伯克．制造路易十四．郝名玮译．北京：商务印书馆，2007

29．［英］彼得·卡尔佛特．革命与反革命．张长东等译．长春：吉林人民出版社，2005

30．［美］彼德·布劳．社会生活中的交换与权力．孙非，张黎勤译．北京：华夏出版社，1988

31．［美］彼特·布劳．不平等和异质性．王春光，谢圣赞译．北京：中国社会科学出版社，1991

32．［法］波德里亚．生产之镜．仰海峰译．北京：中央编译出版社，2005

33．［法］布迪厄，华康德．实践与反思——反思社会学引论．李猛，李康译．北京：中央编译出版社，1998

34．［法］布迪厄．实践感．蒋梓骅译．南京：译林出版社，2003

35．［法］布尔迪厄．国家精英．杨亚平译．北京：商务印书馆，2004

36．［法］布尔迪厄．实践理性：关于行为理论．谭立德译．北京：三联书店，2007

37．［法］布尔迪约，帕斯隆．再生产：一种教育系统理论的要点．刑克超译．北京：商务印书馆，2002

38．［英］布赖恩·特纳编．Blackwell 社会理论指南．李康译．上海：世纪出版集团，2003

39．［英］布赖恩·特纳编．公民身份与社会理论．郭忠华，将红军译．长春：吉林出版集团有限责任公司，2007

40．［美］查尔斯·蒂利．强制、资本和欧洲国家：公元 990—1992 年．魏洪钟译．上海：上海人民出版社，2007

41．［美］查尔斯·蒂利．身份、边界与社会联系．谢岳译．上海：上海人民出版社，2008

42．［美］查尔斯·霍顿·库利．人类本性与社会秩序．包凡一，王源译．北京：华夏出版社，1999

43．［美］查尔斯·赖特·米尔斯．权力精英．王崑，许荣译．南京：南

京大学出版社，2004

44．［美］崔时英．理性的仪式：文化、协调与共通认知．张慧芝，谢孝宗译．台北：桂冠图书股份有限公司，2004

45．［美］大卫·雷·格里芬编．后现代精神．王成兵译．北京：中央编译出版社，2005

46．［美］戴维·伊斯顿．政治生活的系统分析．王浦劬译．北京：华夏出版社，1998

47．［美］戴维·伊斯顿．政治体系——政治学状况研究．马清槐译．北京：商务印书馆，1993

48．［英］戴维·巴勒特．媒介社会学．赵伯英，孟春译．北京：社会科学文献出版社，1989

49．［英］戴维·米勒，韦农·波格丹诺主编．布莱克维尔政治学百科全书．邓正来主译．北京：中国政法大学出版社，2002 年版

50．［美］丹尼尔·贝尔．资本主义的文化矛盾．赵一凡，蒲隆，任晓晋译．北京：生活·读书·新知三联书店，1989

51．［美］丹尼尔·戴扬，［美］伊莱休·卡茨．媒介事件：历史的现场直播．麻争旗译．北京：北京广播电影学院出版社，2000

52．［英］丹尼斯·麦奎尔，［瑞典］斯文·温德尔．大众传播模式．祝建华等译．上海：上海译文出版社，1987

53．［美］道格拉斯·凯尔纳．媒体奇观：当代美国社会文化透视．史安斌译．北京：清华大学出版社，2004

54．［英］迪耶·萨迪奇．建筑与权力．王晓刚，张秀芳译．重庆：重庆出版社，2007

55．［美］杜赞奇．文化、权力与国家：1900—1942 年的华北农村．王福明译．南京：江苏人民出版社，1996

56．［美］凡勃伦．有闲阶级论．蔡受百译．北京：商务印书馆，1997年版

57．［美］菲奥纳·鲍伊．宗教人类学导论．金泽，何其敏译．北京：中国人民大学出版社，2004

58．［美］冯·贝塔朗菲．一般系统论：基础、方法和应用．林康义，魏宏森等译．北京：清华大学出版社，1987

59．［美］弗兰兹·博厄斯．原始人的心智．项龙，王星译．北京：国际

文化出版公司，1989

[60]［美］弗雷德里克·巴特．斯瓦特巴坦人的政治过程：一个社会人类学研究的范例．黄建生译．上海：上海人民出版社，2005

[61]［英］弗雷泽．金枝．徐育新，汪培基、张泽石译．北京：新世界出版社，2006

[62]［奥地利］弗洛伊德．弗洛伊德文集6·自我与本我．车文博主编，长春：长春出版社，2004

[63]［法］高宣扬．当代法国思想五十年．北京：中国人民大学出版社，2005

[64]［英］格雷厄姆·沃拉斯．政治中的人性．李辉译．南京：江苏教育出版社，2006

[65]［英］格雷戈里·贝特森．纳文——围绕一个新几内亚部落的一项仪式展开的民族志实验．李霞译．北京：商务印书馆，2008

[66]［美］格雷维特尔．行为科学研究方法．邓铸等译．西安：山西师范大学出版社，2005

[67]［美］格伦·蒂德．政治思维：永恒的困惑．潘世强译．杭州：浙江人民出版社，1988

[68]［法］古斯塔夫·勒庞．乌合之众：大众心理研究．冯克利译．北京：中央编译出版社，2004

[69]［德］哈贝马斯．公共领域的结构转型．曹卫东等译．上海：学林出版社，1999

[70]［德］哈拉尔德·韦尔策编．社会记忆：历史、回忆、传承．季斌等译．北京：北京大学出版社，2007

[71]［英］哈里森．古代艺术与仪式．刘宗迪译．北京：生活·读书·新知三联书店，2008

[72]［美］哈罗德·D.拉斯维尔．政治学：谁得到什么？何时和如何得到？．杨昌裕译．北京：商务印书馆，1992

[73]［意］哈特，［美］奈格里．帝国——全球化的政治秩序．杨建国，范一亭译．南京：江苏人民出版社，2003

[74]［德］海德格尔．存在与时间．陈嘉映、王庆节译．北京：生活·读书·新知三联书店，1987

[75]［荷兰］汉肯．控制论与社会．程明译．西安：陕西科学技术出版

社，1986

76. ［美］汉娜·阿伦特. 论革命. 陈周旺译. 南京：译林出版社，2007

77. ［美］赫伯特·阿特休尔. 权力的媒介——新闻媒介在人类事务中的作用. 黄煜，裘志康译. 北京：华夏出版社，1989

78. ［匈］赫勒. 日常生活. 衣俊卿译. 重庆：重庆出版社，1990

79. ［法］亨利·勒菲弗. 空间与政治（第二版）. 李春译. 上海人民出版社，2008

80. ［美］黄宗智. 法典、习俗与司法实践：清代与国民的比较. 上海：上海世纪出版社，2007

81. ［美］黄宗智. 华北的小农经济与社会变迁. 北京：中华书局，2000

82. ［美］黄宗智. 经验与理论：中国社会、经济与法律的实践历史研究. 北京：中国人民大学出版社，2007

83. ［美］黄宗智. 清代的法律、社会与文化：民法的表达与实践. 上海：上海书店出版社，2007

84. ［美］黄宗智. 中国研究的范式问题讨论. 北京：社会科学文献出版社，2004

85. ［美］黄宗智主编. 中国乡村研究. 北京：商务印书馆，2003

86. ［美］黄宗智主编. 中国研究的范式问题讨论. 北京：社会科学文献出版社，2003

87. ［英］霍布斯. 利维坦. 黎思复，黎廷弼译. 北京：商务印书馆，1985

88. ［英］霍布斯鲍姆，［英］兰格编. 传统的发明. 顾杭，庞冠群译. 南京：译林出版社，2004

89. ［英］吉登斯. 民族—国家与暴力. 胡宗泽等译. 北京：生活·读书·新知三联书店，1998

90. ［英］吉登斯. 社会的构成. 李康等译. 北京：生活·读书·新知三联书店，1998

91. ［英］吉登斯. 现代性的后果. 田禾译. 南京：译林出版社，2000

92. ［英］杰弗里·亚历山大编. 迪尔凯姆社会学. 戴聪腾译. 沈阳：辽宁教育出版社，2001

93. ［美］杰弗里·庞顿，［美］彼得·吉尔. 政治学导论. 张定淮等译. 北京：社会科学文献出版社，2003

94．［法］居伊·德波．景观社会．王昭凤译．南京：南京大学出版社，2006

95．［英］卡米诺夫-史密斯．超越模块性——认知科学的发展观．上海：华东师范大学出版社，2001

96．［德］卡内提．群众与权力．冯文光，刘敏，张毅译．北京：中央编译出版社，2002

97．［美］卡若·邓肯．文明化的仪式：公共美术馆之内．王雅各译．台北：远流出版事业公司，1997

98．［芬兰］凯瑞·帕罗内．昆廷·斯金纳思想研究——历史·政治·修辞．李宏图，胡传胜译．上海：华东师范大学出版社，2005

99．［法］恺撒·弗洛雷．记忆．姜志辉译．北京：商务印书馆，1995

100．［美］科塞．社会冲突的功能．孙立平等译．北京：华夏出版社，1989

101．［美］克莱德·M. 伍兹．文化变迁．何瑞福译．石家庄：河北人民出版社，1989

102．［法］克劳德·列维-斯特劳斯．结构人类学．陆晓禾，黄锡光等译．北京：文化艺术出版社，1989

103．［美］克利福德·格尔兹．尼加拉：19世纪巴厘剧场国家．赵丙祥译．上海人民出版社，1999

104．［美］克利福德·格尔茨．文化的解释．韩莉译．南京：译林出版社，1999

105．［俄］克鲁泡特金．法国大革命史．杨人译．上海：华东师范大学出版社，2006

106．［美］肯尼斯·米诺格．当代学术入门：政治学．龚人译．沈阳：辽宁教育出版社，1998

107．［英］拉德克利夫-布朗．安达曼岛人．梁粤译．桂林：广西师范大学出版社，2005

108．［英］拉德克利夫-布朗．社会人类学方法．夏建中译．北京：华夏出版社，2002

109．［英］拉德克利夫-布朗．原始社会的结构和功能．潘蛟等译．北京：中央民族大学出版社，1999

110．［美］拉尔夫·林顿．人格的文化背景．于闽梅，陈学晶译．桂林：

广西师范大学出版社，2007

111．［美］兰德尔·柯林斯．互动仪式链．林聚任，王鹏，宋丽君译．北京：商务印书馆，2009

112．［德］兰德曼．哲学人类学．阎嘉译．贵州：贵州人民出版社，2006

113．［美］朗．权力论．陆震纶，郑明哲译．北京：中国社会科学出版社，2001

114．［英］雷蒙·威廉斯．关键词：文化与社会的词汇．刘建基译．北京：生活·读书·新知三联书店，2005

115．［美］里普森．政治学的重大问题：政治学导论．刘晓等译．北京：华夏出版社，2001

116．［美］理查德·K.斯克尔．现代美国政治竞选活动：美国政治中的诽谤、大话和活力．张荣建译．重庆：重庆出版社，2001

117．［法］列维-斯特劳斯．图腾制度．渠东译．上海：上海人民出版社，2005

118．［美］列文森．儒教中国及其现代命运．郑大华等译．北京：中国社会科学出版社，2000

119．［德］卢克曼．无形的宗教：现代社会中的宗教问题．覃方明译．北京：中国人民大学出版社，2003

120．［法］卢梭．社会契约论．何兆武译．北京：商务印书馆，1980

121．［奥］路德维希·冯·贝塔朗菲，［美］保罗·A.拉威奥莱特．人的系统观．张志伟等译．北京：华夏出版社，1989年版

122．［美］露丝·本尼迪克特．文化模式．王炜等译．北京：生活·读书·新知三联书店，1988

123．［美］罗伯特·杰维斯．系统效应：政治与社会生活中的复杂性．李少军等译．上海：上海人民出版社，2008

124．［意］罗伯托·希普里阿尼．史．劳拉·费拉罗迪英译．高师宁译．北京：中国人民大学出版社，2005

125．［法］罗兰·巴特．流行体系：符号学与服装符码．敖军译．上海：上海人民出版社，2000

126．［法］罗兰·巴特．神话——大众文化诠释．许蔷蔷，徐绮玲译．上海：上海人民出版社，1999

127．［美］罗斯金等．政治科学．林震等译．北京：华夏出版社，2000

128. [英] 罗素. 权力论：新社会分析. 北京：商务印书馆，1991

129. [美] 马尔库斯，[美] 费彻尔. 作为文化批评的人类学：一个人文学科的实验时代. 王铭铭等译. 北京：生活·读书·新知三联书店，1998

130. [法] 马克·布洛赫. 封建社会. 张绪山译. 北京：商务印书馆，2004

131. [美] 马克·波斯特. 第二媒介时代. 范静哗译. 南京：南京大学出版社，2005

132. [美] 马克·斯劳卡. 大冲突：赛博空间和高科技对现实的威胁. 黄锫坚译. 南昌：江西教育出版社，1999

133. [德] 马克斯·韦伯. 经济与社会（上卷），林荣远译. 北京：商务印书馆，1997

134. [意] 马里奥·佩尔尼奥拉. 仪式思维. 吕捷译. 北京：商务印书馆，2006

135. [英] 马林诺夫斯基. 巫术、科学、宗教与神话. 李安宅译. 北京：中国民间文艺出版社，1986

136. [英] 马林诺夫斯基. 野蛮人的性生活. 高鹏编译. 北京：团结出版社，2004

137. [加拿大] 马歇尔·麦克卢汉. 人的延伸——媒介通论. 何道宽译. 成都：四川人民出版社，1992

138. [英] 玛丽·道格拉斯. 洁净与危险. 黄剑波，柳博赟，卢忱译. 北京：民族出版社，2008

139. [美] 迈耶，[美] 伯内特，[美] 奥格登. 比较政治学：变化世界中的国家和理论. 罗飞等译，北京：华夏出版社，2001

140. [美] 麦克法夸尔，[美] 费正清编. 剑桥中华人民共和国史（1949—1965）. 谢亮生等译. 北京：中国社会科学出版社，1990

141. [法] 毛斯（莫斯）. 社会学与人类学. 佘碧平译. 上海：上海译文出版社，2003

142. [美] 米德. 萨摩亚人的成年. 周晓虹等译. 杭州：浙江人民出版社，1988

143. [美] 米格代尔. 农民、政治与革命：第三世界政治与社会变革的压力. 李玉琪，袁宁译. 北京：中央编译出版社，1996

144. [法] 米歇尔·德·塞尔托. 多元文化素养. 李树芬译. 天津：天津

人民出版社，2001

145．［法］米歇尔·福柯．必须保卫社会．钱翰译．上海：上海人民出版社，1999

146．［法］米歇尔·福柯．不正常的人．钱翰译．上海：上海人民出版社，2003

147．［法］米歇尔·福柯．词与物：人文科学考古学．莫伟民译．上海：上海三联书店，2002

148．［法］米歇尔·福柯．规训与惩罚．刘北成，杨远婴译．北京：生活·读书·新知三联书店，2003

149．［法］米歇尔·福柯．性经验史．佘碧平译．上海：上海人民出版社，2000

150．［法］米歇尔·福柯．知识考古学．谢强，马月译．北京：生活·读书·新知三联书店，2003

151．［法］米歇尔·福柯．主体解释学．佘碧平译．上海：上海人民出版社，2005

152．［法］莫里斯·迪韦尔热．政治社会学．杨祖功，王大东译．北京：华夏出版社，1987

153．［法］莫里斯·哈布瓦赫．论集体记忆．毕然，郭金华译．上海：上海人民出版社，2002

154．［法］莫斯．礼物：古式社会中交换的形式与理由．汲喆译．上海：上海人民出版社，2002

155．［法］莫斯．人类学与社会学五讲．林宗锦译．桂林：广西师范大学出版社，2008

156．［法］莫斯．巫术的一般理论 献祭的性质与功能．杨渝东等译．桂林：广西师范大学出版社，2007

157．［美］纳尔逊·波尔斯比，［美］艾伦·威尔达夫斯基．总统选举：美国政治的战略和构架．管梅译．北京：北京大学出版社，2007

158．［德］尼采．历史的用途及其滥用．陈涛，周辉荣译．上海：上海人民出版社，2005

159．［美］尼古拉斯·米尔佐夫．视觉文化导论．倪伟译．南京：江苏人民出版社，2006

160．［英］尼克·斯蒂文森编．文化与公民身份．陈志杰译．长春：吉林

出版集团有限责任公司，2007

161．［美］欧文·戈夫曼．日常生活中的自我呈现．冯钢译．北京：北京大学出版社，2008

162．［美］裴宜理．华北的叛乱者与革命者：1845—1945．北京：商务印书馆，2007

163．［美］裴宜理．上海罢工：中国工人政治研究．刘平译．南京：江苏人民出版社，2001

164．［法］皮埃尔·布迪厄，华康德．实践与反思．李猛，李康译．北京：中央编译出版社，1998

165．［英］齐格蒙·鲍曼．寻找政治．洪涛等译．上海：上海人民出版社，2006

166．［英］齐格蒙特·鲍曼．全球化：人类的后果．郭国良，徐建华译．北京：商务印书馆，2001

167．［美］奇尔科特．比较政治学理论——新范式的探索．高铦，潘世强译．北京：社会科学文献出版社，1997

168．［美］乔·奥·赫茨勒．乌托邦思想史．张兆麟等译．北京：商务印书馆，1990

169．［美］乔治·霍兰·萨拜因．政治学说史．刘山等译．北京：商务印书馆，1986

170．［法］乔治·巴塔耶．色情史．刘晖译．北京：商务印书馆，2003

171．［英］切克兰德．系统论的思想与实践．左晓思，史然译．北京：华夏出版社，1990

172．［法］让·波德里亚．消费社会．刘成富，全志钢译．南京：南京大学出版社，2006

173．［美］萨林斯．历史之岛．蓝达居、张宏明等译．上海：上海人民出版社，2003

174．［美］萨林斯．文化与实践理性．赵丙祥译．上海：上海人民出版社，2002

175．［美］塞缪尔·亨廷顿．变革社会中的政治秩序．李胜平，杨玉声等译．北京：华夏出版社，1988年版

176．［美］塞缪尔·亨廷顿，［美］琼·纳尔逊．难以抉择——发展中国家的政治参与．汪晓寿，吴志华，项继权译．北京：华夏出版社，1989

177. [德] 舍勒. 价值的颠覆. 罗悌伦等译. 北京：生活·读书·新知三联书店，1997

178. [美] 施坚雅. 中国封建社会晚期城市研究. 王旭等译. 吉林：吉林教育出版社，1991

179. [美] 施坚雅. 中国农村的市场和社会结构. 史建云、徐秀丽等译. 北京：中国社会科学出版社，1998

180. [美] 施坚雅主编. 中华帝国晚期的城市. 叶光庭等译. 北京：中华书局，2000

181. [德] 施密特. 政治的概念. 刘宗坤等译. 上海：上海人民出版社，2003

182. [美] 史蒂文·卢克斯. 权力：一种激进的观点. 彭斌译. 南京：江苏人民出版社，2008

183. [英] 史蒂文森. 认识媒介文化：社会理论与大众传播. 王文斌译. 北京：商务印书馆，2001

184. [以色列] 史扶邻. 孙中山与中国革命的起源. 丘权政等译. 北京：中国社会科学出版社，1981

185. [英] 斯蒂芬·门内尔，[荷] 约翰·古德斯布洛姆编. 论文明、权力与知识——诺贝特·埃利亚斯文选. 刘佳林译. 南京：南京大学出版社，2005

186. [英] 斯科特·拉什，[英] 约翰·厄里. 符号经济与空间经济. 王之光，商正译. 北京：商务印书馆，2006

187. [斯洛文尼亚] 斯拉沃热·齐泽克等. 图绘意识形态. 方杰译. 南京：南京大学出版社，2006

188. [英] 斯图尔特·霍尔编. 表征——文化表象和意指实践. 徐亮，陆兴华译. 北京：商务印书馆，2003

189. [美] 斯托曼. 情绪心理学. 张燕云译. 沈阳：辽宁人民出版社，1986

190. [美] 苏贾. 后现代地理学：重申批判社会理论中的空间. 王文斌译. 北京：商务印书馆，2004

191. [英] 苏珊·斯特兰奇. 权力流散：世界经济中的国家与非国家权威. 肖宏宇，耿协峰译. 北京：北京大学出版社，2005

192. [德] 提尔曼·阿勒特. 德意志问候：关于一个灾难性姿势的历

史．南京：江苏人民出版社，2008

193．［荷兰］田海．天地会的仪式与神话：创造认同．李恭忠译．北京：商务印书馆，2018

194．［美］托比·米勒编．文化研究指南．王晓路等译．南京：南京大学出版社，2009

195．［法］托克维尔．旧制度与大革命．冯棠译．北京：商务印书馆，1992

196．［英］王斯福．帝国的隐喻：中国民间宗教．赵旭东译．南京：江苏人民出版社，2008

197．［美］维尔伯·施拉姆．大众传播媒介与社会发展．金燕宁等译．北京：华夏出版社，1990

198．［意］维尔弗雷多·帕累托．精英的兴衰．刘北成译．上海人民出版社，2003

199．［德］维尔纳·桑巴特．奢侈与资本主义．王燕平，侯小河译．上海：上海人民出版社，2005

200．［英］维克多·特纳．戏剧场景及隐喻——人类社会的象征性行为．王珩，石毅译．北京：民族出版社，2007

201．［英］维克多·特纳．象征之林：恩登布人仪式散论．赵玉燕等译．北京：商务印书馆，2006

202．［英］维克多·特纳．仪式过程：结构与反结构．黄剑波，柳博赟译．北京：中国人民大学出版社，2006

203．［意］翁贝尔托·艾柯．符号学与语言哲学．王天清译．天津：百花文艺出版社，2005

204．［美］沃尔特·李普曼．舆论学．林珊译．北京：华夏出版社，1989

205．［美］武雅士．中国社会中的宗教与仪式．彭泽安，邵铁峰译．南京：江苏人民出版社，2021

206．［美］西奥多·阿道诺．权力主义人格．李维译．杭州：浙江教育出版社，2002

207．［德］西美尔．社会学——社会化形成的研究．林荣远译．北京：华夏出版社，2002

208．［古罗马］西塞罗．国家篇 法律篇．沈叔平，苏力译．北京：商务印书馆，2002

209. [日] 星野昭吉. 全球政治学：全球化进程中的变动、冲突、治理与和平. 刘小林，张胜军译. 北京：新华出版社，2000

210. [英] 休谟. 人性论. 关文运译. 北京：商务印书馆，1980

211. [德] 许茨. 社会实在问题. 霍桂恒，索昕译. 北京：华夏出版社，2001

212. [美] 许烺光. 美国人与中国人：两种生活方式比较. 彭凯平，刘文静译. 北京：华夏出版社，1989

213. [美] 许烺光. 文化人类学新论（第3版）. 张瑞德译. 台北：联经出版事业公司，1983

214. [美] 许烺光. 宗族、种姓、俱乐部. 薛刚译. 北京：华夏出版社，1990

215. [美] 许烺光. 祖荫下：中国乡村的亲属、人格与社会流动. 王芃，徐隆德译. 台北：南天书局有限公司，1992

216. [法] 雅克·德里达. 多义的记忆：为保罗·德曼而作. 蒋梓骅译. 北京：中央编译出版社，1999

217. [美] 阎云翔. 礼物的流动：一个中国村庄中的互惠原则与社会网络. 李放春，刘瑜译. 上海：上海人民出版社，2000

218. [德] 扬-维尔纳·米勒. 另一个国度：德国知识分子、两德统一及民族认同. 马俊、谢青译. 北京：新星出版社，2008

219. [美] 杨庆堃. 中国社会：从不变到巨变（第2版）. 香港：香港中文大学出版社，2001

220. [美] 杨庆堃. 中国社会中的宗教：宗教的现代社会功能与其历史因素之研究. 范丽珠译. 上海：上海人民出版社，2007

221. [美] 伊罗生. 群氓之族：群体认同与政治变迁. 邓伯宸译. 桂林：广西师范大学出版社，2008

222. [德] 约阿希姆·布姆克. 宫廷文化：中世纪盛期的文学与社会. 何珊，刘华新译. 北京：生活·读书·新知三联书店，2006

223. [德] 约阿希姆·拉德卡. 自然与权力：世界环境史. 王国豫，付天海译. 保定：河北大学出版社，2004

224. [美] 约翰·R. 塞尔. 自由与神经生物学. 刘敏译. 北京：中国人民大学出版社，2005

225. [美] 约瑟夫·坎贝尔. 千面英雄. 张成谟译. 上海：上海文艺出版

社，2000

226. [美]詹姆斯·克利福德，[美]乔治·E. 马库斯编. 写文化. 高丙中，吴晓黎，李霞等译. 北京：商务印书馆，2006

227. [美]詹姆斯·W. 凯瑞. 作为文化的传播. 丁未译. 北京：华夏出版社，2005

228. [美]张光直. 考古学：关于其若干基本概念和理论的再思考. 沈阳：辽宁教育出版社，2002

229. [美]张光直. 中国青铜时代. 北京：生活·读书·新知三联书店，1999

230. [日]子安宣邦. 国家与祭祀. 董炳月译. 北京：生活·读书·新知三联书店，2007

三、中文专著

1. 包亚明主编. 现代性与空间的生产. 上海：上海教育出版社，2003
2. 包玉娥等. 20 世纪中国政治发展. 南京：南京大学出版社，2002
3. 曹俊汉. 服务型政府与和谐社会. 北京：北京大学出版社，2006
4. 车文博主编. 当代西方心理学新词典. 长春：吉林人民出版社，2001
5. 陈进国. 信仰、仪式与乡土社会. 北京：中国社会科学出版社，2005
6. 陈守仁编著. 仪式、信仰、演剧：神功粤剧在香港. 香港：香港中文大学粤剧研究计划，1996
7. 陈戍国. 中国礼制史. 长沙：湖南教育出版社，2002
8. 陈振明. 政治学前沿. 福州：福建人民出版社，2000
9. 程天君. "接班人"的诞生——学校中的政治仪式考察. 南京：南京师范大学出版社，2008
10. 甘怀真. 皇权、礼仪与经典诠释：中国古代政治史研究. 上海：华东师范大学出版社，2008
11. 顾定国. 中国人类学逸史. 北京：社会科学文献出版社，2000
12. 郭景萍. 情感社会学：理论·历史·现实. 上海：上海三联书店，2008
13. 郭善兵. 中国古代帝王宗庙礼制研究. 北京：人民出版社，2007
14. 郭于华主编. 仪式与社会变迁. 北京：社会科学文献出版社，2000
15. 郭忠华，刘训练编. 公民身份与社会阶级. 南京：江苏人民出版

社，2007

16. 何伟亚．怀柔远人：马嘎尔尼使华的中英礼仪冲突．北京：社会科学文献出版社，2002

17. 胡志毅．神话与仪式：戏剧的原型阐释．上海：学林出版社，2001

18. 胡志毅．现代传播艺术——一种日常生活的仪式．杭州：浙江大学出版社，1997

19. 黄东兰主编．身体·心性·权力．杭州：浙江人民出版社，2005

20. 黄美英．文化的抗争与仪式．台北：前卫出版社，1995

21. 黄应贵主编．空间、力与社会．台北："中央研究院"民族学研究所，1995

22. 简能思．政治学研究初阶．澳门：澳门大学法学院，1997

23. 解放军报社编．世纪大阅兵．北京：长征出版社，1999

24. 李安宅．《仪礼》与《礼记》之社会学的研究．上海：世纪出版集团，2005

25. 李宏图，王佳丰选编．表象的叙述．上海：上海三联书店，2003

26. 李亦园．宗教与神话．桂林：广西师范大学出版社，2004

27. 梁永佳．地域的等级——一个大理村镇的仪式与文化．北京：社会科学文献出版社，2005

28. 林宏宇．白宫的诱惑：美国总统选举政治研究：1952—2004．天津：天津人民出版社，2006

29. 林聚任，刘玉安主编．社会科学研究方法．济南：山东人民出版社，2004

30. 林美容主编．信仰、仪式与社会．台北："中央研究院"民族学研究所，2003

31. 刘智峰．中国政治．南昌：江西人民出版社，2007

32. 毛寿龙．政治社会学．北京：中国社会科学出版社，2001

33. 孟昭兰．人类情绪．上海：上海人民出版社，1989

34. 闵大洪．传播科技纵横．北京：警官教育出版社，1998

35. 倪彩霞．道教仪式与戏剧表演形态研究．广州：广东高等教育出版社，2005

36. 庞元正，李建华编．系统论控制论信息论经典文献选编．北京：求实出版社，1989

37. 彭兆荣. 人类学仪式的理论与实践. 北京：民族出版社，2007
38. 彭兆荣. 文学与仪式：文学人类学的一个文化视野. 北京：北京大学出版社，2004
39. 沈从文. 中国古代服饰研究. 上海：上海书店出版社，2002
40. 施雪华. 当代各国政治体制——英国. 兰州：兰州大学出版社，1998
41. 孙江主编. 事件·记忆·叙述. 杭州：浙江人民出版社，2004
42. 陶东风等编. 文化研究（第1辑），天津：天津社会科学出版社，2000
43. 涂学能. 中国国庆阅兵（1949—1999）. 北京：东方出版社，1999
44. 汪晖，陈燕谷主编. 文化与公共性. 北京：生活·读书·新知三联书店，1998
45. 汪民安主编. 文化研究关键词. 南京：江苏人民出版社，2007
46. 汪天文. 社会时间研究. 北京：中国社会科学出版社，2004
47. 王柏中. 神灵世界秩序的构建与仪式的象征. 北京：民族出版社，2005
48. 王海洲. 合法性的争夺：政治记忆的多重刻写. 南京：江苏人民出版社，2008
49. 王明珂. 华夏边缘：历史记忆与族群认同. 台北：允晨文化实业股份有限公司，1997
50. 王铭铭，潘忠党主编. 象征与社会. 天津：天津人民出版社，1997
51. 王铭铭. 想象的异邦. 上海：上海人民出版社，1998
52. 王铭铭主编. 西方人类学名著提要. 南昌：江西人民出版社，2006
53. 王霄冰，迪木拉提·奥迈尔主编. 文字、仪式与文化记忆. 北京：民族出版社，2007
54. 王以欣. 神话与历史. 北京：商务印书馆，2006
55. 王振亚等. 政治文明与当代中国政治发展. 北京：人民出版社，2006
56. 吴晓群. 古代希腊仪式文化研究. 上海：上海社会科学院出版社，2000
57. 吴晓蓉. 教育，在仪式中进行：摩梭人成年礼的教育人类学分析. 重庆：西南师范大学出版社，2003
58. 谢岳. 大众传媒与民主政治：政治传播的个案研究. 上海：上海交通大学出版社，2005

59. 许结. 中国文化制度述略. 南京：凤凰出版社，2005
60. 许农合编著. 1949—1999 国庆阅兵. 北京：中国青年出版社，1999
61. 杨志刚. 中国礼仪制度研究. 上海：华东师范大学出版社，2001
62. 咏慷. 13 次新中国三军大阅兵. 济南：黄河出版社，2008
63. 俞可平. 政治与政治学. 北京：社会科学文献出版社，2003
64. 张爱卿. 放射智慧之光——布鲁纳的认知和教育心理学. 武汉：湖北教育出版社，1999
65. 张凤阳等著. 政治哲学关键词. 南京：江苏人民出版社，2006
66. 张宏明. 土地象征. 北京：社会科学文献出版社，2005
67. 张昆. 大众媒介的政治社会化功能. 武汉：武汉大学出版社，2003
68. 张柠. 土地的黄昏——中国乡村经验的微观权力分析. 北京：东方出版社，2005
69. 张穗华主编. 石头，文化和时间. 北京：中国对外翻译出版公司，2003
70. 张子伟. 湖南永顺县和平乡双凤村土家族的毛古斯仪式. 台北：施合郑民俗文化基金会，1996
71. 赵旭东. 权力与公正：河北李村的纠纷解决与权威多元. 天津：天津古籍出版社，2003
72. 郑志明. 宗教神话与巫术仪式. 台北：大元书局，2006
73. 周光军. 天安门广场升旗仪式. 北京：华夏出版社，2000
74. 周正楠. 媒介·建筑：传播学对建筑设计的启示. 南京：东南大学出版社，2003
75. 朱和平. 中国服饰史稿. 郑州：中州古籍出版社，2001
76. 朱晓阳. 罪过与惩罚：小村故事（1931—1997）. 天津：天津古籍出版社，2003

四、中文期刊

1. 曹本冶. "声/声音""音声""音乐""仪式中音声"：重访"仪式中音声"的研究.《音乐艺术（上海音乐学院学报）》2017 年第 2 期
2. 曾楠. 国家认同的历史逻辑——以政治仪式的权力再生产为中心的考察.《内蒙古社会科学》2020 年第 6 期
3. 陈洪波. 商王权政治基础的人类学观察——另一视角下的商代青铜

器.《东南文化》2006 年第 6 期

4. 陈玫岑. 从人类行为观点看科学博物馆展示——展示仪式性探讨.《科技博物》1999 年第 6 期

5. 陈潭, 倪明胜. 政治博客现象及其公共治理.《政治学研究》2007 年第 3 期

6. 陈蕴茜. 合法性与"孙中山"政治象征符号的建构.《江海学刊》2006 年第 2 期

7. 陈蕴茜. 身体政治：国家权力与民国中山装的流行.《史学经纬》2007 年第 9 期

8. 陈蕴茜. 时间、仪式维度中的"总理纪念周".《开放时代》2005 年第 4 期

9. 丛日云, 王辉. 西方政治文化理论的复兴及其新趋向.《政治学研究》2000 年第 1 期

10. 崔一楠, 谭晓旭. 革命与象征：川西北土改运动中的仪式政治.《党史研究与教学》2017 年第 5 期

11. 崔一楠, 杨芳慧. "植入"阶级：土改运动中的记忆构建与仪式操演——以四川绵阳为个案.《江苏社会科学》2016 年第 2 期

12. 董宸. 中—泰泼水节仪式音声中的国家、城市与族群.《中国音乐》2021 年第 5 期

13. 董海军. 成人仪式：从生活教育到政治教育.《思想战线》2003 年第 6 期

14. 董建辉. 20 世纪后期国外政治人类学研究的趋向.《国外社会科学》2003 年第 1 期

15. 董向慧. "后真相时代"网络舆情与舆论转化机制探析——互动仪式链理论视角下的研究.《理论与改革》2019 年第 5 期

16. 杜靖, 李娟. 国家的具身与搬取——对闵氏宗族祭祖活动中"仪式国家"的考察.《湖北民族大学学报（哲学社会科学版）》2020 年第 6 期

17. 杜鹏. 试论西方人类学仪式研究范式的现代性转换.《西北民族大学学报（哲学社会科学版）》2018 年第 2 期

18. 杜伟宇. 心理模型及其探查技术的研究.《心理科学》2004 年第 6 期

19. 冯筱才. "拖洋油箱"：近代温州闹米风潮的仪式与政治.《华东师范大学学报（哲学社会科学版）》2016 年第 4 期

20. 甘世安，魏水利．中美节庆文化的表征与内涵分析及其启示．《西北大学学报》（哲学社会科学版）2007年第1期

21. 高进．国家仪式与共同体认同．《浙江学刊》2021年第1期

22. ［智利］格雷贝．音乐人类学．《中国音乐》1983年第3期

23. 耿敬．民间仪式与国家悬置．《社会》2003年第7期

24. 谷学强．互动仪式链视角下网络表情包的情感动员——以"帝吧出征FB"为例．《新闻与传播评论》2018年第5期

25. 郭辉．操演的政治：现代国家仪式与民初政治合法性建构．《安徽史学》2013年第1期

26. 郭文，杨桂华．民族旅游村寨仪式实践演变中神圣空间的生产——对翁丁佤寨村民日常生活的观察．《旅游学刊》2018年第5期

27. 郭永平．身体实践与仪式展演：集体化时代大寨妇女的社会记忆．《西北民族研究》2015年第3期

28. 郭于华．民间社会与仪式国家．《读书》1999年第9期

29. 郭忠华．归化和凝聚空间的建构——从仪式的视角看党的执政能力建设．《理论与改革》2006年第1期

30. 韩高年．"夸父逐日"的仪式结构及其文化内涵．《西北民族研究》2006年第2期

31. 韩海涛．国内政治文化研究现状．《中共福建省委党校学报》2003年第9期

32. 郝宇青．当下中国政治仪式的去神圣化及其应对策略．《探索与争鸣》2018年第2期

33. 何明，陶琳．国家在民族民间仪式中的"出场"及效力——基于傈尼人"嘎汤帕"节个案的民族志分析．《开放时代》2007年第4期

34. 洪颖．共域的多重场景定义：仪式、表演或游艺——一个村落艺术活动的民族志反观．《广西民族学院学报》（哲学社会科学版）2006年第6期

35. 洪治纲．平民话语的权力修辞——论博客．《花城》2006年第2期

36. 胡滨．关于阅兵权的立法规制．《法商论丛》2008年第3期

37. 胡键．警惕政治仪式演化为政治的泛仪式化．《探索与争鸣》2018年第2期

38. 胡翼青，吴欣慰．再论传播的"仪式观"：一种社会控制的视角．《河南社会科学》2015年第5期

39. 胡勇军. 仪式中的国家：从祈雨看民国江南地方政权与民间信仰活动之关系.《江苏社会科学》2017年第1期

40. 胡玉坤. 政治、身份认同与知识生产——嵌入权力之中的乡村田野研究.《清华大学学报》（哲学社会科学版）2007年第3期

41. 黄彩文. 从村寨祭祀仪式到民族法定节日：云南耿马佤族青苗节的变迁与重构.《西南民族大学学报（人文社科版）》2015年第5期

42. 黄剑波. 个人、实践与系统变迁——乡村社区政治生活的人类学考察.《广西民族研究》2006年第4期

43. 黄秀兰. 西方政治学方法论的过去、现在和未来.《东南学术》2004年第2期

44. 黄志坚，叶子鹏，宋俪超. 政治仪式文本：中国共青团入团誓词的历史沿革、演进规律与时代价值.《中国青年社会科学》2020年第4期

45. 姬会然. 论宪法宣誓制度的政治内涵、价值及其完善——以现代政治仪式建构为分析视角.《社会主义研究》2016年第6期

46. 季乃礼. 政治心理学发展中需要澄清的几点问题.《湖南大学学报》（社会科学版）2009年第3期

47. 蒋建国. 符号景观、传媒消费主义和媒介文化向度.《新闻传播研究》2008年第4期

48. 蒋建国. 祭祀消费：仪式传承与文化传播——以晚清广州为例.《广东社会科学》2006年第6期

49. 蒋建国. 仪式崇拜与文化传播——古代书院祭祀的社会空间.《现代哲学》2006年第3期

50. 焦丽锋. 国家在场与湘西苗族椎牛仪式的变迁.《宗教学研究》2015年第1期

51. 蓝江. 从记忆之场到仪式——现代装置之下文化记忆的可能性.《国外理论动态》2017年第12期

52. 郎佩娟. 公共政策制定中的政治权力与科学分析.《中国人民大学学报》2002年第2期

53. 雷霞. 民间与官方的博弈："非遗"文化中的仪式传播——基于西和乞巧节个案.《新闻与传播研究》2018年第6期

54. ［美］理查德·鲍曼. 美国民俗学和人类学领域中的"表演"观. 杨利慧译.《民族文学研究》2005年第3期

55．李渡．中国历代中枢权力机构沿革论略．《政治学研究》2004 年第 4 期

56．李恭忠．"党葬"孙中山：现代中国的仪式与政治．《清华大学学报》（哲学社会科学版）2006 年第 3 期

57．李华君，窦聪颖，滕姗姗．抗战胜利 70 周年阅兵仪式的象征符号、阈限和国家认同建构．《新闻大学》2016 年第 2 期

58．李洁．"人"的再生产——清末民初诞生礼俗的仪式结构与社会意涵．《社会学研究》2018 年第 5 期

59．李景鹏．论权力分析在政治学研究中的地位．《天津社会科学》1996 年第 3 期

60．李钧鹏，茹文俊．论虚拟社区中的互动仪式链．《广东社会科学》2020 年第 4 期

61．李俊，项继权．政治沟通：价值、模式及其效度．《求实》2008 年第 9 期

62．李路路．再生产与统治——社会流动机制的再思考．《社会学研究》2006 年第 2 期

63．李秋梅，龙柏林．铸牢中华民族共同体意识的政治仪式维度．《新疆社会科学》2021 年第 4 期

64．李文明，吕福玉．论竞技体育电视直播——以北京奥运会决赛实况为例．《现代视听》2008 年第 10 期

65．练玉春．开启可能性——米歇尔·德塞都的日常生活实践理论．《浙江大学学报》（人文社会科学版）2003 年第 6 期

66．凌晨．国家在场与仪式歌唱——中越跨界壮—岱/侬族群"乜末"仪式的社会变迁．《中国音乐》2019 年第 1 期

67．刘国强．作为互动仪式的网络空间集体行动．《国际新闻界》2016 年第 11 期

68．刘怀玉．论马克思哲学的再生产实践概念．《天津社会科学》2007 年第 2 期

69．刘骄阳．后现代社会的政治仪式何以可能．《探索与争鸣》2018 年第 2 期

70．刘萍．论仪式教育在高校思想政治工作中的作用．《安徽农业大学学报》（社会科学版）1999 年第 2 期

71. 刘伟. 政治承诺的呈现与市长热线的仪式化. 《公共管理与政策评论》2021 年第 3 期

72. 刘伟兵,龙柏林. 仪式感如何生成——仪式发挥文化功能的运行机理研究. 《西南民族大学学报（人文社科版）》2020 年第 2 期

73. 刘晓春. 民间仪式中的政治隐喻——江西宁都县富东村"游花灯"仪式调查分析. 《民间文化》1999 年第 2 期

74. 刘欣. 当前中国社会阶层分化的多元动力基础——一种权力衍生论的解释. 《中国社会科学》2005 年第 4 期

75. 刘欣. 新政治社会学：范式转型还是理论补充. 《社会学研究》2009 年第 1 期

76. 刘一民. 运动中的仪式型动作. 《"中华民国"体育学院体育学报》1989 年第 11 辑

77. 龙柏林,刘伟兵. 仪式整合：中国传统文化整合的空间路径. 《新疆社会科学》2018 年第 2 期

78. ［美］罗伯特·贝拉. "公民宗教"与社会冲突——贝拉专访. 《二十一世纪》2003 年 3 月

79. 吕静. 中国古代盟誓功能性原理的考察——以盟誓祭仪仪式的讨论为中心. 《史林》2006 年第 1 期

80. 吕俊彪. 民间仪式与国家权力的征用——以海村哈节仪式为例. 《广西民族学院学报》（哲学社会科学版）2005 年第 5 期

81. 吕鹏. 生产底层与底层的再生产——从保罗·威利斯的《学做工》谈起. 《社会学研究》2006 年第 2 期

82. 马健雄. 精英的历史与仪式神话：以木戛拉祜纳为例. 《云南民族学院学报》（哲学社会科学版）2002 年第 4 期

83. ［法］马克·阿贝莱. 福柯、人类学和权力问题. 《国际社会科学杂志》(中文版) 2008 年 6 月, 第 25 卷第 2 期

84. ［法］马克·阿伯勒. 政治人类学：新的挑战、新的目标. 《国际社会科学杂志》(中文版) 1998 年第 3 期

85. ［美］玛莉·伊莱恩·赫戈兰德. 伊朗的仪式与革命. 《青海民族研究》(社会科学版) 2007 年第 2 期

86. 马敏. 和谐社会与冲突政治中仪式功能的多样性阐释. 《理论与改革》2005 年第 3 期

87. 马敏. 仪式与剧场的互移：对现代中国大众政治行为的解读.《甘肃理论学刊》2004年第4期

88. 马敏. 政治象征：作为权力技术和权力实践的功能.《探索与争鸣》2004年第2期

89. 马敏. 政治仪式：对帝制中国政治的解读.《社会科学论坛》2003年第4期

90. 马强. 当代俄罗斯国家节假日体系：仪式发明和传统再造.《俄罗斯东欧中亚研究》2018年第6期

91. 孟凡玉. 音乐人类学的范畴、理论和方法.《民族艺术》2007年第3期

92. 莫晓宇. 仪式炫耀、功能检视与规制应对——论黑社会性质组织的符号化样态及其治理启示.《河南大学学报（社会科学版）》2017年第1期

93. 纳日碧力戈. "民族"的政治文化评析：人类学视野.《民族研究》2000年第2期

94. 潘曙雅，张煜祺. 虚拟在场：网络粉丝社群的互动仪式链.《国际新闻界》2014年第9期

95. 潘自勉. 论日常生活中的权力秩序.《学术研究》2004年第1期

96. 庞毅. 传统仪式在现代政治中的再现：1934年长沙祈雨背后的地方与国家.《史学月刊》2021年第6期

97. 彭牧. 同异之间：礼与仪式.《民俗研究》2014年第3期

98. 彭兆荣. 人类学仪式理论的知识谱系.《民俗研究》2003年第2期

99. 彭兆荣. 人类学仪式研究评述.《民族研究》2002年第2期

100. 彭兆荣. 仪式中的暴力与牺牲.《中南民族大学学报》（人文社会科学版）2006年第2期

101. 强月新，孙志鹏. 互动仪式链理论范式下官员直播带货现象分析.《编辑之友》2020年第10期

102. 乔凯，朱平. 国家纪念仪式促进政治认同的逻辑与路径——以国家公祭仪式为例.《西南民族大学学报（人文社科版）》2020年第10期

103. 全志辉，贺雪峰. 村庄权力结构的三层分析——兼论选举后村级权力的合法性.《中国社会科学》2002年第1期

104. 任剑涛. 仪式政治的古今之变.《探索与争鸣》2018年第2期

105. ［法］让皮埃尔·沃尼耶. 福柯在非洲：当代君主制度的微观物理

学.《国际社会科学杂志》（中文版）2008 年 6 月，第 25 卷第 2 期

106. 荣新. 仪式象征与社会关系的再生产——以鲁西南丧葬纸扎为例.《民俗研究》2014 年第 3 期

107. ［法］沙蒂埃. 作为表象的世界. 水金译.《国外社会科学》1990 年第 7 期

108. 尚季芳，咸娟娟. 政治仪式、民族认同与抗战动员——以西北民众献旗为中心的考察（1938—1945 年）.《日本侵华南京大屠杀研究》2021 年第 2 期

109. 沈霄，王国华. 网络直播+政务与用户的互动研究——基于互动仪式链的视角.《情报杂志》2018 年第 5 期

110. 石义彬，熊慧. 媒介仪式、空间与文化认同：符号权力的批判性观照与诠释.《湖北社会科学》2008 年第 2 期

111. 史牧. 基督教的崇拜仪式.《中国宗教》1999 年第 1 期

112. 侍非，毛梦如，唐文跃，蒋志杰，高才驰. 仪式活动视角下的集体记忆和象征空间的建构过程及其机制研究——以南京大学校庆典礼为例.《人文地理》2015 年第 1 期

113. 宋斌，黄伟力. 延安时期中国共产党的政治仪式与信仰塑造.《上海交通大学学报（哲学社会科学版）》2021 年第 3 期

114. 宋祖华. 从共识性仪式到冲突性实践：新媒体环境下"媒介事件"的解构与重构.《新闻与传播研究》2015 年第 11 期

115. 孙承叔. 一种被忽视的生产——马克思社会关系再生产理论的当代意义.《学习与探索》2007 年第 4 期

116. 孙丽丽，屈博. "表演"观照下的仪式教育——以中国古代释奠礼的表演性因素分析为例.《基础教育》2014 年第 3 期

117. 田海林，李俊领. 仪式政治：国民党与南京国民政府对孙中山的祭祀典礼.《史学月刊》2007 年第 4 期

118. 田为民. 文化与权力——解读当代西方政治沟通理论研究中的文化取向.《社会科学战线》2001 年第 2 期

119. 汪波. 构建政治文化理论框架的尝试.《政治学研究》2000 年第 1 期

120. 王丹宇. 关于人类学的人口研究——与 Kertzer 教授一席谈.《中国人口科学》2001 年第 1 期

121．王海英．构建象征的意义世界——学校仪式活动的社会学分析．《当代教育科学》2007 年第 14 期

122．王海洲，潘雯菲．国歌认知与国家认同构建的实验政治心理学研究．《政治学研究》2020 年第 3 期

123．王海洲．"半边天"的政治现象学反思：兼论新中国女性地位与角色的再构．《学海》2020 年第 3 期

124．王海洲．从秋海棠叶到雄鸡：现代中国地图的象征化与国家认同构建的嬗变．《江苏社会科学》2016 年第 6 期

125．王海洲．国家能力建设的象征维度．《政治学研究》2021 年第 3 期

126．王海洲．国家形象的政治象征阐释．《南京社会科学》2016 年第 10 期

127．王海洲．论象征的三元结构及其内在逻辑——对象征结构经典模式理论的反思．《南京大学学报（哲学·人文科学·社会科学）》2016 年第 6 期

128．王海洲．论象征的生成机制：分类与类比．《江海学刊》2016 年第 6 期

129．王海洲．想象力的捕捉：国家象征认同困境的政治现象学分析．《政治学研究》2018 年第 6 期

130．王海洲．仪式与政治时间的更新．《探索与争鸣》2018 年第 2 期

131．王海洲．政治共识的话语藩篱：从霸权独白到无责漫谈．《江海学刊》2009 年第 2 期

132．王海洲．政治现象学：理论脉络与研究方法．《探索与争鸣》2019 年第 10 期

133．王海洲．政治象征理论的钩沉与反思——兼论象征政治学理路的铺设．《政治学研究》2016 年第 4 期

134．王海洲．政治学视域中的政治现象学进路．《南京大学学报（哲学·人文科学·社会科学）》2019 年第 1 期

135．王建民．社会转型中的象征二元结构：以农民工群体为中心的微观权力分析．《社会》2008 年第 2 期

136．王丽萍．人格与政治：政治心理学领域核心关系分析．《北京大学学报》(哲学社会科学版) 2002 年第 2 期

137．王明珂．历史事实、历史记忆与历史心性．《历史研究》2001 年第 5 期

138. 王铭铭. 地方政治与传统的再创造.《民俗研究》1999 年第 4 期

139. 王铭铭. 关于国家的人类学.《中国农业大学学报（社会科学版）》2007 年第 3 期

140. 王铭铭. 作为民间权威的地方头人.《战略与管理》1997 年第 6 期

141. 王宁. 略论情感的社会方式——情感社会学研究笔记.《社会学研究》2000 年第 4 期

142. 王人博. 被创造的公共仪式——对七五宪法的阅读与解释.《比较法研究》2005 年第 3 期

143. 王英津. 论政治权力与政治权利关系的二重性.《中国人民大学学报》2003 年第 5 期

144. 王郅强，尉馨元. 古代国家仪式在传统危机管理中的作用——以祭祀为研究对象.《南京社会科学》2014 年第 2 期

145. 卫海英，王颖，冉雅璇，张逸石，舒丽芳. 小事情、大幸福：互动仪式链理论视角下服务仪式对品牌福祉的影响.《心理科学进展》2018 年第 7 期

146. [法] 维克托·勒·维内. 国家建设与非正式政治.《国际社会科学杂志》（中文版）2008 年 9 月第 25 卷第 3 期

147. 魏姝. 政治学中的新制度主义.《南京大学学报（哲学·人文科学·社会科学）》2002 年第 1 期

148. 吴兰香. 注视：规训化权力的一种技巧.《山西高等学校社会科学学报》2004 年第 10 期

149. 吴宁. 列斐伏尔日常生活批判理论探析.《哲学研究》2007 年第 2 期

150. 吴乔. 仪式的要素与仪式研究——以国内个案对国外人类学仪式理论的再探讨.《世界民族》2013 年第 5 期

151. 吴晓群，郭晓东. 论仪式学视角下儒家礼乐思想的解读.《华东师范大学学报》（哲学社会科学版）2005 年第 4 期

152. 吴艳红. 日常仪式化行为：以知青为例的研究.《社会》2005 年第 6 期

153. 吴艳红. 日常仪式化行为的形成：从雷锋日记到知青日记.《社会》2007 年第 1 期

154. 武志伟，马广海. 仪式重构与村落整合——以烟台市北头村祠堂修

缮为例.《山东社会科学》2017年第3期

155．喜饶尼玛,李威颖．仪式展演、认同建构与政治秩序的强化——国民政府驻藏官员刘朴忱治丧活动述论．《中南民族大学学报（人文社会科学版）》2019年第5期

156．夏锦乾．试论巫术政治的仪式化．《社会科学战线》2013年第4期

157．萧梅．面对文字的历史：仪式之"乐"与身体记忆．《上海音乐学院学报》2006年第1期

158．肖滨．知识分子与政治符号产品的质量．《学术研究》2003年第5期

159．谢宝富．论政治文化的两个层面．《求实》2001年第11期

160．徐敏．"样板戏电影"：电影工业、文本政治与献身者的国家仪式．《文艺研究》2007年第4期

161．徐鑫亮,于泽卉,孟蕊．新媒体环境下消费者互动、品牌情感与购买行为——基于互动仪式链理论的分析．《商业研究》2018年第7期

162．许静．浅论政治传播中的符号化过程．《国际政治研究》2004年第1期

163．许章润．"习惯法"的当下中国意义．《读书》2009年第10期

164．薛艺兵．对仪式现象的人类学解释（上），《广西民族研究》2003年第2期

165．薛艺兵．对仪式现象的人类学解释（下），《广西民族研究》2003年第3期

166．薛艺兵．仪式音乐的符号特征．《中国音乐学（季刊）》2003年第2期

167．荀瑶．网络直播的互动仪式探析．《学术交流》2018年第5期

168．闫月珍．作为仪式的器物——以中国早期文学为中心．《中国社会科学》2017年第7期

169．杨凤春．论西方国家中社会地位对政治权力分配的影响．《政治学研究》1998年第1期

170．杨国荣．日常生活的本体论意义．《华东师范大学学报》（哲学社会科学版）2003年第2期

171．杨海晨,吴林隐,王斌．走向相互在场："国家—社会"关系变迁之仪式性体育管窥——广西南丹黑泥屯"演武活动"的口述历史．《体育与科

学》2017 年第 3 期

172．杨惠，戴海波．政治仪式推进政治认同的逻辑与路径——基于建国以来阅兵仪式的考察．《现代传播（中国传媒大学学报）》2019 年第 10 期

173．杨丽娟．专业法官会议运行机制"仪式化"色彩之反思．《东方法学》2016 年第 3 期

174．杨利慧．仪式的合法性与神话的解构和重构．《北京师范大学学报》（社会科学版）2005 年第 6 期

175．杨雪冬．重构政治仪式 增强政治认同．《探索与争鸣》2018 年第 2 期

176．仰海峰．生产理论与马克思哲学范式的新探索．《中国社会科学》2004 年第 4 期

177．叶娟丽．从仪式到仪式政治．《探索与争鸣》2018 年第 2 期

178．叶琦．政治仪式中的媒介权力——大众传媒对美国总统竞选的影响．《当代传播》2001 年第 2 期

179．衣俊卿．中国日常生活批判的理论视野．《求是学刊》2005 年 6 期

180．俞吾金．作为全面生产理论的马克思主义哲学．《哲学研究》2003 年第 8 期

181．郁建兴，何子英．政治交往：一种政治沟通的新分析路径．《社会科学辑刊》2009 年第 4 期

182．袁卫华．政治文化：母体·存在方式·价值与能力．《求索》2004 年第 3 期

183．翟桂萍．中国崛起中的政治仪式供给．《探索与争鸣》2018 年第 2 期

184．张定贵．地戏仪式与定向记忆：屯堡人的文化空间建构．《广西民族大学学报（哲学社会科学版）》2017 年第 2 期

185．张敏、聂长久．"思考社会"的心理学理论——论莫斯科维奇的社会表征理论．《学术论坛》2007 年第 4 期

186．张鸣．义和团仪式的文化象征与政治隐喻．《开放时代》2000 年第 9 期

187．张卫中．春秋时期的祭祀与政治传播．《浙江大学学报》（人文社会科学版）2003 年第 5 期

188．张秀梅．仪式的实践与乡村共同体重塑——关于浙江农村文化礼堂

建设的思考. 《浙江学刊》2018 年第 3 期

189. 张屹,徐家林. 仪式中的政治:上海知青"支疆"动员的会议仪式考察(1962—1966). 《新疆大学学报(哲学·人文社会科学版)》2020 年第 3 期

190. 张意. 符号权力和抵抗政治——布迪厄的文化理论. 《国外理论动态》2003 年第 3 期

191. 张愚,诸葛净,陈薇. 城市历史空间的计算机视觉模拟研究与应用——以清天安门广场为例. 《建筑学报》2004 年第 2 期

192. 张媛. 景观、符号与仪式:少数民族电影中的原型隐喻与认同建构. 《暨南学报(哲学社会科学版)》2018 年第 10 期

193. 张志伟. 从公共仪式到公共艺术. 《博览群书》2005 年第 8 期

194. 赵虹元. 教师缺席:学校仪式教育的固化与蜕变. 《中国教育学刊》2018 年第 4 期

195. 赵世瑜. 分水之争:公共资源与乡土社会的权力和象征——以明清山西汾水流域的若干案例为中心. 《中国社会科学》2005 年第 2 期

196. 赵世瑜. 政治史·社会史·历史人类学——赵世瑜教授访谈. 《学术月刊》2005 年第 12 期

197. 赵为华. 表象表征的若干问题. 《北京师范大学学报》(社会科学版)1994 年第 1 期

198. 赵旭东. 部落社会中的政治、法律与仪式. 《民俗研究》1999 年第 4 期

199. 赵旭东. 仪式性竞争与第四种权威——政治人类学视角的民间权威与公共性支配的社会逻辑. 《西北民族研究》2017 年第 2 期

200. 赵勇. 博客写作与展示价值——以名人博客为例. 《天津社会科学》2009 年第 4 期

201. 曾楠. 国家认同的生成考察:政治仪式的观念再生产视域. 《安徽师范大学学报(人文社会科学版)》2021 年第 1 期

202. 曾楠. 政治仪式的记忆再生产向度:国家认同的生成考察. 《青海社会科学》2020 年第 3 期

203. 曾楠. 政治仪式建构国家认同的理论诠释与实践图景——以改革开放 40 周年纪念活动为例. 《探索》2019 年第 3 期

204. 曾武清. 虚拟社群的集体记忆与仪式传播. 《资讯社会研究》2004

年第 6 期

205．曾一果，朱赫．记忆、询唤和文化认同：论传统文化类电视节目的"媒介仪式".《现代传播（中国传媒大学学报）》2019 年第 3 期

206．郑庆杰．仪式的空间与乡村公共性建构——基于江西赣南客家村落的调查.《南京农业大学学报（社会科学版）》2019 年第 4 期

207．郑维东，李晓男．政治文化的两种维度：政治心理与意识形态.《中国青年政治学院学报》2004 年第 1 期

208．钟小鑫，蔡芳乐．缅人的族群文野观及其政治影响——以一个缅甸村落中的仪式生活为中心.《世界民族》2020 年第 5 期

209．周怡．强范式与弱范式：文化社会学的双视角.《社会学研究》2008 年第 6 期

210．周勇，黄雅兰．《新闻联播》：从信息媒介到政治仪式的回归.《国际新闻界》2015 年第 11 期

211．周长焕．政治文化研究的新方法——文化论研究方法的符号学模式.《社会科学研究》2002 年第 5 期

212．朱德米．理论与制度：新制度主义政治学的最新进展.《国外社会科学》2007 年第 4 期

213．朱国华．口传文学：作为元叙事的符号权力.《求是学刊》2003 年第 1 期

214．朱庆跃．政治仪式在中共政党文化构建中的功能价值分析——以民主革命时期抗日纪念仪式为例.《现代哲学》2021 年第 4 期

215．朱伟珏．象征差异与权力：试论布迪厄的象征支配理论.《社会》2008 年第 3 期

216．朱颖，丁洁．互动仪式链视角下政务微信与用户的互动研究.《新闻大学》2016 年第 4 期

217．朱政．基层法治的实践生成——以鄂西地区仪式性人情异化的治理为切入点.《法商研究》2016 年第 4 期

218．邹小燕，尹可丽，陆林．集体仪式促进凝聚力：基于动作、情绪与记忆.《心理科学进展》2018 年第 5 期

五、中文学位论文

1．陈元贵．仪式与审美尺度问题．博士论文，上海：复旦大学，2006

2. 韩高年. 仪式文化与先秦诗歌. 博士后报告, 上海: 复旦大学, 2003

3. 刘锦春. 仪式、象征与秩序——对民俗活动"旺火"的研究. 博士论文, 天津: 南开大学, 2005

4. 邵陆. 住屋与仪式: 中国传统居俗的建筑人类学分析. 博士论文, 上海: 同济大学, 2004

5. 张蔚. 闹节——山东秧歌的仪式性与反仪式. 博士论文, 上海: 上海戏剧学院, 2007

六、中文报纸

1. 杨华. 英美学者的礼制研究.《光明日报》2000 年 11 月 17 日

七、英文专著

1. Ahern, Emily (1981). *Chinese Ritual and Politics*. Cambridge: Cambridge University Press.

2. Ahmed, Sara (2004). *The Cultural Politics of Emotion*. Edinburgh University Press.

3. Aldridge, A. (2007). *Religion in the Contemporary World: A Sociological Introduction*. Cambridge, England: Polity Press.

4. Armour, Ellen., and Susan Ville (eds.)(2006). *Bodily Citations: Religion and Judith Butler*. Columbia University Press.

5. Aronoff, Myron (1993). *Power and Ritual in the Israel Labor Party: A Study in Political Anthropology*. Armonk, N. Y.: M. E. Sharpe.

6. Bak, János (ed.)(1990). *Coronations: Medieval and Early Modern Monarchic Ritual*. University of California Press.

7. Bell, Catherine (1992). *Ritual Theory, Ritual Practice*. New York: Oxford University Press.

8. Bell, Catherine (1997). *Ritual: Perspectives and Dimensions*. New York: Oxford University Press.

9. Bocock, R. (1974). *Ritual in Industrial Society: a Sociological Analysis of Ritualism in Modern England*. London: Allen & Unwin.

10. Bonewits, I. (2007). *Neopagan Rites: A Guide to Creating Public Rituals That Work*. Woodbury, Minn.: Llewellyn Publications.

11. Boulding, Kenneth (1989). *Three Face of Power*. California: SAGE Publications.

12. Bourdieu, Pierre (1984). *Distinction : A Social Critique of the Judgement of Taste*. Translated by Richard Nice, Cambridge, Massachusetts: Harvard University Press.

13. Bowie, K. (1997). *Rituals of National Loyalty : an Anthropology of the State and the Village Scout Movement in Thailand*. New York: Columbia University Press.

14. Brenner, Neil, Bob Jessop, Martin Jones, and Gordon MacLeod (eds.)(2003). *State/Space : A Reader*. Blackwell.

15. Calefato, Patrizia (2004). *The Clothed Body*. English translation by Lisa Adams, New York: BERG.

16. Cawthorne, Nigel (2006). *Public Executions*. London: Arcturus Publishing Limited.

17. Chang, K. C. (1983). *Art, Myth and Ritual : The Path to Political Authority in Ancient China*. Cambridge, Mass. ; Harvard University Press.

18. Cregan, Kate (2006). *The Sociology of the Body : Mapping the Abstraction of Embodiment*. London: SAGE Publications.

19. De Coulanges, and Numa Denis Fustel (2001). *The Ancient City : A Study on the Religion, Laws, and Institutions of Greece and Rome*. Kitchener, Canada: Batoche Books.

20. Derrida, Jacques (1982). *Margins of Philosophy*. Translated by Alan Bass, Chicago: University of Chicago Press.

21. Derrida, Jacques (1987). *The Truth in Painting*. Translated by Geoff Bennington and Ian McLeod, Chicago and London: The University of Chicago Press.

22. Douglas, M. (1984). *Purity and danger : An Analysis of the Concepts of Pollution and Taboo*. London: Ark Paperbacks.

23. Farrell, S. (2000). *Rituals and Riots : Sectarian Violence and Political Culture in Ulster, 1784—1886*. Lexington: University Press of Kentucky.

24. Fineman, Stephen (ed.)(2008). *The Emotional Organization : Passions and Power*. Blackwell Publishing Ltd.

25. Fortes, M., and E. E. Evans-Pritchard (eds.) (1946). *African Political Systems*. London: International African Institute.

26. Foucault, Michel (2009). *Security, Territory, Population : Lectures at the College de France 1977—1978*. Edited by Senellart, Michel., English series edited by Davidson, Arnold I., translated by Burchell, Graham. New York: Palgrave Macmillan.

27. van Gennep, Arnold (1960). *The Rites of Passage*. London: Routledge and Kegan Paul.

28. Gluckman, M. (1963). *Order and Rebellion in Tribal Africa*. London: Cohen & West Press.

29. Gluckman, M. (1965). *Politics, Law and Ritual in Tribal*. Oxford : Blackwell.

30. Goffman, Erving (1972). *Interaction Ritual : Essays on Face-to-face Behaviour*. London: Allen Lane.

31. Gusterson, Hugh (1999). *Nuclear Rites : A Weapons Laboratory at the End of the Cold War*. University of California Press.

32. Gusterson, Hugh (2004). *People of the Bomb : Portraits of America's Nuclear Complex*. University of Minnesota Press.

33. Hariman, R. (1995). *Political Style : The Artistry of Power*. Chicago: University of Chicago Press.

34. Hicks, D. (ed.) (1999). *Ritual and Belief : Readings in the Anthropology of Religion*. Boston: McGraw-Hill College.

35. Houghton, David Patrick (2009). *Political psychology : Situations, Individuals, and Cases*. New York: Routledge.

36. Judd, R. (2007). *Contested Rituals : Circumcision, Kosher Butchering, and Jewish Political Life in Germany*, 1843 – 1933. Ithaca: Cornell University Press.

37. Kern, M. (ed.) (2005). *Text and Ritual in Early China*. Seattle; London: University of Washington Press.

38. Kertzer, David (1988). *Ritual, Politics and Power*. New Haven: Yale University Press.

39. Kraus, C. Richard (1989). *Pianos and Politics in China : Middle-*

Class Ambitions and the Struggle over Western Music. New York: Oxford Universtiy Press.

40. Lasswell, Harold (1986). *Psychopathology and Politics*. University of Chicago Press.

41. Leach, E. (1964). *Political Systems of Highland Burma*. New edn. London: G. Bell.

42. Lewellen, T. C. (1983). *Political Anthropology : an Introduction*. South Hadley, Mass. : Bergin & Garvey.

43. Liebes, T. , and J. Curran (eds.) (1998). *Media, Ritual, and Identity*. London; New York: Routledge.

44. Marvin, Carolyn, and Daid Ingle (2003). *Blood Sacrifice and the Nation : Totem Rituals and the American Flag*. Cambridge University Press.

45. McLaren, P. (1999). *Schooling as a Ritual Performance : Toward a Political Economy of Educational Symbols and Gestures*. Lanham, MD. : Rowman & Littlefield.

46. Moore, F. S. , and G. B. Myerhoff (eds.)(1977). *Secular Ritual*. Assen: Van Gorcum.

47. Muir, E. (1997). *Ritual in Early Modern Europe*. Cambridge: Cambridge University Press.

48. Paige, K. E. , & J. M. Paige (1981). *The Politics of Reproductive Ritual*. Berkeley: University of California Press.

49. Pye, L. W. , and S. Verbe (eds.) (1965). *Political Culture and Political Development*. NJ: Princeton University Press.

50. Randall, Annie (ed.) (2005). *Music, Power, and Politics*. New York: Routledge.

51. Rappaport, Roy (1999). *Ritual and Religion in the Making of Humanity*. Cambridge, U. K. ; New York: Cambridge University Press.

52. Schechner, R. (1993). *The Future of Ritual : Writing on Culture and Performance*. London & New York: Routledge.

53. Schilderman, H. (ed.)(2007). *Discourse in Ritual Studies*. Leiden; Boston: Brill.

54. Schirch, L. (2005). *Ritual and Symbol in Peacebuilding*. Bloomfield,

CT: Kumarian Press.

55. Schwartz, Ronald (1994). *Circle of Protest : Political Ritual in the Tibetan Uprising*. New York: Columbia University Press.

56. Segal, A. R. (ed.) (1996). *Ritual and Myth: Robertson Smith, Frazer, Hooke, and Harrison*. New York: Garland Publish.

57. Smith, Adam (2003). *The Political Landscape : Constellations of Authority in Early Complex Polities*. Berkeley: University of California Press.

58. Sponsler, C. (2004). *Ritual Imports : Performing Medieval Drama in America*. Ithaca: Cornell University Press.

59. Statt, David (1998). *The Cogcise Dictionary of Psychology*. New York: Routledge.

60. Turner, Victor, M. Swartz, and A. Tuden (eds.) (1966). *Introduction to Political Anthropology*. Chicago: Aldine.

61. Watson, L. James, and Evelyn Rawski (eds.)(1988). *Death Ritual in Late Imperial and Modern China*. University of California Press.

62. White, Avron (ed.)(1987). *Lost in Music : Culture, Style and the Musical Event*. London: Routledge and Kegan Paul.

63. Whyte, Martin (1974). *Small Groups and Political Rituals in China*. Berkeley: University of California Press.

64. Wilentz, S. (ed.) (1999). *Rites of Power : Symbolism, Ritual and Politics Since the Middle Ages*. Philadelphia: University of Pennsylvania Press.

65. Wolf, Authur (ed.)(1974). *Religion and Ritual in Chinese Society*. Stanford, Calif. : Stanford University Press.

66. Wolf, Eric (2001). *Pathways of Power : Building an Anthropology of the Modern World*. California: University of California Press.

八、英文论文

1. Abeles, M. (1988). Modern political ritual: Ethnography of an inauguration and a pilgrimage by President Mitterrand. *Current Anthropology*, No. 3, pp. 391 – 404.

2. Airaksinen, T. (1988). Ananalysis of coercion. *Journal of Peace Research*, Vol. 25, No. 3, pp. 213 – 224.

3. Albrecht, S. , M. Lubcke, and R. Hartig-Perschke (2007). Weblog campaigning in the German Bundestag election 2005. *Social Science Computer Review*, Vol. 25, No. 4, pp. 504 - 520.

4. Bajc, Vida (2007). Surveillance inpublic rituals: Security meta-ritual and the 2005 U. S. Presidential Inauguration. *American Behavior Scientist*, Vol. 50, No. 12, pp. 1648 - 1673.

5. Ball, T. (1975). Power, causation and explanation. *Polity*, Vol. 8, No. 2, pp. 189 - 214.

6. Barbalet, Jack (1985). Power and resistance. *The British Journal of Sociology*, Vol. 36, No. 4, pp. 531 - 548.

7. Barbalet, Jack. (1992). A Macro sociology of emotion: class resentment. *Sociological Theory*, Vol. 10, No. 2, pp. 150 - 163.

8. Bashkow, Ira (2004). Neo-Boasian conception of cultural boundaries. *American Anthropologist*, Vol. 106, No. 3, pp. 443 - 458.

9. Bell, Catherine (1988). Ritualization of texts and textualization of ritual in the codification of Taoist liturgy. *History of Religions*, Vol. 27, No. 4, pp. 366 - 392.

10. Bendix, John (1989). Review: ritual, politics, and power by David I. Kertzer. *The American Political Science Review*, Vol. 83, No. 2, pp. 615 - 616.

11. Bendix, R. (1992). National sentiment in the enactment and discourse of Swiss political ritual. *American Ethnologist*, No. 4, pp. 768 - 790.

12. Bledsoe, Caroline (1984). The political use of sandei ideology and symbolism. *American Ethnologist*, Vol. 11, No. 3, pp. 455 - 472.

13. Casquete, Jesus (2006). Protest rituals and uncivil communities. *Totalitarian Movements and Political Religions*, Vol. 7, No. 3, pp. 283 - 301.

14. Celermajer, D. (2004). Political apologies: Collective responsibility and political ritual. *Doctoral dissertation*, *Columbia University*, UMI No. 3147218.

15. Cheater, A. P. (1991). Death ritual as political trickster in the People's Republic of China. *The Australian Journal of Chinese Affairs*, Iss. 26, pp. 67 - 97.

16. Cohen, A. (1971). The Politics of ritual secrecy. *Man*, *New Series*, Vol. 6, No. 3, pp. 427–448.

17. Cohen, A. (1979). Political symbolism. *Ann. Rev. Anthropol*, Vol. 8, pp. 87–113.

18. Cohen, A. (1980). Drama and politics in the development of a London carnival. *Man*, *New Series*, Vol. 15, No. 1, pp. 65–87.

19. Cole, Jennifer (2005). Foreword: Collective memory and the politics of reproduction in Africa. *Africa : Journal of the International African Institute*, Vol. 75, No. 1, pp. 1–9.

20. Cullen, J. M. (1966). Reduction of ambiguity through ritualization. *Philosophical Transactions of the Royal Society of London. Series B*, *Biological Sciences*, Vol. 251, No. 772, pp. 363–374.

21. Curcio-Nagy, A. L. (1996). Native icon to city protectress to royal patroness: Ritual, political symbolism and the virgin of remedies. *The Americas*, No. 3, pp. 367–391.

22. Dennis, A. , and J. P. Martin (2005). Symbolic interactionism and the concept of power. *The British Journal of Sociology*, Vol. 56, No. 2, pp. 191–213.

23. Dittmer, Lowell (1977). Political culture and political symbolism: Toward a theoretical synthesis. *World Politics*, Vol. 29, No. 4, pp. 552–583.

24. Doostdar, Alireza (2004). "Thevulgar spirit of blogging": On language, culture, and power in Persian weblogestan. *American Anthropologist*, Vol. 106, No. 4, pp. 651–662.

25. Dubinskas, A. Frank (1983). Leaders and followers: Cultural pattern and political symbolism in Yugoslavia. *Anthropological Quarterly*, Vol. 56, No. 2, pp. 95–99.

26. Edles, Laura (2004). Rethinking "race", "ethnicity" and "culture": Is Hawaii the "model minority" state? *Ethnic and Race Studies*, Vol. 27, No. 1, pp. 37–68.

27. Edwards, J. , and David Knottnerus (2010). The orange order: Parades, other rituals, and their outcomes. *Sociological Focus*, Vol. 43, No. 1, pp. 1–23.

28. Elam, J. H. , Jr. (1986). Ritual theory and political theatre: "Quinta Temporada" and "Slave Ship". *Theatre Journal*, No. 4, pp. 463 – 472.

29. Erickson, David (1997). Presidential inaugural addresses and American political culture. *Presidential Studies Quarterly*, Vol. 27, No. 4, pp. 727 – 744.

30. Ernandes, Michele, Cedrini Rita, Giammanco Marco, Guardia Maurizio La, and Milazzo Andrea (2002). Aztec cannibalism and maize consumption: The serotonin deficiency link. *The Mankind Quarterly*, Vol. 43, No. 1, pp. 3 – 40.

31. Fleisher, Seth (1996). Rethinking historical change in Sri Lankan ritual: Deities, demons, sorcery, and the ritualization of resistance in the Sinhala traditions of Suniyam. *Journal of Anthropological Research*, Vol. 52, No. 1, pp. 29 – 59.

32. Foret, François (2009). Symbolic dimensions of EU legitimization. *Media Culture Society*, Vol. 31, No. 2, pp. 313 – 324.

33. Foret, François (2010). European political rituals: A challenging tradition in the making. *International Political Anthropology*, Vol. 3, No. 1, pp. 55 – 77.

34. Fox, G. J. (1996). Playing with power: Ballcourts and political ritual in Southern Mesoamerica. *Current Anthropology*, No. 3, pp. 483 – 509.

35. Futrell, Robert, P. Simi, and Simon Gottschalk (2006). Understanding music in movements: The white power music scene. *The Sociological Quarterly*, Vol. 47, No. 2, pp. 275 – 304.

36. Gatewood, John, and Catherine Cameron (2004). Battlefield pilgrims at Gettysburg National Military Park. *Ethnology*, No. 3, pp. 193 – 216.

37. Gibson, James, Gregory Caldeira, and Vanessa Baird (1998). On the legitimacy of National High Courts. *The American Political Science Review*, No. 2, pp. 343 – 358.

38. Ginsburg, Faye, and Rayna Rapp (1991). The Politics of reproduction. *Annual Review of Anthropology*, Vol. 20, pp. 311 – 343.

39. Goehr, Lydia (1994). Political music and the politics of music. *The*

Journal of Aesthetics and Art Criticism, Vol. 52, No. 1, pp. 99 – 112.

40. Gregory, Stanford (1994). Sounds of power and deference: Acoustic analysis of macro social constraints on micro interaction. *Sociological Perspectives*, Vol. 37, pp. 497 – 526.

41. Hartmann, Douglas (2003). What can we learn from sport if we take sport seriously as a racial force? Lessons from C. L. R. James's beyond a boundary. *Ethnic and Race Studies*, Vol. 26, No. 3, pp. 451 – 483.

42. Hayward, C. R. (1998). De-facing Power. *Polity*, Vol. 31, No. 1, pp. 1 – 22.

43. Hesli, Vicki (2006). The Orange Revolution: 2004 presidential election (s) in Ukraine. *Electoral Studies*, Vol. 25, No. 1, pp. 168 – 177.

44. Hillenbrand, Robert (1988). Political symbolism in early Indo-Islamic mosque architecture: The case of Ajmīr. *Iran*, Vol. 26, pp. 105 – 117.

45. Hollywood, Amy (2002). Performativity, citationality, ritualization. *History of Religions*, Vol. 42, No. 2, pp. 93 – 115.

46. Hooglund, M. (1982). Religious ritual and political struggle in an Iranian village. *Islam and Politics*, No. 102, pp. 10 – 17 + 23.

47. Hovers, Erella, Shimon Ilani, Ofer Bar-Yosef, and Bernard Vandermeersch (2003). An early case of color symbolism: Ochre Use by modern humans in Qafzeh Cave. *Current Anthropology*, Vol. 44, No. 4, pp. 491 – 522.

48. Huckfeldt, R. (1984). Political loyalties and social-class ties: The mechanisms of contextual influence. *American Journal of Political Science*, Vol. 28, No. 2, pp. 399 – 417.

49. Hughes, Michael L. (2008). Splendid demonstrations: The political funerals of Kaiser Wilhelm I., and Wilhelm Liebknecht. *Central European History*, Vol. 41, pp. 229 – 253.

50. Joffe, Ellis (1981). Defense modernization and civil-military relations in China. *International Political Science Review*, Vol. 2, No. 3, pp. 317 – 325.

51. Joyce, Arthur, and Marcus Winter (1996). Ideology, power, and

urban society in pre-Hispanic Oaxaca. *Current Anthropology*, Vol. 37, No. 1, pp. 33 - 86.

52. Kampf, Zohar, and Nava Löwenheim (2012). Rituals of apology in the global arena. *Security Dialogue*, Vol. 43, pp. 43 - 60.

53. Kapralski, Slawomir (2012). Symbols and rituals in the mobilisation of the Romani national ideal. *Studies in Ethnicity and Nationalism*, Vol. 12, No. 1, pp. 64 - 81.

54. Katherine, McComas, John Besley, and Laura Black (2010). The rituals of public meetings. *Public Administration Review*, Vol. 70, Iss. 1, pp. 122 - 130.

55. Kideckel, A. D. (1983). Introduction: Political rituals and symbolism in socialist eastern Europe. *Anthropological Quarterly*, Vol. 56, No. 2, pp. 52 - 54.

56. Klatch, Rebecca (1988). Of meanings & masters: Political symbolism & symbolic action. *Polity*, Vol. 21, No. 1, pp. 137 - 154.

57. Kong, Lily (1995). Music and cultural politics: Ideology and resistance in Singapore. *Transactions of the Institute of British Geographers*, Vol. 20, No. 4, pp. 447 - 459.

58. Kvasny, L. , and C. Igwe (2008). An African American weblog community's reading of AIDS in black America. *Journal of Computer-Mediated Communication*, Vol. 13, No. 3, pp. 569 - 592.

59. Lane, D. (2008). The Orange Revolution: "People's revolution" or revolutionary coup? *British Journal of Politics & International Relations*, Vol. 10, No. 4, pp. 525 - 549.

60. Liebes, Tamar, Elihu Katz, and Rivka Ribak (1991). Ideological reproduction. *Political Behavior*, Vol. 13, No. 3, pp. 237 - 252.

61. Lipari, Lisbeth (1999). Polling as ritual. *Journal of Communication*, Vol. 49, pp. 83 - 102.

62. Lovenduski, Joni (2012). Prime Minister's questions as political ritual. *British Politics*, Vol. 7, No. 4, pp. 314 - 340.

63. Lucero, J. L. (2003). The Politics of ritual: The emergence of classic Maya ruler. *Current Anthropology*, Vol. 4, No. 4, pp. 523 - 558.

64. Martin, Daniel (1999). Powerplay and party politics: The significance of raving. *Journal of Popular Culture*, Vol. 32, pp. 77–99.

65. McLeod, James (1999). The Sociodrama of presidential politics: Rhetoric, ritual, and power in the era of teledemocracy. *American Anthropologist*, Vol. 101, pp. 359–373.

66. McNeil, John (2003). Observations on the nature and culture of environmental history. *History and Theory : Studies in the Philosophy of History*, Vol. 42, No. 4, pp. 5–43.

67. Medvetz, T. (2006). The strength of weekly ties: Relations of material and symbolic exchange in the conservative movement. *Politics & Society*, Vol. 34, No. 3, pp. 343–368.

68. Miller, F. , and B. Schwartz (1985). The Icon of the American republic: A study in political symbolism. *The Review of Politics*, Vol. 47, No. 4, pp. 516–543.

69. Nahmod, Sheldon (2004). The Pledge as sacred political ritual. *William & Mary Bill of Rights Journal*, Vol. 13, Iss. 3, pp. 797–819.

70. Noakes, John (2003). Racializing subversion: the FBI and the depiction of race in early Cold War movies. *Ethnic and Race Studies*, Vol. 26, No. 4, pp. 728–749.

71. Paltiel, Jeremy (1995). PLA allegiance on parade: Civil-military relations in transition, *The China Quarterly*, No. 143, pp. 784–800.

72. Panopoulos, Panayotis (2003). Animalbells as symbols: Sound and hearing in a Greek island village. *The Journal of The Royal Anthropological Institure*, Vol. 9, No. 4, pp. 639–656.

73. Papadakis, Y. (2003). Nation, narrative and commemoration: Political ritual in divided Cyprus. *History and Anthropology*, No. 3, pp. 253–270.

74. Parsons, Talcott (1963). On the concept of influence. *The Public Opinion Quarterly*, Vol. 27, No. 1, pp. 37–62.

75. Peteet, Julie (2009). Male gender and rituals of resistance in the Palestinian intifada: a cultural politics of violence. *American Ethnologist*, Vol. 21, No. 1, pp. 31–49.

76. Podeh, Elie (2010). From indifference to obsession: The role of national state celebrations in Iraq, 1921 – 2003. *British Journal of Middle Eastern Studies*, Vol. 37, No. 2, pp. 179 – 206.

77. Pust, R. A. , C. Drost, and H. Willerding (2005). Medieval scenes of ritual circumcision as a reflection of sociopolitical circumstances. *Urologe A*, Vol. 44, No. 3, pp. 277 – 281.

78. Rai, Shirin (2010). Analysing ceremony and ritual in parliament. *Journal of Legislative Studies*, Vol. 16, No. 3, pp. 284 – 297.

79. Revill, George (2000). Music and the politics of sound: nationalism, citizenship, and auditory space. *Environment and Planning*, Vol. 18, No. 5, pp. 597 – 613.

80. Ross, H. M., and R. Joslyn (1988). Election night news coverage as political ritual. *Polity*, No. 2, pp. 301 – 319.

81. Sanders, Todd (1998). Making children, making chiefs: gender, power and ritual legitimacy. *Africa : Journal of the International African Institute*, Vol. 68, No. 2, pp. 238 – 262.

82. Satori, G. (1969). Politics Ideology and Belief Systems. *American Political Science Review*, Vol. 63, No. 2, pp. 398 – 411.

83. Schnell, S. (1995). Ritual as an instrument of political resistance in rural Japan. *Journal of Anthropological Research*, No. 4, pp. 301 – 328.

84. Seijo, F. (2005). The politics of fire: Spanish forest policy and ritual resistance in Galicia, Spain. *Environmental Politics*, Vol. 14, No. 3, pp. 380 – 402.

85. Sigelman, L. (1996). Presidential inaugurals: The modernization of a genre. *Political Communication*, Vol. 13, No. 1, pp. 81 – 92.

86. Silverman, Helaine (2004). Subverting the venue: A critical exhibition of pre-Columbian objects at Krannert art museum. *American Anthropologist*, Vol. 106, No. 4, pp. 732 – 738.

87. Smith, Anthony (2000). The "sacred" dimension of nationalism. *Millennium-Journal of International Studies*, Vol. 29, No. 3, pp. 791 – 814.

88. Sorke, Tamir (2003). Arab football in Israel as an "integrative enclave". *Ethnic and Race Studies*, Vol. 26, No. 3, pp. 422 – 450.

89. Spary, Carole (2010). Disrupting rituals of debate in the Indian Parliament. *Journal of LegislativeStudies*, Vol. 16, No. 3, pp. 338–351.

90. Street, John (2003). "Fight the Power": The politics of music and the Musicmof politics. *Government and Opposition*, Vol. 38, No. 1, pp. 113–130.

91. Stumpf, Harry (1966). The political efficacy of judicial symbolism. *The Western Political Quarterly*, Vol. 19, No. 2, pp. 293–303.

92. Surrallés, Alexander (2003). Face to face: Meaning, feeling and perception in Amazonian welcoming ceremonies. *The Journal of the Royal Anthropological Institute*, Vol. 9, No. 4, pp. 775–791.

93. Tannenbaum, N. (1992). Households and villages: The political-ritual structures of Tai communities. *Ethnology*, No. 4, pp. 259–275.

94. Tannenbaum, N. (2000). Portest, tree ordination, and the changing context of political ritual. *Ethnology*, No. 2, pp. 109–127.

95. Theilmann, M. John (1990). Political canonization and political symbolism in medieval England. *The Journal of British Studies*, Vol. 29, No. 3, pp. 241–266.

96. Tumarkin, N. (1983). Political ritual and the cult of Lenin. *Human rights quarterly*, No. 2, pp. 203–206.

97. Udvardy, Monica L. , Linda L. Giles, and John Mitsanze (2003). The Transatlantic trade in African ancestors: Mijikenda memorial statues (Vigango) and the ethics of collecting and curating non-western cultural property. *American Anthropologist*, Vol. 105, No. 3, pp. 566–580.

98. Uphoff, Norman (1989). Distinguishing power, authority & legitimacy: Taking Max Weber at his word by using resources-exchange analysis. *Polity*, No. 2, pp. 295–322.

99. Van Praet, Ellen (2010). The dual voice of domination: Ritual and power in a British embassy. *Text & Talk*, Vol. 30, No. 2, pp. 213–233.

100. Varenne, Herve (1984). Collective representation in American anthropological conversations: Individual and culture. *Current Anthropology*, Vol. 25, No. 3, pp. 281–291.

101. Vergnon, G. (2005). Raising the fist, from militaristic ritual to mass ritual: Contribution to study of a political ritual Source. *Mouvement Social*,

(France), No. 212, pp. 77 – 91.

102. Verkaaik, Oskar (2010). The cachet dilemma: Ritual and agency in new Dutch nationalism. *American Ethnologist*, Vol. 37, No. 1, pp. 69 – 82.

103. Wald, D. K. & C. Wilcox (2006). Getting religion: Has political science rediscovered the faith factor? *American Political Science Review*, Vol. 100, No. 4, pp. 523 – 529.

104. Walzer, Michael (1967). On the role of symbolism in political thought. *Political Science Quarterly*, Vol. 82, No. 2, pp. 191 – 204.

105. Warren, Miller, and Hanks Merrill (1982). Policy directions and presidential leadership: alternative interpretations of the 1980 presidential election. *British Journal of Political Science*, No. 3, pp. 299 – 356.

106. Weber, W. (1989). The 1784 handel commemoraion as political ritual. *The Journal of British Studies*, No. 1, pp. 43 – 69.

107. Wolfsfeld G. , E. Avraham, and I. Aburaiya (2000). When prophesy always fails: Israeli press coverage of the Arab minority's Land Day protests. *Political Communication*, Vol. 17, No. 2, pp. 115 – 131.

108. Zaiotti, Ruben (2011). Performing Schengen: Myths, rituals and the making of European territoriality beyond Europe. *Review of International Studies*, Vol. 37, pp. 537 – 556.

后 记

　　本书是我博士论文的"精简版"。从 2006 年的一个夜晚，导师张凤阳先生在一张茶馆名片背后随手写下的简要提纲，到如今的成书，"政治仪式"四个字不仅是我多年来科研工作的中心，而且也渗透进我的日常生活，甚至连家人都养成条件反射般的思维习惯，经常看到与仪式相关的信息时都会询问："这对你的研究有用吗？"因此，本书能够完成，离不开我的导师和家人的无私支持。自 1997 年入南京大学求学，和凤阳先生结下师生之缘已有二十多载，先生和师母赵枫女士一直对我关爱有加。记得政治学的鼻祖之一亚里士多德有句名言："吾爱吾师，吾更爱真理。"对我而言，完全可以内心充满光明和愉悦地说："吾爱真理，吾更爱吾师。"谨将崇高的敬意献给恩师夫妇。我的太太朱毅凯女士是我最重要的"学术秘书"和"审稿人"，这两个头衔已经充分体现出她对本书的巨大贡献。亲情无疑为我的研究工作提供了稳固的后盾，所以也得感谢我的父母和岳父母，长辈的爱护与宽容是我和太太极为珍惜的财富。

　　本书的部分篇章曾经以论文的形式发表在学术期刊上，这些刊物主要包括《南京大学学报》《政治学研究》《新闻与传播研究》《江海学刊》《学海》《浙江社会科学》《天津社会科学》《江苏社会科学》等。感谢上述刊物以及朱剑、林立公、赵涛和陈亚飞等编辑们的支持，也感谢他们允许我将这些论文集结在本书中（出于成书的需要，部分内容会有所出入）。同时向江苏凤凰出版传媒集团出版部副主任杨建平先生、江苏人民出版社编辑戴亦梁女士和陈颖小姐表示诚挚的谢意，尤其是后两位细致入微的校阅工作，让本书能够以更好的形态呈现在读者们面前。

本书的写作和修改得到了众多师长和朋友的帮助，在此无法一一枚举，仅以部分同事和同行为代表，向他们表示深深的感谢。首先是南京大学政府管理学院的诸位师长和同仁，特别是闫小波教授、王云骏教授、孔繁斌教授、李永刚教授和李里峰教授等在我的论文开题、撰写和答辩过程中提供了各种方面的帮助以及众多精辟的意见。在此一并感谢博士论文答辩委员会主席东南大学的袁久红教授和答辩组成员江苏省社会科学院的胡传胜教授，他们精当而中肯的点评帮我开拓和深化了对部分问题的思考。

其次是我曾工作过的南京大学社会科学处的领导和全体同事，前后两任主管校领导张异宾教授和杨忠教授，两任处长王明生教授和王月清教授以及副处长周爱群女士等人多年来对我照顾颇多，一直支持我从事学术研究工作。虽然我已经离开社会科学处，但那儿是永远温暖的"娘家"。再者，感谢南京大学人文与社会科学高级研究院在我驻院期间（2012—2013）提供了优越的工作环境，周宪教授、何成洲教授、孙江教授、从丛教授、陈蕴茜教授和陈勇博士的支持总是不遗余力，与众多驻院同仁和来访学者的跨学科交流进一步拓展了我的思路。

我还要感谢布朗大学沃森国际问题研究所（Watson Institute for International Studies）和彭布鲁克女性教学和研究中心（Pembroke Center for Teaching and Research on Women）的同仁和工作人员，在我分别以访问学者和客座副教授身份在这两个卓越的研究机构工作的一年多时间中，他们给予了无微不至的帮助。在此特别感谢美国科学与艺术学院院士、布朗大学资深社会科学和人类学系教授大卫·科泽（David Kertzer）先生、彭布鲁克中心主任Kay Warren教授、"社会主义与后社会主义"年度研讨会主持人Linda Cook教授和东亚系王玲珍教授等，他们的热情接待让我在布朗大学访问期间的科研工作愉悦而充实。

最后，本人主持的2010年度教育部人文社会科学研究青年基金项目（"中国政治民主化进程中以合法性建构为导向的政治仪式研究"）、2011年度国家社会科学基金青年项目（"政治象征与国家形象塑造研究"）、2012年度南京大学青年团队项目（"中西方政治文化比较研究"）、南京大学人文与社会科学高级研究院驻院学者计划，以及江苏省高校优秀中青年教师和校长境外研修计划等对我的研究工作提供了不可或缺的资助。

本书俨然是我"怀胎"多载孕育的孩子，似应格外宠爱，但必须承认，它的身上有很多的缺点，这些大多"遗传"于我个人的懈怠、懒惰和浅薄。正所谓"子不教、父之过"，它所有的不尽如人意之处，皆由我一力承担。我从不是一名"护短"的父亲，诚恳地希望读者们不吝批评指正。

王海洲
2015年12月31日

补　记

　　时隔七年在此开启一行新字，我的心情诚如圣人所言："逝者如斯夫。"对于很多人来说，七年或已是沧海桑田；不过，对于我这样象牙塔中的执教者而言，不过是送走了七届流水的兵——他们也无甚差别：都是一副青春勃发的面孔，说着我越来越听不懂的网络黑话。感谢这个"补记"的机会，可以让我慢慢地、虽有些艰难但非常愉快地回忆起和本书相关的一些人和事。

　　首先，要感谢一些编辑。七年间又多了许多处成了兄弟姐妹的编辑朋友，如王炳权、王浩斌、杜运泉、成婧和史拴拴等。需要特别致谢的是一位新朋友，即我的译著《仪式、政治与权力》和本书的修订版编辑曾偲女士，她的专业素养极高，对出版事业的热情更是令我动容甚至有时会令我惭愧：在前一段时间，她花了很多心思和精力，制作了一个《仪式、政治与权力》的宣传视频，自然获得一片好评。听着她认真的配音，从不发朋友圈的我首次产生了浓浓的愧疚感。虽然最后我还是挣扎着未转发，但真不敢确定自己是否能够抵抗住下一次内疚。

　　其次，要感谢一些同仁。这是个庞大的人群，自然无法一一点名。校内同仁的姓名基本上都在南京大学政府管理学院和国际关系学院的"师资队伍"页面上，其中"政治学系"一栏中的诸位尤其重要——他们从不抱怨本村长的瞎指挥和低质服务，其宽容至极的态度有时让我怀疑他们的专业精神。仿造前一个句式：校外同仁的姓名也基本上在各高校政治学科（当然也有很多其他学科）所在的院系的"师资队伍"页面上，其中在各种会议上频频相聚的诸位尤其重要——他们慷慨地允许我四处宣扬政治仪式和政治象征研究的重要性，也欣然接受邀请，热心支持我们举办的政治现象学学术研讨会，其积极的态度有时会让我怀疑我自己的专业精神。

此外，要感谢一些读者。在各种课堂上接受我的"蛊惑"或屈从我的"胁迫"而选择以仪式、象征和政治现象学为题的学生是最有评判资格的读者。你们是最可爱的人，虽然你们的论文有时候不那么可爱，但态度决定一切，不是吗？在"某瓣"等网络空间上的读者也能赢得我深深的谢意，甚至是敬意：这年头还有人（特别是一些非政治学专业的读者）愿意读这本数十万字的书，让我在遇到凤凰出版传媒集团和江苏人民出版社的领导时更有底气。你们也是最可爱的人，虽然你们的评语有时候不那么可爱，但态度决定一切，不是吗？

最后，还要感谢一些科研项目的支持，包括国家社科基金重大项目（"国家礼仪制度与政治文明建设研究"，22&ZD170），国家社科基金重点项目（"比较视野下中国国家仪式的政治效能提升研究"，19AZZ001），江苏高校哲学社会科学研究重大项目（"政治现象学研究"，2018JZDA003）和南京大学新时代文科卓越研究计划"中长期研究专项"等，为我们有序、有效地推进和拓展相关领域和方向，提供了非常重要的保障。当然，担负项目主持人之责并非易事；现在想来，支撑我在踟蹰中前行的动力，大概主要来自于

"志业"赋予的使命感、如野草般丛生的焦虑,以及,从未迟疑过的爱。

我爱"政治仪式"。

王海洲
2022 年 12 月 31 日

"政治现象学丛书"书目

《"情"的力量:公共生活中的情感政治》 袁光锋 著
《歌声中的祖国:政治现代化进程中的国歌》 罗宇维 著
《政治仪式:权力生产和再生产的政治文化分析》(修订本) 王海洲 著
《图像政治:艺术史中的欧洲文明》 韩伟华 著
《地图上的国家:17—18世纪的法兰西领土空间与政治再现》 于京东 著
《重建共同体:乌托邦社会主义思想与试验》 高信奇 著

《政治现象学:前景、传统与未来》(*Political Phenomenology*) 郑和烈
　　(Jung Hwa Yol)莱斯特·恩布里(Lester Embree)主编
《荣誉:一种现象学分析》(*Honor:A Phenomenology*) 罗伯特·欧皮斯柯
　　(Robert L. Oprisko)著
《现象学与政治生活》(*Phenomenology and the Political*) 斯图尔特·韦斯特·
　　格利(S. West Gurley)杰夫·法尔佛(Geoff Pfeifer)主编
《政治生活的现象学分析》(*Phenomenology of the Political*) 凯文·汤普森
　　(Kevin Thompson)莱斯特·恩布里(Lester Embree)主编
《现象学与政治生活首要性》(*Phenomenology and the Primacy of the Political*)
　　维罗尼克·弗蒂(Véronique M. Fóti)帕夫洛斯·康特斯(Pavlos
　　Kontos)主编